W0285880

Wolfgang Menge
So lebten sie alle Tage

So lebten sie alle Tage Bericht aus dem alten Preußen von Wolfgang Menge

Dokumentation
und Mitarbeit
Emanuela Wilm

Quadriga Verlag
J. Severin

Inhalt

Karte von Deutschland
mit Kennzeichnung
der Preußischen Staaten
um 1755

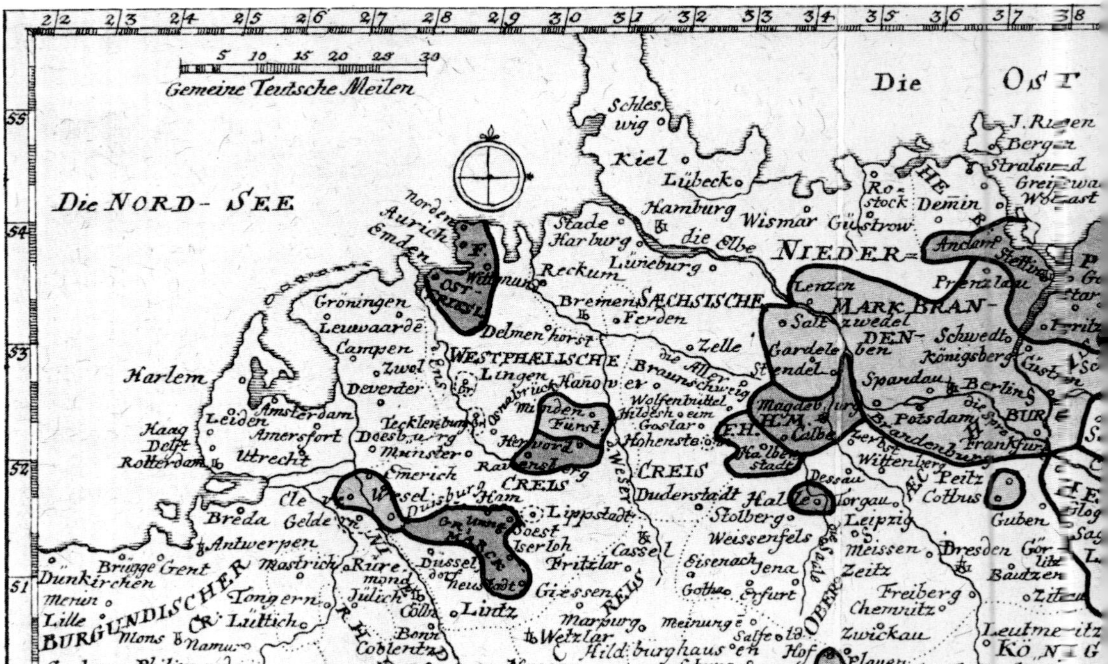

Wenn ein Leser eine neue Geschichte Preußens erwartet oder auch nur eine Deutung der einen oder anderen sich stets widersprechenden These zu diesem Staat, wird er enttäuscht werden.

Hier ist nicht einmal, was auf den ersten Blick vermutet werden könnte, eine Geschichte des preußischens Alltags im 18. Jahrhundert begonnen worden. Wir haben lediglich versucht, Geschichte etwas verständlicher und damit interessanter zu machen – oder haben wir es anders herum versucht?

Wir meinen, daß jemand erst dann Vergangenes begreifen wird (und sich, daraus folgend, dafür interessieren), wenn er sinnlich mitfühlen kann, wie die Menschen lebten, die damals gehandelt oder gelitten haben.

Wir wollten einfach wissen, ob der Seidenspinner in seiner Potsdamer Manufaktur mit seinen Arbeitsbedingungen zufrieden war, nachdem es vorher Arbeit dieser Art noch gar nicht gegeben hatte. Was er sich für sein mühselig verdientes Geld kaufen konnte, ob er Soldat werden mußte und wenn ja, was das für ihn bedeutete, oder für seine Frau, falls er es sich überhaupt leisten konnte, zu heiraten. Wollte er, wie viele Eltern heute, daß es seine Kinder einmal besser haben mögen, hat er sie deshalb in die Schule geschickt? Und wenn, was haben sie da gelernt? Was hat er gegessen? Ist er überhaupt satt geworden? Wo hat er sich eingekauft, was er zum Essen brauchte? Wo kam das her? Was gab es denn damals schon? Wie hat er gewohnt? Wie sah es in der Straße aus, in der er gewohnt hat? Was hat er gemacht, wenn er nicht arbeiten mußte? Ist er im Urlaub verreist – ja, hat er überhaupt Urlaub gehabt? Wenn die Arbeit vielleicht kaum erträglich schien, haben ihn dann die großen Siege seines Königs bei Roßbach oder Leuthen getröstet? Hat er sich am Ende für diese Kriege gar nicht interessiert, für die Politik meinethalben nur so, wie sein Urenkel für die EWG? Bemühte er sich stattdessen, die Problematik des staatlichen Merkantilismus zu erfassen?

Wir möchten erreichen, daß uns die Frauen, Kinder, Männer von damals etwas vertrauter werden: Sie haben schließlich an derselben Stelle gelebt, auf der wir heute leben, sind über dieselben Wege gegangen (von deren Zustand mal abgesehen), haben in den gleichen Orten gewohnt, in denselben (freilich nicht verseuchten) Flüssen gebadet (oder waren sie wasserscheu?), liegen meist auf denselben Friedhöfen, auf denen wir begraben werden, haben die selben Berge, Wolken, Seen, Küsten und Täler gesehen, die wir heute sehen. Es hat bei ihnen ebenso geschneit wie bei uns, geregnet und gestürmt. Nur wissen wir nicht, wie sie sich davor geschützt haben – wenn wir das alles ein bißchen besser wüßten, würden wir uns möglicherweise dann auch eher für die diplomatischen Hintergründe der schlesischen Kriege interessieren? Wir müßten nur den Rükken besser kennen, auf dem sie ausgetragen worden sind.

Deshalb ist dieses Buch zunächst auch nicht für jene gedacht, die sich ohnehin mit Geschichte befassen, die längst wissen, daß wir (nicht nur in Preußen) täglich auf Spuren dieses wunderlichen Machtgebildes und Staatskunstwerks treten. Selbstverständlich stutzen auch wir, wenn ein Historiker heute die verwegene Frage stellt, ob nicht, wie früher die Existenz Preußens, heute das Fehlen Preußens als Macht zwischen Ost und West das Problem Europas sei. Wir würden diese These gern diskutieren. Aber nicht in diesem Buch.

Wir wollen Neugier erregen bei jenen, die sie noch nicht haben. Dabei denken wir ebenfalls an Leser,

- die entweder ohnehin mit diesem ganzen Preußen nichts zu tun haben wollen, weil sie vielleicht Bayern sind, Württemberger und eher melancholisch an die Zeit zurück denken, in denen ihre Großväter Kriege gegen Preußen geführt haben,
- oder Leser, die mit Preußen Eigenheiten verbinden, mit denen sie nichts zu schaffen haben mögen.
- oder selbst an jene – und das mag noch waghalsiger sein – die sich für diesen ungewöhnlichen Staat interessieren, aber nun einfach nichts mehr davon hören können, weil ihnen in den vergangenen Jahren zu viel zugemutet worden ist. Sie haben also ein Buch in der Hand, das vornehmlich für Leser gedacht ist, die es eigentlich nicht wollen. Was, um Himmelswillen, bringt einen Autor dazu, gegen ein unentbehrliches Publikum anzuschreiben? Es ist einfach eine Gelegenheit genutzt worden, die das Fernsehen heutzutage anbietet. Das Fernsehen kann, in seinen guten Stunden zumindest, allgemeines Interesse an etwas auslösen, das sonst nur einer Minderheit vorbehalten bleibt. Dieses Buch ist durch die Arbeit an einer Serie für das Deutsche Fernsehen entstanden, für Sendungen im 1. Programm um 20.15 Uhr. Für möglichst viele Zuschauer also. Sind sonst Gleichgültige zureichend neugierig geworden, soll ihnen dieses Buch

ergänzende Informationen vermitteln. Und wer da jetzt meint, aha, Film und Buch seien also für die Gruppe von Menschen, die überheblich als »kleine Leute« denunziert werden, so können wir Ihnen versichern, daß niemand besser nach Preußen paßt, als diese kleinen Leute. Denn das frühe Preußen war ein Staat für kleine Leute, nein, es war mehr: es war ein Staat der kleinen Leute. Von diesen kleinen Leuten soll berichtet werden.

Nur soll nicht der Eindruck entstehen, als würden wir sämtliche oben aufgezählten Fragen beantworten. Wir kommen nicht mal in die Nähe einer Vollständigkeit. Denn dies ist, wie bereits gesagt wurde, keine Geschichte des Alltags im Preußen des 18. Jahrhunderts. Es sind nur Geschichten *aus* dem Alltag.

Eine wichtige Quelle sind die zahllosen Edikte, Gesetze und Verordnungen. Sie sind vor allem deshalb wichtig, weil sie häufig die einzige Quelle sind, über die wir verfügen. Allerdings durften wir nicht so tun, als wäre alles so in der Wirklichkeit vollzogen worden, wie es die Obrigkeit wollte. Manchmal hat sich der Untertan danach gerichtet, meist jedoch nicht. Aber in diesen Verordnungen wurde immerhin bestimmt, wie einiges nicht mehr sein darf. So dürfen wir annehmen, daß zumindest das Wirklichkeit war, was verändert sollte.

Wer vom Alltag dieses Staates und dieser Zeit etwas wissen will, muß sich damit abfinden, daß jene, um die es dabei eigentlich geht, entweder nichts aufgeschrieben haben (schon, weil sie nicht schreiben konnten), oder daß sich ihre Zeugnisse nicht erhalten haben. Selbstverständlich ist nicht auszuschließen, daß sich irgendwo noch unbenutzte Dokumente befinden, daß in vielen Archiven noch ungenutztes Material ruht. Es gibt ja einige Beispiele dafür, daß jemand – oft ein historischer Amateur – auf bislang unbekannte Quellen stößt.

Die Edikte sind indessen meistens in einem grauslichen Kanzleistil abgefaßt, sodaß sie unbearbeitet kaum verständlich wären. Deshalb sind sie hier, möglicherweise etwas selbstherrlich, doch immer vorsichtig und korrekt, modernisiert worden. Sie sind also nicht verändert, sondern nur sanft repariert worden, damit sie möglichst jeder Leser verstehen kann.

Ähnlich sind wir mit vielen anderen Zeugnissen verfahren. Am wichtigsten erschien es uns, den Stoff lesbar, nein, lesenswert zu machen und zwar für so viele Menschen wie möglich. Deshalb haben wir auch auf den in wissenschaftlichen Arbeiten geforderten Nachweis der Fundstelle jedes Zitates und jeder Behauptung verzichtet. Wir stellen uns einen Leser vor, der nicht bei jeder Anmerkung nachschlagen möchte, oder, wenn er darauf verzichtet, das Gefühl bekommt, hier würde ihm etwas entgangen sein.

Ähnlich trivial sind wir mit der Zeit umgegangen und haben uns innerhalb des Jahrhunderts Zeitsprünge erlaubt, wenn eine genauere Einordnung zu viele Erklärungen verlangen würde.

Wir werden in dem Buch, wenn auch nur selten, sogar einen Blick über den Zaun riskieren, geographisch und zeitlich. Etwa so, als müßten wir uns immer wieder vergewissern, daß wir auch einigermaßen korrekt beurteilen oder einordnen, was wir da gerade betrachten. Noch ist alles so wunderschön weit weg und wir können uns fühlen, wie Gulliver auf seinen Reisen in das Land der Zwerge und der Riesen.

Faulheit oder Ganz normale Leute

Wer in zweihundert Jahren wissen möchte, wie wir waren, wie wir geredet, wie wir uns gekleidet, wie und was wir gegessen, gewohnt haben, wie gearbeitet und wie gefeiert, wird es sicherlich leichter haben, als unsereins, wenn er aufbricht, ähnliches über jene zu erfahren, die vor zweihundert Jahren in jenen Gegenden gelebt haben, die wir heute bevölkern.

Von uns wird es genug Zeugnisse geben, möglicherweise zu viele. Es gibt Filme, Bilder, Sprechproben, Beschreibungen. Das meiste davon fehlt von unseren Vorfahren. Wie haben sie gesprochen? Dialekt? Wie war das wirklich? Wie haben sie ausgesehen, gewohnt? Wie sah es auf den Straßen der Städte aus? In den Dörfern? Was hat man bei dem Schneidermeister Suhrbier werktags gegessen, oder sonntags? Natürlich haben wir Hinweise, aber so ganz genau werden wir es eben nie wissen. Das meiste können wir nur vermuten. Da haben wir ein Bild vom Fischmarkt in Berlin um 1785, sauber in Stahl gestochen. Aber man wundert sich. So wenig Leute? Nach den Beschreibungen muß da doch viel mehr los gewesen sein. War der Künstler zu faul, mehr Menschen zu zeichnen? Hat er sich an einem müden Tag mit seiner Staffelei dahin gestellt gehabt? Oder täuschen die schriftlichen Zeugnisse?

Wir lesen den Wortlaut eines Gesprächs, das Friedrich II. mit einigen Kammergerichtsräten geführt hat. So, wie es ein paar Tage später zum ersten

Mal in einer Zeitung veröffentlicht wurde. Ist es wirklich so geführt worden? Der Verfasser des Dialogs war Friedrich selbst. Er hat ihn diktiert. Das Gespräch mag so gelaufen sein. Oder doch so ähnlich. Friedrich war, wie man weiß, kein schlechter Schreiber (wir haben in diesem Buch einige Kostproben), doch schrieb er nur selten in deutscher Sprache. Und wenn, dann war alles ganz grauenhaft, voller Fehler. Überhaupt Dialoge. Schließlich sind selbst Gespräche, die wir in sogenannten realistischen Fernsehstücken verfolgen dürfen, nun wirklich nie so, wie von uns gesprochen wird.

Es ist also nicht einfach, herauszufinden, wie unsere Vorfahren wirklich gelebt haben, ihr alltägliches Leben präzise zu rekonstruieren. Andererseits, so ganz ahnungslos müssen wir nicht bleiben. Ein bißchen können wir schon erreichen. Wir müssen viele Krümel sammeln, sortieren. Wir prüfen die Zeugnisse, die uns vorliegen, vergleichen ein bißchen, sortieren noch mal, flicken zusammen, erklären und hoffen – optimistisch – daß sich aus den zahllosen Steinchen klammheimlich doch ein herrliches Mosaik ergibt. Um nochmal auf den Ärger zurück zu kommen, der entsteht, weil wir manches einfach nicht genau erfahren können: Und ärgern wir uns nicht mit Recht, wenn wir uns über die Proportionen der Zeit klar werden?

So lange ist das alles doch noch gar nicht her, verdammt noch mal. Vor zweihundert Jahren hat dieser alte Fritz noch gelebt und vor 50 Jahren – also immerhin ein Viertel dieser Zeitspanne – haben viele von uns erlebt, wie die Nationalsozialisten versucht haben, dieses Preußen für sich zu reklamieren.

Wir wollen auch gleich zugeben, daß ein gewisses Unbehagen bleibt,

Berlin um 1780
Kupferstich von Thornton

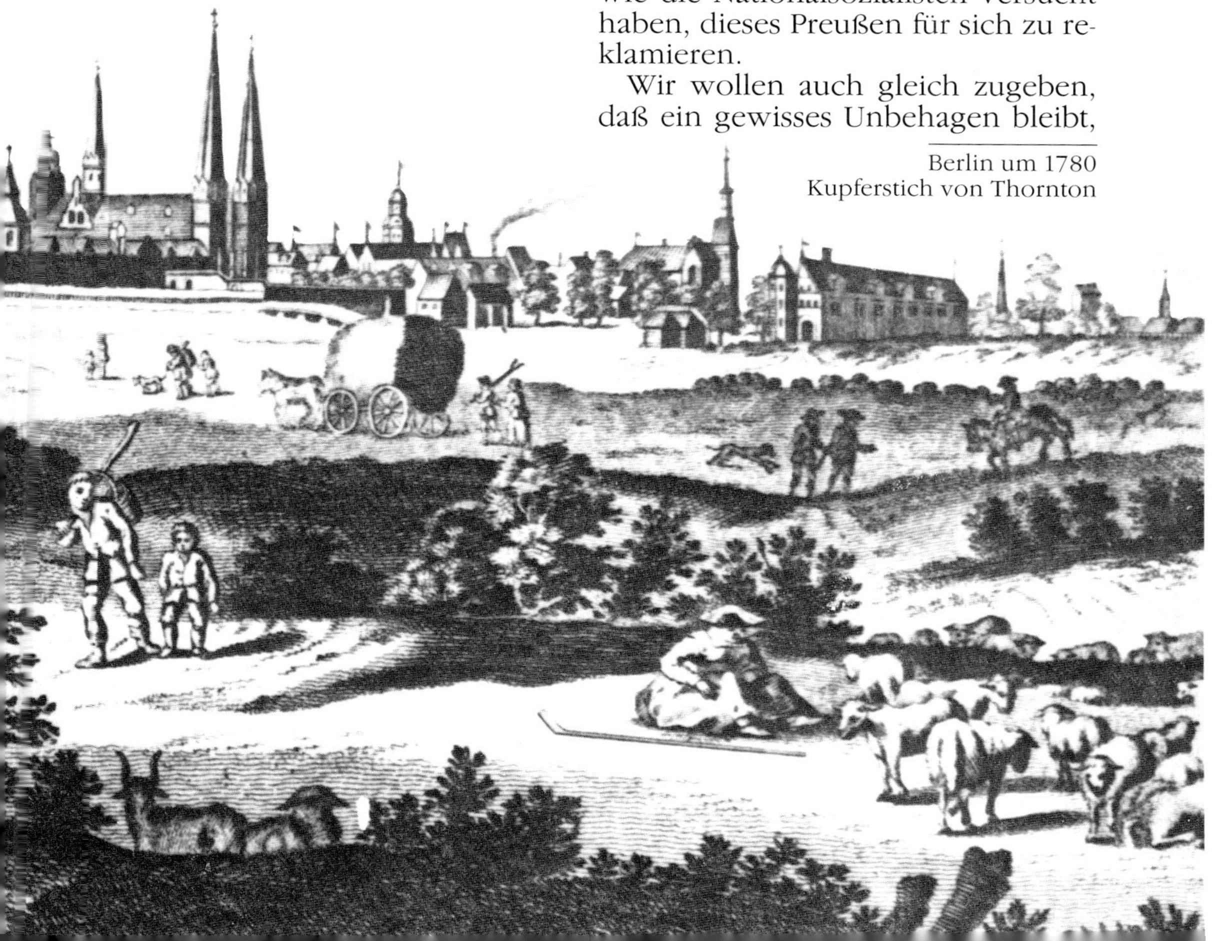

weil obendrein natürlich häufig widersprüchliche Zeugnisse vorliegen. Man weiß ferner nicht in jedem Fall mit letzter Sicherheit, wie diese Zeugnisse zu bewerten sind. So geht es etwa ganz eklatant im Bereich der Landwirtschaft. Der Bauer konnte ja nicht schreiben. Also ist jener, der sich um das bäuerliche Schicksal kümmern will, auf das angewiesen, was dessen Vorgesetzte, der Gutsherr also oder der Landrat, über ihn notiert haben.

Zweifel an deren Objektivität müssen erlaubt sein. Oder wie, beispielsweise, ist die Frage zu beantworten: Waren die frühen Preußen wirklich so fleißig, untertänig, gehorsam, pflichtbewußt – wie man es uns heute häufig vormachen will? Wenn sie es später waren (oder heute sind), waren sie so etwa von Anfang an? Sozusagen ein Geburtsfehler dieser vor allem in Norddeutschland anzutreffenden Rasse? »Schwärmen, morgens lange schlafen, am Tage bequem leben.« So urteilte anno 1787 ein Fremder über den Charakter des Berliner Volkes. »Viele, ja die meisten haben keinen Begriff von dem Vergnügen früh aufzustehen, und den heiteren Himmel beim Aufgang der Sonne zu sehen. Aber sich in den gepolsterten Lehnstuhl werfen, da mit Gemächlichkeit Schokolade und Kaffee trinken, über die teuren Preise des Kaffees und Knasters schimpfen, die Stadtverwaltung kritisieren, sich über andere Menschen lustig machen – das ist die Lieblingsbeschäftigung Höherer und Niederer.«

Kann das stimmen? Auch der »Niederen«? Und kann es so gegen Ende des 18. Jahrhunderts gewesen sein, nachdem die beiden großen Könige ihre Landeskinder unablässig über die Jahrzehnte hinweg zur Arbeit angetrieben hatten, häufig mit ziemlicher Brutalität?

Sie haben bestimmt gearbeitet, auch die Niederen. Doch haben sie nicht gern gearbeitet. Wen wundert das? Der Erwerbstrieb jedoch, der für uns, leider, so charakteristisch geworden ist, der mag ihnen in der Tat gefehlt haben. Der Gelehrte nennt diesen Menschentypus, dem wir hier begegnen, einen mittelalterlichen Menschen. Das soll heißen, einen genügsamen. Einer, der zufrieden war, wenn er im Kreise seiner Familie ausreichend zu essen hatte. Das weit verbreitete Elend mag ihm gottgegeben oder naturgegeben erschienen sein.

So urteilte ein anderer Zeitgenosse, daß es den meisten Landleuten in der Kurmark gänzlich an Betriebsamkeit fehle, und »am esprit d'entreprise. Es ist alles nachlässig und denkt nicht an Vorteile, wenn sie gleich vor den Augen liegen.«

Hier waren die Handwerker angesprochen, die lieber »ihren geringen Verdienst genießen wollten, als die lockende Aussicht auf höheren Gewinn durch angestrengte Arbeitstätigkeit eintauschen wollten«. Diese Haltung ist auch nicht, wie vermutet werden mag, eine Auswirkung des Dreißigjährigen Krieges. Als beispielsweise vor diesem Krieg mit dem Bau des Finow-Kanals begonnen wurde, verließen die meisten Teichgräber ihren Arbeitsplatz schon nach ein paar Monaten. Die Arbeit war ihnen zu beschwerlich. Sie verzichteten auf den Verdienst und gingen lieber wieder nach Hause.

Der Kurfürst sah sich gezwungen, sie »in eisernen Helgen geschlossen zurück zu bringen, und mit Gewalt zur Arbeit anhalten zu lassen.«

Nicht viel besser erging es ihm einige Jahrzehnte später, als er den Schiffsbau in Königsberg forcieren wollte. Obwohl er zahlreiche Vergünstigungen versprach, wollten die Schiffszimmerleute »lieber ihren geringen aber bequemen Verdienst genießen, als die lockende Aussicht auf höheren Gewinn durch eine angestrengtere Arbeit einzutauschen.« Es gibt indessen auch Berichte, in denen die Bauern als Faulenzer erscheinen. »Die wenigen Bauern, die das Land hat, sind sehr faul und ziehen Trunk und Müßiggang der Arbeit vor. Man kann von den Märkern sagen, daß sie durch die vielen Festtage und durch die Faulheit zur Armut gebracht werden und sie durch die vielen Fasten und den Suff ihren Tod beschleunigen, indem sie hierin die übrigen Deutschen übertreffen.«

Das Leben in der Mark bestehe in nichts als Essen und Trinken, so das Resumee. Das ist bestimmt übertrieben. Richtig bleibt dagegen die Erkenntnis, daß es unseren alten Preußen an dem schneidigen Tatendrang mangelte, immer mehr Geld verdienen zu wollen. Auch Friedrich der Große beklagte den fehlenden Geschäftssinn seiner Landeskinder. So müsse er lauter Dinge machen, die eigentlich der Bürger machen sollte. Industrie und Handel sollten blühen, aber niemand wollte deren Gärtner werden, niemand Chef.

Allerdings vermißte Friedrich nicht nur geschäftliche Initiative, er hielt seine Untertanen grundsätzlich für faul und träge. Sein Vater hatte nie anders gedacht. Und der war, das ist sicher, ein Vorbild an Fleiß. Kein regierender Fürst vor ihm oder um ihn herum hat vermutlich so viel gearbeitet wie er. »Der liebe Gott hat ja den Regenten nicht zum Faulenzen auf den Thron gesetzt, sondern zum Arbeiten erkoren und nicht zum faulen Weiberleben.« Und die verdammten Untertanen sollten es natürlich genauso halten. Ihm mißfiel selbst, daß die Hökerinnen an ihren Buden und Ständen müßig herumsaßen. Hökerinnen (und Höker natürlich auch) waren annähernd das, was wir heute fliegende Händler nennen. So ordnete er an, daß die Höker-Weiber (und anderes herrenloses Gesindel) zumindest spinnen sollten. Ein Pfund Wolle pro Woche, und diese mußten sie einem vorgeschriebenen Tuchfabrikanten abliefern.

Mühe und Arbeit war die Devise Friedrich Wilhelms I., und das sollte ebenfalls die der Bürger sein. Am liebsten hätte er vermutlich jeden Faulpelz eigenhändig zur Arbeit geprügelt. Und dennoch erlaubten sich einige sogar, zu betteln. Nein, es waren nicht einige, es waren sehr viele.

Immer wieder mußte der König »mißfällig zur Kenntnis« nehmen, »daß die Anstalten für die landesväterliche Vorsorge zur Erquickung der Dürftigen, Verpflegung der Notleidenden von boshaften unverschämten Bettlern mißbraucht wird und daß dadurch allerhand liederliches Gesindel ins Land gezogen wird. Da durch sie die Verpflegung der Armen gemindert wird, den wirklich Notleidenden also das Brot vom Munde weg geraubt wird, hin und wieder auch mal Feuer gelegt wird, Leute sogar tätlich angegriffen werden,« wird einfach »jegliches Betteln strengstens verboten.« Wir hören auch häufig von ganzen Rudeln von Faulpelzen, die sich den nötigen Lebensunterhalt zusammen betteln. Mit Familien und Hausrat kampierten sie an Landstraßen, auf Friedhöfen. Arglose – oder auch eingeschüchterte – Bürger vermuteten, daß sie dem lieben Gott einen Gefallen tun würden, wenn sie diesen Strolchen ein Almosen überreichten.

Sicherlich existierten viele Notleidende, die, ohne zu betteln, verhungert wären. Das Armenwesen wurde jedoch selten unabhängig vom Bettlerwesen behandelt. Aber die meisten in diesen Bettelbanden waren nicht etwa schuldlos Verarmte oder abgedankte Soldaten, es waren oft kräftige, gesunde Leute, die von Ort zu Ort, von Land zu Land zogen, ein bißchen Musik machten, vielleicht ein bißchen zauberten, Riemenstecher und Diebe.

»Die verbreitete Bettelei war großenteils eine Folge allgemein verbreiteter Faulheit und Trägheit, die als für jene Zeit natürliche Eigenheit durch alle Schichten der Bevölkerung ging und den notwendigen Lebensunterhalt lieber durch Betteln als durch anstrengende Arbeit erwerben ließ.« »Die Stadt,« so schreibt ein Besucher Berlins, »ist voller Gauner. Leute, die gelehrte Hunde zur Schau stellen, und Soldaten, die die Menge mit ihren Diensten belästigen. Der eine will einem unbedingt sämtliche Einkäufe abnehmen, der andere drängt einem den Kauf von Leckereien auf. Sie drängen sich alle vor den hölzernen Buden, die die Brücken belagern, die die Alleen verunstalten und wo Gauner die Klamotten verkaufen und versteigern, deren sich diese Elenden entledigen.«

Obwohl die Obrigkeit in Preußen erfolgreicher in ihren Versuchen gewesen sein dürfte, diese Plage einzuschränken, als anderswo in Deutschland – in Köln rechnet man im Jahre 1790 ein Drittel der Bevölkerung zu den Bettlern – gelitten hat man weiter unter diesen Vagabunden. Selbstverständlich wurde das Betteln immer wieder verboten, schärfstens, strengstens. Es wurden sogar jenen Strafen angedroht, die einem Bettler etwas gaben. Bettelvögte wurden eingestellt, die zu zweit durch die Straßen der Stadt patrouillieren sollten.

Übrigens schienen die Berliner Bettler besonders anspruchsvoll zu sein. Während anderswo Passanten um einen Pfennig angehauen wurden, verlangte der Bettler in Berlin

Riemenstechen

Derjenige, der die Bank hat, das heißt also, jener, den man den Riemenstecher nennt (doch tatsächlich gar nicht derjenige ist, der dann stechen wird), legt den 3/4 Zoll breiten und etwa 2 bis 3 Ellen langen Riemen geschickt zusammen – und auch sehr flink – muß dann jedoch beide Enden in der Hand behalten.

Wer sein Glück riskieren will, muß nun mit einem Pfriem durch die Mitte des schneckenartig aufgerollten Riemens stechen, (ohne in den Riemen zu stechen). Jetzt muß der Bankhalter versuchen, den Riemen um den Pfriem herum weg zu ziehen, ohne daß dieser am Pfriem hängen bleibt. Gelingt ihm das, hat er gewonnen. Natürlich hofft ein Neugieriger stets, den Riemenstecher überlisten zu können. Paßt scharf auf, wie der Riemen zusammen gerollt wird. Doch verfügten die Riemenstecher selbstverständlich über ein so reichhaltiges Arsenal von Tricks, daß es den anderen nur ausnahmsweise gelang, den Riemenstecher zu erwischen. Am üblichsten war es, daß der Riemen erstmal zusammen gefaltet wurde, nicht ganz in der Mitte, eben so, daß dabei ein Ende etwas länger blieb als das andere. Außerdem mußte man darauf achten, daß das längere Ende nach innen kam. Dieses überstehende Ende wurde nun noch einmal um die Schnecke gewickelt und der Spieler, der glaubte, ganz genau aufgepaßt zu haben, steckte seinen Pfriem nun gerade dort in die Schlaufe, wo der Riemen zusammen gefaltet worden war. Aber der Riemenstecher hatte wieder gewonnen. Denn durch die Art des Zusammenlegens, ließ sich der Riemen leicht abrollen, ohne hängen zu bleiben.

gleich einen Dreier. Sie gaben obendrein andere Gründe für ihre Not an. Wenn der Dresdner Kollege vielleicht ein Holzbein oder ein krankes Kind vorweisen konnte, gab der Berliner Bettler etwa vor, beim Kaffee-Schmuggel ertappt worden zu sein, und nun müsse er seine Strafe zusammen betteln. Die Berliner Soldaten zogen es vor, durch besondere Höflichkeit ein paar Groschen extra zu kriegen. Sie präsentierten ihr Gewehr und wünschten einen schönen Tag.

Aber eben abgeschafft hat die Obrigkeit die Bettelei auch nicht. Es scheint schwierig gewesen zu sein, die wirklich Armen von den Faulenzern zu trennen. Denn daß es wirklich Arme gab, muß wohl nicht besonders erwähnt werden. In den Stadtbezirken Berlins, in denen die Armen wohnten, »lebte man dicht gedrängt in niedrigen Häusern an engen Straßen, die nachts nicht beleuchtet sind und wo sich die Abfälle häufen. Man stolpert über tote Hunde und Katzen. In Stralau leben halbnackte Männer in einstöckigen Holzhütten.« Ist das nun wirklich ausnahmslos arbeitsscheues Gesindel gewesen?

Ganz sicher nicht. Faul und Fleißig scheinen sich nur etwas aufdringlicher zu begegnen. Da gibt es beispielsweise den blauen Montag, der jahrzehntelang nicht abgeschafft werden konnte, obwohl es immer wieder versucht wurde. Die Handwerks-Gesellen hatten es sich angewöhnt, sonntags in den Herbergen kräftig auf den Putz zu hauen. So brauchten sie sich nicht zu wundern, wenn sie am Montagmorgen mit einem dicken Kopf aufwachten und wenig Lust verspürten, zu arbeiten. Es hatte sich so eingebürgert, daß jene Gesellen, die auf Wanderschaft waren, montags noch mal in die Herbergen gingen. Man setzte sich zusammen. Dann geleiteten ihre am Ort bleibenden Kollegen sie ein Stückchen, und weit vor der Stadt, im Freien, wurde zum endgültigen Abschied einer zur Brust genommen.

Daß der arbeitswütige Friedrich Wilhelm immer wieder versuchte, den blauen Montag abzuschaffen, versteht sich von selbst. Doch selbst nach einem Vorfall von besonderer Brutalität erreichte er nichts. Um die abgebrannte Petrikirche möglichst rasch wieder aufzubauen, hatte der König befohlen, daß zumindest an diesem Bau auch montags gearbeitet werde. Die Gesellen reagierten schlicht. Sie legten die Arbeit nieder. Wütend wurde dem Kommandanten befohlen, die Rädelsführer aufzuhängen. Doch der Kommandant konnte keine Rädelsführer ermitteln. Da er jedoch seinen König zu kennen glaubte, erhängte er vorsorglich einen unschuldigen Gesellen, der immerhin grundsätzlich als verdächtig galt, weil er rote Haare hatte. Der blaue Montag blieb.

Selbst Friedrich II. zum x-tenmal verschärftes Edikt vom März 1783 gegen den Unfug des blauen Montags war kein Durchbruch. Dabei hatte er seinen Landsleuten klar vorgerechnet, daß der Staat durch diesen Extra-Ruhetag im Jahr um zwei Monate Arbeit gebracht werde. Den Herbergsleuten, die die Gesellen montags vor Feierabend bewirteten, wurden saftige Strafen angedroht. Es änderte sich wenig. Aber – waren die Handwerksgesellen deshalb faul? Immerhin mußten sie täglich etwa 14 Stunden arbeiten. Erst abends gegen 8 oder 9 Uhr war Feierabend. Da der Geselle beim Meister wohnte, blieb ihm auch nach Feierabend kaum Zeit für irgendwelche Art von Vergnügen, wenn er dazu noch fähig war. Denn um 10 Uhr mußte er spätestens zu Hause sein.

Verordnung,

wie es mit

der Cur und Verpflegung

derer

auf der Wanderschaft oder in den Werk-Städten

krankwerdenden Handwerks-Gesellen

gehalten werden soll.

Durch die Unzahl von Kammern und kleinen Gelassen war es den Handwerksmeistern möglich, ihren Gesellen und Lehrburschen Schlafstellen im Hause zu geben. Hierdurch kamen diese selten aus dem Hause und konnten sich, da sie ständig unter den Augen des Meisters blieben und da außerdem der Verkehr mit dessen Familie einen wirksamen Einfluß ausübte, Ausschweifungen und Ausschreitungen nicht hingeben. »Zur Sommers Zeit hatten sie einen großen Schlafsaal, zur Winters Zeit ihre eigene Stube zu heizen. Mein Vater pflegte 6 bis 8 große Burschen, 2 bis 4 Gesellen zu halten, die von des Morgens um 4 Uhr bis des Abends um 7 bis 8 Uhr beständig durcharbeiteten, beständig im Hause blieben, speiseten und schliefen.« Da die Gesellen nun ständig im Hause des Meisters lebten und den ganzen Tag unter den Augen des Meisters blieben und das Zusammensein mit dessen Familie einen unmittelbaren segensreichen Einfluß auf sie ausüben konnte, so mußte ihre Sittlichkeit, wenn nicht etwa die schöne Meisterin selbst Anlaß zur Verführung bot, auf einer höheren Stufe stehen, als etwa in Hamburg, wo sich die Gesellen nur während der Arbeit im Hause des Meisters aufhielten und die übrige Zeit eigene Wege gingen.

Handwerkerlied

*Am Samstag, wenn es sieben Ührlein schlägt,
Dann sind die Junggesellen froh.
Dann legen sie alle ihre Arbeit nieder
und sperren die Werkstatt zu.*

*Am Sonntag wollen wir brav lustig sein
Beim Bier und Branntewein,
Dabei wollen wir die Zeit vertreiben,
Bis daß die Uhr schlägt zehn.*

*Und als die Uhr zehn geschlagen hat,
Und als die Uhr zehn geschlagen hat,
Dann kehrn wir Junggesellen nach Haus.
Dann kommt sich der lausige Meister daher
Und er putzt mich brav aus.*

*»Lump, du Lump, du liederlicher Lump,
Weißt du denn kein Zeit nach Haus?
Und wenn dir dieses noch einmal geschieht,
So versperr ich dir das Haus!«*

*»Meister, jetzt wollen wir die Rechnung han,
Das ist Junggesellenbrauch.
So schreibet alle meine Konten heraus,
Und ich marschiere zum Tor hinaus.«*

*Zum Tor hinaus in die Welt hinaus
Von meines Meisters Haus.
Ich hab schon gedacht die liebe lange Nacht,
Es gibt der Quartier noch mehr.*

Gearbeitet wurde im Sommer von des Morgens sechs Uhr bis abends um sieben Uhr, im Winter von des Morgens um sieben bis abends acht Uhr, also dreizehn Stunden ohne Unterbrechung. Des Morgens erhielt ich zwei Tassen Kaffee, mittags um zwölf wurde ein Gericht, meistens mit etwas Fleisch, genossen; doch, öfters mußte ich mir, um satt zu werden, noch ein Stück Brot erbitten, das mir sehr unwillig und meist mit spitzen Bemerkungen über meinen guten Appetit gereicht wurde ... Frühstück und Vesper wurde am Werktisch verzehrt, ohne die Arbeit zu unterbrechen. War viel zu tun, so wurde in die Nacht hinein, nicht selten auch des Sonntags gearbeitet.

Abzählverse

Schultzen's alte faule Grete,
Saß auf einem Baum und nähte.
Fiel herab, fiel herab,
Und das linke Bein war ab.

★

1, 2, 3, 4, 5, 6, 7,
Junge Mädchen muß man lieben,
Liebt man junge Mädchen nicht
Kommt man vor das Stadtgericht.

★

Denkt er denn, denkt er denn,
Mädel sind theuer?
5 für'n Pennig, 15 für'n Dreier!
Denkt er denn, denkt er denn,
Jungen sind theuer?
15 für' Flederwisch, 30 für'n Dreier!

Die Diskussion darüber, ob bestimmte Feiertage noch sinnvoll sind, oder jemals sinnvoll gewesen sein mögen, ist nicht erst entstanden, nachdem in der Bundesrepublik der 17. Juni als zusätzlicher Ferientag eingeführt wurde. Sie hatte vor einigen hundert Jahren begonnen. Dies hier ist nur ein Beispiel:

Edikt, welche Feiertage gefeiert werden sollen

Nachdem aus der täglichen Erfahrung mehr als offenbar wird, daß durch die große Anzahl der Fest- und Feiertage der Zweck, dem sie eigentlich gewidmet sind, überhaupt nicht mehr beachtet wird – außer, daß man die kurze Zeit, die dafür vorgesehen ist, zum Gottesdienst geht – werden die Feiertage mit Müßiggang, Spielen und Üppigkeit verbracht. Da verzehrt mancher gemeine Mann oft an einem Tag, was er eine Woche lang erarbeitet hatte. Hierdurch werden nun weder die Gemüter gebessert, noch wird der Erbauung gedient. Auf der anderen Seite verlieren die Untertanen durch unterlassene Arbeit einen weiteren Teil ihrer Nahrung. Sie verlieren also doppelt, erstmal fressen sie an diesen Festtagen zuviel und dann schaffen sie keine neue Nahrung.

So ist sogar in einigen sowohl der römisch-katholischen wie der evangelischen Religion zugetanen Ländern eine Einschränkung der Feiertage für nötig erachtet worden. Da Wir nun auf alles, was dem Wohl Unserer getreuen Untertanen dienen kann, Unser unverwandtes Augenmerk richten und da auch in unserem Königreich und den übrigen Provinzen – bis auf Schlesien – bereits verschiedene überflüssige Feiertage abgeschafft worden sind, ist unsere allergnädigste Willensmeinung und Befehl, daß nunmehr einheitlich außer den drei Hauptfesten, also Weihnachten, Ostern und Pfingsten nur noch die vierteljährlichen Bußtage, der sogenannte grüne Donnerstag und der Karfreitag, sowie das Fest der Himmelfahrt und der Neujahrstag gefeiert werden. Michaelis jedoch und der 3Königstag sind auf die nächstfolgenden Sonntage zu verlegen.

Alle übrigen, sonst hier und da zelebrierten Fest- und Aposteltage werden künftig nicht mehr gefeiert.
So geschehen und gegeben
Berlin, den 12. März 1754.
Friederich.

Ist die Frage jetzt leichter zu beantworten, ob die alten Preußen nun faul oder fleißig gewesen seien? Wahrscheinlich ist die Frage müßig. Sie haben, wenn ihnen nichts anderes übrig blieb, hart, ausdauernd gearbeitet. Aber sie haben jede Gelegenheit genutzt, sich dieser Arbeit zu enthalten. Sie waren kein heroisches Geschlecht. Es waren völlig normale Menschen, uns nicht ganz unbekannt.

Reisen oder Wollen Sie gleich weiter?

Wenn heute der Steuerprüfer Kowallek oder ein Turnlehrer aus einer Gesamtschule in Urlaub fährt, kann es gut sein, daß er mal eben nach Bangkok fliegt, für vierzehn Tage, oder zum Karneval nach Rio. Ob das Reiseziel in Schleswig-Holstein ist, oder auf der gegenüberliegenden Seite unseres Globus, spielt kaum noch eine Rolle; Reisen ist unauffälliger Teil unseres Alltags.

Da mag sich mancher wundern, wenn er erfährt, daß Preußens großer Philosoph Immanuel Kant sein Königsberg niemals verlassen hat. Vielleicht hat er keine Lust gehabt, zu verreisen, vielleicht keine Zeit. Doch es kann auch möglich sein, daß es ihm einfach zu teuer war, zu unbequem, zu mühsam und zu umständlich. Denn Reisen war damals etwas ganz anderes. Wir benutzen nur noch das gleiche Wort. Ein Mensch der reiste, war eine bewunderte Rarität. Die meisten Einwohner unserer Dörfer und Städte haben ihr Leben in einem Umkreis von 20 km verbracht. Von dem, was hinter den Hügeln war, haben sie nie etwas gesehen.

Dabei waren schon Ende des 17. Jahrhunderts regelmäßige Postkutschen-Dienste eingerichtet worden. Die erste staatliche preußische Postroute ging von Königsberg nach Kleve – über Berlin, versteht sich. Dann kamen, meist zwei Mal wöchentlich, Dresden/Leipzig, Breslau und Hamburg dazu. Für den preußischen König war die Verbreitung der Post identisch mit der Verbreitung von Kultur. Als 1723 das Generalfinanzdirektorium dem König davon abriet, die ostpreußischen Postanlagen weiter auszudehnen, schrieb der sonst ungewöhnlich geizige Friedrich Wilhelm ärgerlich an den Rand: »Sollen die Posten anlegen in Preußen von Ort zu Ort. Ich will haben ein Land das kultiviret sein soll. Da höret Post dazu.«

Das war gar nicht so einfach, wie es heute klingen mag. Um eine Post mit regelmäßigem Dienst einzurichten, mußten schließlich zunächst einmal befahrbare Wege gefunden werden. Hatte man endlich eine brauchbare Strecke zusammen, mußten Verträge mit den Fähr-Anstalten abgeschlossen werden, damit die Postwagen an den Flüssen auch übergesetzt werden konnten. Außerdem hatte man dafür zu sorgen, daß den Posten nachts die Stadt- und Festungstore geöffnet wurden. In preußischen Landen war den Offizieren befohlen, sofort die Tore zu öffnen, nachdem der Postillion schon weit vor der Stadt in sein Horn geblasen hatte – freilich nur in Friedenszeiten. Sie sollten sogar – mit den Schlüsseln in der Hand – sich ans Tor stellen, wenn eine Post erwartet wurde. Und während die Post das Tor passiert, soll der Offizier die Schlüssel auch ja in der Hand behalten. Es scheinen jedoch einige Jahrzehnte ins Land gegangen zu sein, bis alles so funktionierte, wie die Obrigkeit es sich vorgestellt hatte. So mußte der

Königlich-Preußischer Postkutschen-Fahrplan von 1708

Verzeichnüß/
Wie Seiner Königlichen Majestät in Preussen/x. Posten
In Dero Residentz-Stadt Berlin/ein- und ablauffen
Abgehende Posten.
Ankommende Posten.
Am Sonntage/ Nach
Am Montage/ Nach
Am Dienstage/ Nach
Am Mittwoch/ Wie am Sonntage gemeldet.
Am Donerstag/ Nach Leipzig/ die Post-Kutsche. Um 6 Uhr Morgends.
Am Freytage/ Wie am Montage gemeldet. Ausser die Post nach Güstrow.
Am Soñabend. Wie am Dienstage gemeldet.
Am Sonntage/ Aus
Am Montage/ Aus
Am Dienstage/ Aus
Am Mittwoch/ Wie am Sonntage.
Am Donerstag/ Aus
Am Freytage/ Aus
Am Soñabend. Wie am Dienstage. Ausser die Post-Kutschen und Güstrauer Post.
NB. Wenn die Briefe nicht zu rechter Zeit ins Post-Hauß geliefert werden/ muß ein jeder gewärtig seyn/ daß sie biß zur andern Post liegen bleiben.
Cölln an der Spree/ Druckts Ulrich Liebpert/ Königl. Preuß. Hof-Buchdr. 1708.

König noch im Jahre 1710 »ernstlich darauf hinweisen, daß es nicht anginge, wenn ankommende Posten ganze Stunden vor den Thoren angehalten werden, um die Pässe der in der Kutsche befindlichen Passagiere zu examinieren, daß dadurch manchmal sogar die Thore in der Zwischenzeit geschlossen werden und die Passagiere die Nacht über zu größter Unbequemlichkeit gezwungen werden.« Oder aber, daß Passagiere, wenn sie endlich in die Stadt kommen, die Postkutschen nicht mehr erreichen, mit denen sie weiterreisen wollten. Noch wichtiger für die preußische Post war, daß sie Geleitbriefe von den ausländischen Regierungen bekam. Zu jenem Zeitpunkt bestand Deutschland immerhin aus mehr als 300 souveränen Territorien. Viele waren miteinander verfeindet. Die preußische Post hatte jedoch keine Alternative. Wenn sie sämtliche Teile ihres zerrissenen Staatsgebiets mit der Post versorgen wollte, mußte sie durch Ausland.

Also wie reiste man nun, wenn man reiste?

Stellen wir uns vor, daß die Witwe des wohlhabenden Schneidermeisters Dieckmann ihren vor vielen Jahren für eine der neuen Tuch-Manufakturen nach Berlin geworbenen Sohn besuchen möchte. Als dieser damals nach Berlin umgesiedelt war, hatte die Mutter wie alle anderen geglaubt, das wäre nun der Abschied für immer. Doch jetzt war der liebe Ehemann unversehens gestorben, hatte ausreichend Vermögen hinterlassen. Sie konnte sich das Abenteuer leisten. Sie wohnte, sagen wir, in Krefeld. (Würden wir die preußischere Richtung wählen, hätten wir sie wohl in die Gegend von Königsberg verschlagen, doch das könnte uns ja nur zu sentimentalen und politisch folgenlosen Exkursen verleiten). Also Krefeld.

Sie hatte nun folgende Möglichkeiten, nach Berlin zu gelangen:

- ⋆ zu Fuß. Wie die Handwerks-Gesellen und die meisten einfachen Bürger.
- ⋆ mit einem Pferd. Sie hätte reiten können, wenn sie sich getraut hätte, auf ein Pferd zu steigen. (Sie hätte sich sogar ein Pferd dazu ausleihen können, ein sogenanntes Kurierpferd.)
- ⋆ Sie hätte sich einen Fuhrmann mieten können. Allerdings war es dem verboten, unterwegs die Pferde zu wechseln.
- ⋆ dann eben mit der Post, mit der ordinairen Post oder
- ⋆ mit der Extrapost. Diese war schneller, aber wesentlich teurer.

Witwe Dieckmann hätte sich für die ordinaire Post entschieden. Die nächste Poststation für Krefeld war Wesel. Nach den Abfahrtszeiten hatte sie sich schon erkundigt. Doch mußte sie sich trotzdem vorher nach Wesel bemühen, um sich für die Reise anzumelden und bis zur ersten Station im voraus zu bezahlen. Das hätte sie schon einige Tage vor dem Abreisetermin erledigen müssen.

Aus der Vossischen Zeitung

1755. Wenn jemand Belieben hat, mit Anfang des zukünftigen Monats Juni in einem zweisitzigen Wagen mit nach dem Carlsbade zu reisen, der kann beim Verleger dieser Zeitung nähere Nachricht einziehen.

1790. Es sucht jemand in den ersten Tagen des Oktobers einen Platz in einem verdeckten Wagen nach Leipzig, welcher aber des Nachts stille liegt, zu reisen. Wer solchen nachweisen kann, beliebe es in der Vossischen Zeitungs-Expedition anzuzeigen.

In den meisten Kutschen war Platz für vier Personen. Sah es so aus, als würde man den Wagen nicht voll kriegen, erschienen, von tüchtigen Postmeistern veranlaßt, entsprechende Anzeigen (falls Zeitungen vorhanden waren).
Dann war der große Tag gekommen. Witwe Dieckmann hatte sich spätestens eine Stunde vor Abfahrt der Kutsche auf der Poststation einzufinden. Schließlich mußte das Gepäck gewogen und vor allem verstaut werden.

Da so selten gereist wurde, war es nur normal, daß Nachbarn, Freunde und Verwandte für ihre Nachbarn, Freunde und Verwandten etwas mitzugeben hatten. So hatte auch unsere Witwe selbstverständlich einen Stapel Wunschzettel im Gepäck. Dinge, die es nur in Berlin gab, sollten mitgebracht werden. Möglicherweise sogar einige Adressen, um Schulden einzutreiben oder Hauslehrer zu engagieren. Viele Reisende kauften sich noch Waren, die sie am Ziel wieder verkauften. Bis zu 50 Pfund Gepäck wurden frei befördert, was drüber war, wurde teuer.

Der Postwagen hatte meistens nur drei Pferde. Erst 1766 wurde angeordnet, daß »in Betracht der üblen Beschaffenheit der Wege« viersitzige Postwagen auch mit vier Pferden bespannt werden sollen, wenn nicht gar mit fünf und mehr. (Allerdings mußte der Reisende pro Pferd bezahlen.) Seit einigen Jahren leistete sich die preußische Post sogar den Luxus eines Daches für die Kutsche, es war nicht mehr als eine Zeltplane, doch immerhin besser als gar nichts. Während der ersten Jahrzehnte des 18. Jahrhunderts hatten die Reisenden noch im Freien gesessen. Mit der Plane ist die Luxus-Ausstattung der Kutsche bereits vollständig aufgezählt.

Türen etwa hatte der Wagen noch nicht, die selbstverständlich ungepolsterten Sitze waren ohne Lehnen. Hinten gab es eine Schoßkelle für das Gepäck und vorn einen Kasten zur Aufbewahrung der Briefbeutel, Gelder und Wertsachen. Hier wurden die Pakete bis an die Decke mit Stricken befestigt.

Auch unter den Sitzbänken lagen Pakete und Futtersäcke, Heringstönnchen, geräucherter Lachs und Wild. Alles kollerte dann aber doch durcheinander, zwischen die Beine der Passagiere und auf die Bänke während der Reise. So waren diese ausreichend beschäftigt. Sie durften versuchen, alles wieder an ihren Plätzen zu verstauen. Viele verzweifelte Passagiere mußten sogar ihre Beine zur Seite des Wagens heraushängen, weil sie wegen des Gepäcks ihre Füße nicht ausstrecken konnten.

Frachtbrief von 1777
Magdeburg, den 6. Septbr. Ao 1777.
Hochgeehrte Herren!

Im Namen und Geleite Gottes sende hiermit durch Schiffer Daniel Schmidt unter nebigen Signo & No.
2 Piepen Rübe-Oehl gewogen zur Fracht

85, 8 3/4 Cr 22 Pfd.
86, 9 1/4 Cr 23 Pfd.
Sa. 18 Cr 45 Pfd.

Schreibe Zehn und Acht Centner zur Fracht.
In Fracht bedungen pr. Cr. 12 gr.
Schreibe Zwölff Groschen pro Centner.
Nach guter und wohl conditionirter, sonder einigen Schaden zu rechter Zeit geschehener Lieferung, gelieben f.f. gantze Fracht zu bezahlen. Der Höchste verhelfe es glücklich in salvo, deme empfohlen, beharre
f.f. D. W. Dr.
Johann Paul Wacker

Postwagen beförderten Bier- und Branntwein-Tonnen, Herings- und Ölfässer, Möbel, wilde Schweine, Wollsäcke, Häute und andere Rohprodukte. Von Halberstadt waren kürzlich mit einem Postwagen 90 lebendige Hasen nach Berlin befördert worden. Dabei hatte es schon 1712 eine Anordnung gegeben, in der es hieß, daß die Fahrgäste »vor lauter Päckereien und üblen Geruch in den Wagen kaum sitzen können. Sie sähen mehr den Frachtwagen ähnlich. Da desgleichen die Postillons sich nicht scheuen, selbst auf vollen Wagen, noch heimlich Passagiere mitzunehmen, die Postwagen dergestalt mit Sachen und Menschen befrachtet sind, daß sie zum öftern zu nicht geringer Blamage der Königlichen Posten ganz stecken bleiben«.

Wegen dieser Fracht würde Witwe Dieckmann auch nicht einfach in die Kutsche einsteigen können, sondern würde vermutlich unter der Plane über die Deichsel kriechen müssen. Aber dann – endlich und wahrhaftig – ging es los. Aber wie. Die meisten Straßen in Preußen waren katastrophal. Die Kutsche war nicht gefedert.

So wurden die Reisenden ständig durchgeschüttelt. Angenehm war lediglich die Reisegeschwindigkeit. Würden wir die Kutsche auf der Fahrt beobachten können, dürften jene ganz hübsch irritiert sein, die sowas lediglich aus dem Kino kennen. Mit den Peitschen knallende Kutscher, galoppierende Rösser, hühahüha... hühahüha... und die Landschaft fliegt vorüber, die Haare flattern im Wind, Hüte mußten festgehalten werden, ... – Nein! So war es nicht. Filmregisseure haben andere Sorgen. Es war holperig, unbequem, anstrengend – aber es war gemächlich. Das Delikt der Geschwindigkeitsüberschreitung war auf deutschen Landstraßen unbekannt. Im Gegenteil.

Ein Unfall unterwegs

»Der Weg war gut und eben, dieser Bediente wollte im währenden Fahren sein Wasser auf dem Wagen abschlagen, stieg also, wie es oft schon geschehen, auf das untere Brett seines am Wagen angebrachten Sitz. In dieser Zeit muß ein sonst unbedeutender Stoß ihn aus dem Gleichgewicht gebracht haben, daß sein Überrock an das linke hintere Rad kam, welches ihn hinauf zog und mit aller Gewalt über seinen Körper drehte..«

Immer wieder wurde Schnelligkeit gefordert. Die Posten mögen doch in einer Stunde wenigstens eine ganze Meile schaffen. Doch üblich waren für zwei preußische Meilen auf preußischer Straße 3 Stunden. Da eine preußische Meile rund 7 km sind, legte man also 14 km in drei Stunden zurück. Das sind nicht mal 5 km in einer Stunde. Also waren die Postkutschen, verehrte Herren Filmregisseure, fast so schnell wie ein normaler Fußgänger.

Von Wesel nach Berlin war die Kutsche (und die Witwe) elf Tage unterwegs. Man fuhr über Wesel, Hamm, Lippstadt, Bielefeld, Minden, Hannover, Barthy, Brandenburg und Spandau. Dabei war die preußische Post meist noch schneller als die anderer Länder, weil sie häufig auch in der Nacht fuhr. Beispielsweise benötigte die Konkurrenz von Frankfurt/Main nach Kassel ganze vier Tage, schaffte nicht mehr als sechs Meilen täglich.

Andererseits war es für die Reisenden natürlich kein besonderes Vergnügen, unter den geschilderten Umständen nachts zu fahren. Viele weigerten sich auch, weil sie Angst hatten, überfallen zu werden. Dabei hatte Friedrich Wilhelm eine Verbesserung angeordnet. Nachdem sich

Neue Postordnung vom August 1712

§ 12. So wohl reitende als fahrende Postillone sollen bey ihrem Abgang von dem Posthause, und wann sie davor ankommen, wie in allen Straßen selbiger, und der Städte und Dörffer, wodurch sie passiren, jederzeit fleißig und wohl blasen, da sie, wenn sie solches unterlassen würden, das Blasen gar nicht erst hätten lernen sollen. Und werden sie dann, wenn sie das Blasen versäumen, auf schlechtere und kleinere Postcourse, wo eine geringe Passage ist, versetzt.

bislang die Postillone und Passagiere auf den »redlichen Willen der Pferde und die nachgiebigen Bestandteile der Straße, auf welchem sie demnächst umgeworfen würden« verlassen hatten, wurden nun die Schirrmeister angewiesen, »an schlimmen Wegstellen vom Wagen zu steigen und den Postillonen mit einer Laterne vorzuleuchten.«

In den Stundenzetteln können wir heute viele Hinweise zu diesem Thema entdecken. So mußte die Postkutsche in Klus bei Zanow vier Stunden stehen bleiben, weil die Passagiere (»Drei Juden, die viel Geld mit sich führten«) bei Nacht nicht durch den von Räubern unsicher gemachten Gollenberg haben fahren wollen.

»Unvergeßlich ist mir der Postkerl auf der langen traurigen Station von Helmstedt nach Magdeburg oder von da nach Brandenburg, der nicht öfter denn sechsmal schnapste, und dann das Gegenstück zu Friedberg in der Wetterau. Von Cassel her, nachdem der Postillon lange nach dem Weg gesucht hatte, worüber ich zweimal gepfändet wurde, brach endlich der Wagen – die Leute, die ihn nach F. schleppten, die Handwerker, die ihn wiederherstellten, machten ungeheure Forderungen, der Postillon verlangte stärkeres Trinkgeld. Und im Gasthaus, wo ich fluchte und jammerte, daß ich nun heute nicht mehr nach Frankfurt komme, lachte der Wirt nur und sagte: So geht es allen, davon leben wir!«

Nicht jeder Reisende ärgerte sich jedoch über die Postillons, sie hatten Rüpel erwartet und hatten Rüpel bekommen. Dafür ärgerten sie sich dann über die Postmeister. »Kein Schwager hat mich je so außer Fassung gebracht wie mancher Postmeister mit der Frage: Wollen Sie *gleich* weiter? die Hoffnungen erregte, welche erst nach einigen Stunden in Erfüllung gingen. Manche wollen ein Mittag- oder Abendessen an den Mann bringen oder wenigstens ein Pferd mehr. Oder da war gerade eine vornehme Herrschaft passiert, man muß Pferde vom Bauern holen. Doch dieser Bauer war selbst der Postmeister. Er lieferte matte, ausgemergelte Ackergäule, die auch durch die Hiebe des zornigen Postknechts keine Kräfte bekamen.«

Verzögerungen ergaben sich natürlich häufig genug aus ganz anderen Gründen. Da hatten beispielsweise die »Herren Passagiere« in Bernau sich wegen des guten Märzbiers eine halbe Stunde länger aufgehalten, als es der Fahrplan vorsah. Bei Bielefeld hatten Bauern den Postillon erstmal »abprügeln müssen«, weil er über ihren Acker gefahren war, bevor sie die Fahrt fortsetzen konnten. Dabei war den Postillons das durch den König ausdrücklich erlaubt worden.

Am 2. Mai 1730 hatte Friedrich Wilhelm ein Edikt erlassen, indem es u. a. hieß, daß, wenn die Wege an einigen Orten nicht auszubessern sind oder die Ausbesserung von den Verantwortlichen verzögert wird »den ordinairen sowohl reitenden als fahrenden Posten unverwehrt sein solle, Ne-

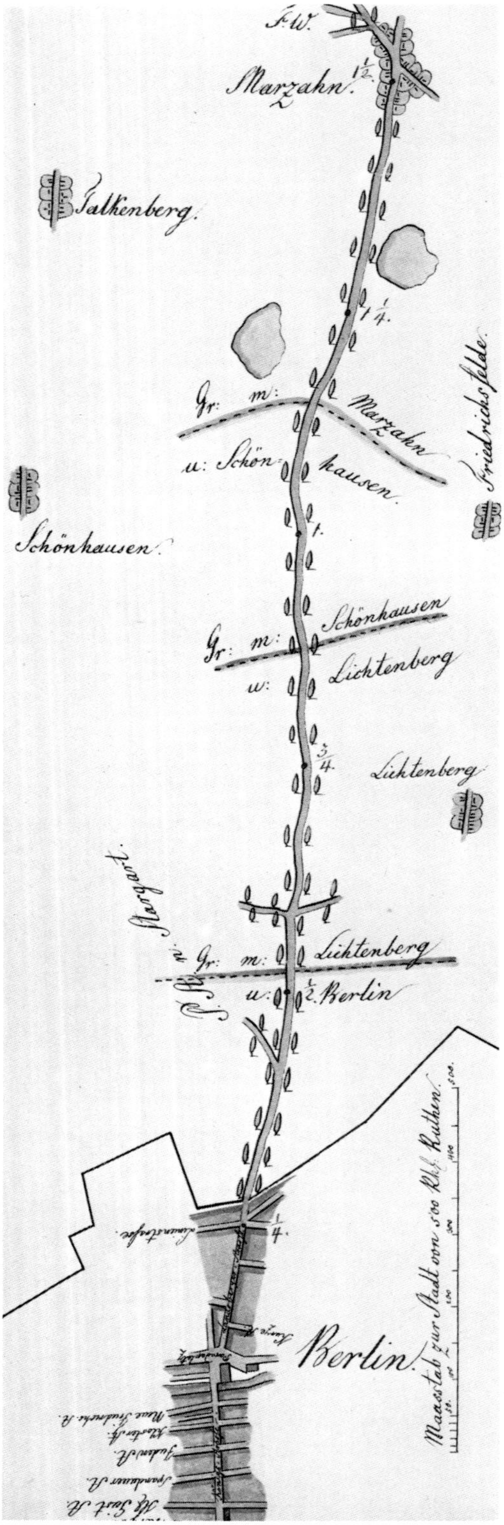

ben- und Feldwege zu gebrauchen, selbst wenn diese mit Schlagbäumen verstellt seien. Ingleichen, wo keine Nebenwege wären, über unbestellte Äcker und Wiesen zu fahren, ohne daß man sie deshalb pfänden, viel weniger gewaltthätig traktieren dürfe.«

Außer solchen ungewöhnlichen Verzögerungen, gab es natürlich die gewöhnlichen, die üblichen Verzögerungen: über die Ufer getretene Flüsse, zerbrochene Räder und Achsen, unbefahrbare Straßen, Desinfizierung der Pakete und Briefe in Zeiten ansteckender Krankheiten.

Darauf wurde ganz besonders im ersten Jahrzehnt des 18. Jahrhunderts geachtet. Alle Briefe, die in Königsberg, Stargard und Stettin aufgegeben wurden, mußten durch Essig gezogen werden. Sie durften auch nicht, wie sonst üblich, in leinenen Beuteln verpackt werden, sondern mußten in Papier eingewickelt werden, das wiederum in Pestessig getränkt war. Genauso hatte das Postamt in Grünberg mit Briefen zu verfahren, die aus Schlesien kamen. Selbst das Felleisen, in das die Post gesteckt wurde, hatte vorher innen mit Pestessig befeuchtet ausgeräuchert zu sein.

Und damit man in Berlin sicher sei, sollten auch sämtliche dort eintreffenden Pakete genau kontrolliert werden. Wer ein Paket nach oder über Berlin schicken wolle, müsse vorher an Eidesstatt angeben, welche Waren und Sachen sich darin befinden, daß nichts davon aus verdächtigen oder infizierten Orten gekommen sei. Die Pakete könnten jederzeit visitiert werden und sollte dann irgendetwas in ihnen gefunden werden, über das keine oder falsche Angaben gemacht worden seien, würden nicht nur die Pakete konfisziert und dann verbrannt werden, sondern der Aufgebende müßte auch mit einer strengen Bestrafung rechnen.

Ein wirklich brauchbares Straßennetz hatte indessen kein europäisches Land. Nur Frankreich verfügte in der zweiten Hälfte des Jahrhunderts über ein gutes Netz gepflasterter Hauptstraßen, die »chaussees«, mit Paris als Mittelpunkt. Doch die übrigen Straßen waren auch dort noch immer miserabel.

Die ersten deutschen Chausseen wurden 1720 in Hessen gebaut, in Baden 1733 und 1772 in Württemberg. Daß die Straßen im Süden so viel besser waren als im nördlichen Teil Deutschlands, mag daran gelegen haben, daß es im Süden einfach mehr Steine zum Pflastern gab. In Preußen waren die Hauptstraßen abscheulich, Sand im Sommer, Schlamm im Winter.

Es gibt andererseits auch Leute, die behaupten, daß dieser jämmerliche Zustand preußischer Straßen beabsichtigt sei. Friedrich wolle damit erreichen, daß fremde Fuhrleute länger im Lande bleiben (und mehr Geld ausgeben). Nach einer zweiten Version lasse Friedrich die Straßen deshalb so verkommen, um möglichen feindlichen Armeen den Vormarsch zu erschweren.

Noch in der Mitte des 19. Jahrhunderts gibt es Straßen, in denen die Wagen bis zu den Achsen in Lehm versinken. Oder Spuren, die von den Rädern wie Mauern herausgefahren waren. Friedrich II. hatte sehr wohl versucht, den Zustand seiner Straßen zu verbessern. Immer wieder beschwerte er sich, daß seine oft wiederholten

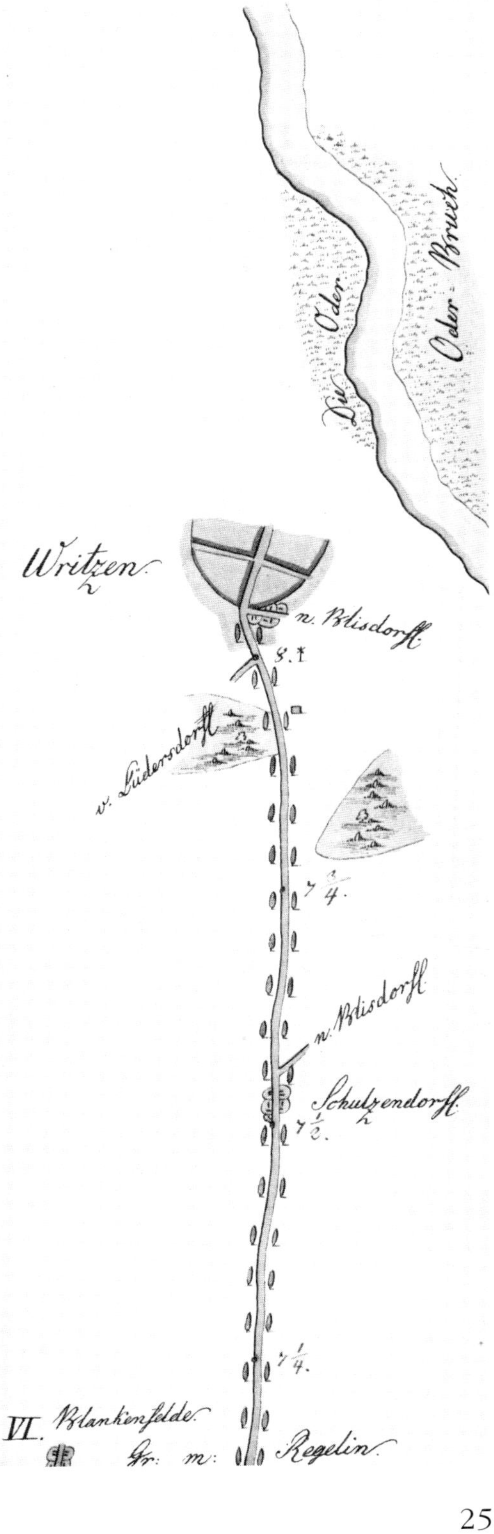

Von Berlin über Lansberg und Strausberg nach Writzen Postkutschenlinie um 1805

allerhöchsten Befehle, die Landstraßen, Wege und Brücken überall instand zu setzen, so schlecht befolgt worden seien. Insbesondere in den sandigen Gegenden seien die Straßen häufig unpassierbar.

Also auf ein Neues, am 23. März 1764 (ein Jahr nach Ende des Siebenjährigen Krieges).

Unter der Aufsicht der Gerichtsobrigkeiten wird dem Schultzen ernstlich befohlen, ohne den geringsten Zeitverlust sowohl die Dorfwege als insbesondere die Post- und Landstraßen

§ 1 genau zu visitieren, das darin stehende Wasser in die daneben befindlichen Graben zu leiten, die Graben aufräumen und tiefer, auch wo es nöthig ist, breiter machen zu lassen, indem selbige zum Teil dermaßen verfallen, daß sie mehr schaden als helfen.

§ 2 Sowie auch die ausgefahrenen Löcher durch Erde erhöht, nicht minder jedem Weg oder Straße eine kleine Rundung gegeben werde, damit das Wasser nicht so leicht stehen bleibe. NB. Dieses muß sooft als es nöthig ist, ohne anderweitiges Erinnern und wenigstens jährlich zweimal, nämlich Frühjahr und Herbst geschehen.

§ 3 sind die Dämme, es seien Stein- Holz- oder Sand-Dämme, so breit zu machen, daß sich zwei vierspännige Wagens bequem ausbiegen können.

§ 4 Sind auch in den Heiden und Gehölzen, die starke Wurzeln aus dem Wege zu schaffen und die Zacken von denen Bäumen, so weit abzunehmen, daß sie den Reisenden nicht das geringste Hinderniß oder Schaden an den Wagens und Ladungen verursachen.

§ 5 Alle, insbesondere die großen nur etwas aus der Erde hervorragenden und den Fuhrwerke sehr nachteilige Steine, sollen aus den Wegen weggebracht werden.

Die Postillons

Wer sich die Postillons so vorstellt, wie sie Alt-Bundespräsident Walter Scheel mit dem Lied »Hoch auf dem gelben Wahagen...« wieder populär gemacht hat, nämlich gut gelaunt, fröhlich ins Horn tutend und freundlich zu jedermann, muß seine Ansicht korrigieren.

Die Wirklichkeit war anders, ganz anders. »Schlechte Wege, gute Wege, schlechtes Wetter, gutes Wetter, nichts bekümmert ihn, wenn er nur seinen Pfeifenstummel raucht und sein Schnaps bezahlt wird.«

Ein Mann, der viel reisen mußte, dem aber der Arzt gegen Hypochondrie empfohlen hatte, so oft wie möglich zu Fuß zu reisen, berichtete: »Kaum war ich auf der Landstraße, so brach ein starker Regen auf mich herab. Ungefähr 1000 Schritte vor mir stand ein dichter Eichbaum; ich erblickte ihn nicht so bald, als ich mich in einen Lauf setzte, der über alle menschlichen Kräfte ging.

Ich hatte mich eben erst ein wenig erholt, als ein bedeckter Postwagen des Weges kam. Der Himmel hatte sich ringsum bezogen, es regnete noch stark, und kein heller Streifen innerhalb der Wolken zeigte, daß sie sich bald brechen und der Sonne weichen würden. Ich entschloß mich also kurz, eilte auf den Postwagen zu, und fragte den Postillon, ob er mich mitnehmen wolle; ich sei erbötig, auf der nächsten Station das volle Postgeld zu bezahlen. ›Hü, hü!‹ rief er seinen Pferden zu und ermunterte sie mit der Peitsche zum schärfsten Trabe. Ich glaubte, er habe mein Anliegen nicht gehört, und lief außer Atem, und vom Regen bis auf die Haut durchnäßt, neben dem Wagen her, indem ich fortwährend rief: ›Auf der nächsten Station will ich das Postgeld bezahlen.‹

Neue Postordnung vom August 1712

§ 3 Die Postmeister werden hierdurch befehligt, einen jeden Postillon bey Ausgang des Quartals und Auszahlung seiner Besoldung, seine Eides-Formel und andere sie angehende Paragraphen der gegenwärtigen Postordnung vorzulesen, und sie vor der Sünde des Meineides mit Vorstellung der darauf erfolgenden zeitlichen und ewigen Strafe ernstlich zu warnen.

§ 13 Letztlich wird den Postillonen bey Entsetzung ihrer Dienste, und anderer unausbleiblichen Bestrafung ernstlich verboten, unterwegs an den Krügen, Mühlen und sonsten des Saufens oder anderer strafbaren und unerheblichen Ursachen halber sich aufzuhalten oder auch gar zu schlafen. Derjenige Passagier, oder sonst jedermann, welche dergleichen denunzieren, soll von der Besoldung des Postillons zehn Reichsthaler zur Diskretion haben.

Endlich erbarmte sich ein Passagier, warf dem Postillon ein paar Donnerwetter zwischen die Ohren. Aber das tat nicht halb so viel Wirkung als die Drohung, wenn er mich nicht mitnehme, so würde es im Postamte gemeldet werden. Nun hielt er still und ich stieg ein.«

Und endlich: Berlin kündigt sich mit der vergoldeten Spitze seines Marienturms als die Hauptstadt Preußens an. Der Schwager verdoppelt seine Ungeduld, man mag herkommen, wo man will, man soll die doppelt gezahlte Königsmeile auch doppelt genießen. (Die Königsmeile hatte sich Friedrich Wilhelm I. ausgedacht. Es war die letzte Meile vor Berlin.) Berlin liegt inmitten einer großen Sandebene und so erscheint Berlin dann als schönste Stadt Deutschlands. Während Wien in einem fruchtbaren Garten von schönen Bergen umgeben, durchströmt von der mächtigen Donau liegt, ist Berlin, wie viele Reisende, die zum ersten Mal Berlin besucht haben, selten vergessen haben zu notieren, »in einer arabischen Sandwüste wie Ägyptens Pyramiden. Und diese Sandwüste erstreckt sich von Berlin bis Memel, und von der Elbe bis an die Grenzen Mecklenburgs. Nur hat der gütige Himmel die Marken mit der Plage Ägyptens und Syriens, mit den Heuschreckenheeren verschont. Die Spree ist gegen die Donau ein seichter, trüber, sumpfiger Bach, dessen Wasser niemand ohne Ekel ansehen kann, wenngleich Bier daraus gebraut wird. Denn während der Nacht muß ihr Bett alles aufnehmen, was des Tags fast zweihunderttausend Paar Öffnungen von sich geben«. Doch diese reizvolle Umgebung sollte nicht die einzige Ablenkung von Witwe Dieckmann gewesen sein. Wenn sie – endlich – ihr Reiseziel erreicht hatte, würde das Beste noch folgen.

Das Tor zur Stadt.

Brandenburgische Extrapost Holzstich

Akzise oder Wie der König zu Geld kommt

»Kam nun ein Reisender ans Tor, wurden seine Sachen vom Torschreiber registriert, und er bekam gleichfalls eine Wache, die das Gespann nach dem Packhofe führte. Wars aber gerade ein Sonntag, an dem kein Akzisebeamter dort zu finden war, so blieben die Sachen über Nacht auf dem Packhofe, und am Montage früh durfte der Reisende sich nochmals dort einstellen, daß sein Koffer richtig visitiret würde. Und hatte er etwa einen anständigen Rock für die Reise in den Koffer gepackt, gleich fragte der Akzisebediente, wo der Stoff gekauft wäre, und ob er bereits verakziset sei? Der Visitator wollte genau wissen, ob es vielleicht fremdes Tuch sei, oder ob der Stoff zum Rock vielleicht aus dem Berliner Lagerhaus bezogen wäre?

Das konnte der Fremde nun nicht mit Gewißheit sagen; er konnte es jedenfalls nicht beweisen. Also gab es ein weiteres Fragen. Die Sache war bedenklich. Wo es sich möglicherweise – für den Fall, daß es ein fremdes Tuch wäre – um eine erhebliche Schädigung der Berliner Tuchfabrik handelte, wo also das Königliche Interesse mitsprach, das ausdrücklich die heimische Wollindustrie gefördert wissen wollte, so mußten die deshalb vorgesehenen strengen Akzisesätze zur Anwendung kommen. Der Rock wurde ausgemessen, von jeder Elle sollten zwei Thaler Akzise erlegt werden. Das schien dem Reisenden höchst unbillig, und er sagte es offen. Also gab es wieder ein langes Hin und Her um den Rock. Der Visitator verlangte Auskunft, ob der Rock schon getragen sei. Der Fremde bejahte es, aber es wurde ihm nicht geglaubt; denn auf dem Rock war kein Puder von der Frisur zu finden. Auch waren noch Heftfäden durch die Falten gezogen!« Da standen sie nun am Tor, die Torwächter und die Torschreiber, meist ausgediente, invalide Soldaten. Und

Potsdamer Tor 1735

taten (mehr oder weniger redlich) ihre Pflicht. Sie hatten ihre Vorschriften. Schließlich waren sie dafür verantwortlich, daß Geld in die Staatskasse kam. Denn in jenen Tagen war die Akzise – und wegen dieser Steuer wurden die Städte damals so bewacht – die bedeutendste Quelle der staatlichen Finanzen. Das war eine ganz schöne Verantwortung für Leute, von denen der König nicht viel mehr forderte, als daß sie lesen und schreiben »und etwas rechnen« könnten. Dann war ihnen noch aufgegeben, »sich alles Vollsaufens, Spielens und dergleichen liederlichen unanständigen Lebens gänzlich zu enthalten.«

Wie würde sich wohl heute ein Zollbeamter fühlen, wenn ihm eine ähnliche Last aufgebürdet wäre, wenn er allein für die Einnahmen des Staates verantwortlich wäre. Wenn wir also keine Einkommensteuer hätten, keine Lohn- und keine Gewerbesteuer? Von all jenen Quellen gar nicht zu reden, die sich raffinierte Finanzexperten während der letzten Jahrhunderte ausgedacht haben, um den Bürgern Geld aus der Tasche zu ziehen.

Die Akzise war ein neuartiges Steuersystem, das der Große Kurfürst nach und nach in den preußischen Landen eingeführt hatte – auch hier war ihm Holland Vorbild. Vorher hatte man beinahe ausschließlich den geraden, den offenen Weg der direkten Besteuerung der Untertanen eingeschlagen.

Auch der preußische Staat hatte sich sein Geld bis dahin vor allem durch Kopf-, Haus-, Grund-, Vieh- und Gewerbesteuer beschafft. Diese direkte Steuer, häufig als Kontribution bezeichnet, war eine meist ungerechte, oft willkürliche Steuer, mit schlimmen Folgen, vor allem für die kleinen und größeren Städte und für den Handel.

Man besteuerte die Kleider und die Perücken. Wer Gold und Silber auf seinen Kleidern tragen wollte, zahlte jährlich einen Taler. Die Perückensteuer war 1698 eingeführt worden, für eine französische mußte 25 Prozent ihres Wertes bezahlt werden, für die einheimische dagegen nur sechs Prozent. Sämtliche Perücken mußten mit spanischem Lacke markiert, das heißt, gestempelt werden.

Wer eine Karosse oder Chaise gebrauchte, durch welche das kostbare Pflaster der Residenz »verdorben« würde, zahlte 12 Groschen bis zu einem Taler. Dann gab es eine Fontangensteuer, damit wurde der Kopfputz der Damen abgegolten; außerdem eine Strumpf-, eine Schuh- eine Stiefel-, eine Pantoffel- und eine Hutsteuer.

Doch selbst diese vielen Steuern, all das auf diese Art eingetriebene Geld reichte nicht. Es reichte vor allem nicht mehr, nachdem der Große Kurfürst sich entschlossen hatte – sich wahrscheinlich dazu auch entschließen mußte – ein schlagkräftiges Heer aufzustellen. Mit der Akzise konnte sich der Staat nun Geld beschaffen, ohne Personen zu besteuern. Er hatte jetzt die Möglichkeit, über Waren an Geld zu gelangen – ähnlich wie bei unserer heutigen Mehrwertsteuer.

Das konnte natürlich nur funktionieren, wenn es möglich sein würde, die Waren auch zu kontrollieren. Bei der weit zerstreuten Lage der Staatsgebiete und der üblen Beschaffenheit der Grenzen reichten die ziemlich spärlich verteilten Zollstellen und die wenigen Zoll- und Polizeireiter – Kontrollorgane fehlten überhaupt – natürlich nicht. So blieb nur die Möglichkeit, in den Städten zu kontrollieren, nämlich an den Toren.

Die für Brandenburg – Preußen so bezeichnende scharfe Trennung zwischen Stadt und Land war ein weiteres Resultat der neuartigen Steuer.

(Dazu wird gleich Näheres zu sagen sein.) Doch vor allem konnte der König an Steuergelder kommen (und Steuern auch erhöhen), ohne vorher mit Magistraten, Ständen und Ritterschaft kämpfen zu müssen. Die Obrigkeit hatte durch die Akzise außerdem ein wichtiges Werkzeug für die Wirtschaftspolitik gewonnen. Indem jetzt in allen Städten eine genaue Kontrolle der Warenerzeugung und -bewegung durch die Torschreiber, Einnehmer, Kontrolleure und Visitatoren durchgeführt wurde, konnten Aus- und Einfuhrverbote, Begünstigungs- und Erschwerungsmaßnahmen viel wirksamer gehandhabt werden.

War einmal die Ernte schlecht gewesen, wurde die Akzise für Getreide gesenkt, oder, als zum Beispiel 1740 die Wintersaat durch den Frost vernichtet worden war, verfügte man bereits über ein Bündel von Maßnahmen: Zunächst wurden die könglichen Magazine geöffnet. Das Brennen von Branntwein wurde verboten (hier war der Anteil am Getreideverbrauch enorm). Als sich jedoch herausstellte, daß die Probleme damit noch nicht gelöst seien, wurden zunächst einmal die Grenzen geöffnet. Das bedeutete, daß ab sofort (3. Juni 1740) »Korn aus Mecklenburg und den angrenzenden Ländern« wieder nach Preußen eingeführt werden durfte.

Aber es wurden eben auch die Akzisesätze für Brot, Mehl und Getreide drastisch gesenkt. Hatten die Torschreiber den Landmann, der mit Brot nach Berlin kam, sonst lange warten lassen und ihn erst nach der, dann nach jener Kasse geschickt, ehe sie sein Brot in die Stadt hinein ließen, wurde der Herr Torschreiber jetzt angewiesen, »zu den Bauern sehr höflich zu sprechen« und »solle er ihnen gar keine Weitläufigkeiten und viel weniger Aufenthalt machen.«

Wer Brot in die Stadt brachte, brauchte also an den Toren kaum noch zu warten und mußte viel weniger zahlen. Für die Berliner Bäcker wurde der Mahlzwang aufgehoben. Sie durften mahlen lassen, wo sie wollten. Die Akzisekosten, die ihnen vorher entstanden waren, wurden ihnen ab sofort erlassen.

Eingriffe durch die Akzise waren selbstverständlich nicht auf Getreide und Getreideprodukte beschränkt. So gab es auch Probleme bei der Versorgung mit Fleisch. Nur war man mit Schwierigkeiten anderer Art konfrontiert. So war das Fleisch vor allem aus zwei Gründen häufig zu teuer:

- Die Schlächter konnten (und das taten sie natürlich auch) die Fleischpreise untereinander absprechen und hoch halten, selbst wenn die Regierung niedrige vorgeschrieben hatte. Denn sie waren streng in einer Zunft zusammengeschlossen
- Oft war in der näheren Umgegend der Stadt zu wenig Schlachtvieh vorhanden. Was vorhanden war, war obendrein zu mager (der heutige Schlachter grinst sich eins), weil es nicht ausreichend hatte gefüttert werden können.

In beiden Fällen erlaubte nun der König fremden Schlächtern, doch ebenso einfachen Bürgern, Landleuten aus Städten und Dörfern, Juden und Christen, kurz jedermann, Fleisch einzuführen. Einzige Bedingung: ein Gesundheitsattest. So auch 1740. Im Oktober dieses Jahres wurde das seit 1724 bestehende Fleischeinfuhrverbot befristet aufgehoben und die Akzise wurde bis auf ein Minimum reduziert. Beim Viehhandel hatte Friedrich Wilhelm I. noch die einheimische Produktion bevorzugt, den Import mecklenburgischer oder polnischer Ochsen dagegen durch erhöhte Akzise belastet.

Um dem Mangel und den hohen Fleischpreisen in Berlin zu begegnen, sah sich dessen Sohn Friedrich ziemlich bald dazu veranlaßt, solche Bestimmungen aufzuheben. Berliner (bald auch Potsdamer und Magdeburger) Schlächter, die Vieh auf den schlesischen Märkten einkauften, brauchten nur noch die halbe Akzise zahlen.

Friedrich II. beaufsichtigte auch die Zufuhr anderer, einfacher Produkte scharf und mißtrauisch: So hat er die starke Einfuhr von Eiern, Hopfen, Gartengewächsen, Grütze, Graupen, Nudeln durch Fuhrleute aus Sachsen und Anhalt »äußerst mißfällig« beobachtet und sie nach und nach verboten. Er war (wohl zu Recht) der Meinung, daß dies alles im Lande erzeugt werden sollte.

Um die Einfuhren einzuschränken, wurden bestimmte Erzeugnisse besonders hoch besteuert. Kaffee und Tabak waren da auf den ersten Plätzen der Akziseliste. Für einen Kaffee, der 4 bis 4 1/2 Gr. im Einkauf kostete, mußte man 1739 vier, 1772 gar sechs Gr. Akzise bezahlen, sie betrug also mehr als 100 Prozent. Den Kaffeeverbrauch wollte der König vor allem deshalb einschränken, weil er sozusagen Devisen kostete, dem Lande viel Geld entzog und obendrein seiner Ansicht nach die einheimische Bierbrauerei schädigte. Der Erfolg war allerdings enttäuschend, für den König jedenfalls: der größte Teil des Kaffees wurde durch einen riesigen (trotz durch die Straßen patrouillierender Kaffeeschnüffler nicht auszurottenden Schmuggel der Besteuerung ganz entzogen.

Auch wenn es nicht zum Thema gehört, möchte ich mir an dieser Stelle einen kleinen Exkurs leisten. Aber irgendwo gehört es schließlich doch dazu. Wegen dieser Kaffeeschnüffler mußten sich die Preußen (vor allem Friedrich) viele Vorwürfe gefallen lassen. Daß überhaupt auf solche Weise geschnüffelt wurde, würde den guten Sitten angeblich widersprechen. Das kann schon sein. Nur sollte man auch zur Kenntnis nehmen, wie Bürger woanders belauert wurden. So hatte Maria Theresia, diese angesehene Kaiserin in Wien, sogar eine Keuschheitskommission gegründet. Diese sollte »die so sehr weit getriebenen Ausschweifungen (sexuelle sind hier gemeint) durch eine sehr genaue Aufsicht .... ausrotten.«

Die »Spione dieser sonderbaren Kommission gingen den jungen Leuten bis in die Häuser nach ... und man mußte sichs gefallen lassen, daß sie auch mitten in der Nacht in die Schlafzimmer brachen, und die Betten visitierten.« »Wie ekelhaft« so schrieb ein Reisender »ist für einen Menschenfreund der Anblick des Polizwächters im Prater, ... wenn er sieht, wie der Wächter den jungen Leuten in die dikken Gebüsche und unter die Bäume nachgeht, um den möglichen Sünden zuvor zu kommen.« Soviel zum glücklichen und respektierten Österreich.

Zur Sache zurück: Auf Schokolade und Tee zahlte man zwischen 33 Prozent und 66 Prozent Akzise. Für viele Delikatessen dagegen wurden nur sechs Prozent verlangt. Für die meisten Gemüse vom Lande dreieinhalb Prozent. Doch war die Akzise auch unzweckmäßig, sogar schädlich: Sie erschwerte den freien Verkehr innerhalb eines Landes, traf inländische Waren ebenso, wie die ausländischen. Obendrein erlaubte natürlich die Art, mit der die Akzise eingetrieben wurde, viele Möglichkeiten, sie zu umgehen. So gibt es Berechnungen, nach denen der Staat von 300 Talern, die ihm zustanden, nur 100 erhielt. Die übrigen 200 Taler teilten sich Steuerpflichtige und Akzisebeamte.

Doch die Behörden konnten mit der Akzise in viele Bereiche des alltäglichen Lebens mit einer unendlichen Fülle von Verdrießlichkeiten für die Einwohner hinein kontrollieren. Kritiker, die an dieser Steuer viele Fehler bemängelt hatten, waren deshalb nicht so sehr wegen dieser Mängel besorgt, sondern befürchteten vielmehr, daß durch sie ein neuer Typ von Beamten zu entstehen drohte. Die Akzise macht *eine unverhältnismäßig große Masse von Personal notwendig, vor allem so viele untergeordnete Angestellte, die ungenügend beschäftigt und elend besoldet nach unerlaubten Nebengewinnen und Trinkgeldern lungern und auf der anderen Seite in brutaler Weise die Herren zu spielen versuchen.*

Die Beamten

Es gibt sehr viele Untersuchungen darüber, wie wohl der preußische Beamte entstanden ist, jener Typ Mensch also, der zu manchen Zeiten als pflichtbewußt, unbestechlich und nüchtern galt, als Rückgrat des Staates, dann wieder als reaktionär, bürokratisch, pingelig, engstirnig, ja, selbst als bestechlich.

Demnach verschiedentlich angemerket, auch noch kürzlich geklaget worden, daß die Torschreiber, deren Frauens, Kinder, auch wohl gar Gesinde, sich anmaßen, von denen mit allerhand Viktualien, sonderlich Fische, Käse, Obst und Hülsenfrüchte, einkommenden Leuten, etwas von dem, so sie einbringen, zu fordern, anzunehmen oder als ein altes Recht sich abgeben zu lassen, auch wohl gar zum Schein etwas Geld dafür zu geben, da sie dann dreimal mehr Ware dafür nehmen, ein solches alles aber als Zufuhr verhindernde und Leute abhaltende Akzise-Plackereien ernstlich verboten wird. Also wird hiermit jedermänniglich, der dergleichen und andere Viktualien in die Stadt bringet, erinnert und ermahnet weder den Torschreibern, noch derselben Frauens, Kindern und Gesinde, es sei unter dem Vorwand geschehen, daß sie gern bald abgefertigt sein wollten, oder sonst aus guter Bekanntschaft oder daß vor Geld was gekaufet würde, das Geringste an Viktualien abzugeben, zu schenken oder zu verkaufen.

Falls die Torschreiber deswegen die Abfertigung verzögern oder sonst Schikanen machen wollen, ist solches sofort bei er königlichen Akzisekammer anzuzeigen. Wann dem Torschreiber, daß er etwas genommen nachgewiesen, oder nur dem Schein nach gekaufet, soll er sofort kassieret und ihm Entschuldigung, daß solches seine Frau, Kinder und Gesinde getan, auf keinerlei Weise zustatten kommen.

Auszüge aus der Instruktion für Torschreiber vom 1. November 1718:

... muß er auf alle einkommenden und abgehenden Wagens, und andere Fuhrwagen, Viktualien, Getränke, Getreide und was sonst darauf befindlich, gehörige Achtung haben, und solche anhalten, auch die Reisenden und zu Fuß die Stadt passierende Personen, sie seien Fremde oder Einheimische, wenn sie Körbe, Kobern, Säcke, Rantzen und dergleichen bei ihnen haben, observieren.

... muß er auf alle einfahrenden Wagen, sie haben was auf oder sind ledig, einen Torzettel erteilen ...

... muß er sich von allen in der Stadt Wohnenden, wenn sie akzisbare Sachen bei sich haben, als Holz, Heu, einzelne Viktualien und allerhand Klei-

nigkeiten, ein Pfand, gedoppelt so viel wie die Akzise beträgt, sich geben lassen und worin solches besteht, zugleich auf den Torzettel schreiben, auch solche Leute warnen, falls sie das Pfand in zwei Tagen nicht wieder abholen, solchs verfallen sein würde.

... daß sowohl königliche Zivil- und Militärbediente auch andere Leute von Kondition, so in Karossen und Chaisen zu fahren kommen und diese ihre Koffer und Pakete unterm Tor nicht öffnen lassen wollen, selbige unfehlbar zu versiegeln nach dem Logementer zu fragen, und beides auf den Torzettel zu schreiben, und nachmals bei Hofe davon Bericht erstatten...

... sollte sonst jemand einen Akzisebetrug entdecken, soll er den vierten Teil der Strafe erhalten und es wird auch sein Name auf Wunsch verschwiegen.

★

Fremde, publique ministri, Gesandte, Envoyes und Generale sowie königliche und vornehme Militär- und Civil-Bediente und auch andere Leute von Condition aus hiesigen Residentzien sollen nur mit »gebührender Bescheidenheit« befragt werden: wer sie sind und wo sie logiren wollen. Darauf soll innen bereits der Thorzettel ausgestellt werden und ein Mann von der Wache bis zur Post oder zu ihrem Quartier mitgegeben werden. Die Wache darf nicht eher von dem Reisewagen wegtreten, als bis der vornehme Herr einen von seinen Leuten nach der Accisekammer geschickt hat und bis der Visitator ins Logis gekommen, der dort alle Sachen mustert. Erst wenn der Besucher der Wache auf einem Zettel bestätigt, daß alle Stücke – wie im Torzettel aufgeführt – abgeliefert wurden, darf der Soldat wieder zum Tore zurückgehen.

Die Entstehungsgeschichte des preußischen Beamten beginnt da meistens mit dem Kollegium des Geheimen Rates. Zunächst nur die oberste Behörde der Mark Brandenburg, wurde diese Institution – bei ständigen Reibereien mit den regionalen, ständischen Organen – ziemlich rasch zur zentralen Behörde des Gesamtstaates. Die Geschichte beginnt also ganz oben. Bei den Spitzen der frühen Behörden.

Sie beginnt aber nie da, wo wir den Beamten kennenlernen. Irgendwo unten, wo wir ihm begegnen würden, vorausgesetzt, es gäbe ihn heute überhaupt noch, was ja vielfach bezweifelt wird.

Wer sich allerdings heute mal die Mühe machen würde, etwa die Anweisungen für Torschreiber, Akzisebeamte (Kostproben haben wir ja gerade angeboten) – also für jene Personen durchzulesen, denen der Bürger damals unmittelbar gegenüber stand, wird den Verdacht nicht los, daß es hier angefangen haben muß. Mit welcher Akribie hier Vorschriften erlassen worden sind. Wie fast jede Handbewegung vorgeschrieben war, und alles, was geschah, so unvorstellbar umständlich war, ja geradezu schwachsinnig anmutet; von Schwachsinnigen für Schwachsinnige.

Möglicherweise kommt dieses spezifisch preußische auch daher, daß diese ersten Behörden aus den sogenannten Kriegskommissariaten hervorgegangen sind, aus Behörden also, die zunächst für den Unterhalt der Truppen zu sorgen hatten. Sie waren militärische Einrichtungen. Diese ersten Behörden waren vor allem Finanzbehörden und die Finanzen wurden hauptsächlich für das Militär benötigt. Es war, in einem Satz gesagt, ein militärisch-bürokratischer Absolutismus.

Allerdings, das wird häufig übersehen, ein Etat oder Haushalt eines modernen Staates hat mit dem des 18. Jahrhunderts nichts zu tun. Man kann also nicht Haushalt von damals mit Haushalt von heute vergleichen. Aus dem Haushalt des Staates war also damals, wie gesagt, vor allem das Militär bezahlt worden – und zwar nicht nur in Preußen.

Vieles, was heute einen stattlichen Posten in unserem Haushalt ausmacht, war damals noch nicht Sache des Staates. Sozialfürsorge etwa? Das war Sache der Kirchen und privaten Stiftungen. Die Justiz war – leider – in den Händen der Gutsherren. Schule, Wissenschaften – das belastete erst später und allmählich den Etat des Staates.

Deshalb ist es übrigens auch ganz unsinnig, wenn viele Kritiker dem frühen Preußen anklagend vorrechnen, den größten Teil seines Etats für die Armee verbraucht zu haben. Genau das war ja sein Sinn. Preußen hat sich, von Friedrich Wilhelm an, nur darin von den anderen Staaten unterschieden, daß dieses für das Heer aus den Taschen der Untertanen gezogene Geld auch für das Heer ausgegeben wurde. Keine Prunkschlösser für die Fürsten (siehe Foto des einzigen Schlosses, das unter diesem König gebaut wurde), keine kostspieligen Opern, keine mehrtägigen Luxusfeste für die Herrschenden, keine anspruchsvollen Mätressen – die Armee, das wars. Würde sich heute ein Haushaltsexperte daran machen und den Haushalt der Bundesrepublik um jene Posten kürzen, die im 18. Jahrhundert nicht zum Etat eines Staates gehörten, und dann nachrechnen, wie groß der Anteil ist, der bei uns der Bundeswehr zufließt – ich bin ziemlich sicher, daß sich kein auffälliger Unterschied zu damals ergeben würde.

Sollte sich jemand Gedanken darüber gemacht haben, wozu man noch im 18. Jahrhundert Stadtmauern brauchte, in einer Zeit also, in der es Kanonen gab und auch eine Mauer keinen Schutz vorm bösen Feind mehr bieten konnte, wird jetzt die Antwort wissen. Auf die Gefahr hin, uns zu wiederholen, nochmal ganz kurz:

Der König wollte kontrollieren. Niemand sollte die Stadt verlassen oder betreten, wie es ihm gerade gefiel. Alles, was in die Stadt kam oder die Stadt verlassen wollte, mußte visitiert, kontrolliert, bezahlt und genehmigt werden. Bestimmten Bewohnern war es sogar streng untersagt, die Stadt ohne ausdrücklichen Befehl zu verlassen: den Soldaten. Die Mauer war also nicht nur Einnahmequelle des Staates, sie sollte außerdem Desertion verhindern. Damit – das muß vielleicht betont werden – ist der Zustand von damals beschrieben worden und nicht der von heute. (Übrigens stand auch die Mauer nicht überall genau da, wo sie vor ein paar Jahrzehnten von einigen Erben Preußens neu und unüberwindlicher errichtet worden ist. Allerdings am Brandenburger Tor – jedenfalls in der einen Richtung bis etwa zur Spree, und südlich bis zum Potsdamer Platz – steht sie heute fast genau an derselben Stelle wie ihre Vorgängerin.)

Das Brandenburger Tor

Wohl kein Bauwerk dürfte – aus nicht erklärlichen Gründen, wie ich meine – zu dem preußischen Symbol schlechthin geworden sein, wie das Brandenburger Tor.

Geplant worden war dieser Ruhm sicher nicht. Als es am 6. August 1791 feierlich eröffnet werden sollte, erfuhren die Stadtväter jedoch, daß seine Majestät in nächster Zeit nicht die Absicht habe, nach Berlin zu reisen und man solle das Tor einfach so in Betrieb nehmen. Nur sollten die Herren darauf achten, daß das Baugerüst nicht noch jahrelang stehen bleibe. So wurde das jetzt so berühmte Bauwerk nicht mal eröffnet, es wurde nur geöffnet. Im Protokoll steht deshalb nichts weiter als dies:

Actum Berlin 6. August 1791. Nachdem auf Befehl Sr. Königlichen Majestät die Passage in dem neu erbauten Brandenburger Thor heute eröffnet wurde, so bezog das daselbst wachhabende Militair die an diesem Thor neu erbaute Wache, welche durch Endes Scriptum folgende Mobilien erhielt und durch den Herrn Lieutenant von Prodzynski als Wachhabender Offizier selbst in Empfang genommen wurde: 3 Tische, 4 neue Schemel, 2 schon gebrauchte aus der Interims-Wache, 1 Spinde für den Unteroffizier und 4 Schlüssel. Hiermit wurde gegenwärtiges Protokoll beschlossen. Leßling, Held, Lieutenant v. Prodzynski. Reg. Herzog Friedrich, F. W. Listag, Platz Major. Friedel, Gouv. Bau-Adjutant.

Das Ritual an den Toren war präzise vorgeschrieben. Der Torwächter mußte jeden, der kam, fragen, was er Akzisbares bei sich hätte.

Wurde ihm nein geantwortet, hatte er die Frage zu wiederholen. War das

Wache am ersten Brandenburger Tor
Radierung von Chodowiecki 1764
Links: Das Jagdschloß Friedrich Wilhelms

mit gleichem Resultat erledigt, hatte er ein Verzeichnis des Gepäcks »nach der Leute ihren Angaben« aufzustellen. Dabei durfte er auf keinen Fall aus der Stube heraus fragen, sondern mußte an die Wagen gehen. Doch nach diesem Vorgeplänkel ging es erst richtig los. Mit dem Verzeichnis in der Hand wurde nun alles genau überprüft. »Coffres, Felleisen, Bett- und Futtersäcke, Sitz- und Fuß-Kasten und andere Packräume im Wagen vorn und hinten und an den Seiten« sollte er durchsuchen. Kornsäcke mußte er sich aufbinden lassen und sie mit dem »kleinen Visitiereisen durchforschen«. War Heu oder Stroh geladen, sollte er es mit dem »großen Visitiereisen durchstechen«. Bei Holzfuhren mußte er darauf achten, daß »zwischen und unter dem Holze kein Toback oder ähnliches« versteckt wäre. Er mußte aufpassen, daß statt des Bieres kein Branntwein heimlich in die Stadt gebracht würde.

Alles, was dabei gefunden wurde, aber nicht angegeben worden war, wurde sofort vom Torschreiber beschlagnahmt, der Vorfall auf dem Torzettel vermerkt. Hatte der Reisende jedoch alles korrekt angegeben, war die Prozedur nicht etwa überstanden, jetzt zeigte die noch so junge preußische Bürokratie, zu was sie bereits fähig war. Der Torschreiber mußte einen Torzettel ausfüllen, und zwar »soll er keine anderen Zettel als gedruckte gebrauchen, solche numerieren, alle Tage eine neue Nummer anfangen, und diese Nummern auf den Tagezetteln mit anzeichnen und auf den gedruckten Zetteln notieren, was jeder an akzisbaren Sachen bei sich hat.« Diese Zettel muß sich der Torschreiber beim Hinausfahren gestempelt wieder »einhändigen lassen, sie sammeln und Montags und Donnerstags abends auf der Akzise-Kasse abliefern«.

Akziseliste von 1787

Benennung der Waaren und Producte.	Anzahl, Werth, Maaß und Gewicht.	Accise-Satz zur Consumtion. Rthl.	Gr.	Pf.
Hunde-Felle, rohe, siehe Häute.				
„ Pfeifen, siehe Messingwaaren.				
„ Schnallen, siehe Messingwaacen.				
Huthfutteral, fremde	Stück	—	25	6
Huthmacher-Wolle	frey.			
Hüttenrauch, siehe Arsenicum.				
J.				
Jagdpfeifen, siehe Messingwaaren.				
Jalappenharz, resina jalappae	Pfund	—	21	3
Ichthy colla, colla piscium	——	—	6	6
Ilten oder Iltisfelle, siehe Rauchwerk.				
Indianische Vogelnester, nidi avis indici	——	—	11	15
Indigo, ohne Unterschied	——	—	3	3
Ingber, brauner	Centner	—	40	9
„ „ weisser	——	—	54	—
„ „ eingemachter	——	1	61	15
Instrumente,				
a) für die Medici und Chirurgi, imgleichen mathematische und mechanische, eiserne, stählerne, fremde	Thaler	—	16	15
„ „ „ messingene, siehe Messingwaaren.				
„ „ „ einländische vom platten Lande	——	—	8	9
„ „ „ b) musikalische, fremde, als: Flügel, Claviere, Fortepiano's	——	—	21	3
„ „ „ messingene oder kupferne Instrumente, wie auch messingene Mundstücke	——	—	16	15
„ „ „ für die Armee	——	—	4	3
„ „ „ alle übrige sowol Saiten- als Blase-Instrumente, zum Theil oder ganz von Holz	——	—	16	15
„ „ „ blasende für die Armee	——	—	4	3
„ „ „ sämmtl. Instrumente vom platten Lande	——	—	4	3
Johannis-Beeren, siehe Beeren.				
„ „ Brodt, siliqua dulcis	Centner	—	25	6
Jouwelen, siehe Steine.				
„ „ Handel ist auch gegen eine davon von Amtswegen zu regulirende jährliche Fixaccise-Abgabe gestattet, worüber Approbation der vorgesetzten Provincial-Direction erforderlich ist.				
Isatis, Weyd oder Weede, siehe Farbe.				
Isländisch Moos, siehe Muscus hyslandicus.				
Italiänische Vipern, siehe Vipera Italicae.				
Juchten, siehe Leder.				
Judengeleit, und zwar von fremden Juden,				
1. in den Landstädten, von einem jüdischen Kaufmann oder Herrn	4 Wochen gültig	3	50	12
„ „ „ Knecht	——	2	39	6
„ „ „ Frau oder Jungen	——	1	28	3
len sie nur das für Königsberg bestimmte Geleit mit	auf 4 Wochen	1	53	9
und zur Jahrmarktszeit	——	—	67	9
7. Juden, die zur Messe nach Frankfurth an der Oder reisen, bezahlen an Geleit für 4 Wochen: ein Herr	——	1	60	3
„ „ „ „ Knecht, Frau oder Junge	——	—	74	3
Juden, die Heerden Vieh einbringen, ohne Unterschied des Standes und Alters	——	—	74	3
Den jüdischen Matrosen, welche aus den Preußischen Handelsstädten zu Fuß nach ihrer Heymath zurückkehren, wenn die von ihnen eingebrachte Holztraften und Gefäße mit Getreide etc. verkauft worden, ist zu ihrer Rückreise ein geleitsfreyer Zeitraum von 4 Wochen gestattet.				
Kacheln, fremde	verboten.			
„ „ einländische vom Lande	Fuder	—	16	15
Kaddig- oder Hedrichsaamen	Scheffel	—	5	12
„ „ Strauch	Bündel od. Bunde	—	—	6
„ „ Beerenmus, siehe Mus.				
Kählchen vom Stockfisch	Tonne	—	6	12
Kähne, so in Städten gebauet worden	frey.			
„ fremde, und vom platten Lande	Thaler	—	4	3
Käse, fremde feine, als: Eydammer, Texeler, Parmesan, Englische, Italienische, Limburger, Schweizer	Pfund	—	1	3

Der Torschreiber hatte genau aufzuschreiben, zu welcher Stunde die Frachtwagen durch die Tore in die Stadt gehen und auch, wann sie wieder die Stadt verlassen »damit man sehen könne, ob und wie lange er sich in der Stadt aufgehalten«.

Wilhelm Raabe »Der Hungerpastor«

Samuel Freudenstein ... verstand zu lavieren; und durch alle Gefahren, alles Kriegswetter, Krachen und Poltern rettete er sich mit seinem Päcklein, zog im Sommer des Jahres Achtzehnhundertundsechs durch das Rosentor zu Neustadt ein und wurde als Jude nach damaligem löblichen Gebrauch gleich dem eingetriebenen Schlachtvieh verzollt. Nach dieser lobwürdigen Gewohnheit konnten Zettel auf irgendeinem Steueramt in jeder beliebigen deutschen Stadt abgeliefert werden, auf welchen zu lesen stand:

»Heute am – Januar 178 – verzollt und versteuert am Kreuztor:

I. Drei Rinder

II. Vierzehn Schweine

III. Zehn Kälber

IV. Ein Jüd, nennt sich Moses Mendelssohn aus Berlin.«

Wir kamen auf den Packhof, Frachtwagen und Extrawagen mit Reisenden hielten dort; die Meßzeit fing an, und die Passage durch die Stadt war sehr lebhaft. Der Postwagen ward ausgeleert, die Koffer der Passagiere nebeneinander gestellt, aber wir sahen die Zollbeamten mit den Frachtwagen, mit den Sachen der übrigen Reisenden so beschäftigt, daß wir kaum die Aussicht hatten, nach einigen Stunden an die Reihe zu kommen. Ich nahm mir zwar vor, stillschweigend zu warten, fühlte aber doch, wie eine tiefe Erbitterung, die ich nur mühsam zu unterdrücken vermochte, allmählich in mir zu kochen anfing; ich biß die Lippen zusammen und ging stillschweigend auf und nieder. Die Zollbeamten mögen meine Gemüthsstimmung bemerkt haben. Nach einiger Zeit, die mir wenigstens unendlich lang schien, kam nun die Reihe an die Koffer des Postwagens; ich hatte mich indessen zusammengefaßt, ging höflich auf den Zollbeamten zu, und bat ihn, mich womöglich bald abzufertigen. Er sah mich mürrisch an, antwortete nicht und kehrte mir den Rücken. Ich war wirklich der letzte, der an die Reihe kam. Jetzt hatte nun meine innere Erbitterung den höchsten Gipfel erreicht. Der Zollbeamte forderte mich auf, den Koffer zu öffnen und fragte gebieterisch, ob verzollbare Waren darin wären; ich antwortete gar nicht. Er wiederholte die Frage barsch, fast drohend; ich beharrte bei meinem Stillschweigen und schloß den Koffer auf. Die Sachen wurden nun mit einer offenbar feindseligen Gründlichkeit untersucht, Kleider, Wäsche, Bücher auf naheliegende Kisten gelegt, und die Untersuchungen meiner Sachen nahm eine längere Zeit weg, als die aller übrigen Passagiere. Mein Trotz war dem Beamten aufgefallen, er wollte mich strafen. Ich ließ alles mit äußerer Ruhe geschehen, man fand nichts. Als nun die Untersuchung zu Ende war, fing ich an, meine Sachen langsam und mit Sorgfalt wieder einzupacken. »Eilen Sie«, rief der Zollbeamte verdrießlich, »Sie sehen ja, daß Sie uns hier im Wege sind.« ... Nun wurde der Reisende wütend und hielt den Beamten eine ausführliche Standpauke, und warnte sie zugleich, daß, wenn sie beabsichtigten Gewalt anzuwenden, er es dem König mitteilen lassen würde. Der Reisende verließ ungeschoren den Packhof.

Er eilte ins Hotel, ließ sich Feder und Papier bringen und schrieb seine Berliner Erfahrungen auf.

Taxe für die Gasthöfe

Polizeidirektor Philippi veröffentlichte am 9. Juni 1775 eine neue Taxe für die Gasthöfe Berlins. Es gab drei Kategorien.

Erste Klasse
Für ein Logis vorne heraus in der ersten und zweyten Etage, mit oder ohne Betten und mit Licht, bestehend in einem Appartement von 4 Zimmern, wenn solches verlanget wird, für Tag und Nacht *2 Rthlr*
Für ein Logis in der dritten Etage *1 Rthlr, 8 Gr*
Für eine Stube und Cammer, in der ersten und zweyten Etage, incl. Betten und Licht *1 Rthlr*
Für eine Stube in der dritten Etage *16 Gr*
Für eine Stube hinten heraus, in der ersten und zweyten Etage *12 Gr*
Für eine Stube hinten heraus, in der dritten Etage *10 Gr*
Für Heizung einer Stube, täglich *6 Gr*
Wer aber einen Saal geheizet haben will oder Caminfeuer begehret, muß solches besonders bedingen.

Für Essen
Der Mittagstisch, bestehend in fünf wohlgekochten Gerichten, nach Beschaffenheit der Saison, an Fischen, Fleisch, zahm und Wild-Braten, nebst Dessert, in Gesellschaft *16 Gr*
Der Abendtisch, bestehend in drey guten Schüsseln, nebst Butter und Käse *12 Gr*
Wofern aber ein Passagier nur ein paar Gerichte, portionsweise für sich aufs Zimmer verlanget, nebst Butter und Käse *6 Gr*
Wenn ein Fremder auf seinem Zimmer speisen, und nicht portionsweise, sondern im Ganzen serviert haben will, so müssen dergleichen Mittags- und Abendmahlzeiten besonders bedungen werden.
Für ein Butter-Brod, mit Braten oder Pöckel-Fleisch belegt *1 Gr, 6 Pf*
Wann aber ein Passagier einen Monath und drüber in einem Gasthof logiren will, so stehet ihm frey, sich mit dem Wirth über den Preiß der Zimmer und Speisen besonders zu verstehen, und mit ihm überhaupt zu accordiren.

Für Wein wird bezahlt:
Eine Quart-Bouteille guten Pontac *10 Gr*
Eine Quart-Bouteille guten Hautbrion *14 Gr*
Eine Quart-Bouteille guten Franz-Wein *10 Gr*
Eine Quart-Bouteille guten Rhein-Wein *1 Rthlr*
1 Bouteille Champagner, bis zu *1 Rthlr, 16 Gr*
1 Bouteille Bourgogner, bis zu *22 Gr*
Für ein Glas Liqueur *2 Gr*
Für ein Glas Brandtwein *1 Gr*
(jedoch behält der Passagier die Freyheit, die Weine selbst außerhalb des Gasthofes holen zu lassen.)
Für eine Portion Caffee, von 1 1/2 bis 2 Loth, mit Zucker und Milch *4 Gr*
Für eine Portion Thee, von 1 1/2 bis 2 Loth, mit Zucker und Milch *2 Gr*

Eine Carosse de Remis, wird für einen ganzen Tag bezahlt mit *2 Gr*
Ein Lohn-Laquai erhält täglich *12 Gr*
Für die Stallung, wenn das Futter, für die Pfer-

de von dem Wirth genommen wird, wird nichts besonders bezahlet, sondern in diesem Falle dem Wirth erlaubet, über dem jedsmaligen Marktpreis, auf jeden Scheffel Roggen oder Hafer, an Profit zu nehmen *4 Gr*
Für ein Bund Heu, so 6 Pfund halten muß *1 Gr, 6 Pf*
Wann kein Futter vom Wirth genommen wird, so wird jedes Pferd an Stall-Geld bezahlt, täglich *1 Gr*

Zweite Klasse
Für ein Logis in der zweyten Etage, vorne heraus mit Betten und Licht *8 bis 10 Gr*
Für ein Logis in der oberen Etage, oder hinten heraus *8 bis 10 Gr*
Für Heizung einer Stube, täglich *6 Gr*
Für drey gute Gerichte, nebst Butter und Käse *5 Gr*
Wird auch ein Desert gegeben *8 Gr*
Für ein Butter-Brod, mit Braten oder Pöckel-Fleisch belegt *1 Gr, 6 Pf*
Der Wein, Caffee, Stallung für Pferde und Wagen, nebst Futter für die Pferde, wird nach der oben angeführten Taxe der ersten Classe bezahlt.

Dritte Classe
Für eine Stube mit Bette und Licht, täglich *6 Gr*
Für Heitzung einer Stube, täglich *6 Gr*
Für eine Portion Mittagessen, bestehend in einer Suppe und Zugemüse mit Fleisch *3 Gr*
Für ein Nachtlager auf Stroh, mit Betten *2 Gr*
Für ein Nachtlager auf Stroh, ohne Betten *1 Gr*
Für ein Bund Heu, so 6 Pfund halten muß *1 Gr, 6 Pf*
Wann kein Futter vom Wirth genommen wird, so wird für jedes Pferd an Stall-Geld bezahlt, täglich *1 Gr*

Jeder Wirth ist schuldig, diese Taxe bei 5 Rthlr. Strafe in der Gast-Stube, und in jedem Zimmer, wo Fremde logiren, angeschlagen zu halten. Gleich nach Ankunft des Fremden ist selbiger nach seinem Namen, Character und wo er herkommt, zu befragen, auch ihm mit Bescheidenheit zu eröffnen, wie jeder Reisender allhier, bey 50 Rthlr. Strafe, und drüber, keinen fremden Namen, angeben dürfe. Den herrschaftlichen Bedienten muß auf der Herrschaft Namen, ohne deren Vorwissen, nichts gegeben werden. Nach der, denen Wirthen bereits ertheilten Verordnung, ist jeder Fremde sofort, bey dem Herrn Commandanten, und in der Wohnung des Stadtpräsidenten, bey 100 Rthlr. schriftlich zu melden. Trifft der Reisende aber erst abends um 8 Uhr und später ein, so muß diese Meldung gleich des folgenden Morgens geschehen, es sey denn, daß besondere Umstände, als hoher Character des Fremden, oder daß ein Verdacht das schleunige Melden nothwendig machte, so muß solches zu jeder Stunde geschehen.

Alle Wein- und Bier-Verfälschung haben die Gast-Wirthe sich bey der durch besondere Verordnungen dieserhalb festgesetzten Bestrafung, gänzlich zu enthalten. Wie denn auch dem Befinden nach einem solchen Wein- und Bier-Verfälscher bey wiederholter Contravention die ganze Nahrung auf Zeitlebens geleget, und dieses dem Publico öffentlich bekannt gemacht werden soll.
Daferne ein Wirth diese Taxe überschreitet, so soll derselbe für jeden zuviel genommenen Groschen einen Reichsthaler Strafe erlegen.

Wer dem Policey-Directorio eine gegründete Anzeige einer Contravention wider diese Tage einreicht, dem soll unter Verschweigung seines Namens, der dritte Theil der Geld-Strafe zugebilligt werden.

Markt oder Allerhand Sachen zu wohlfeilen Preisen

Eine Stadt wird, aus welchen Gründen auch immer, manchmal zur Großstadt oder sogar, wie Berlin, zur Hauptstadt. Da ist es kein Wunder, daß einige Zeitgenossen darüber nachgedacht haben, ob sowas nun sinnvoll sei. Gewiß, sagten sie, eine große und volkreiche Stadt ist schon was Prächtiges, aber ist sie auch nützlich für Staat und Land? Ist London nützlich für England, Paris für Frankreich und jetzt Berlin für die Mark Brandenburg?

Nein, meinten sie. Es schien nur so, als würden Städte dieser Art Glanz und Reichtum verbreiten. In Wahrheit sei es umgekehrt: Sie entkräfteten das Land. Schädliche Modesucht, verderbliche Schwelgereien entstanden hier und breiteten sich wie Geschwüre übers Land. Städte dieser Größe ziehen den Reichtum eines Landes an sich, saugen das Land aus. Allerdings sollten wir gleich hier am Beginn der Schilderung darauf aufmerksam machen, daß früher Stadt genannt wurde, was wir heute vermutlich nicht so bezeichnen könnten.

Als Friedrich der Große den französischen Gesandten Marquis de Valory einmal fragte, ob sich Berlin an Größe nicht mit Paris messen könne, erwiderte dieser: Gewiß, nur mit dem Unterschied, daß wir in Paris weder säen noch ernten. Berlin hatte nämlich, selbst als es bereits zur größten Gewerbestadt Deutschlands geworden war, seinen ländlichen Charakter bewahrt.

Wir dürfen ohnehin nicht glauben, daß das, was wir heute Stadt nennen, auch nur annähernd dem entspricht, was früher in unseren Landstrichen darunter zu verstehen war. So kommen wir mit einer einfachen Statistik, hier Stadt dort Land, nicht zurecht. Bis weit über die Mitte des 18. Jahrhunderts waren unsere Städte ländlich geblieben.

Über die Einwohnerzahl Berlins liegen sehr unterschiedliche Zahlen vor. Für einige Jahre jedoch scheint es eine gewisse Übereinstimmung zu geben. So dürfte es ziemlich korrekt sein, wenn wir annehmen, daß Berlin im Jahre 1740 (Regierungsantritt Fr. II.) knapp 100000 Einwohner hatte; fünfzehn Jahre später sollen es 126661 gewesen sein.

Der erweiterte Palisadenring um die vergrößerte Stadt, Mitte des 18. Jahrhunderts, umschloß Gärten und Felder. Es gab noch Ställe, Scheunen, Vieh, Äcker, Wiesen, Weinberge, Meiereien. Folglich lief viel Viehzeug auf den Straßen umher, Gänse, Schweine, Kühe und Enten. Viele Stadtbewohner hatten also noch Viehställe und Schweinekoben vor und neben ihren Häusern.

Ein früher Berlin-Besucher pries die großen Meiereien und Schäfereien mitten in der Stadt. »Sie hören oft na-

Die Brüderstraße
mit Blick auf die Petrikirche 1807

he an eines Ministers Haus den ländlichen Schall vom Dreschen. Und endlich sehen Sie in einer Gegend der Stadt bares Ackerland, wo Sie im Kornfeld eine Strecke von 600 Ruten (über 2 km) lang spazieren können, und wo nach der Erntezeit mancher Hase geschossen wird«. Dennoch konnten diese Ackerbürger eine Stadt wie Berlin nicht annähernd mit soviel Lebensmitteln versorgen, wie verbraucht wurden.

Für jene, deren Phantasie erst bei Zahlen anspringt, einige Stichproben aus den überlieferten statistischen Bruchstücken: 1769 verbrauchte Berlin 43000 Wispel Getreide zu 24 Scheffel; davon mehr als die Hälfte für Brot, der Rest wurde hauptsächlich zum Brauen von Bier und zum Brennen von Branntwein benötigt. 1774 wurden 11777 Ochsen und Kühe geschlachtet, 35259 Kälber, 64837 Hammel und 24730 Schafe. Es mußte also eingeführt werden.

Für die Örter, welche bis auf 2 bis 3 Meilen von Berlin liegen, ist diese große Stadt zum Milchverkauf sehr vorteilhaft: es rührte mich aber, wenn ich ehedem auf meinem täglichen frühen Spaziergang im Sommer zwischen 4 und 5 Uhr vor der Stadt Weibern und Mägden begegnete, die mit 10 bis 12 Quart Milch ankamen, welche am späten Abend des vorhergehenden Tages gemolken worden, und die schon um 12 Uhr in der Nacht von ihren Oertern ausgegangen waren, damit sie um 5 Uhr in der Stadt sein mögen. Die Frauenspersonen, welche diese sauren Gänge, selbst bei sehr beschwerlicher Witterung, bis Michaelis tun, sind entweder Zwang-Mägde von königlichen Ämtern und Vorwerken und von adeligen Gütern, oder Freiwillige, welche sich innerhalb 24 Stunden 4 bis 5 Groschen durch solche mühseligen Gänge verdienen.

Aus Getreidepreislisten von 1717 können wir ablesen, daß bereits damals Weizen aus dem Havelland, aus der Uckermark, oft auf Schiffen, nach Berlin gebracht worden waren. Auch aus der Alt- und der Neumark, selbst aus Westpreußen. Zusätzlich mußte mecklenburgisches und polnisches Getreide, also ausländisches, importiert werden. Weizen kam als Mehl aus Halle und Nürnberg, Vieh sogar aus Ostpreußen, später aus der Moldau und der Walachei.

Fleisch wurde von der Akzise übrigens milde behandelt. Es sollte kein Luxusgegenstand sein, den das Volk entbehren könnte, selbst für den »gemeinen Mann sollte es keine Delikatesse« sein. Er hatte wohl normalerweise sein Fleisch im Topf.

Delikatessen lieferte das Ausland. Nürnberger »Fahdennudeln« waren genauso geschätzt wie »feine Nudeln« und »krause Nudeln«. Westfälische Schinken kamen aus Bielefeld und wurden (1740) pfundweise, sehr billig, für 3 Groschen verkauft. Spickgänse aus Pommern, geräucherte Speckgänse sogar aus Riga. Aus Spanien kamen Feigen, aus Italien lange Nüsse. Es gab frischen »Archangelschen Lachs«. Geräucherte Ochsenzungen aus Hamburg waren berühmt. Die reiche Kaufmannstadt Hamburg versorgte Berlin besonders gern mit delikaten Dingen.

Es kamen Krämer von Hamburg nach Berlin, um dort ihre feinen Waren abzusetzen. Auch Italiener gab es schon, und einige von ihnen sollen sich mit ihrem Delikatessenhandel eine goldene Nase verdient haben.

Doch auch bei den sogenannten Grundnahrungsmitteln konnten unsere Vorfahren auswählen. So verkauften die Butterhändler böhmische, sächsische und holsteinische Butter. Es wurde oberschlesische Bergbutter angeboten – schön fett und frisch, an Güte der böhmischen gleich, jedoch etwas billiger – doch auch die rechte, schöne, veritable holsteinische Butter war in drei Qualitäten zu haben. Mit alledem ist natürlich nicht gesagt, daß die Versorgung von so vielen eng beieinander wohnenden Menschen ständig gesichert war.

Die Obrigkeit konnte sich mit der neuen Situation der fast schon modernen Stadt lange nicht anfreunden. Man hielt es für natürlich, daß der städtische Konsument und der Handwerker seine Lebensmittel direkt vom Erzeuger kaufte, wie im Mittelalter, also auf den Wochenmärkten, wo der Bauer seine Produkte anzubieten hatte. Daß Händler auf das Land zogen, um dort einzukaufen, bewirkte nach Ansicht der Obrigkeit nichts anderes, als unnütze Preistreiberei. Friedrich Wilhelm I. hat nicht nur versucht, die Bauern in die Städte zu zwingen, sondern ebenso die in den Dörfern lebenden Handwerker. Beides diente dem gleichen Zweck. Indem er den ländlichen Handwerkern befahl, die Dörfer zu verlassen, wollte er die Bauern dazu bringen, ihre Erzeugnisse auch ja auf den städtischen Märkten anzubieten. Sie sollten auch in die ihnen am nächsten gelegene Stadt, damit die Konkurrenz so gering wie möglich blieb. Er wollte, daß die Einwohner der Städte möglichst billig an ihre Lebensmittel kamen – auf Kosten der Landwirtschaft natürlich.

Der Einkauf der Händler war auf die letzten Marktstunden beschränkt. Erst sollten die Bürger ihren Bedarf gedeckt haben. Willkürlich wurde die Einkaufszeit für die Händler immer weiter hinausgeschoben; man hoffte so, besonders bei schlechtem Wetter, daß die Bauern mit ihren Preisen runtergingen.

Es war übrigens auch verboten, daß ein Käufer den anderen überbiete. So

Aus der Vossischen Zeitung

1715. Es sind rechte frische Austern per Posta angekommen, und bey Hr. Schultzen, Materialisten in der Fischer-Strasse, um einen zivilen Preiss zu bekommen.

1753. Bei dem Weinhändler L'Huillier in der Königstraße in des Herrn D. Horchs neuen Hause allwo der Bachus über dem Kellerhals stehet, ist wieder frischer aus Holland angekommener sehr guter und extra feiner Knaster-Tobak das Pfund à 2 Thaler 8 Groschen und 2 Thaler desgleichen à 1 Thaler 10 Gr. auch à 1 Thaler 14 Gr. zu haben. Die Proben können daselbst gegen Bezahlung abgeholet werden.

1770. Frische Austern, Maronen oder große Castanien, neue Catharinenpflaumen, Brunellen, italienische Nüsse, geräuchertes Hamburger Rindfleisch, Schellfische, Muscheln, Neunaugen in Fässer, auch einzeln sind beim Kaufmann Heyl... zu haben.

1775. Im weißen Schwahn in der Jüdenstraße ist guter Pumpernickel das Pfund zu 16 Gr. und westphälische Würste zu haben.

Aus der Berlinischen privilegierten Zeitung

1725. Es ist allhier eine Hamburgerin angekommen, welche sowohl Blumen-Thee, Thee-Bon, Kayser-Thee, als auch andern Thee, alles von extraordinairer Güte zu verkaufen hat. Ingleichen hat sie auch vortreffliche grüne indianische Pommerantzen und feinen englischen Koppen von feiner Gasche. Sie ist bey Hn. Heinrich von Cölln hinten auf den Gang, eine Treppe hoch zu erfragen.

durfte kein Verkäufer gleichzeitig mit zwei Käufern verhandeln. Auf den Dörfern sollte, wenn es sich nur irgend machen ließ weder gekauft, noch verkauft werden. Das Hausieren wurde häufig ganz verboten.

Diese ungewöhnlichen Maßnahmen entsprangen freilich nicht allein königlicher Fürsorge, waren nicht nur erdacht worden, um die städtische Bevölkerung mit preiswerten Nahrungsmitteln zu versorgen.

Wenn der Bauer seine Sense jetzt in der Stadt kaufen, der Schmied sein Eisen in die Stadt bringen mußte, hatten sie das Tor zu passieren, mußten an die Akzisekasse. Es war also, kurz gesagt, der Obrigkeit (mit dem König vorneweg) am liebsten, wenn der Bauer erzeugt, auf den nächstgelegenen Markt fährt und dort direkt an den Konsumenten verkauft, Obst und Gemüse an die Hausfrau, das Vieh an den Schlachter, das Korn an den Bäkker. (Der mußte nämlich noch selbst mahlen.)

Aber – und das wurde den Herrschaften offenbar erst sehr viel später klar – die Städte waren größer geworden. Dadurch erweiterte sich naturgemäß das Gebiet, aus dem eine Stadt ihre Lebensmittel heranschaffen mußte. Doch wie konnte ein Bauer gezwungen werden, regelmäßig zehn oder gar zwölf Meilen zu fahren – immerhin 70 bis 110 km – um seine oft nur geringen Mengen zu verkaufen? Obwohl Zwischenhändler dem König nach wie vor zuwider waren, mußten sie mit der Zeit doch geduldet werden. Die Obrigkeit beobachtete sie jedoch weiter mißtrauisch. So finden wir in den Reglements, in denen die Polizei ihre Aufgaben zugewiesen bekam, fast ausschließlich Anordnungen für die Lebensmittelversorgung der Städte, vor allem für die vielen Märkte.

Die öffentliche Polizei hatte dafür

zu sorgen, daß die Stadtbevölkerung jederzeit mit den notwendigsten Nahrungsmitteln in ausreichender Menge, guter Beschaffenheit und angemessenen Preisen versehen war. Vor allem bei Brot, Fleisch und Bier. Denn das waren damals die wichtigsten Nahrungsmittel. Der Polizeidirektor mußte sehen, daß bei den Bäckern, Brauern und Schlächtern ein hinlänglicher Vorrat an Getreide, Mehl, Malz und Schlachtvieh vorhanden sei. Diese waren verpflichtet, Vorräte für mehrere Monate zu halten. Die Polizei hatte außerdem darauf zu achten, daß es an Fischen nicht fehle und daß sie nicht zu teuer sind. Verkaufspreise wurden vorgeschrieben. Insbesondere die Brot- und Getreidepreise wurden wegen ihrer Empfindlichkeit genauestens überwacht. Bei der Festsetzung der Brotpreise saßen übrigens auch Vertreter der Garnison, Stabsoffiziere, in dem Gremium. Sie hatten sogar das ausschlaggebende Wort.

In teuren Jahren bestimmte der König selbst die Brotpreise, indem er die Preise des Getreides aus seinen Magazinen festsetzte. Das hat unter Friedrich Wilhelm nicht immer ganz so gut geklappt. Friedrich dem Großen gelang es offenbar besser, die Brotpreise einigermaßen niedrig zu halten. Er hatte sehr früh bestimmt, daß die Kriegsmagazine sofort geöffnet werden sollten, wenn der Preis für Roggen auch nur um einen Taler anstieg. In knappen Zeiten wurden Zoll und Akzise erlassen, doch mit der Maßgabe, daß die Vergünstigung nicht den Händlern, sondern der Allgemeinheit zugute kommen solle. Daß die Bäcker dabei manchmal mit Verlust arbeiteten, wurde von der Obrigkeit in Kauf genommen. Es wurde selbstverständlich auch darauf geachtet, daß nicht etwa »Beamte ihr Getreide mit Fleiß zurückhalten, um solches später desto theurer verkaufen zu können.« Den Bäckern wurde gestattet, »daß sie auswärts so viel mahlen lassen wie möglich und sich in Vorrat von Mehl setzen, damit bei einfallendem starkem Frost und wenn die Mühlen etwa dadurch aufgehalten werden, es nicht an Mehl fehle und ein Brotmangel entstehen möge«. Selbst, als in den Jahren 1770 bis 1773 mehrere Mißernten aufeinander folgten, blieb man in Preußen von wirklichem Mangel verschont.

Kontrolliert wurde nicht nur, ob die Qualität ausreichend war, sondern ebenfalls, ob es mit den Maßen und Gewichten seine Ordnung hatte. Sowohl die Polizei, als auch Vertreter der Garnison prüften regelmäßig das Brotgewicht. War das Brot zu leicht, wurde es für die Armenhäuser und Hospitäler beschlagnahmt.

»Selbige,« hieß es beispielsweise im Reglement für die Polizei in Potsdam, die Preise also, sollen »allemal den letzten Montag des ablaufenden Monats, von dem Polizey-Directore, und in Gegenwart der ihm zur Assistenz

zugeordneten Glieder, für den folgenden Monat, im Beysein eines Stabs-Officiers von der Garnison, welchen der Commandant dazu beordern wird, nach den Fractions-Preisen, mit Anwendung der Berlinischen Calculations-principiorum, soweit solche in Potsdam applicable sind, neu angefertigt, oder bei stehenbleibenden Preisen, von neuem publiciret werden.«

Backwaren mußten größtenteils, Fleisch ausschließlich, in den sogenannten öffentlichen »Scharren« verkauft werden, also da, wo die Obrigkeit den Händlern Verkaufsstände hingemauert hatte.

Verordnung, wegen der in Berlin zu steuernden Vor- und Aufkauferey in den Thoren und Straßen. 1740

Demnach Se. Königl. Majestät in Preußen, Unser allgnädigster Herr, höchst mißfällig wahrgenommen, daß das Policeywesen in hiesigen Residentzien noch immer in schlechtem Stande sey, und darüber sehr wenige Aufsicht gehalten werde, die Bäcker, Brauer und Schlächter sich an keiner Taxe kehren, die Vor- und Aufkäuferey vor und in den Thoren und Straßen beständig im Schwunge gehe, und durch alles dieses die knappe Zeit an Viktualien vermehret, dieselben ohne Not vertheuret, und durch Häckerei ganz unzulässiger Wucher getrieben werde ... befehlen Se. Königl. Majestät hiermit in Gnaden und zugleich allen Ernstes, daß in den Thoren und Straßen und auch auf dem Wasser keine Vor- und Aufkäuferey betrieben werde, ehe die Viktualien auf die geordneten Marktplätze gebracht seien ... Sollte jemand erfahren, daß insbesondere Brot und Fleisch nicht nach der Taxe verkauft würden, solle er dieses sofort melden ... der Name des Denunzianten wird verschwiegen.

Auf dem Spittelmarkt
zu Berlin
Radierung von Chodowiecki 1760

Polizei-Reglement vom 19. Januar 1740 (in Auszügen)

Die Polizei-Commissare haben dahin zu sehen, daß die Fleischer gute Waagschalen und messingene, geeichte Gewichte haben, ebenso die Kaufleute, Crämer, Materialisten und Häcker. Es sollen keine andere als geeichte Scheffel, Viertel und Metzen, in der Stadt geduldet werden. Die Bäcker sollen Brot und Semmeln stets in hinlänglichem Vorrat haben, die öffentlichen Scharren richtig halten, das Brot und die Semmel allemal tüchtig gut, nach jedesmaliger Taxe backen. Unter der Semmel soll nicht Roggen oder anderes Mehl verbacken werden.

Die Schlächter sollen jedesmal Fleisch bei Fleisch in öffentlichen Scharren halten, daß gesundes, gut und fett Vieh geschlachtet wird.

Niemand darf in Gewicht oder gar in Taxe übervorteilt werden.

Es muß darauf geachtet werden, daß die Fischer nicht gegen die Fischer-Ordnung verstoßen, in den festgesetzten Stunden Fischmarkt halten, und keine abgestandene, weniger aber faule Fische verkaufen.

Die Weinhändler und diejenigen, welche Bouteille-Bier verkaufen, sollen richtige Quart-Bouteillen halten. Der Commissar muß es aber dabei nicht bewenden lassen, sondern mit Zuziehung eines Deputierten, von dem hochlöblichen Gouvernement, öfters unvermutete Proben machen, und wenigstens wöchentlich einmal bei den Bäckern das Brot und die Semmel nachwägen.

Das zu leicht und nicht ausgebacken gefundene wegnehmen und in die Stock- und Armenhäuser bringen lassen, welchen es verfallen sein soll.

Überdem werden diejenigen Materialisten, Höker und Schlächter usw., bei welchen unrichtiges und ungeeichtes Gewicht, Maß, Ellen und Scheffel betroffen werden, auch diejenigen, welche unrichtig wiegen oder abmessen, und über die Taxe verkauft haben, mit einer Geldstrafe, dem Befinden nach von vier bis sechs Talern belegt, wovon den Denunzianten die Hälte des Douceur gelassen, und die andere Hälfte zur Kämmerei gezahlet werden soll.

Ferner liegt ihm ob, die Wirthshäuser zu visitiren, auch dahin zu sehen, daß die Reisenden in selbigen, Bequemlichkeiten vor ihr Geld finden.

Der Polizei-Commissar muß ferner dafür sorgen, daß alles, was zur Stadt zum Verkauf kommt, auf den öffentlichen Markt gebracht und jedermann feilgeboten wird. Es darf keiner übervorteilt werden, sondern freier Handel muß erfolgen, und die Zufuhre auf alle ersinnliche Art erleichtert werden.

Von Schlachten und Fleisch-Bänken.

Obwohl es den Schlächters frei bleibt, des Winters vom 1. Oktober bis ultimo Aprilis, so oft sie wollen und könnten, Rinder zu schlachten, so müssen sie doch, wenn jemand von ihnen ein Rind geschlachtet und aufgehauen hat, solches dem Polizei-Herrn ansagen, damit derselbe mit Zuziehung des Deputierten, das Fleisch beschauen, in Taxe nehmen (also den Preis festsetzen) kann, damit kein anderes, als gutes und fettes Rindfleisch auf den Scharren kommt. Kuhfleisch muß nicht auf den Scharren gebracht werden, es wäre denn, daß es Fersen seien, so noch nicht gekalbet und sonst recht fett wären. Schaf-Fleisch darf gar nicht auf den Scharren.

Und da denen Schlächtern wegen des Kalb- und Hammel-Fleisches eine solche Taxe gesetzt worden, wowider sie selbst nichts einwenden können, so sind sie auch dagegen schuldig, jahraus, jahrein Hammelfleisch auf dem Scharren zu halten; zumal es ihnen im Winter nicht sonderlich verdirbt und des Sommers guten Abgang findet. Wogegen ihnen die Freiheit nach wie vor verbleibet, so viel Hammel, als sie bisher zu halten befugt gewesen, beständig zu halten und auf der ihnen zugewiesenen Weide hüten zu lassen. Sie dürfen aber keine davon an Fremde verkaufen.

Schweine-Fleisch muß gleichmäßig beständig auf den Scharren gehalten, und die Taxe desselben nach den Umständen der Zeit gesetzt werden, damit der Schlächter einen billigen Profit habe, aber auch das Publikum nicht übervorteilt werde. Indessen kann davon nicht immer eine beständige Taxe gemacht werden, weil, wenn Mastschweine geschlachtet werden können, das Pfund 1 bis 2 Pfennige geringer gegeben werden kann, als wenn keine Mast vorhanden und Schweine, so auf dem Kofen fett gemacht worden, geschlachtet werden müssen. Jedoch darf das Pfund niemals höher als 16 Pfennige, wohl aber geringer als 14 Pfennige angesetzt werden. Trüge es sich zu, daß ein Schwein die Finnen hätte, so darf solches bei Strafe nicht auf den Scharren gebracht, sondern muß zu Hause verkauft werden.

Lamm-Fleisch müssen Schlächter von 1. Aprilis bis ultimum Junii gleichfalls beständig auf dem Scharren haben und solches nach der Taxe des Hammel-Fleisches verkaufen. Sowohl in den Scharren, als zu Hause, dürfen die Schlächter keine anderen als küpferne Schalen mit eisernen Ketten haben und die Kette von der einen Schale darf nicht kürtzer oder länger als von der anderen sein. Auch müssen die Schalen frei über einem Tisch oder Brett hängen, damit alle Vervorteilung im Gewicht beobachtet und vermieden werden kann. Einem jeden ohne Unterschied, muß von demjenigen Fleisch, so in den Scharren vorhanden, dasjenige Stück ausgehauen werden, welches verlangt wird. Damit die üble Angewohnheit, daß das eine Viertel nicht eher angehauen werden kann, bis das zuerst angehauene verkauft worden, gänzlich abgeschafft werden muß.

Hätte jemand einen Braten oder eine Portion Fleisch bestellt, so muß solches nicht in den Scharren genommen, sondern von Hause aus sogleich demjenigen zugesandt werden, welcher es bestellet hat. Dasjenige Fleisch jedoch, was im Scharren, muß jedermann zu Kauf stehen. Beylagen, als Kopf, Maul oder Füße, nicht minder den Hals, welcher solcher zum mehreren Teil in Knochen besteht, müssen nicht zum Scharren gebracht werden. Ein jeder Schlächter muß vor seinem Scharren eine Tafel haben, woran der Policey-Herr selbst verzeichnen und auch in sein Protokoll tragen muß, wie hoch zu jeder Zeit das Rind- oder Kuhfleisch, nicht minder das Schwein-Fleisch in Taxa gesetzet worden.

Was aber die Taxa des Kalb- und Hammel-Fleisches betrifft, so wird solches auf besondere Tafeln verzeichnet, und davon eine an den Scharren, und eine andere an jedem Thor ausgehangen, damit ein jeder erfahren kann, wie hoch solche jederzeit seyn solle.

Vom Verkauf der Fische.

Da die Kietzer verbunden sind, daß die Einwohner zur gehörigen Zeit die nöthigen Fische erhalten können, so sollen der Reihe nach täglich mindestens ein Sechstel der Fischer vormittags von 10 bis halb 12 und des Nachmittags von 5 bis halb 7 Fischmarkt halten und lebendige Fische von allerhand Sorten in den Thienen zum Verkauf haben. Sie sollen sich befleißigen, jeden Tag gute Fische von Karpfen, Hechten etc. herbey zu schaffen.

Wollen sie aber eher mit ihren Fischen zum Markt kommen, so stehet ihnen solches zwar frey, sie müssen aber unfehlbar des morgens bis halb 12 und nachmittags bis halb 7 sitzen. Des Sonntags nachmittags müssen ihrer ein Zehntel von 5 bis halb 7 Uhr Fischmarkt halten. Die Fisch-Fässer müssen gegen die gesetzte Zeit des Fisch-Markts wohl gereinigt und mit frischem Waser eingefüllet werden. Deshalb soll der Plumpen-Director allemal des Morgens um 7 und des Nachmittags um 4 Uhr die Plumpe laufen lassen.

Von den Bäckern und Brot-Scharren.

Die Bäcker müssen täglich sowohl Hausgebackenes als auch im Scharren gebackenes Brot nicht minder allerhand Weißbrot auf den Brotscharren von morgens bis abends feil haben. Vom Hausbacken keine andere als ein und zwei-Groschen Brote vom Scharrenbacken, aber Dreier-, Sechs-Pfennige- und Groschen-Brote bakken. Sie sollen weiß, klar und wohlschmekkend Brot machen, welches nicht klantisch, sondern wohl ausgebacken ist.

Da auch geklaget wird, daß die Bäcker wegen des zum Hausbacken zu gebenden Sauerteigs eine übermäßige Portion von Teig nehmen, so soll solches hiemit auf 6 Pfennige vom Scheffel festgesetzet sein, wogegen die Bäcker gar nichts vom Teig nehmen dürfen. Wollte aber ein Einwohner sich den Sauerteig selber halten, so steht ihm solches frey. Den Bäkkern steht nicht frey, von demjenigen Getreide so zu Markt gebracht wird, eher etwas an sich zu handeln, bis die Glocke 10 geschlagen und die Marktfahne ausgestochen worden ist. Sie dürfen sich auch vor solcher Zeit nicht auf den Markt und nicht bei den Kornwagen finden lassen, noch auch durch jemand anders sich etwas auf dem Markt aufkaufen lassen.

Sollten die Bäcker auf dem Markt das nötige Getreide nicht erhalten können, so müssen sie solches von denen vom Adel und Beamten zu bekommen suchen.

Brotträger aus einem Kupferstich von Chodowiecki 1767

Ganz besonders streng wurden die sogenannten Höker unter die Lupe genommen, kleine, fliegende Händler, die häufig nur einen Tisch, manchmal eine kleine hölzerne Bude besaßen und für sich noch ein Plätzchen zwischen Kleinhändler und Hausfrau gefunden hatten. Nach dem Bericht unseres Fremden wimmelte es in Berlin von den für die Stadt typisch gewordenen hölzernen Krambuden, in denen vor allem Lebensmittel angeboten wurden. So viele seien in keiner Stadt zu finden. »Sie haben Brücken, Plätze und Straßen fast unpassierbar gemacht.« An den Brükken standen sie am liebsten, weil die Passanten ihnen da schwerer ausweichen konnten.

Die Höker breiteten sich wie ein Krebsgeschwür über die Stadt aus. Wurde zur Verschönerung der Stadt ein Platz neu geschaffen, oder gar eine Straße gepflastert, konnte man sicher sein, daß am nächsten Tag schon Höker da ihre hölzernen Buden und Stände aufgebaut hatten und von der Verschönerung nicht mehr viel zu sehen war.

Das mag vielleicht ein Trost für jene Geschäftsinhaber sein, die sich heute, auf dem Kurfürstendamm oder auf der Leopoldstraße in München, von den vergleichsweise spärlichen fliegenden Händlern in ihren Geschäften geschädigt fühlen. Die Höker von damals trieben einen armseligen, kläglichen Handel mit Viktualien. Ein richtiger Laden – eine Boutique – war ihnen untersagt. Tee, Kaffee, Zucker oder Tabak durften sie vor allem deshalb nicht handeln, weil man fest damit rechnete, daß sie dann die Akzise-Kasse betrügen würden. Außerdem mußten die weiblichen Höker, die Hökerinnen – das hatte Friedrich Wilhelm I. bereits angeordnet – jede Woche ein Pfund Wolle spinnen. (Wir haben das am Anfang bereits erwähnt.)

Wollten sie mit Brot handeln, mußten sie es von dem ihnen am nächsten wohnenden Bäcker kaufen und sie mußten sich dazu verpflichten, pro Taler nicht mehr als sechs oder sieben Pfennig aufzuschlagen. Diesen Verdienst gab ihnen der Bäcker als Brot. Das heißt, das Brot war bei ihnen nicht teurer als beim Bäcker. Wovon haben sie nun gelebt?

Einkaufen durften sie nur auf dem Markt, wie jeder andere Einwohner der Stadt. Sie durften nicht mal früher hin, sondern an einigen Tagen der Woche viel später. Sie kriegten also nichts billiger und nichts früher. Natürlich versuchten sie, sämtliche Verbote zu umgehen; sie versuchten auf dem Land einzukaufen, vor den Toren, wenn es ging. Die Materialisten (sozusagen der Großkaufmann) fühlten sich von den Hökern gestört, die Obrigkeit glaubte, daß sie das Marktleben durcheinander brachten. Bereits Zeitgenossen hatten sich darüber Gedanken gemacht. So fragte ein Bürger, wie es wohl käme, daß sie einen Korb Kirschen auf den Kähnen ebenso teuer bezahlen müßten wie bei dem Höker: »Entweder erhält also der Höker die Früchte doch billiger und verabredet mit dem Verkäufer, sie an uns Einwohner nicht so billig zu verkaufen – oder der Höker betrügt mit Maß und Gewicht.

Nicht anders geht es mit der nach dem Getreide so wichtigen Frucht, mit der Kartoffel. Auf dem Lande zahlt man für den Scheffel 8 Groschen, hier in Berlin nie unter 16 bis 20. Man hätte also auch hier eine Taxe anfertigen sollen. Eine sichere Preiskontrolle ist die Taxe jedoch nicht. So wird beispielsweise schlechtes Fleisch für die Taxe angeboten, das gute dagegen wird an die Reichen verkauft, die sich an keiner Taxe kehren und für einen schönen Braten gern ein paar Groschen mehr geben.«

Inhalt der Häcker (Höker)-Ordnung von 1742 in Auszügen

Weil viele Leute in unbefugter Weise, auf- und verkaufen, auch andere, die berechtigt sind, mißbräuchlich mit ihrer Berechtigung umgehen, will der König, unbedingt alles abstellen, was zu Übervorteilung und zu Bedrückung der Bevölkerung führt. Daher wird folgendes angeordnet:

Leute, die ein Handwerk ausüben oder irgendeinen anderen Beruf, dürfen ohne höchste Not überhaupt nicht hökern.

Soldaten und Soldatenweibern wird die Tätigkeit nur eingeschränkt: Auf keinen Fall dürfen sie mehr Waren als bisher anbieten oder an anderen Plätzen hausieren.

Die Anzahl der Höker wird festgesetzt, damit die Stadt nicht mit dergleichen Leuten überhäuft und nicht einer dem anderen die Nahrung entzieht.

Es muß also vom Polizei-Direktor innerhalb von vier Wochen festgelegt werden, wie viele Höker überhaupt und wo sie handeln dürfen und auf welchen Märkten sie sitzen dürfen. Er soll auch nur zwischen den jetzt vorhandenen aussuchen.

Jeder Händler muß sich beim Polizei-Direktor melden und glaubhaft bezeugen, daß er einen anständigen Lebenswandel führt. Er muß nachweisen, woher er die Mittel hat, um einen ordentlichen Warenstand einzurichten.

Alle Höker sollen das Bürgerrecht beim Magistrat erwerben. Die Konzession wird jedoch nur vom Polizei-Direktor vergeben. Das kostet natürlich etwas Geld. So sollen weiterhin jährlich zwei bis drei Taler an die Kämmerei gezahlt werden.

Der Höker kann wohnen wo er will, aber den Platz, wo er seinen Stand errichten darf, wird ihm zugewiesen werden. Und den darf er auf keinen Fall verlassen.

Ihre Buden dürfen sie auch nur – nach Genehmigung der Eigentümer – an den Häusern aufstellen, auf keinen Fall jedoch in der Mitte des Fahrdamms und dadurch die Passanten hindern. Sie müssen obendrein von jenen Händlern entfernt sein, die Waren vom Lande hereinbringen und nicht etwa mit selbigen durcheinander sitzen.

Es darf auch kein Händler an zwei Orten verkaufen, etwa in seinem Hause und auf dem Markt. Wer die Gelegenheit hat, zuhause in einem Laden oder Keller zu handeln, darf nicht etwa einen Platz auf der Straße oder auf dem Markt benutzen.

Die Händler dürfen mit folgenden Waren frei handeln: Heringe, Butter, Käse, Speck, gewässerter Stockberger- oder Klipp-Fisch, Schollen, Salz, Seife, Licht, Eier, Schmeer, Hirse, Linsen, allerlei Grütze, grobe Gersten, Graupen, Rüben, Erbsen, Getreide in kleinen Mengen, Hanf-Körner und allerhand Gartenwerk, Obst, einfacher Kornbranntwein, Besen und Kiehn. Aber das alles nur in kleinen Mengen, nichts anders als Metzen, Pfund, Stück, Groschen, Dreier und Pfennigweise. Auf keinen Fall aber en gros, Zentner-, Schock- oder Scheffelweise.

Sollten sie sich aber unterstehen, andere Waren anzubieten als die genannten, irgendwelche Spezereien etwa, oder gar Tee, Kaffee, Knaster oder andere fremde Rauch- oder Schnupftabake, sollen die Waren konfisziert werden und in das Hospital gegeben werden. Wie ihnen auch der Einkauf auf dem Packhofe gänzlich untersagt ist.

Die Händler dürfen ihre Waren auch nicht etwa von außerhalb beziehen, sondern müssen ihre Butter, Klippfische, Schollen, Seife und Lichte von den hiesigen Materialisten, Seifensiedern und Lichtziehern kaufen.

Es darf sich auch kein Händler oder deren Weiber oder Gesinde in Dörfern und Vorwerken im Umkreis von 4 Meilen blicken lassen, um da etwa Getreide, Vieh und Eßwaren einzukaufen. Sie dürfen sich auch nicht unterstehen, mit irgendwelchen Verkäufern sich vorher zu verabreden und ihnen etwa mit Wagen, Karren, Pferden oder auch nur zu Fuß entgegen zu gehen, um das Gekaufte schon in Empfang zu nehmen. Sie dürfen auch nicht in irgendwelchen fremden Häusern kaufen oder verkaufen, erst recht nicht in Gastwirtschaften. Alles, was auf den Markt gehört, ist auch auf den Markt zu bringen.

Kein Häcker darf Montags, Mittwochs, Donnerstags und Sonnabends zum Einkauf auf den Markt, ehe mittags die Glocke zwölf geschlagen. Dienstags und Freitags jedoch, weil dann abends erst Markt ist, darf er überhaupt nicht einkaufen. An diesen Tagen soll er von den Marktplätzen ganz wegbleiben.

Einzige Ausnahme sind die Weiber, die Wildbret, Fische und Krebse zum Verkauf tragen. Sie dürfen auch Dienstags und Freitags nach 10 Uhr vormittags auf dem Markt einkaufen.

Will ein Häcker auf dem Lande einkaufen, so muß er beim Polizei-Direktor eine Erlaubnis beantragen. Er wird dann einen entsprechenden Paß erhalten.

Brauer und Gastwirte, bei denen auswärtige Händler, Verkäufer von Getreide, Viktualien und Eßwaren einkehren, sollen diese Fremden darauf aufmerksam machen, daß alle Waren zum Verkauf auf den Markt zu bringen sind. Sie dürfen ihre Waren keineswegs etwa in der Gastwirtschaft bereits verkaufen. Sollte das dennoch geschehen, muß der Wirt die Sache sofort dem Polizei-Direktor anzeigen.

Den Häckern wird jeden Monat eine Taxe festgesetzt für die Waren, die sie anbieten. Diese Taxe muß auf eine Tafel geschrieben werden und diese Tafel muß er bei seinem Tisch oder bei seiner Bude hängen haben, damit jeder Käufer sehen kann, wie teuer die Waren sind.

Hausieren dürfen die Häcker überhaupt nicht; ausgenommen mit Wildbret, Obst, Gartengewächse, auch Zitronen, Kastanien, allerhand Federvieh, Fischen und Krebsen.

Bürstenverkäufer aus einem Kupferstich von Rosenberg um 1790

Wie so häufig finden wir auch hier wieder auf der einen Seite die schönen Gesetze, Anordnungen und Bestimmungen auf der anderen jedoch die häßliche Wirklichkeit. Selbstverständlich kauften die Höker weiterhin auf dem Lande ein, sie kauften gemeinsam, konnten den Preis beim Einkauf drücken und konnten dann wegen mangelhafter Konkurrenz die Verkaufspreise ein bißchen anheben.

Besonders streng waren selbstverständlich die Bestimmungen oder besser gesagt, die Verbote, auf dem Lande zu hausieren. Da konnte ja kaum kontrolliert, also kaum Akzise eingetrieben werden. Auf den Dörfern sollte deshalb am besten überhaupt nicht gekauft oder verkauft werden.

Wie weit sich die Untertanen daran gehalten haben, mag die Einleitung eines »erneuerten und geschärften« Hausiererredikts belegen, das von Friedrich dem Großen 1747 erlassen wurde. Da heißt es in der Einleitung: *... obwohl Unsere in Gott ruhenden Durchlauchtigsten Vorfahren verschiedene heilsame und nützliche Verordnungen wegen des verderblichen Hausierens auf dem platten Lande, sonderlich unterm 17. August und 26. November 1693, 24. Dezember 1710, 24. August 1713, 25. April 1718, 21. April 1723 und am 27. März 1737 und Wir selbst noch unterm 7. August 1743 haben publizieren und dadurch solches Unwesen nachdrücklich haben verbieten lassen ...* hat sich keine Sau drum gekümmert. Preußen? Preußen.

Da also nach Ansicht Friedrichs sowohl die Städte als auch das ganze Land in seiner Ernährung behindert und in großen Verfall gebracht wird, befiehlt er nochmals, daß alles Hausieren auf dem Lande verboten ist. Und zwar gleichermaßen für Christen und für Juden. Mit Tee, Kaffee, Schokolade, Knaster oder anderen Rauch- und Schnupftabaken, jedoch selbst mit den sogenannten kurzen Waren. Derartige Dinge dürfen weder durch die Hausierer selbst, noch durch ihre Knechte, weder mit einem Wagen von einem Dorf zum anderen, oder in die Häuser auf dem Lande, auch nicht mit Körben, Bündeln oder Packen umher getragen werden. Die Gerichtsobrigkeiten, die Beamten, Pächter und Schulzen, sogar die Schöppen werden aufgefordert, darauf zu achten, daß niemand, weder Juden noch Christen, keine Tablett-Krämer, Siebhechel- und Mausefallen-Macher, keine Tiroler oder Schmalkalder, Leinwands-Händler, Töpfer, Weinkärner, Scheeren-Schleifer, Raritäten-Kästner und dergleichen auf den Dörfern an wen auch immer verkaufen. Sie dürfen es gleichfalls nicht im Krug feilbieten. Wer das doch tut, soll sofort festgenommen werden, ebenfalls die Waren und die Leute müssen vor Gericht und selbstverständlich bestraft werden.

Allerdings, damit es den Bauern nicht an den nötigsten Waren fehle, ist Ausländern, die besonders wichtige Dinge herstellen, erlaubt, sich in den Dörfern anzusiedeln und dort ihre Werkstätten einzurichten. Gleichwohl sollte das nur dort erlaubt sein, wo sie auch das Holz finden, das sie für ihre Arbeit benötigen.

Es sollte sich überdies niemand unterstehen, Waren, ob Lebensmittel, Wein oder Branntwein für den späteren Verkauf zu lagern. Es dürfen erst recht und überhaupt nicht Waren gelagert werden, von denen niemand weiß, woher sie stammen. Ausgenommen davon sind lediglich Holz, Latten, Bretter, Mauerkalk und Dachsteine, jedoch nur in der unmittelbaren Nähe von vorgesehenen Neubauten.

In den Städten ist das Hausieren

ausschließlich mit den sogenannten kurzen Waren erlaubt. Die Tablett-Krämer dürfen etwa folgende Waren verkaufen: Messer, Scheren, hölzerne oder mit Messing beschlagene schlechtere Tabakspfeifen-Köpfe, schlechte Schnallen, dazu noch Siebe, Hecheln und Mausefallen.

Aus der Vossischen Zeitung

1754. Eine neue Sorte recht delicaten Burgunderwein, blaß von Coulleur und angenehm von Geschmack, ist bey dem Kaufmann Heinrich Ehrenfriedt Schütze ... à 20 Gr. die Bouteille zu bekommen ...

1765. In der Fischerstraße, im weißen Roß, sind bey dem allda logirenden Ungarischen Weinhändler wieder Ungarische St. Georger Ausbruchs-Weinproben, sonst Tockayer genannt, zu haben.

1765. Es wird jedermann bekannt gemacht, daß am neuen Markt in der Papenstraße in des Böttcher Herrn Schmidts seiner Behausung Bouteillenweise Zerbster Bier zu haben sey, die Bouteille zu 2 Gr. 6Pf.

1780. Veritabler Tee Chinois in Büchsen zu 1 Pfund, 1/2 Pfund und 1/4 Pfund, das Pfund zu 3 Rthlr., ist bey dem Kaufmann Salpius auf dem Berlinischen Fischmarkt zu haben.

1785. Von Spaa-, Pyrmonter-, Eger-, Bitter- und Selter-Wasser habe ich wieder neue Zufuhr erhalten ... Johann Friedrich Heyl.

1790. Weißkohl à Schock 18 Gr., Sellery à Schock 14 Gr., Kohlrüben à Schock 6 Gr. sind von der besten Güte bei dem Meier Göbel in Strahlau zu haben.

1790. Neuer Klippfisch à Pfund 1 Gr. 5 Pf., Labberdan 2 Pfund 1 Gr. 6 Pf., Stockfisch à Pfund 1 Gr. 3 Pf., Schollen das Bund 8 Gr., Franz. Pflaumen das Pfund 1 Gr. 6 Pf., Brunellen à 8 Gr., Gesundheits-Chocolade à Pfund 11 Gr., dito mit Gewürz 10 Gr., frische Mecklenburger Butter à Pfund 5 Gr. ist bei dem Kaufmann Karstedt in der Jüdenstraße zu haben.

1790. Da meine Pfannkuchen voriges Jahr vielen Beifall gefunden haben, so mache ich meinem hochgeehrten Publikum bekannt, daß wieder dergleichen recht gute bey mir zu haben sind ... Westing.

1791. Es wird jedermänniglich zu wissen getan, daß zu Herrn Advokat Boltzen in der Jüdenstraße ein holländischer Kaufmann gekommen ist mit allerhand feinem Tee zu wohlfeilem Preise. Wer nun Lust und Belieben hat, etwas zu kaufen, kann sich bei Zeiten melden, denn er über acht Tage nicht hier bleiben wird.

Magd

Bey uns werden die Mägde nach Ihren Verrichtungen, welche denselben anvertraut sind, eingetheilt in Haus-Mägde und Vieh-Mägde. Zu jenen rechnet man insonderheit in den Städten, diejenigen, die unmittelbar der Herrschaft im Hause, in der Küche und bey den Kindern Dienste thun. Auf dem Lande hat die Hausmagd das Feder-Vieh zu besorgen und zu füttern, für das Gesinde zu kochen, die Milch-Gefäße und die Küchen-Geschirre rein zu halten und auszuwaschen, aufzukehren, und wenn Zeit dazu vorhanden, mit den Vieh-Mägden grasen zu gehen und denselben melcken zu helffen. Die Gebühr und Schuldigkeit der Mägde betreffend; so sollen dieselben zuförderst Gott fürchten, fleißig beten, sich eines stillen, ehrbaren und züchtigen Lebens und Wandels befleißigen, gegen ihre Herrschaft und Vorgesetzten demütig, ehrerbietig, willig, gehorsam und getreu, emsig, hurtig, arbeitsam und unverdrossen seyn, der Hoffart nicht nachhängen, noch sich über ihren Stand und Herkommen kleiden, putzen und schmücken, und, es heut zu Tage gar gemein, ihren verdienten Lohn pur an die Lumpen zu hängen.

Sie sollen sich des Spatzierengehens mit verdächtiger Gesellschaft oder an verdächtigen Oertern enthalten, nicht weniger des Schencken und Kirmeß-Lauffens, mit den Knechten oder andern Kerlen sich nicht zu gemein machen, in der Küche, den Ställen und Winckeln nicht bey denselben stehen, und daselbst heimliche Gespräche und Phantasien mit ihnen treiben, als welches sie nicht nur in bösem Verdacht, sondern auch in Unglück gebracht werden können.

Sie sollen auch die Stallung und Kuh-Tröge oder Krippen, ingleichen die Freß-Tröge des andern Viehes sauber und reine halten, doch alle Tage ausmisten und frisch wieder unterstreuen, auch zuweilen den Melck-Kühen mit einer Striegel den Unflat abkratzen, welches denen sehr wohl bekommt. Und des Nacht sollen sie wach seyn und fleißig nach dem Vieh hören, ob es ihnen nicht an irgend etwas mangele, oder daß es kranck sey, und wenn sie etwas spüren, ungesäumt aufstehen und zusehen.

Sie sollen gute Achtung auf das Feuer haben, dasselbige des Nachts wohl verwahren, mit dem Lichte in denen Ställen behutsam umgehen, auch das Feuerzeug und Zunder wohl in acht nehmen, solches alleine wohl bereit und fertig an seinem gewissen Ort haben.

Sie sollen nicht nur mit sich selbsten fein sauber und reine umgehen, sondern ebenfalls, wenn sie mit der Speise und dem Milchwesen umgehen. Sie sollen auch die Melck-Gelten, Milch-Kannen, Milch-Asche, Milch-Fässer, Seih-Tücher sauber halten. Rahm-Töpfe, Butter-Fässer, Quarck-Säkke, Käse-Näpfe etc. ingleichen die Schüsseln, Töpfe und anderes Küchengeschirr sollen sie sauber waschen und scheuren. Endlich sollen auch die Kindermägde und Kinderwärterinnen fleißig und sorgfältig mit den Kindern umgehen, dieselben lieben, unverdrossen reinigen und säubern, nicht anfahren, anschnautzen, ihnen fluchen, sie schlagen, stoßen und werffen, sondern vernünftig und bescheidentlich anweisen und strafen.

Aus Zedlers Universallexikon von 1734 in 64 Theilen

In der Stadt oder Straßen müssen gekehrt werden

Wie hat es eigentlich damals auf den Straßen ausgesehen? Oder, wie haben die Straßen selbst ausgesehen? Die Frage ist sicherlich banal, ich weiß. Aber ich weiß ebenso, daß ich es schon immer gern wissen wollte. Jedenfalls hat mich diese Frage viel länger beschäftigt als etwa die nach der Disziplin in der preußischen Armee.

Leipziger Straße
Berlin um 1800

Ich versuche häufig, mir Straßen vorzustellen, wie sie früher waren. Am liebsten Straßen, die ich gut kenne und von denen ich wissen möchte, wie waren sie vor 30 Jahren? Wie hat es da im vorigen Krieg ausgesehen, in der Nazizeit, den zwanziger Jahren? Dabei fällt mir bereits schwer, mich an Straßen so zu erinnern, wie sie früher waren, selbst wenn ich sie damals gut gekannt habe. Ich muß zugeben, daß mich Straßen mehr interessieren als vieles andere, was sicherlich wichtiger ist. Straßen haben für mich eine besondere Faszination. Ich hoffe allerdings, daß der eine oder andere ähnlich empfindet und ich deshalb sorglos mehr über Straßen berichten kann, als ihnen, gemessen an ihrer Bedeutung, zusteht.

Ein bißchen von der Stadt damals ist ja hier bereits erwähnt worden. Dazu paßt ferner die Beschreibung, die uns Gustav Freytag über eine Stadt in Deutschland um die Mitte des 18. Jahrhunderts überliefert hat (gesehen hat er sie allerdings ja auch nicht mehr). Er hat sie sich etwa so vorgestellt: »Es ist eine mäßig große Stadt um 1750. Noch stehen die alten Ziegelmauern, Türme nicht nur über den Toren, auch hie und da über den Mauern. Manchem ist ein hölzernes Notdach aufgesetzt, in den stärksten sind Gefängnisse eingerichtet, andere baufällige sind abgetragen.

Auch die Stadtmauer ist geflickt, vorspringende Winkel und Basteien liegen noch in Trümmern, blühende Flieder und Gartenblumen sind dahinter gepflanzt und ragen über die Steine; der Stadtgraben auf der Außenseite liegt zum Teil trocken, dann weiden wohl noch Kühe einzelner Bürger darin, oder die Tuchmacher haben ihre Rahmen mit Reihen eiserner Häkchen aufgestellt und spannen friedlich die Tücher daran auf. Die gewöhnliche Farbe ist seit den Pietisten »Pfeffer und Salz«, wie man schon damals sagte, und die alte Lieblingsfarbe der Deutschen, blau, das nicht mehr aus deutschem Waid, sondern dem fremden Indigo bereitet wird. Noch haben die engen Toröffnungen hölzerne Bohlentore, oft zwei hintereinander; sie werden zur Nachtzeit von der Stadtwache geschlossen, welche dort auf Posten steht, aber erst durch Klopfer und Glocke geweckt werden muß, wenn jemand von außen Einlaß begehrt. Auf der inneren Seite der Stadtmauer sind zuweilen noch Bruchstücke der Holzgalerien zu sehen, in denen einst die Bogen- und Hakenschützen standen.

Im Innern der Stadt stehen die schmucklosen Häuser noch nicht so zahlreich wie in früheren Jahrhunderten. Noch liegen einzelne wüste Stellen dazwischen, die meisten aber sind von Wohlhabenden gekauft und in Gärten verwandelt. Es ist bereits Ordnung in der Stadt, Straßen müssen gekehrt werden.«

Zumindest was Berlin angeht, würde besser gesagt werden, sie sollten gekehrt werden. Anordnungen dazu gab es genug. Wie so häufig dürfen wir uns jedoch die Wirklichkeit nicht so vorstellen, wie sie hätte sein sollen, wenn die Bürger die Anordnungen der Obrigkeit nur befolgt hätten. Sie hatten es auch hier wieder nicht getan. Den meisten städtischen Bevölkerungen fehlte es offensichtlich an jenem tätigen Gemeingeist, der durch eigene Kraft öffentliche Einrichtungen und Verbesserungen ins Leben ruft und fördert. Sowas gab es offenbar selbst nicht auf passive Weise; Einrichtungen, die der ordnenden Hand der Behörden zu verdanken waren, wurden nicht einmal geschont und erhalten. (Es mag übrigens sein, daß wir in unseren Tagen dabei sind, eine ähnliche Indolenz zu entwickeln. auf diese Art kommen wir unseren Vorfahren jedenfalls ein bißchen näher.)

Kritik am Zustand der Straßen ist reichlich geäußert worden, von Einwohnern der Stadt genauso wie von Besuchern. Es muß in der Tat grauslich gewesen sein. Die Straßen waren, wenn überhaupt, so irregulär und schlecht gepflastert, daß jeder, wenn er nur einige Stunden umher geht, über Schmerzen in den Fußsohlen klagt. Berg und Tal wechseln miteinander ab, besonders auf den Bürgersteigen. »So läuft man an dunklen Abenden Gefahr, zu stürzen und sich irgendwelche Knochen zu brechen.«

Erst im letzten Jahr des 18. Jahrhunderts sollten die vielen Straßen Berlins, die bis dahin noch keine Namen hatten, einen erhalten. Hausnummern gab es bis dahin ebenfalls nicht. Fragte etwa jemand nach dem Laden von Kaufmann David Allart, wurde ihm vermutlich geantwortet, es sei in der Breiten Straße, das zweite Haus von der Ecke an der Cöllnischen Hauptwache aus gerechnet. Man erkennt es an den zwei Löwen über der Tür.

Auf diese Weise kam es zu Anschriften wie ... zwischen Herrn Treu und Frau Stadtbergen, gegenüber vom großen Judenfriedhof ... in der Klo-

Berliner Stadtansicht im Jahre 1688

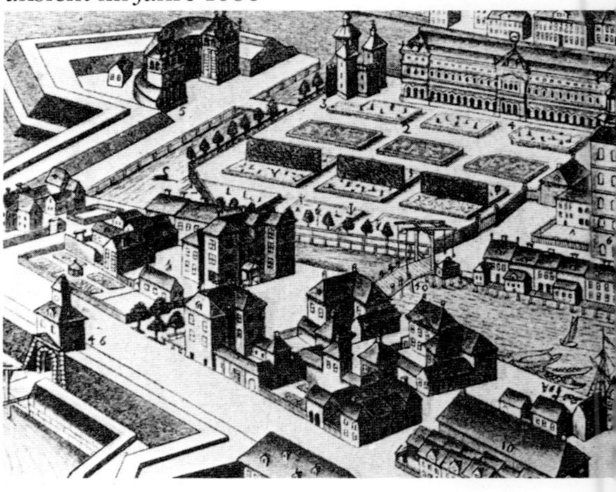

sterstraße, nicht weit von der Sing-Uhr ... zur rechten Hand Unter den Linden, in der Straße, wo es nach der Kirche geht.

Kabinettsorder vom 16. Januar 1798 an den Stadtpräsidenten Eisenberg

Rath, besonders Lieber Getreuer. Mit Eurem Schreiben vom 15. d.M. habe ich den Entwurf, welchergestalt sämtliche Häuser der hiesigen Residenz, zum bequemen Auffinden und Bezeichnen derselben, mit Nummern zu versehen, wohl erhalten und Euch für dessen Einsenden danken wollen. Die Ausführung dieses Plans genehmige Ich um so lieber, da Euer Versicherung zufolge, die bemittelten Eigenthümer, die hierdurch entstehenden Kosten gern selbst übernehmen und für den armen Bürger hierunter keine Lasten entstehen werden. Es können demnach sämtliche Häuser, inclusive der öffentlichen und immediat Häuser zu dieser allgemeinen Numerierung gezogen werden, und Ich überlasse es Euch, mit Zuziehung der Behörden, die Ausführung auf eine solide und zweckmäßige Art zu bewirken, indem Ich bin Euer gnädiger König.
Berlin, den 16. Januar 1798
gez. Friedrich Wilhelm

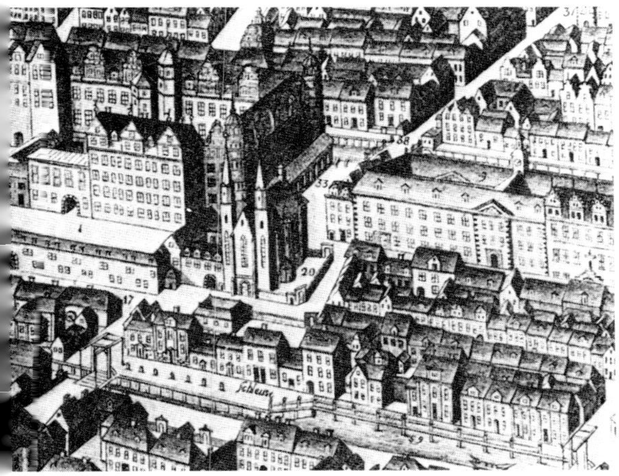

Die Gossen sind zwar, wie es sich gehört, an beiden Seiten des Dammes angelegt. Sie sind allerdings nicht ganz ungefährlich. Vor vielen Haustüren sind nur Bretter drüber gelegt. Wer hier im Dunkeln geht, stößt demnach alle zehn, fünfzehn Schritte gegen eine steinerne Treppe oder Auffahrt. Geht man auf den Brettern, die auch sonst über den Gossen liegen, kann es passieren, daß man bei einem falschen Schritt in die Gosse stürzt, immerhin also rund einen Meter tief. Die Fußwege sind darum riskant. Es bleibt immerhin die Mitte des Dammes. Aber so empfehlenswert scheint auch diese Möglichkeit nicht zu sein. Denn selbst dort befinden sich große Vertiefungen. Die Steine stehen meist weit auseinander. Es gibt durch die »unverantwortliche Nachlässigkeit der Steinsetzer und ihrer Aufpasser« unzählige Löcher in dem sandigen Boden, sodaß schon nach leichtem Regen ein »fast undurchdringlicher Kot entsteht.«

Selbst bei späteren Verbesserungen des Pflasters sind wahllos riesengroße neben winzige Steine gelegt worden. Die kleinen Murkel wurden natürlich schnell in den Sand getreten und hinterließen nur noch Löcher. Die stehengebliebenen Kolosse luden zum Stolpern förmlich ein.

Wer glaubt, dennoch besser auf dem Damm zu gehen, muß allerdings ferner damit rechnen, daß Wagen kommen. Dann muß er zusehen, wohin er flüchten kann. An den Gossen liegen nämlich obendrein noch hohe und schlammige Dreckhaufen. Man kann versuchen, drüber weg zu springen, weiß jedoch nie genau, wo man landen wird. Außerdem war es an vielen Stellen so eng durch vorgeschobene Kellerhälse, Treppen und Buden, daß man kaum daran vorbei gehen konnte, ohne eben durch den Rinnstein waten zu müssen.

Edikt wegen starken Fahrens auf den Straßen der Residenzien vom 18. Dezember 1705

Nachdem gegen das am 20. März 1693 ergangene Verbot und Reglement über das Fahren und Jagen auf den Straßen und Gassen fast täglich zuwider gehandelt wird und dadurch verschiedene Unglücks- und Todesfälle an Kindern und Alten verursacht worden sind, haben Seine Majestät es für nötig erachtet, dieses Reglement zu verschärfen.

Bei Vermeidung unausbleiblicher harter und exemplarischer Strafe sind folgende Punkte zu beachten:

1. soll es eines jeden Sorge und Beachtsamkeit sein, daß er seine Pferde allezeit im Anspannen der Wagen nicht lasse frei gehen, sondern bei dem Zügel hinzuführe und anspanne.

2. Sobald selbiges geschehen, soll keiner sich von den Pferden abgeben noch sie alleine stehen lassen, sondern sofort sich aufsetzen, und den Zügel wohl und fest stets in der Hand behalten.

3. wird hiermit ausdrücklich verboten im Fahren weiter zu galoppieren, noch mit Chaisen und Wagen einen ungewöhnlichen starken, sondern nur einen mittelmäßigen Trab zu halten, und muß des Kutschers Sorge und Observanz stets sein, daß so etwan Leute, sonderlich Kinder, Alte, Betagte oder gebrechliche Personen vor ihm gingen, und seiner nicht gewahr würden, er die Pferde anhalte oder selbige gebührend mit Zurufen oder mit einem Zeichen der Peitsche verwarne, damit sie in Zeiten ausweichen können.

4. Sollten sich zwei Karossen oder Wagen einander begegnen, so ist derjenige, so zum Ausweichen die beste Bequemlichkeit hat, allezeit schuldig, dergestalt dem andern sofort so viel Raum und Platz zu machen, damit nicht durch das enge Passiren, Menschen oder Wagen ein Unglück oder Schade zugefügt werde.

5. An welchem Ort eine Karosse oder Wagen zu warten beordert ist, soll kein Kutscher oder Knecht von den Pferden sich entfernen, noch auf dem Mitteldamm der Straßen halten, sondern damit an die Seite fahren und dabei bleiben.

6. Und weil vor den Kirchen bishero eine große Unordnung und eine daher besorgende Gefahr wahrgenommen worden, so wird insbesondere hiermit verordnet, daß sich alle Karossen in einer Ordnung und Reihe, wie sie ankommen, stellen, und daselbst ihrer Herren und Frauen Befehl erwarten; zum Vorbei- oder Eingehen der Leute aber, einen freien Gang lassen sollen, bei Vermeidung unausbleiblicher Bestrafung.

7. Auf daß auch bei dunkler Nachtzeit, ein jeder auf der Straße sicher und ohne Gefahr gehen möge, soll dannenher keiner, wer er auch sein mag, sich unterstehen ohne Fakkel oder Laterne, weiterzufahren.

8. Ingleichen soll keiner bei einer Schlittenfahrt, ohne ein vornehmes Geläute der Tage oder Nacht fahren.

10. Es müssen aber auch dahingegen die Eltern sorgfältig verhüten, daß ihre Kinder nicht, wie bisher verschiedentlich angemercket worden, auf denen Straßen und Gassen vor den Thüren, sonder die geringste auf sie habende Aufsicht, herumlaufen, und dadurch der Gefahr gutentheils sich selbst exponieren.

Die Seitenpflaster andererseits sind – falls vorhanden – häufig so schräg angelegt, daß man kaum drauf gehen kann. Jeder Fußgänger, der »nicht Hang und Kraft zum Klettern und Springen hat, wird dieses Pflaster gewiß meiden.« Aber wie sollte man sie meiden? War es vielleicht eine Hilfe, auf Stelzen zu gehen, wie es, etwas früher, Gäste tun mußten, um zu einem Fest ins Schloß zu gelangen? Eine bessere Möglichkeit, durch den tiefen Schlamm der Berliner Straßen zu gelangen, war ihnen jedenfalls nicht eingefallen.

War es trocken, waren die Straßen sandig und staubig, hatte es geregnet, waren sie verschlammt. An regnerischen Herbsttagen waren die engen Straßen vor Moder kaum passierbar. Berlin hatte sich eben mit dem sandigsten Grund von allen großen Städten Europas abzufinden. Doch sind die meisten Berliner »es schon gewohnt, bis an die Waden in Koth zu treten und bekümmern sich auch wenig um die Reinigung der Bürgersteige.

Es gibt Zeiten, wo man zum Beispiel in der Bernauer Straße, bei dem Austreten eines schlammigen Sees vor dem Thore, der bis tief in die Stadt hineindringt, oft gar nicht durchgehen kann. Außerdem liegt ja noch vieles auf den Straßen, was da nicht hingehört.« An öffentlichen Gebäuden sind »tote Körper, die die Luft verpesten und den Vorübergehenden einen ekelhaften Anblick bieten.« Die Bürger lassen allerdings auch sehr gern Bohlen, Schutt, Abfall, Lehmberge und ihre Misthaufen vor den Häusern liegen.

Es ist bereits einige Male erwähnt worden, daß die Edikte des Königs, die vielen Anordnungen und Befehle der Obrigkeit dann nicht mit der Wirklichkeit übereinstimmen, wenn man das als Wirklichkeit ansieht, was erhofftes Ergebnis jener Anordnungen sein sollte. Wenn wir jedoch davon ausgehen, daß sich die Bürger eben nicht um diese Bestimmungen kümmerten, können wir deshalb viel aus ihnen herauslesen, weil ja nur verboten werden muß, was vorhanden ist. Wenn wir etwa meinen, daß in Berlin keine Schweine mehr gehalten werden, weil der Große Kurfürst es bereits 1641 strengstens verboten hatte, Säue- und Schweineställe unter dem Stubenfenster auf den Straßen zu errichten, 1681 dann das Schweinemästen innerhalb der Stadt unter Androhung schwerer Strafen ganz verboten hatte, können wir aus einer Gassenordnung, die sein Urenkel Friedrich II. rund hundert Jahre danach, am 23. Juni 1751, erließ, erkennen, daß es die Schweine eben doch noch gegeben haben muß. Denn dort heißt es unter 8. daß »diejenigen Brandwein-Brenner und Brauer, so Schwein-Mästereyen in ihren Häusern halten bey 5 Rthlr. Strafe die Jauche nicht auf die Straße laufen lassen, sondern Senckgruben in ihren Höfen und Gärten machen und auch den Mist nur des Morgens sehr früh aus ihren Höfen vor die Thore bringen lassen, daß also dergleichen Wagens von Ostern bis Martini höchstens bis 5 und 6 Uhr und von Martini bis wieder zu Ostern höchstens bis 6 und 7 Uhr aus den Thoren gefahren sein müssen. Zucht-Schweine sollen gar nicht auf den Straßen in der Stadt geduldet werden. Wenn dergleichen herumlaufen, sollen sie zum Besten der Armen-Häuser weggenommen werden.« Tiere hielten sich nicht nur die einfachen Bürger, selbst die höchsten Beamten, Geheime Etatsräte, wie Exzellenz von Arnim, hatten auf den Höfen ihrer Stadthäuser Ziegen und andere nützliche Haustiere.

Aus den Zeitungen dieser Zeit ist dieser Zustand ebenfalls leicht zu entnehmen. Zumindest, wo ein Bäkker oder ein Branntweinbrenner wohnte, gab es auch Schweineställe. So hatte ein Brenner in der Wilhelmstraße einen Koben mit mindestens 50 Schweinen. Wenn die Stalltür und das Hoftor offen standen, drängten die Schweine auf die Straße. Wie noch heute in deutschen Zeitungen üblich, ist die Wirklichkeit jedoch deutlicher in den Anzeigen geschildert, als im redaktionellen Teil. Von dem erwähnten Brenner wissen wir, weil ihm Schweine weggelaufen waren, die er nun durch die eine Zeitungsanzeige suchen ließ. Auch dem Bäcker Stürmer aus Neu-Cölln war »ein klein weiß Schwein« entlaufen. Dagegen war »eine rot-bunte Sau« ausgerechnet in das Schlächter-Gewerckhaus geflüchtet. In der königl. Ritterakademie erschien ein »halbwachsend Schwein«. Vermißt wiederum wurde »ein Schwein von ziemlicher Größe und grauer Farbe, so eigentlich eine Sau ist«.

Mitten in der Stadt, auf den Straßen mit lebhaftem Verkehr, konnte der Passant also häufig Schweinen begegnen. Einige machten sogar offensichtlich lange Spaziergänge. Auf Herrn Krollens Hof in der Fischerstraße fanden sich beispielsweise drei fremde Schweine ein, die am Köpenicker Tor aufgebrochen waren, und einen gemeinschaftlichen Gang durch die Stadt hinter sich hatten.

Dabei hatte, wie erwähnt, bereits der Große Kurfürst damit begonnen, die Städte sauber zu halten. Er war dabei einigermaßen erfindungsreich, kam auch auf ein paar hübsche, wenn auch drastische Ideen. So hatte er etwa 1680 befohlen, daß »wer Unrat auf die Straße werfe, dem solle er wieder ins Haus geworfen werden«; wer in unsittlicher Weise die Straße verunreinige, solle an den Pranger kommen, Kinder dafür mit der Rute bestraft werden, da man solch säuisches Wesen nicht dulden könne und zur Notdurft seien schließlich öffentliche Bedürfnisanstalten vorhanden.

Das muß wohl am schlimmsten gewesen sein, der Gestank in der Stadt. Es muß übel gerochen haben. Nicht nur wegen des Abfalls und der toten Tiere. Es muß vor allem nach dem gestunken haben, was uns seit dem Einbau der Wasserklosetts einfach weggespült wird. Der erste Schritt auf diesem Weg war die Einführung von Gassenkarren. Das war 1735 – jedenfalls auf dem Papier, und wohl vor allem im Zentrum der Stadt.

Aus der Gassenordnung vom 3. September 1735

Nach ihr sollen nun die verantwortlichen Herren ... sowohl noch mehrere Leute dazu annehmen, als auch Karren anschaffen. Sie sollen dafür sorgen, daß nun die Straßen öfter gekehret, und nicht allein in den Residentzien, sondern auch in der Friedrichs-Stadt und Dorotheen-Stadt durchgehends reingehalten; es soll in folgender Gestalt verfahren werden:

Art. I Soll die Reinigung täglich im Gange bleiben, und durch das nunmehro zulängliche Gassen-Fuhrwerk beständig darin unterhalten werden, da sich auf solche Weise destoweniger an Gassen-Koth sammeln. Da die Straßen, Brücken und Plätze in Berlin vor anderen reingehalten werden, so sind doch die Vorstädte davon nicht ausgeschlossen, daß wenn die 28 Karren in den Städten einigermaßen entbehrt werden können, sie auch die gepflasterten Hauptstraßen in erwähnten Vorstädten rein halten sollen. Den Einwohnern soll dies angesagt werden.

Art. II Die Einwohner haben deshalb alle 2 Tage vor ihren Häusern bis auf die Mitte des Stein-Dammes zu fegen, und im Sommer bei trockener Zeit jedesmahl überall vorhero mit Wasser zu sprengen. Jedoch soll denen, so des Morgens fegen sollen, Tags vorher, und denen, so des Nachmittags fegen sollen, Tags vorher, und denen, so des Nachmittags fegen, des Morgens zuvor durch die Gassen-Meister und Auflader das Gassenfegen angesagt werden, damit der Koth nicht liegen bleibe, noch auseinander gefahren oder getreten werde, sondern durch die Karren gleich weggeholet werden könne.

Art. III Zu gleicher Zeit soll auf den öffentlichen Plätzen, also den Märkten, Kirchhöfen, vor den Kirchen, dem Packhof, den Rathäusern, Stallplätzen, der neuen und alten Stechbahn, vor den Wachen, unter den Thoren, vor den Scharren und anderen Orten, eben dergleichen Arbeit vorgenommen und gefeget werden.

Art. IV Wenn gefeget wird, muß ein jedweder das Gekehrte über den Rinnstein nach den Häusern hin zusammen bringen lassen, weil sonst der Kehricht, wann er auf dem Damm verbleibet, wieder von einander gefahren wird, auch dahin sehen, daß der Rinnstein rein bleibe.

Art. V Wenn gefeget und der Kehricht, wie vorstehet, durch die Karren weggebracht worden ist, muß sich niemand bei Vermeidung von 6 Gr. Strafe gelüsten lassen, das geringste aus seinem Hause zu tragen, noch solches vors Haus und auf die Straße zu schütten, sondern soll es damit so lange anstehen lassen bis der Tag herbey kommt, da durch die Gassen-Unter-Officiers das Kehren angesagt wird.

Art. VI Sollen diejenigen, so alte Häuser abbrechen und bauen zur Aufbehaltung des Schutts und Baumaterialien, nicht eher etwas auf den Straßen ablegen, biß ihnen der Policey-Director dazu Erlaubnis ertheilt und der Platz angewiesen.

Art. XII Weil auch durch Aussetzung großer Quantitäten Mauer-, Kalk- und Ziegel-Steine die Straßen sehr verunreinigt werden, so soll dergleichen nicht mehr in der Stadt, sondern in den Vorstädten an bequemen und dazu vom Gouvernement angewiesenen Orten geschehen.

Art. XIII Damit kein häßlicher Gestank in den Gassen, auf den Märkten und dergleichen Orten, durch Ausgießung der Nacht-Stühle und -Töpfe verursacht werden möge, so wird dem Magistrat hierselbst nachdrücklich anbefohlen, durch die Diener von Haus zu Haus ansagen zu lassen, das die Nacht-Stühle zur Nachtzeit, und zwar vom 1. April bis zum 1. September nach 11 Uhr, die übrigen Monate aber nach 10 Uhr, und nicht eher, oder des Morgens, wann es noch finster ist, weggetragen werden müssen.

Art. XIV Zu Ausgießungen der Nacht-Stühle aber werden folgende Örter angewiesen: nemlich in Berlin bey dem Bau-Hof vorbei durch den Bogen nach der Spree; In Cölln, durch die Fischer-, Roß-, Grün- und Lapp-Straßen, und soll sich niemand unterstehen, dergleichen in die Gegend des Königl. Schlosses, wie auch in den Canal, der Schleuse, oder von den Brükken ins Wasser zu tragen und auszugießen.

Art. XV Wann etwa ein Aas auf der Straße gefunden würde, soll ein jeder Einwohner, vor dessen Hause selbiges lieget, schuldig sein, solches beim Magistrat sofort zu melden, welcher dann solches sogleich dem Scharfrichter ansagen lassen muß, damit selbiger es durch seine Leute vor der Stadt auf die Seite bringen lasse.

Art. XVI Weil man öfters wahrgenommen, daß auf den Märkten und anderen öffentlichen Orten, ja auch selbst in den Straßen, zerbrochenes Glas und Unflath heimlich hingebracht und ausgegossen worden, so soll der Magistrat gewisse Weiber halten, um solche Unreinigkeiten weg zu tragen. Wann aber hernachmahls das Haus oder derjenige ausgeforschet werden möchte, woraus oder durch wen dies dennoch geschehen, soll derselbe 2 Rthlr. Strafe erlegen, wovon der Denunciant 1 Rthlr. und zum Unterhalt der Weiber auch 1 Rthlr. angewandt werden soll. Das Gesinde aber oder andere gemeine Leute, welche solches auswerfen oder ausgießen, und die Strafe nicht erlegen können, sollen mit Gefängnis, dem Pranger oder andere Leibes-Strafe nach Erkenntnis des Magistrats belegt werden. Das zerbrochene Glas aber soll ein jeder in seinem Hause sammeln, und solches an die Glashütten-Faktoreien verkaufen.

Art. XVII Desgleichen, und da in den Vorstädten und Gärten, wie bishero geschehen, viel Unrath auf die Straßen gebracht worden, wodurch dieselben fast unpassierbar gemacht werden, müssen die Besitzer dergleichen entweder in ihren Höfen eingraben, oder an entlegene Oerter schaffen.

Art. XX Damit auch den öffentlichen Brunnen, Laternen und Linden kein Schade geschehe, so sollen die Nachtwacht-Meister hierauf so weit möglich acht geben, daß davon nichts entwendet werde, sowie auch die Brunnen in Winters-Zeiten allemahl im Gange gehalten werden.

Art. XXI Sollen alle und jede Eigenthümer der Königl. Residentzien in den heißen Sommertagen gehalten sein, Thienen mit Wasser gefüllt vor ihre Häuser zu setzen; dergleichen müsse auch auf allen Kirchthürmen und Kirch-Boden, auch auf anderen öffentlichen Häusern und Gebäuden geschehen.

Art. XXIII Insbesondere wird auch den Gassen-Meistern hiermit anbefohlen, alles genau zu beobachten, die Gassen fleißig zu begehen und zu bereiten. Sie haben auch darauf acht zu haben, daß die öffentlichen Plätze zu rechter Zeit gekehret, der Koth, Müll und Kehricht weggeführt, die Canäle und Rinnen gereinigt, der Fahrdamm in den Straßen von den Land-Leuten, auch von den Sattlern, Stellmachern und Trödel-Tischen nicht besetzet, sondern die Fahrwege und Dämme jedesmahl offen und passable gehalten werden mögen. Es soll jedoch untersagt sein, die Bauern und Knechte zu schlagen und sonst übel zu tractiren, sondern es sind dieselben vorerst in Güte zu vermahnen und zu warnen. Erst wann aber ein und andere an der Warnung sich nicht kehren wolle, soll der nahesten Wache davon Nachricht gegeben werden.

Problematisch blieb es auf den Straßen bei Dunkelheit. Wenn eine Stadt sich überhaupt einer öffentlichen Beleuchtung erfreute, war das schon etwas ganz Ungewöhnliches. Öffentliche Beleuchtung bedeutete aber nichts anderes, als daß hier und dort während einiger Nachtstunden ein paar schlecht konstruierte und dürftig unterhaltene Laternen mit qualmendem Ölduft ihren trübseligen Schimmer verbreiteten. In Berlin sollte seit 1682 jedes dritte Haus eine Straßenlaterne abwechselnd brennen haben. Doch um die Jahrhundertwende (1799/1800) befand sich immer noch ein beträchtlicher Teil der Straßen ohne ausreichende Beleuchtung, »und auch in den schöneren Teilen der Stadt wird dieselbe als sehr mangelhaft« beurteilt.

Wohl gab es schon »kostbare kugel- oder zylinderförmige Laternen von weißem Glase, die Mehrzahl der übrigens nur sparsam aufgestellten, hatte dagegen grünes Glas, das verwittert im Wechsel des Regens und Sonnenscheins, mehr blendete als Licht gewährte«.

»... ging ich also auf die große Friedrichstraße, um daselbst die brennenden Leuchten zu sehen. Dieses war recht charmant anzusehen, in Anbetracht dieses so eine extraordinair lange Straße, die doch noch nicht einmal ganz und nur so weit als der Anbau illuminiret, und wie unvergleichlich wird solches aussehen, wenn das Rundel und die 3 großen aus selbigem gehenden Straßen erst illuminiret seyn ...«

Dennoch sollten auch in denen abgelegenen und kleinen Straßen die dreieckigen Laternen mit ihren drei großen Scheiben »gut und allemahl brennen. Die Öllampen, die 15, 20 auch 25 Schritt voneinander entfernt, auf hölzernen Pfählen etwa vier Ellen hoch standen, also nicht nach Pariser Art mitten über die Gasse hingen, sollten angezündet werden; jedesmal sobald es Abends finster wird, und der Mond nicht mehr scheinet, und durften dieselben eher nicht ausgelöschet werden, bis der Mond würklich aufgegangen. Diese brennenden Laternen sahen überaus artig aus; sonderlich wenn man die Königsstraße durchgeht, also man viermal durch Kreuzstraßen blicket, denn die Leuchten stehen alle egal in gleicher Höhe, und wo es sich sonst schicket in einer Linie.«

Doch war es im Grunde schlecht bestellt mit der Beleuchtung der Stadt. In vielen Gegenden und Straßen war überhaupt kein Lichtstrahl zu sehen. Selbst die gewöhnlichen Laternen geben oft mehr Schatten als Licht, und ihre Anzahl ist offenbar für eine Stadt wie Berlin zu gering. Es wird über Diebstähle in der Dunkelheit geklagt, auch Überfälle werden gemeldet, auf öffentlichen Plätzen und Straßen.

Die Laternen selbst wurden ebenfalls nicht geschont. Es kam häufig vor, »daß in der Stille der Nachtzeit Bosheit und Übermut sich soweit verstiegen, daß gelegentlich eine Anzahl Laternen, insonderheit die auf der Langen Brücke, ganz und gar abgebrochen, und mit den darinnen befindlichen Lampen und Zubehör gestohlen und weggetragen worden« waren. So war es möglich, daß die Laternenscheiben mit Steinen und Schneebällen eingeworfen, daß die Lampen ausgegossen und weggenommen, oder gar eine Laterne samt ihrem Holzpfahl gestohlen wurde.

Die Häuser in diesen Straßen, wie überhaupt die Häuser, in denen unsere Vorfahren wohnten, waren meistens deren Eigentum. Die Experten schätzen, daß etwa zwei Drittel der »Kleinbürger« nicht zur Miete wohnen mußten. Kleine und große Häuser standen dicht nebeneinander in derselben Straße. Hier ein massives, daneben ein hölzernes, das unterhalb des Erdbodens wohl auch Fundamente aus Stein hatte, aber über der Erde eben nur in Fachwerk ausgeführt worden war.

Daß alle die Häuser der Altstadt, die großen und kleinen, von der öffentlichen Straße eigenmächtig ziemlich viel Platz in Anspruch nahmen, galt als gutes Recht. Vor der Tür durfte ein breiter Podest errichtet werden, mit Stufen von drei Seiten. Eine Treppe von zwei Laternen flankiert, konnte zum Eingange aufsteigen, oder eine Rampe für Karossen mochten den halben Bürgersteig zubauen. Selbst den schmalen Streifen des Bürgersteiges, der dann für die Fußgänger übrig blieb, trennte der Reiche noch durch ein steifes Eisengitter. Dazu die bereits beschriebenen hölzernen Buden, die mancher Hauswirt an den Fahrdamm setzte und als Verkaufsstand an Krämer vermietete.

Jeder suchte den Raum vor seinem Hause zu nutzen, so gut er konnte, als wäre auch die Straße sein Eigentum. Im Erdgeschoß der Handwerkerhäuser waren meist die Werkstätten, die Fenster zur Straße wurden als Auslagen genutzt. Wenn die Arbeit und das Wetter es zuließen, wurde auf der Straße gearbeitet.

Der Kaufherr benötigte eine große Toreinfahrt und eine Treppe mit kunstvollem Geländer und niedrigen Stufen, die in weiter Wendung in die Höhe führten, um zu repräsentieren. Da stand ein Haus, drei Fenster breit, für zwei Familien gebaut, nur ein kleines Häuschen, dennoch mit breiter, geteilter Haustür. Wer den einen Flügel öffnete, kam in die Wohnung ins Erdgeschoß, hinter dem anderen kletterte eine enge Treppe – zu schmal für einen richtigen Sarg – steil wie eine Hühnerleiter, ohne Absatz und Biegung in die andere Wohnung im Oberstock.

1725. In der Madame Mailette Haus auf der Freyheit ist das oberste Apartement gegen kommende Ostern zu vermieten, wer dazu Belieben hat, kann sich allda melden.

1733. In der Spandauer Straße in des Ratsmauermeisters Melcherts Haus ist künftige Ostern die ganze Wirtschaft, bestehend in Herbergen vor Passagiers, so wie es der Küchenmeister bei Ihro Hoheit der verwitweten Frau Markgräfin Philippin Herr Fitze bishero zwei Jahre in Besitz gehabt, zu vermieten. Es sind dabei gute Stuben, Küche, Keller und geräumige Stallungen. Wer Lust hat solches zu mieten, kann deshalb mit dem Eigentümer des Hauses je eher je lieber Handlung pflegen.

1735. Es ist der französische Gelbgießer Jacques Louis gesonnen, sein auf Friedrichstadt in der Jägerstraße gelegenes großes massives Haus zu verkaufen, welches 2072 Tlr. 6 Gr. gerichtlich taxiert worden; trägt 114 Tlr. jährliche Miete und zahlet 11 Gr. monatlich Servisgeld. Wer also Lust hat, dieses Haus zu kaufen, kann mit dem Eigentümer deshalb sprechen und soll ihm für einen raisonablen Preis gelassen werden.

Hausinschrift
in der Prenzlauerstraße Berlin

Noch vor der Zeit, um die wir uns hier kümmern, war es verbreitete Sitte, den Häusern Inschriften zu geben, sie sollten sozusagen dem Vorübergehenden etwas erzählen. Ein paar waren damals noch übrig geblieben.

Geistlicher Witwen beider Pfarren und des Hospitals zu Berlin verwilliges Frey-Haus. Hütet Euch, Witwen und Waisen zu beleidigen; denn sie haben Gott zum Richter und den Allerhöchsten zum Vater, welcher ihren Wohlthätern reichlich belohnen, ihren Verfolgern ernstlich bestraffen wird.

An einem Wirtshaus:

Hier findet sich in gutem Frieden
alle Welt zusammen.

Gott zu Ehren,
Verlassenen Waisen zum Trost,
Rechtschaffenen Christen zur
Aufmunterung und Nachfolge,
hat dieses Waisenhaus willig gestiftet
Frau Maria Pedy,
Herrn Joachim Friedrich
Kornmessers, Königl. Preuß. Hof
Raths und Burgmeister allhier,
gewesene Ehegattin und
nachgelassene Witwe
im Jahre Christi
MDCCXX.
Liebster Leser, bitte Gott,
daß er dergleichen Wohlthäter
erwecke, und tritt selbsten in die
Fußstapfen derjenigen, die so löblich
vorangegangen.

Es wird meiner Seele bange
zu wohnen bey denen,
die den Frieden hassen.

Die Treppe begann gleich an der Türschwelle. Obendrein war es ziemlich düster, denn durch ein schmales Fenster über der engen Tür kam nur spärliches Licht. Den geringsten Vorplatz vor der Treppe hätten Baumeister und Maurermeister für Verschwendung gehalten. Es war ein Haus für einfache Leute. Türen und Fenster waren Löcher. Die zweiflügelige Tür sah wohl einladend aus, doch nur, solange sie geschlossen blieb. Sollten auf die Baustelle zwei kleine Häuser kommen, und ließ sich's so machen: Dann wurden die schmalen Türen in der Mitte so zusammengedrückt, daß es aussah, als wäre es nur eine Tür. Beide Häuser erhielten auch die gleiche Fassade. In die Mitte, genau über die Doppeltür, kam noch eine zweifenstrige Dachstube.

Beim ersten Blick sahen die Zwillingshäuser aus wie eins. Erst beim zweiten konnte man erkennen, daß die Tür, das Haus und die ausgebaute Dachstube von oben bis unten durch eine Mauer zerschnitten waren. Zwei Häuser für kleine Leute, denen die preußische Losung »mehr sein als scheinen« noch nicht bekannt war. Doch, selbst wenn mehrere Häuser aus Stein oder doch Lehm gebaut worden waren – die meisten waren weiter nur aus Holz – von brauchbarer Feuersicherheit konnte keine Rede sein. Strohdächer wurden verboten, aber noch benutzt – lediglich in Potsdam war das letzte Strohdach 1723 verschwunden.

Gründliche und ausführliche Baubeschreibungen liegen uns leider nicht vor, doch lassen uns wieder einmal die Anweisungen der Obrigkeit nicht im Stich. Da wurde also anno 1727 angeordnet, daß Handwerker, die Feuer und Kohlen für ihre Arbeiten benötigen, ihre Herde nicht an hölzerne Wände, sondern an richtige Mauern setzen sollen. Schornsteine mußten von nun an gemauert sein und sollten mindestens zwei bis drei Fuß über das Dach hinaus ragen. Ebenso wurden die Dächer aus Holzschindeln und die hölzernen Regenrinnen verboten.

Berliner Feuerwehr
»vor 1851« Lithographie

Vorbeugend wurde ebenfalls bestimmt, daß niemand mit offenem Licht, egal ob Kerze oder Kien, durchs Haus gehen dürfe. Selbstverständlich war auch das Rauchen auf den Böden, in den Ställen und in Betten strengstens untersagt. Der Vorrat an Heu, Stroh, Holz und Kohlen war jedem Einwohner genau vorgeschrieben, ebenfalls in welchen Räumen er untergebracht werden durfte. Größere Wirtshäuser mußten sich nachts einen Wächter halten.

Doch wenn das alles nichts nützen sollte und ein Feuer dennoch ausbrechen würde – und es brach natürlich Feuer aus – dann dürfte auf das, was heute als Feuerwehr bezeichnet wird, nicht allzuviel Verlaß gewesen sein. Löschmannschaften bestanden aus alten, verarmten Bürgern, die bei einer jährlichen Besoldung von nur 6 bis 12 Talern (selbst ein nicht übermäßig bezahlter Prediger erhielt monatlich mehr, etwa 20 Taler) es für überflüssig und auch ungerecht hielten, sich irgendwie anzustrengen. Sollten sie wirklich mal einigermaßen früh bei einem Feuer eingetroffen sein, dann waren sie, falls die Brände einige Stunden lang anhielten, fast immer ziemlich bald betrunken. Zum Löschen waren sie nicht mehr zu gebrauchen, beschädigten dagegen häufig Spritzen und andere Löschgeräte, nur um nicht länger arbeiten zu müssen.

Wenn auch im Lauf der Zeit die Anzahl der Spritzen und Feuergerätschaften vermehrt und verbessert worden war, so war das Haus meistens bereits total abgebrannt, wenn diese Truppe angerückt kam. Alles war kaum etwas anderes als grenzenloser Unfug. Alte Nachtwächter, alte Spritzenleute und alte Schläuche. Häufig wurde nachts das Feuerhorn geblasen und die ganze Stadt geweckt, dabei brannte lediglich irgend ein zerfallener Schuppen. Die Einwohner rannten ängstlich hin und her, fragten wo das Feuer denn sei.

Manchmal erhielten sie dann von einem Wächter die Antwort: »Woher soll ich denn das wissen? Wenn die Andern tuten, denn tute ich auch.«

Selbst die Löschmannschaften irrten oft mit sämtlichen Löschutensilien planlos in der Stadt umher. Die Nachtwächter hatten zwar zwei verschiedene Feuerhorne, um etwa in Berlin, durch einen hohen und einen

tiefen Ton ein Feuer auf der rechten Seite der Spree von dem auf der linken Seite zu unterscheiden, doch das half nicht allzuviel. Hinzu kam – warum sollten die damals soviel vernünftiger sein, als wir heute – daß Neugierige vom Lärm herbeigelockt wurden, die, wie stets, einerseits ganz überflüssig und für die Rettungsarbeiten nur hinderlich waren, deren Zusammenlauf andererseits aber auch »zu Excessen und Diebstählen Veranlassung gab«.

Die Löschmannschaften waren bei kleineren Bränden sehr viel schneller am Ort, weil sie ihre Prämie pro Feuer erhielten. Auf die wirkliche Dienstleistung waren sie weniger erpicht. Bei großen Bränden und namentlich bei solchen, die am Himmel sichtbar waren, erschienen die Mannschaften fast durchweg zu spät, um sich vor großen Anstrengungen zu sichern. Brach ein Feuer bei Tage aus, so war es reiner Zufall, wenn die Löschmannschaften etwas erfuhren. So dauerte es meistens eine geraume Zeit, bevor sie zum Löschen anrückten. Auch das Kommando auf der Brandstelle war, wenn man die Legenden als Maßstab nimmt, sehr unpreußisch. Nicht nur der Polizeiinspektor, sondern auch der Stadtbaurat, sämtliche Polizei-Kommissarien, der Ober-Spritzen-Kommissarius, die Ratsmaurer und Zimmermeister waren »weisungsbefugt«, sondern auch die etwa anwesenden höheren Standespersonen, Mitglieder des Magistrats und der Stadtverordnetenversammlung. Jeder befahl, nur ein einheitliches Kommando fehlte. Wenn wir diesen Zustand in Ruhe auf uns wirken lassen, werden wir verstehen, daß Obrigkeit und Untertan sich durch eigene Vorsorge und Hilfe sicherer fühlten. Jeder Einwohner mußte eine bestimmte Anzahl lederner Eimer ständig bereit halten, dazu zwei metallene und hölzerne Handspritzen und eine Leiter.

Im Sommer mußte auf dem obersten Boden stets ein mit Wasser gefüllter Zuber und eine Handspritze bereitstehen. Die Eigentümer von Eckhäusern waren verpflichtet, eiserne Kienpfannen »so in die Erde gesteckt werden können« anzuschaffen. Wenn ein Feuer ausbricht, »hat der Hausvater oder die Hausmutter also

---

Stellenangebote vom 24. Januar 1746

Es wird auf dem Lande nahe bey Berlin ein geschickter Hofmeister Reformirter Religion verlanget; welcher zwey junge Herren in seine Aussicht nehmen, und im Lateinischen und Französischen informiren kann. Er muß aber bereits in Condition gestanden haben, und eine anständige Conduite besitzen. Solchenfalls kann er sich versichert halten, daß er neben freyer Station, und guter Besoldung, wie ein Kind vom Hause gehalten wird. Weitere Auskünfte kann die Frau Stegemannen, welche gegen der Catholischen Kirche in Berlin in der Kraussen-Strasse wohnet, davon geben. Auch ist es einerlei, er sey ein Theologus oder Juriste.

Es wird auf einem Adelichen Guthe ohnweit von Berlin ein tüchtiger Verwalter verlanget, der nicht nur eine gute Hand schreibet, sondern auch die Feld- und Haus-Wirthschaft ex fundamento verstehen, und mit Brauen und Brandtwein-Brennen gut umzugehen wissen muß, mithin gute Attestata seines Wohlverhaltens aufzuweisen hat. Solte sich auch ein Pächter finden, der ein guter Wirth ist, und baare Caution stellen kann, so ist solcher auch angenehm. Zusätzliche Nachricht kann bey Herrn von Görtzke auf Fredersdorff ohnweit Tasdorff eingezogen werden.

---

bald ein Geschrei zu machen. Auch hat er es der nächsten Wache anzumelden.«

Jeder Eigentümer eines Hauses mußte bei Feuersbrünsten sofort ein Gefäß mit Wasser vor die Haustür stellen. Die Kunstpfeiffer, die auf den Türmen der Stadt als Wächter beschäftigt waren, hatten das Feuer durch Blasen anzuzeigen und dann durch eine Feuerfahne, bei Nacht durch brennende Laternen die Richtung anzuzeigen, von der sie den Feuerschein sehen konnten. Die Einwohner hatten sich daran gewöhnt, schnell an die Wand ihrer Häuser zu fassen, wenn der Nachtwächter ins Horn getutet hatte, um Feuer zu melden. War sie kalt, drehte man sich um und schlief weiter.

In der Straße, in der es brannte, mußte vor jedes Haus eine Laterne oder brennende Kerzen in die Fenster gestellt werden. Die Brunnenmacher waren automatisch zu den Brunnen kommandiert, die Schornsteinfeger hatten sich mit ihren Gesellen und Jungens einzufinden, um die Dächer zu besteigen. Sobald das Feuergeschrei ertönt war, die Sturmglocke geläutet hatte oder die Kunstpfeiffer getutet, mußten die Nachbarn bis zum zwanzigsten oder fünfundzwanzigsten Haus mit ihren Eimern, Handspritzen und anderen Geräten zum brennenden Haus rennen und unter der Aufsicht der anwesenden Befehlshaber das Feuer »zu dämpfen« versuchen. Vor dieser Regelung waren nur die engsten Nachbarn ausgenommen. Jeweils drei auf jeder Seite und drei gegenüber. Sie durften zu ihrer eigenen Rettung zuhause bleiben.

Der Marktmeister hatte sofort das Rathaus zu öffnen, an die Ecken des Rathauses Feuerpfannen mit brennendem Kien aufzustellen und dafür zu sorgen, daß Feuerleitern und Haken für die Löschmannschaften greifbar waren. Ratspersonen hatten sich ebenfalls auf dem Rathaus einzufinden, um die nötigen Befehle zu erteilen. Einige von ihnen sollten aber sofort zum Feuer und dort Ordnung halten. So durfte fast jeder auf seine Weise helfen, nur die Juden waren davon ausgeschlossen. Stattdessen mußten ihre Ältesten nach jedem Brand 15 Taler spenden.

1715. Gute neue Betten und neue Harne Madratzen mit Decken und Gardinen sind monatlich zu vermiethen bey Herr Alexander Severin auf der Fischer-Brücken in Msr. Tondeurs Hause.

1715. Zu haben ist beym französischen Buchführer Etienne ein Wasser, welches aus England kommt, so probat ist, und die Eigenschafft hat, daß mit demselben die rothen wie auch die grauen Haare braun oder auch schwartz gefärbet werden können.

1720. Es ist verwichenen 21. September ein Hündchen von mittelmäßiger Größe, aschfarbener Couleur, einem weißen Strich wie ein Halsband um den Halß, wie auch einen weißen Flekken an der Seiten an dem Kopf, einer gläntzenden Haut und mit weißen Füßen verlohren worden, daferne jemand davon Nachricht hat, wo dieser Hund zu finden, der wolle sich belieben bey Monsieur Gilett in der Brüder-Strasse an der Neumann-Gasse an der Ecke in der Apotheke zu melden, so soll er einen Thaler zum Recompens bekommen.

Schön röthlich die Kartoffeln sind
und weiß wie Alabaster,
Verdaun sich lieblich und geschwind
Und sind für Mann und Frau
und Kind
(Geschweige denn für Schwein
und Rind!)
Ein echtes Magenpflaster.

Essen und Trinken oder Die Dinger schmecken nicht

Die Kartoffel sei »zwar ein wenig blähend«, sonst aber eine sehr gehaltvolle und gute Nahrung. Obendrein stille sie Durchfälle und heile die Schwindsucht. »Gekocht, gebacken oder gebraten werden Kartoffeln mit guter Butter, Salz, Orangen- oder Citronensaft und doppelt raffiniertem Zucker genossen.« Doch das alles kann man vergessen, weil sie vor allem »den Samen vermehre, die Begierde wecke und die Fruchtbarkeit bei beiden Geschlechtern bewirke.« Kurzum, was heute noch mancher Opa weiß und seinen Enkeln deklamiert: »Kartoffeln machen sinnlich«.

Wahrscheinlich hatten einsichtige Menschenfreunde sich Märchen dieser Art ausgedacht, um ein Nahrungsmittel populär zu machen, das am Anfang unseres Jahrhunderts noch so gut wie unbekannt war, an dessen Ende dagegen bereits unentbehrlich.

Obwohl die ersten Kartoffeln Preußens bereits auf Wunsch des Großen Kurfürsten 1649 im Lustgarten des Berliner Schlosses angepflanzt worden waren, dauerte es mehr als hundert Jahre, bis die Kartoffel beweisen konnte, daß es ohne sie eigentlich nicht gehe. Aber es ist nicht einfach gewesen. Obwohl sich viele vernünftige Personen, Gelehrte und Pfarrer, abmühten, wollte keiner so recht ran. Niemand wollte sie anbauen, und niemand wollte sie essen. Freilich bleibt erstaunlich, daß sich so gar keine deutsche Obrigkeit bemühte, die Untertanen notfalls zu ihrem Glück zu zwingen. Schließlich mußte man sich auch im 18. Jahrhundert mit zahlreichen Hungerjahren abfinden, meist nach schlechten Ernten. Einige Jahre gerieten sogar zu Katastrophen. Da hätte die Kartoffel helfen können. Aber die deutschen Herrscher blieben gleichgültig – mit einer Ausnahme: Preußen.

Die preußischen Könige, voran Friedrich, propagierten nicht nur den Anbau von Kartoffeln, sie versuchten Tricks und Zwänge, um ihre Bauern dazu zu bringen, Kartoffeln anzubauen. Friedrich II. ließ Versuchsfelder auf Sandboden anlegen, zu Beginn des Siebenjährigen Krieges mußten schlesische Bauern Kartoffeln unter Militäraufsicht anbauen. Das hatte allerdings auch strategische Gründe. Die Armee mußte verpflegt werden und man glaubte, daß Kartoffelfelder vom Feind schwerer zu verwüsten wären als Kornfelder.

Doch die Untertanen blieben beharrlich bei dem, was sie kannten. Wohl schätzten viele die Pflanze wegen ihrer hübschen Blüten, doch als Nahrungsmittel hielt man die Kartoffel für unbrauchbar, ja, für gefährlich. Diese amerikanische Frucht sei giftig, wurde gesagt. Noch lange glaubte man, daß der Genuß von Kartoffeln Geschwüre verursache, die englische Krankheit (Rachitis), Schwindsucht und noch ein paar andere Leiden.

Der spätere »Held von Kolberg« (identisch mit dem Goebbelsschen Ufa-Helden), Joachim Nettelbeck, berichtet in seinen Erinnerungen, daß Friedrich der Große während der Hungersnot eine Wagenladung von Kartoffeln in die Stadt schickte. Die Einwohner sollten die neue Frucht in ihren Gärten versuchen. Doch sie wußten damit nichts anzufangen: »Die Dinger riechen nicht und schmecken nicht,« hieß es, »und nicht einmal die Hunde mögen sie fressen. Was wäre uns damit geholfen?«

Friedrich jedoch war noch hartnäckiger. Gleich im nächsten Jahr wurde ein schwäbischer Landreiter mit der nächsten Ladung nach Kolberg geschickt. Er wußte allerdings, wie man die fremden Dinger anpflanzte und kochte. Denn im Süden war die Kartoffel schon besser bekannt, wenn auch nur als Pflanze für den Garten. Daß man einen Acker mit Kartoffeln vollpflanzen könnte, war auch dort noch unbekannt. Immerhin hatte sie sich in diesen Gegenden, unbeachtet von der Obrigkeit, besonders unter den armen Leuten von Dorf zu Dorf verbreitet.

Auch die Grundherren versuchten den Anbau von Kartoffeln zu verhindern. Sie vermuteten, daß die Bauern dadurch ihre Abgaben umgehen oder doch zumindest verringern könnten. Außerdem würden Weiden und Brachfelder in Ackerland verwandelt und ihre großen Schafherden hätten keine Weideflächen mehr.

Bis um die Mitte des 18. Jahrhunderts herrschte auf den meisten

»Friedrich II. kontrolliert den Kartoffelanbau«
Gemälde von Warthmüller 1886

preußischen Ämtern noch uneingeschränkt die durch die Fruchtfolge Wintergetreide – Sommergetreide – Brache gekennzeichnete Dreifelderwirtschaft. Nur einige königliche Domänen in der Neumark – stets Schrittmacher des Fortschritts – hatten bereits eine Zweifelderwirtschaft eingeführt. In Pommern und Ostpreußen dagegen gab es hin und wieder Vierfelderwirtschaft. Dort wurde das Ackerland zu einem Viertel mit Roggen und zu zwei Vierteln mit Sommergetreide bestellt (Gerste, Hafer, Buchweizen und Erbsen). Allerdings gab es doch schon andere Früchte, etwa Winterölsaaten im Winterfeld und Flachs, Hanf, Hirse, Wicken, Linsen, Bohnen und teilweise Hopfen im Sommerfeld. Würde man nun zwischendurch Kartoffeln anbauen, so, fürchteten die Grundbesitzer, würde das auf Kosten des Getreides gehen. Das wiederum sei ohnehin nie ausreichend. Schließlich setzte die Forderung, Kartoffelgewölbe anzulegen, damit die Kartoffeln im Winter gelagert werden könnten, einen feldmäßigen Anbau größeren Umfangs voraus. Aber irgendwie ist es dann doch passiert. Und es muß auch ziemlich schnell passiert sein. Denn wenige Jahre, nach dem wir ständig lediglich gehört haben, daß sich jene widersetzt hätten, andere erst gar nicht davon hören wollten, ertönt unvermittelt im letzten Drittel des Jahrhunderts eine ganz andere Melodie aus dem Wald. Nach den vielen vergeblichen Bemühungen und Befehlen ist die Kartoffel plötzlich Lieblingskind von Hausfrau, Bäuerin und vornehmer Dame im Salon.

Vermutlich hatte der halsstarrige Bürger endlich gemerkt, daß mithilfe der Kartoffel die fast regelmäßig alle vier Jahre entstehenden Hungersnöte nicht gerade verhindert, aber doch gemildert werden konnten.

Ein weiterer wichtiger Grund dafür, daß die Kartoffel sich so plötzlich ausbreiten konnte, wird von den kulinarischen Ignoranten (von denen erstaunlich viele Bücher schreiben) häufig übersehen: Man hatte gemerkt, daß sich auch die Kartoffel zu Brei und zu Mus verarbeiten ließ. So blieb zumindest die Konsistenz der traditionellen Essensgewohnheit gewahrt. Seit altersher waren brei- und musartige Speisen Grundbestandteil jeder Mahlzeit.

Jetzt hatte die Kartoffel Konjunktur. Kartoffelbreie, Kartoffelsuppen, Kartoffel-Eintöpfe, Kartoffelsalate, Kartoffelaufläufe, verschiedene Kartoffelklöße, gebratene, gebackene, gekochte Kartoffeln. Hauptsächlich wurden sie jedoch auf folgende Arten zubereitet:

Erstlich siedet man sie im Wasser mürbe, und wenn sie erkaltet, so zieht man ihnen die auswendige Haut ab, alsdann gießt man Wein darüber und läßt sie mit Butter, Salz, Muskatblumen und dergleichen Gewürz von neuem kochen, so sind sie bereit. Danach kann man sie mit Hühnern, Rind- oder Kalbfleischbrühe kochen und abwürzen, oder sie auch an Rind- und Hammelfleisch thun. Oder man schneidet die abgekochten Tartuffeln in runde Scheiben und bratet sie in der Pfanne. Oder, viertens, man schneidet Zwiebel und Essig daran und lasset es also durchbraten.

Als erste Tagesmahlzeit war zunächst noch ein Brei- oder Suppenfrühstück üblich, zum Teil noch mit Brot als Zukost. Doch wurde das Brot als wichtigste Zugabe einer warmen Mahlzeit allmählich verdrängt – selbst zu den im oberen Vogtland noch lange üblichen Milchsuppen der Bauern wurden Kartoffeln gegessen. Brot blieb fast nur noch für die Vesper, auf dem Acker und bei Arbeiten im Wald. Brot und Branntwein als

Marschverpflegung für die Weber, wenn sie ihre Waren abliefern mußten. Doch selbst bei diesen Gelegenheiten wurde Brot mitunter durch Kartoffeln ersetzt. Noch bis ca. 1925 brachten die Bauersfrauen beim Heumahen Kartoffeln zum Frühstück auf die Wiese. Aus den alltäglichen Mittags- und Abendmahlzeiten waren neben dem Brot auch die übrigen Getreidespeisen weitgehend verschwunden und durch Kartoffelgerichte ersetzt worden.

Die Abendgerichte glichen denen des Mittagessens oder wurden aus seinen Resten zubereitet. Ganze Kartoffeln waren das häufigste Gericht des wöchentlichen Speisezettels, ihre Zubereitung erforderte wenig Zeit – ein wesentlicher Gesichtspunkt, wenn man sich vorstellt, daß die Frau in der Landwirtschaft mitarbeiten mußte, falls sie nicht gar durch Heimarbeiten zusätzlich eingespannt war, oder in einer Fabrik arbeiten mußte.

Quark mit Zwiebeln, der sogenannte Mutz, auch Steifmatz, Heringe, verschiedene Brühen oder auch nur in ein wenig Fett gebräuntes Salz, das Brau-Salz oder Brägelsalz, werden immer wieder als Beilagen erwähnt.

›Der alten Hofmann in Friedersreuth bei Roßbach soll immer die besten Dienstboten gehabt haben, weil sie alle Sonntage Erdäpfel zu essen bekämen.‹

Sie lassen sich trocken mit Salz essen; man kann sie in sauren Kohl, Möhren, Rüben, Erbsen, braunen Kohl und fast alles Gemüse mengen: die kleinsten kann man in die Suppen thun wie kleine Klöße oder Knötel. Mann kann Brei und Suppe daraus kochen und Kuchen und Brot daraus backen.

Eine Auswahl gebräuchlicher Namen für die Kartoffel: Tartüffel, Erdtüffel, Erdbirne, Grundbirne, Erdapfel.

Grundbirnen mit Häringen

Man siedet einen kleinen Haufen voll roh geschälte Grundbirnen, so daß sie nicht zerfallen, und legt sie auf eine Platte, um sie kalt werden zu lassen. Dann rührt man ein halbes Pfund Butter leicht, schlägt das Gelbe von acht Eyern herein, reibt einen Theil von den gesottenen Grundbirnen auf dem Reibeisen, wiegt dreiviertel Pfund davon, rührt sie an die Butter, einen Kochlöffel voll weißes Mehl aber mit einem Trinkglase vollsüßem Rahm besonders glatt an, – dies auch an die Masse, schlägt das Weiße von den acht Eyern zu Schaum, putzt zwei Häringe sauber, schneidet sie zu kleinen Bröckelein, dämpft eine mittelmäßige, auch ganz klein zerschnittene Zwiebel in einem Stücklein Butter, nimmt dann die Zwiebel und die Häringe in ein Geschirr, thut von einem Maaß saurer Milch den Rahm darunter, schneidet von den zurückgebliebenen Grundbirnen dünne Rädlein, bestreicht ein Potageblech stark mit Butter, belegt den Boden mit den geschnittenen Grundbirnen, thut auf dieselben die angemachten Häringe, rührt nach diesem den geschlagenen Schnee an die Masse, Salz und Muskatnuß darein, gießt die Masse über die Häringe und läßt es im Backofen oder auf Kohlen aufziehen. Die angegebene Portion zu dieser Speise ist für acht bis neuen Personen hinlänglich. Sie kann Mittags als ein Zwischen-Gemüse oder als Nacht-Gemüse gegeben werden.

Erdepfelsuppe in der Früh,
Erdepfel zu Mittag in der Brüh,
Erdepfel am Abend in der Schal, –
macht den Tag dreimal.

Pellkartoffeln mit Quark und Leinöl

(Vorweg der Hinweis, daß nicht nur die meisten Bürger Berlins angeblich aus Schlesien stammen, sondern auch viele echt märkischen Gerichte. So auch dieses.)

1000g kleine und mittlere Kartoffeln, 1 Teel. Salz, 1 Teel. Kümmel, 500g Quark, 2 Eßl. Milch, 2 mittlere Zwiebeln, etwas Pfeffer, 2–3 Eßl. Leinöl, 80g frische Butter, kl. Sträußchen Krauspetersilie.

Die Kartoffeln schön sauber waschen und mit Salz und Kümmel aufsetzen, zudecken und etwa 20 bis 25 Minuten kochen lassen. Während dieser Zeit den Quark mit Milch anrühren und mit Salz und Pfeffer geschmackvoll würzen. Dann die Delle in den Quark drücken und in diese Vertiefung die feinwürfelig geschnittene Zwiebel hineinlegen und darüber das Leinöl gießen, sodann nochmals etwas handgemühlten Pfeffer darüber streuen und mit krausem Petersilien-Zweiglein garnieren. Mit einem Bundmesser die gekühlte Butter in Portionen schneiden und am Rande anlegen. Dann die Kartoffeln pellen und leicht gesalzen mit dem Quark zu Tisch bringen.

Das alles bedeutet natürlich nicht, daß Fleisch nichts mehr galt. Fleisch war, wie die Dänen heute noch sagen, das beste Gemüse. Aber für viele war es eben Luxus. Bevorzugter Fleischlieferant war das Schwein, schon weil es mit Küchenabfällen auch in nichtbäuerlichen Haushaltungen aufgezogen werden konnte. Freilich war, anders als bedauerlicherweise heute, das fette Fleisch besonders begehrt.

Butter, Milch und Eier wurden vornehmlich verkauft. Als Nahrungsmittel auf dem Lande spielten sie nur eine Nebenrolle. Dort aß man lediglich vor allem die Abfallprodukte der Milchverarbeitung: Käse, Quark, Buttermilch, Molken. Wurde doch mal Butter verwendet, dann zum Schmelzen der Speisen, nicht als Brotaufstrich. Der genügsame märkische Bauer ahnte nicht, daß er mit diesem Abfallprodukt Quark, ein bißchen Zwiebeln dazu und Leinöl und eben mit den Kartoffeln – einer Standardmahlzeit – zum Liebling heutiger Ernährungsphysiologen geworden wäre. Sinnvoller kann man sich kaum ernähren. Doch wer will schon sinnvoll leben. Auch die alten Preußen liebten das Sinnlose beim Essen. Da mögen viele gehungert haben, doch wenn sie mal die Gelegenheit hatten, dann schlugen sie auch zu. Der dem Mittelstande zugerechnete Johann Georg Bethmann aus der Gegend von Halberstadt hat uns in einem Tagebuch von einer Reise über Berlin nach Manschow (ein Dorf in der Nähe von Küstrin, diesseits der Oder) ein anschauliches Bild hinterlassen, wobei die Daten nicht übersehen werden sollten, damit die kontinuierliche Freßleistung auch angemessen gewürdigt werden kann:

24. August 1733: *Zum Abendbrot bereitete man Eyer auf Butter geschlagen und gebratene Tauben.*

25. August: *Des Mittags hatten wir Sau-Bohnen mit einer Sauer Brühe und geräuchertes Rindfleisch, item einen frischen Aal, welchen der Hausherr meinetwegen aus Cüstrin hatte holen laßen. Der Aal war in seiner Haut abgekochet mit Salbey und schmeckte mir recht gut. Des Abends hatten wir wieder Aal, welcher kalt ausgelegt war, und Butter und Käse.*

26. August: *Der Königliche Mühlen-Bereiter accomodirte uns mit Kirsch-Branntwein und Semmeln. Von hier aus gingen wir zu einem Italiener und trancken eine halbe Kanne Muscateller und eine halbe Kanne Frantzwein, dabey aßen wir frischen Zwieback und Pretzeln. Während wir hier waren kam der Prediger Weigel, welchem von diesem Weine auch 3 Gläser und 3 Zwiebacke bescheret wurden. Zu Mittag wurden wir an einen honetten Tisch gezogen, daran saßen schon ein Lieutenant, ein Fähnrich, ein Commisarius, ein Procurator. Ein Gericht war schon vom Tische, mochte eine Potage gewesen seyn, indessen brachten sie eine Schüssel wieder her, eine Reis-Suppe, drin geröstete Semmel war. Ferner hatten wir Hammelfleisch mit Pollen und Kümmel, sehr starck damit zugerichtet, und dann hatten wir einen Hammel-Braten, dabey war ein Gurcken-Salat und auch eingemachte Gurkken. Mein Freund A. H. erhielt noch eine frische Blutwurst nach Hallischer Manier gemacht.*

27. August: *Des Mittags hatten wir einen weißen Kohl mit Hammelfleisch, item Fische, Carauschen mit einer Petersilien-Brühe und eine frische Blutwurst. Eodem des Abends hatten wir eine frische Hühner-Brühen-Suppe, item ein gekochtes Huhn, zerschnitten und mit Eyer und Butter gebraten, dabey hatten wir eingemachte Gurcken. Wir hatten auch kalte Fische, so hier Giebels genennet werden, eine Abart der Carauschen.*

28. August: *Des Mittags hatten wir frische grüne Erbsen-Suppe, einen frisch gekochten jungen Aal mit Salbey trocken, item Überbleibsel von gebratenem Huhn. Des Abends hatten wir wieder eine grüne Erbsen-Suppe, item in Butter gebratenen Aal und eine Art von Wurst.*

29. August: *Mittags hatten wir einen Brey von weißen Sau-Bohnen, einen geräucherten Schaaf-Schincken, item noch von der Haarnackens Wurst und eingemachte Gurcken. Eodem ging ich zum Schneider-Meister Brose und man setzte mir eine Schüssel voll gerührter Eyer vor. A. H. hatte für mich zum Abendessen aufgehoben einen weißen Kohl-Salat, und auf Butter geschlagene Eyer.*

30. August: *A. H. hatte (1) einen schönen braunen Kohl mit einem gekochten Schincken, (2) junge Hühner mit grünen Erbsen, und Petersilien-Wurtzeln, ein wohlschmeckendes Gerichte, (3) große und kleine Hechte auch Stock- und Kuhl-Barsche trocken mit einer Eßig-Tusche, eine gehäufte Schüssel voll, daran wohl 8 Personen sich hätten satt essen können, denn unser waren nur 4. (4) einen schon ziemlich gemästeten Gänse-Braten mit gebackenen Pflaumen ausgefüllet, wobey ein Lattich-Salat mit Baum-Oel war, (5) Butter und Käse und (6) hatten wir Kirsch-Branntwein und Golzisch Bier.*

31. August: *Mittags hatten wir gebackene Pflaumen und gebackene Kirschen zur Vorkost und kalten Gänse-Braten, auch noch Wurst von Frau Haarnacken. Des Abends hatten wir Eyer auf Butter geschlagen und einen weißen Kohl-Salat.*

1. September: … *Nach meiner retour bekam ich eine gute Bier-Suppe und kalten Schaaf-Schinken, davon ich aus Mangel der Zeit nicht einen Bißen gegessen hatte und also hungrig aus Franckfurt reiste.*

2. September: *Bußtag. Des Mittags hatten wir eine grüne Erbsen-Suppe, ferner gekochte Tauben mit Petersilien-Wurzeln und Erbsen, ein wohlschmeckendes Gericht. Des Abends hatten wir auf Butter geschlagene Eyer, und wieder warmgemachte Tauben mit grünen Erbsen und Petersilien-*

Wurtzeln, dabey trancken wir Carthäuser Bier, welches ein starckes Bier ist.

3. September: *Schickte Meister Brose uns schöne Honig-Scheiben, die aus klarem Honig bestunden und sehr wenig Werck hatten.*

4. September: *Mittags hatten wir eine gute Bier-Suppe, schöne Erbsen durchgeschlagen, dabey hatten wir geräucherten Schaaf-Schincken und neue Heringe. Des Abends hatten wir Eyer auf Butter geschlagen und einen weißen Kohl-Salat mit Baum-Oel.*

5. September: *Herr Hornen sein Bruder accomodirte mich mit gebratenen und in Eyer umgewälzten Carauschen, item mit neuen Heringen und eingemachten Gurcken, er hatte auch von dem Cüstriner Weiß-Bier. Des Abends hatten wir viele gebratene Fische, große und kleine Hechte auch Stock Barsche, und Hafen Gekröse.*

6. September: *Mittags hatten wir (1) eine Hühner-Brühen-Suppe, (2) 2 junge Hühner mit Reis und Muscat Blumen, (3) gebratene Hechte in ziemlicher Menge, (4) einen jungen delikaten Hasen Braten wohl bespickt, (5) geschmorte Pflaumen mußte ich schon auf meiner Rückreise wieder einpakken. Eodem des Abends hatte ich wieder gebratene Hechte in genugsamer Dosis.*

7. September: *Mittags hatten wir noch Hühner vom vorigen Tage und gebratene Hechte in genugsamer Dosis, und was hiervon über blieb, nahm ich alles mit, ferner 2 gebratene Hähne, einen halben kalten Schaaf-Schincken, 4 gute Käse und ein Stück klar Brodt. N. B. ein ganzer Koffer wurde mit Victualien angefüllt, dabey waren einige Schaaf- und einige Steife-Käse, 3 Berliner Metzen Hirse, 2 1/2 Metzen gebackene Birnen, 3 Metzen gebackene Pflaumen und 3 Metzen gebackene Kirschen.*

In einer berliner Küche
Zeichnung von Chodowiecki 1770

Selbstverständlich erhielt nicht jeder Einwohner eine ähnliche Chance, sich in so gesundheitsschädigender Weise zu überfressen. Daß es nach Mißernten häufig fast unmöglich schien, die Bevölkerung auch nur mit den dringlichsten Nahrungsmitteln zu versorgen, ist bereits erwähnt worden und wird uns gleich noch einmal beschäftigen. Zunächst müssen wir wohl herauszufinden versuchen, was der einfache Einwohner täglich essen konnte, durfte oder mußte. Wie fast immer fehlen uns hier jedoch leider nötige und ausreichende Informationen. Gerade jene, deren Alltag uns besonders interessiert, waren ja selten imstande, uns schriftlich zu hinterlassen, was wir heute gern von ihnen gewußt hätten. Wir müssen uns, wieder einmal, behelfen. In diesem Fall wollen wir unterstellen, daß uns eine überlieferte Speisefolge aus der Armenanstalt von Braunschweig 1790 weiter bringt.

Dort gab es zwei Mahlzeiten täglich. (Es liegen mehrere Hinweise darauf vor, daß es auch anderswo nur zweimal täglich etwas zu essen gab, etwa auf dem Lande: »Zwey mal im Tag übel gegessen und darbey streng gearbeitet.«) Abends ständig das Gleiche, mit einer Variante.

Von Montags bis Sonnabends: 1/2 Pfund Brodt. 1 Quartier Dünnebier.

Sonntags: 1/2 Pfund Brodt. 1 Quartier tüchtiges Dünnebier.

Also zur Feier des Festtages weniger dünnes »Dünnebier«. Sonst eben, regelmäßig, mittags, für jeden Tag der Woche in schöner Routine:

Sonntags Dicke Gerstengraupensuppe, 1/2 Pfund von gutem Rockenmehl und keineswegs von geschrotenem Korn gebackenes Brodt.

Montags Untadelhafte Mehlsuppe von klarem Mehl, Linsen oder Grütze, 1/2 Pfund Brodt

Dienstags Ein zinnener Napf voll dicke gekochte reine Erbsen, 1/2 Pfund Brodt

Mittwochs Gute und hinlängliche Buchweizen-Grütze, 1/2 Pfund Brodt

Donnerstags Rüben oder Kohl, 1/2 Pfund Brodt

Freytags Mehlbrey, der niemals zu dünne sein muß, 1/2 Pfund Brodt

Sonnabends Linsen oder Buchweizen-Grütze, 1/2 Pfund Brodt

Diese Regelmäßigkeit war auch bei den meisten einfachen Bürgern des Landes üblich. Ohnehin hatten sie kaum die vielfältigen Möglichkeiten, den Speiseplan zu variieren, wie die besseren Herrschaften, die sich ja auch schon französische Köche leisten konnten. Jeder Wochentag hat das Jahr hindurch »sein« Gericht, etwa im Wechsel von Sauerkraut, Graupen, Erbsen, Klößen, Grütze, Linsen.

Die Morgenmahlzeit setzte sich durchweg aus Suppe, Brei und Brot zusammen, die letzte Tagesmahlzeit glich dem Mittagessen nach Aufbau und Anzahl der Gerichte. Vermutlich gab es vielfach das Aufgewärmte vom Mittag, jedoch selten noch einmal auch zum Abendessen Fleisch.

Bis sich die Kartoffel durchgesetzt hatte, war Brot das wichtigste Nahrungsmittel (man verputzte täglich pro Person zwei bis drei Pfund), danach kam nicht etwa Gemüse oder Fleisch, sondern wiederum irgendetwas aus Getreide, vor allem aber auch Bier, bzw. eine Suppe aus Bier. Der Boden war noch zu knapp, um seine Produkte durch den Tiermagen zu veredeln. »Ein Getreidefeld von mäßiger Fruchtbarkeit bringt eine weitaus größere Menge von Nahrungsmitteln für die Menschen hervor als der beste Weideplatz von gleicher Ausdehnung«. Das Brot war zumeist hausbakkenes aus Roggenmehl. Als Kaffeebrot werden kleine Zwiebacks oder sogenannte Muschüken erwähnt.

Wenn überhaupt Gemüse gegessen wurde, dann waren es Hülsenfrüchte. Allerdings waren es nur die Erbsen, die gegessen wurden, manchmal noch Linsen, doch nie Bohnen. Selbst der Weißkohl, der von allen Gemüsearten noch die Ehre erhielt, gegessen zu werden, wurde selten frisch gekocht, sondern kam als Sauerkraut auf den Tisch. Kohlrüben, die unsere Väter und Großväter aus dem Ersten Weltkrieg noch in »dankbarer« Erinnerung haben, wurden kaum als menschliche Nahrung angesehen.

Immer bemühte man sich, wenn die Eintönigkeit schon nicht zu vermeiden war, zumindest die einzelnen Mahlzeiten interessanter zu machen. So ergibt sich nach Durchsicht vieler Speisefolgen, daß offensichtlich auch der einfache Mann (und Frau – aber ja) vor dem mittäglichen Hauptgericht eine Suppe erwartete. Da werden nun keine lukullischen Träume verwirklicht, es sind meist einfache Wasser-Suppen. Und wenn eine Fleischsuppe erwähnt wird, weiß man natürlich heute auch nicht, wieviel Fleisch da nun wirklich drin war, wenn überhaupt, auch nicht, welches Fleisch.

Prediger Müller aus Stralsund, der das Triviale des Alltags sehr gründlich notiert hat, erwähnt »Mehlsuppen und Klümpe, Klackergrütze und Eiersuppe, Schwetschen-, Kirsch- und Schokoladensuppe, Wein-Kaltschale, Kniesack- und Nudelsuppe mit Ziesgen, schließlich noch die dicke Milch mit Rohm.« Außer sonntags gab es beim normalen Bürger noch ein weiteres Mal Fleisch. Allerdings war frisches Fleisch nur zur Schlachtzeit im Winter üblich – von festlichen Anlässen einmal abgesehen. Der Rest des Fleisches wurde dann geräuchert oder gedörrt und das ganze Jahr hindurch in den Brei- und Gemüseeintöpfen mitgekocht.

Erfreut werden unsere Gesundheitsapostel vernehmen, daß ihre (und unsere) Ahnen bereits viel Obst gegessen haben. Abgesehen davon, daß der liebe Gott das meiste im eigenen Garten wachsen ließ, war den meisten bereits bekannt, daß das Essen von Obst gesund sei, obwohl die Vitamine erst sehr viel später entdeckt wurden. »Außerordentlich beliebt ist der Genuß von Obst auf dem Lande, wo der Prediger fast täglich mit frischen Früchten beschenkt wird. während oder nach den Mahlzeiten speist man dort eingemachte Hagebutten, Zitronen, Äpfel und Nüsse, Weißbohnen, Beete, Erbsen, Blumenkohl, Orangen, eingemachte französische Früchte oder Pommeranzen.«

Wir dürfen ja auch nicht vergessen – schließlich wissen wir, daß selbst die Städter ihre Gärten behalten hatten – daß die wichtigsten Nahrungsmittel fast ausschließlich in eigener Wirtschaft erzeugt wurden. Man benötigte ja auch nur wenige gewerbliche Verrichtungen außerhalb des Hauses, um die Nahrungsmittel in eßbaren Zustand zu versetzen. Das Getreide wird den über das ganze Land »verstreuten Wasser- und Windmühlen zum Vermahlen oder Verschroten übergeben. Das Mehl wird entweder im eigenen Hausbackofen verbacken, oder das Geschäft des Brot- und Kuchenbackens ging reihum, oder es wurde von einem Glied der Gemeinde, der das Backen gepachtet hatte, verrichtet.«

Wie die beiden preußischen Könige mit Hilfe ihrer Magazine (auch der für die Armee), dafür zu sorgen versuchten, daß in schweren Zeiten die Getreidepreise erträglich blieben, ist bereits in einem anderen Kapitel beschrieben worden. Selbstverständlich wurde damit gleichzeitig erreicht, daß es überhaupt für jedermann Getreide zu kaufen gab. Auf dem Lande allerdings haben die fürsorglichen Maßnahmen Hungerjahre nicht immer verhindern können. »Im Ostteil Pommerns, wo die Bauern hochbelastet auf ärmlichen Böden saßen, hungerten die Menschen in den Dörfern und in den Städten. Dort hatte schon das Jahr 1755 zu viel Regen gebracht; im nächsten Jahr folgte eine totale Mißernte. Die Armuth war

---

Warmbier-Suppe

1 Liter Weißbier wird mit ganzen Zimmet und fein geriebener und abgeriebener Zitronenschale aufs Feuer gesetzt gekocht, abgeschäumt und 1/4 Pfund Zucker hinzu gethan, dann wird das Bier mit vier Eigelb und etwas Milch abgequirlt und ein Theelöffel voll Rum daran gethan. Dies wird aus Tassen getrunken.

Mehlsuppe in Wasser

Zwei Eßlöffel voll Mehl rührt man in einem kleinen Topf mit Wasser klar, gießt es in ein Liter Wasser und läßt es mit etwas Butter und Salz kochen bis es gar ist.

---

genötigt, Blüten vom Haselstrauch und Baumknospen getrocknet mit Mehl zu vermengen, um den Hunger zu stillen«, so heißt es in einem Behördenschreiben vom Januar 1756.

Anfang März 1756 erreichte die Berliner Regierung ein Gesuch eines adligen Gutsherrn, worin dieser klagte, daß die Untertanen seines im Belgardschen Kreise (Hinterpommern) gelegenem Gut das Sommergetreide, das sie jetzt aussäen sollten, »aufgegessen und sich nur noch von Wurzeln und Rüben nährten. Da kein Getreide in der Gegend zu finden, auch für Geld nicht zu bekommen sei, seien sie der Hungersnot und dem größten Elend preisgegeben.«

Die Preisunterschiede in einem sogenannten Hungerjahr lassen sich gut an den Preislisten ablesen, die damals wöchentlich veröffentlicht wurden. Die erste Liste ist vom 30. Mai 1740, die zweite fast genau ein Jahr später erschienen. (Bei den Backwaren ist die Veränderung am Gewicht ablesbar).

30. Mai 1740

Biertaxe			Brodtaxe							Fleischtaxe		
Das Quart	*Gr.*	*Pf.*					*Pf.*	*Lo.*	*Qu.*	pro Pfund	*Gr.*	*Pf.*
Brühan	*1*	*7*	vor	*3*	*Pf.*	Semmel		*9*	*11/2*	Rindfleisch	*1*	*4*
Zerbster	*1*	*7*	vor	*2*	*Pf.*	Semmel		*6*	*1*	Kuhfleisch	*1*	
Cotbuser	*1*	*6*	vor	*6*	*Pf.*	Brod	*1*	*2*		Hammelfleisch	*1*	*5*
Croßner	*1*	*6*	vor	*1*	*gr.*	Weißbrod	*2*	*4*		Kalbfleisch	*1*	*6*
Garley	*1*	*8*	vor	*2*	*gr.*	Weißbrod	*4*	*8*		Schweinefleisch	*1*	*5*
Lebuser	*1*	*1*	vor	*2*	*gr.*	Hausb.-brot	*4*	*26*	*1/3*	Kopf, Maul,		
Bernauer		*10*								Füße		*10*
Ruppiner	*1*	*1*										
Brandenburger		*10*										
Fürstenwalder		*10*										
Carthäuser	*1*	*3*										
Kussen-B.	*1*	*1*										
Gersten-B.		*8*										
allh. W. B.		*7*										
Cüstriner	*1*											

31. Mai 1741

Biertaxe			Brodtaxe							Fleischtaxe		
Das Quart	*Gr.*	*Pf.*					*Pf.*	*Lo.*	*Qu.*	pro Pfund	*Gr.*	*Pf.*
Brühan	*1*	*7*	vor	*3*	*Pf.*	Semmel		*6*	*17/8*	Rindfleisch	*1*	*6*
Zerbster	*1*	*7*	vor	*2*	*Pf.*	Semmel		*4*	*11/4*	Kuhfleisch	*1*	*2*
Cotbuser	*1*	*6*	vor	*6*	*Pf.*	Brod		*25*		Hammelfleisch	*1*	*6*
Croßner	*1*	*6*	vor	*1*	*gr.*	Weißbrod	*1*	*18*		Kalbfleisch	*1*	*6*
Garley	*1*	*8*	vor	*2*	*gr.*	Weißbr.	*3*	*4*		Schweinefleisch	*1*	*6*
Lebuser		*10*	vor	*2*	*gr.*	Hausb.brod	*3*	*18*		Kopf; Maul,		
Bernauer		*10*								Füße	*1*	
Ruppiner	*1*	*1*										
Brandenburger		*10*										
Fürstenwalder		*10*										
Carthäuser	*1*	*3*										
Kussen-B.	*1*	*1*										
Gersten-B.		*8*										
allh. W.B.		*7*										
Cüstriner	*1*											

Theodor Fontane
Das Land Gosen
Oft hört ihr, daß unsere gute Stadt,
augenscheinlich eine Verheißung hat.
Der Himmel, der uns so hegt und pflegt,
hat uns alles vor die Tür gelegt.
Im Grunewald, Schwarzwild, Hirsch und Reh,
Spargel in Masse bei Halensee,
Dill, Morcheln und Teltower Rüben
Oderkrebse hüben und drüben,
auf dem hohen Barnim Fetthammelherden
werden noch nächstens South-downer werden
Königshorster Butter, in Spremberg Salz,
Warthebruch Gerste, Graupen und Malz,
in Kienbaum Honig, im Havelland Milch,
in Luckenwalde Tuch und Drill'ch,
bei Werder Kirschen und Aprikosen
und bei Potsdam ganze Felder von Rosen,
nichts entlehnt und nichts geborgt,
für großes und kleines ist ringsum gesorgt!

An dieser Stelle empfiehlt es sich jedoch, einen der seltenen Blicke über die preußische Grenze zu werfen, wie wir es in der Einleitung zugesagt hatten. Vielleicht verstehen wir dann eher, warum Preußen in diesen Jahrzehnten eine heute selten nachzufühlende Faszination auf die schlichten Bürger der deutschen Nachbarstaaten ausstrahlte. (Auch wenn gleich zugegeben werden soll, daß die militärischen Taten, besonders auf die intellektuelle Elite Deutschlands [Goethe] ungleich mehr Eindruck machten.)

Ein Pfarrer aus Annaberg im Erzgebirge beschrieb, was er dort vor Augen hatte, mit Worten, die er der Schutzpatronin Annabergs, der Mutter Anna, in den Mund legte:

Bettelweib
Stich von
Chodowiecki 1764

O ihr armen Kinder! Seit der Erbauung eurer Stadt, welche von mir den Namen führt, habe ich kein so großes schreckliches Elend gesehen als das gegenwärtige. Ich weiß die traurigen Schicksale, welche eure Väter erlebt haben. Die fürchterlichen Feuersbrünste, die Brandschatzungen, welche in den alten und neuen Zeiten von Feinden erlegt worden sind, die Teuerung, der Mangel an Nahrung, die ansteckenden Seuchen, und, ich fasse es kurz zusammen, alle Drangsale, die von jeher eure Väter und euch betroffen haben, sind mir bekannt. Allein, noch nie habe ich meinen heiligen Berg in einer solchen bejammerungswürdigen Verlegenheit als in den gegenwärtigen Tagen gesehen. Die Gotteshäuser sind leer, weil die meisten aus Ermangelung der höchst nötigen Bedeckung des Leibes dieselben zu besuchen sich scheuen. Die Schulen stehen wüste und die Lehrer müssen darben und hungern. Sehr viele Einwohner schmachten in der äußeren Dürftigkeit; die Hausgeräte, die Kleider, die Betten, die Decken sind dahin. Die Häuser und Hütten sind verpfändet und verkauft. Man sieht ganze Scharen von Bettlern, die an den Beinen geschwollen und im Gesichte verdorrt sind. Sie ziehen durch die Gassen und bitten fußfällig und flehentlich um einen Bissen Brot, und an wieviele Häuser kamen sie, ehe sie eins finden, aus welchem ihnen eine Gabe gereicht werden kann. Von dem nagenden Hunger gequält, stellen sie Hunden und Katzen nach. Das gefallene, unreine Vieh machen sie zu ihrer Kost. Was kann aus solchen widernatürlichen Nahrungsmitteln entstehen? Nur Krankheit und Tod. Viele Familien liegen am faulen Fieber nieder, und es vergeht kein Tag, an welchem nicht aus Not und Mangel Verschmachtete begraben werden. Meine ganze Stadt stirbt aus…

Wir zitieren hier nur dieses eine Beispiel. Und es ist nicht das schrecklichste.

Wem übrigens noch nicht aufgefallen ist, daß den damaligen Nahrungsmitteln auf alle Fälle das Bier zuzurechnen ist (sodaß man ganz unsicher ist, ob es nicht doch wegen der Genauigkeit im Abschnitt »unser täglich Brot« erwähnt werden sollte), der sei hier darauf besonders hingewiesen. Bier war ein wichtiger Bestandteil der Nahrung, jedenfalls für die Angehörigen der »niederen Stände«. Es wurde von den Arbeitern getrunken, »von Fuhrleuten und Dienstmägden«. Brot, Fleisch und Bier galten als die drei unentbehrlichen Lebensmittel, die zu festgesetzten, niedrigen Preisen in »guter Qualität dem Volke geliefert werden sollten«. Dabei galt etwa das Berliner Bier nicht gerade als besonders gut. Nun konnte auch jedermann Bier brauen, der zufällig in einem Hause wohnte, das mit einer Braugerechtigkeit bewidmet war. Das Recht, Bier zu brauen, war demnach nicht etwa an Personen gebunden oder an Brauereien, an Leute also, die etwas davon verstanden. Das Recht, Bier zu brauen, gehörte zu bestimmten Häusern, man konnte es also mit einem Gebäude mieten oder kaufen. Und die Könige, die diese Genehmigungen zu erteilen hatten, scheinen sehr großzügig gewesen zu sein. Im Jahre 1734 standen immerhin in Berlin 354 Häuser mit einer Braugenehmigung. Es gab nur eine Beschränkung: man durfte nicht so viel Bier brauen, wie man wollte. Es waren also kleine Betriebe, die höchstens 10 Wispel Gerste oder 1 1/4 Wispel Weizen verbrauen durften. Aber dennoch scheinen sie ausgereicht zu haben, den dringendsten Bedarf zu decken. Nach den Akziselisten ergibt sich, daß die Berliner zwischen 1732 und 1735, allerdings Trinkrekordjahre, pro Nase und pro Jahr drei Tonnen hinter die Binde gegossen haben. Da werden möglicherweise selbst unsere bayrischen Brüder staunen. Später wurde weniger Bier getrunken. Da wurde das Bierdefizit durch Branntwein ausgeglichen – und durch Kaffee.

Das soll beileibe nicht bedeuten, daß die Berliner wenig Bier tranken. 1784 wurden täglich über 30 Wispel Roggen zum Backen verbraucht, 10 Wispel mehr, also 40 Wispel Weizen und Gerste wurden jedoch zu Bier verbraut und nochmal 10 Wispel Rog-

---

Thee, Coffee und Chocolade,
Trinke Wasser, wer da will:
Ros folis und Limonade
Dieses acht ich auch nicht viel.
Wein ist theuer und zu hitzig,
Branntewein macht aberwitzig:
Alle diese müssen passen
Und Bernau die Ehre lassen.

Zerbster, Krötzner und Rupiner,
Breihan auch von Halberstat
Duchstein, Kottbuser und Berliner,
Was man sonst für Tränke hat,
Alles sind zwar gute Säfte;
Doch Bernauer giebt mehr Kräfte.
Diesem müssen alle weichen
Und vor ihm die Segel streichen.

Berlin 21. August 1712
An das Genr. p. Directorium.
Sr. Kg. Mt. haben allergnädigst resolviret, daß alle diejenigen alten Gesellen, so von denen Handwerckern auf der Friedrich Stadt in der Neuen Straße, so angeleget werden soll, bauen, daß Meister Recht ohnentgeldlich haben, auch mit anderen Privilegiis in gedachter Straße bauen und die Brau Gerechtigkeit verlangen solche ohnentgeldlich concediren.

---

gen zu Branntwein verschwelt. Kaffee und Tee hatten eher als zusätzliches Getränk das Angebot erweitert. »Es gibt Leute in Berlin, die so häufig Kaffee trinken, wie die Türken und ebenso unmäßig viel Tee, wie die Chinesen«, staunte ein Besucher im Todesjahr Friedrichs des Großen.

Der Kaffee hatte sich bereits gegen Ende des 17. Jahrhunderts auch in Deutschland verbreitet. »Das übliche Getränk war jetzt in allen Schichten der Kaffee. Im Gegensatz zur Kartoffel, die als volkstümliche Speise lange in vielen Zubereitungsarten bekannt war, ehe sie ihren Weg in die bürgerliche Küche fand, war die Sitte des Kaffeetrinkens eine feudal-bürgerliche Gewohnheit, die sich aber schnell in allen Volksschichten ausbreitete.« Alle Volksschichten mögen tatsächlich Kaffee getrunken haben, nur war es selten reiner Kaffee aus überseeischen Bohnen. Alle hätten es sich, zumindest in Preußen gar nicht leisten können. Die Akzise dafür war viel zu hoch. Für Tabak und Kaffee galten die höchsten Sätze. Die also nicht so vornehme Hausfrau vermischte die teuren Bohnen mit allen möglichen Produkten, vorzugsweise mit gebrannten Hülsenfrüchten oder Wurzelwerk. Viele mußten selbst auf den Zusatz von Kaffeebohnen ganz verzichten und tranken reinen Rüben- oder Gerstenkaffee.

»Außer Wasser trinken die Berliner viel Bier und Caffee. Diese beiden Getränke sind so allgemein eingeführt, daß es kein Haus und keine Haushaltung giebt, wo sie nicht täglich genossen würden. Wir haben abends so manchen rüstigen Biertrinker sein halbes Dutzend Quartbouteilles zu sich nehmen sehen. Die bedürftige Classe trinkt das schlechteste und dünnste Bier, welches unter dem Namen *Cofent* verkauft wird.«

Da saßen also unsere kleinen Leute bei ihren Ölfunzeln Abend für Abend, die Frauen meist am Spinnrad, nachdem sie ihre Mehlsuppen gegessen hatten, mit Brot oder mit Kartoffeln, und tranken ihren Eichelkaffee, weil der echte Bohnenkaffee zu teuer war; der Tee galt als verschwenderisch, die Schokolade gar als Luxus.

Kam ein Gast, wurde ihm eigentlich immer etwas angeboten, mindestens ein Glas Schnaps, vielleicht mit einer Semmel, eine Bouteille Braunbier, eine Pfeife Tabak. War es ein besonders lieber Gast, sogar Ruppiner Bier. Im Herbst gab es dann Obst, Birnen, Pflaumen oder auch Weintrauben. Es wurde nicht allzuviel hergemacht, es schien alles selbstverständlich zu sein. Da konnte am Nachmittag für den Besuch ein Glas »Schaafmilch« als ausreichend angesehen werden, höchstens hinterher noch »Confect«. Das war dann aber nichts anderes, als Weintrauben, Zwetschen, Äpfel und Nüsse. Auch am Abend galt ein Glas »wohl gewürzter Schaafmilch« als ausreichende »Akkomodierung«. Möglicherweise ein bißchen holländischer Käse dabei, Braun- oder Weißbier.

Zu Mittag genügte ein Hering, eine Suppe, wendische Gurken und wieder ein nahrhaftes Ruppiner Bier. Es mag manchmal mürbe Klöße gegeben haben, mit kleinen Rosinen und geschnittenen Speckscheiben und dazu Bier. Etwas aufwendiger waren selbstverständlich die festlichen Gelage. Da wurden schon mal 16 oder 20

Caffee schlägt alle Dünste nieder,
Caffee verscheucht der Sorgen Schwarm,
Caffee belebt die matten Glieder,
Und unterdrückt den inneren Harm;
Sogar die unverschämten Flöh
verjagt den Jungfern der Caffee.

Personen zum Essen gebeten. Da konnte es dann vorweg eine »Potage« geben, »so bestunde aus Rindfleisch, Sellerie, Petersilien-Wurtzeln, Klößen und großen Rosinen«. Dann einen Laberdan »welcher mit einer gewürtzten Milchbrühe prepariert war«.

Bei der Taufe im Hause des Herrn Rosenlechel, Küster der Dorotheenstädtischen Kirche kam »zuerst eine Schüssel Karpfen auf den Tisch. Sie waren mit Chalotten, Nägelein und Pfeffer gekocht und schmeckten nicht uneben, hiebey wurde ein Sallat gesetzet mit Baumoel gemacht; der Sallat war halb grün, halb roth; der rothe war ein geschnittener Kohl und der grüne war Latucken (Lattich); das 2. Gerichte war ein sauer Kalbfleisch Gericht, mit Pinien, Citronen, großen und kleinen Rosinen und was sonsten noch hiezu gehöret. Die Convoy war gar nicht daran gesparet; das dritte Eßen war ein Hamel und Gänsebraten, hiebey waren geschmorte Birn und Aepfel.« Und es gab natürlich was zum Trinken. Einmal ein »schöner Aquavit« und eben Bier. Weil es für den Täufling gedacht war, nannte man es üblicherweise »Kindl-Bier«.

Wir sollten nicht unterschlagen, daß in der Mark Brandenburg auch Wein angebaut wurde (und getrunken natürlich). Über dessen Qualität liegen jedoch unterschiedliche Nachrichten vor. Viele behaupten, er sei so gut gewesen, daß er sogar nach Sachsen, Meißen, Thüringen und Böhmen exportiert wurde. Das ist korrekt, er wurde tatsächlich ausgeführt. Aber nur deshalb, wie andere behaupten, weil ihn in Preußen selbst niemand trinken wollte. Nicht mal »der gemeine Mann, der ihn um ein gar schlechtes Geld hätte kaufen können«. Einige Zeugen behaupten, der Wein habe einen vortrefflichen Geschmack gehabt. Im Vergleich zu dem Frankfurter Wein, der als pikant geschildert wird, heißt es vom märkischen Wein, er sei lieblich gewesen. Andere Zeugen jedoch haben uns überliefert, daß man drei Männer brauche, um den Wein aus der Mark zu trinken: Einer trinke, die anderen beiden halten jenen fest, der trinkt. Der märkische Wein wurde von Weinkennern zwischen herb und sauer eingestuft. Allerdings »verursache er Kopfschmerzen und Magenbeschwer«.

Die sandigen Höhen um Berlin haben den Anbau von Wein in der Tat begünstigt. Wenn er auch in der Gegend um Potsdam und auf dem Werder am besten gedieh. Es wurden gewaltige Mengen geerntet. Aber vermutlich kommen wir der Wahrheit am nächsten, wenn wir vermuten, daß der meiste Wein dazu benutzt worden ist, den aus dem Rheinland oder aus Frankreich eingeführten Wein damit zu vermischen, also zum Panschen.

Daß nicht nur gepanscht, sondern auch mit dem Einschenken gemogelt wurde, soll nur nebenher erwähnt werden. Das ist zu selbstverständlich. Das Einschenken betraf freilich nicht nur die Gastwirte. Da der Wein oft lose in Eimern verkauft wurde, war jeder Gastwirt verantwortlich. Bei einer Generalvisitation im Jahre 1739 bei allen Berliner Bier- und Wein-Schenken wurden 154 »unrichtige und allzukleine Quart-Bouteillen angetroffen und zu Rathause geliefert«. Und wenn die Verwalter unserer Supermärkte sich für besonders pfiffig halten, weil sie beim Kauf von einem Dutzend Flaschen Wein eine kostenlos drauflegen, so werden sie vielleicht enttäuscht sein, wenn sie erfahren, daß sämtliche Berliner Weinhändler in der zweiten Hälfte des 18. Jahrhunderts es beim Champagner bereits genauso gehalten haben: »... von jeder Sorte wird die 13. Bouteille geschenckt.«

Salz oder Saure Jurke ist ooch Kompott

»Saure Jurke ist ooch Kompott.« Diese Behauptung eines Berliner Gastwirts mag manchen Leser amüsieren, wenn sie neu für ihn ist; dennoch würde er wohl denken, daß sie in diesem Buch eigentlich nichts zu suchen habe, bestenfalls in einem biederen Kochbuch.

Dieser Meinung wäre allemal zuzustimmen, wenn es wirklich um eine Delikatesse und deren Genuß gehen würde. Tatsächlich jedoch wollen wir uns damit befassen, wie sie entstanden ist, diese preußische Gurke, die nur der Gegend um Berlin als saure Gurke bekannt ist. Dem zivilisierten Rest der Welt ist sie eher als Salzgurke geläufig. Daß preußische Obrigkeiten zur kulinarischen Entwicklung unseres Landes etwas beigetragen hätten, wird ihr selten vorgehalten. Da mag man an andere Staaten gar nicht denken – selbst wenn es lediglich Margarine war, die wir Napoleon III. verdanken, sowas wird durch die Majonaise des Kardinals Richelieu wettgemacht. Wenn wir aufrichtig sind, müssen wir einräumen, daß unsere Regierungschefs auf diesem Gebiet Versager waren. Zumindest direkt haben sie dem Speisezettel nichts hinzugefügt. Allerdings haben sie es indirekt getan, unabsichtlich. Das wiederum ist am Beispiel der sauren Gurke, der Salzgurke, zu belegen.

Wenn bislang immer behauptet wurde, Preußen verfüge über so gut wie keine Rohstoffe, sein Reichtum sei der Sand, so müssen wir uns jetzt korrigieren. Es gab noch etwas im Überfluß, nämlich Salz. »In unserem Lande haben wir Salzquellen genug, Wir könnten ganz Deutschland mit Salz versorgen«, notierte bereits Friedrich Wilhelm und wies seine Kammern deshalb an, den Salzexport zu fördern: »in specie die Polen sollten, soweit es immer sein kann, engagiert werden. Dieser Punkt ist vor Unseres höchstes Interesse und von sehr großer Wichtigkeit, und muß das General-Ober-Finanz-Kriegs- und Domänen-Direktorium alle Maschinen und Ressorts spielen lassen,« um eben so viel Salz wie möglich an auswärtige Staaten zu verkaufen.

Und warum das alles? Die Antwort ist ganz simpel: Salz war traditionelles Monopol der Herrscher. Normalerweise begnügten sich die Obrigkeiten damit, die Preise festzusetzen. Die preußischen Monarchen gingen jedoch einen Schritt weiter, nein, mindestens zwei: Sie verboten ihren Untertanen nicht nur, auswärtiges Salz zu kaufen, sie zwangen sie obendrein – dabei erwies sich Friedrich der Große als besonders erfindungsreich – gleichzeitig eine bestimmte Menge Salz abzunehmen.

1718 hatte sich Friedrich Wilhelm bereits beschwert, daß einige verantwortliche Personen aus der Ritterschaft und von den Magistraten und auch die Schulzen auf den Dörfern untätig zusahen, wenn fremdes, »und nicht aus Unseren Faktoreyen genommenes Salz« verwendet wird und daß ein »solcher Unfug«, obwohl schon seit 1688 verboten, immer noch nicht abgestellt worden sei. Er sieht sich also veranlaßt, die Salz-Inspektoren durch alle Städte und Dörfer zu schicken, damit sie dort Register anfertigen, in denen sorgfältig verzeichnet stehen wird, wieviel Vieh, also Rinder und Schafe in jedem Ort vorhanden sind, und wieviele Menschen in jedem Haushalt, damit berechnet werden kann, wieviel Salz jeder Hauswirt im Quartal zu verbrauchen hat. Sollten jedoch Inspektoren bemerken, daß irgendeine indolente Person Salz verwende, das nicht aus den königlichen Salinen stamme, so ist ein solcher Halunke sofort anzuzeigen, damit er nach den Gesetzen bestraft werden kann. Der König erinnert auch daran, daß den Salz-Inspektoren, wie »nach altem Herkommen« gewohnt, an jedem Ort Futter und Mahlzeiten unentgeltlich gereicht werden sollten. Wie die Salz-Inspektoren diese Aufgabe anpacken sollen, schreibt ihnen Friedrich 1765 noch einmal in seiner gewohnten Pingeligkeit vor. Anders als sein Vater (1724), ordnet er jedoch an, daß diesen Inspektoren auf ihren Reisen (außer freiem Vorspann) absolut »nicht das geringste gegeben werden soll.« Das Wort Bestechungen wird nicht ausgesprochen, ist aber eindeutig gemeint.

Die Salz-Inspektoren werden aufgefordert in den ihnen zugewiesenen Kreisen »in jedem Dorfe und jedem Vorwerk, jedem Hauswirt ein Büchlein einzuhändigen, in welchem die Quantität Salz, so eine Haushaltung zu nehmen hat, verzeichnet« sein soll. Der Inspektor selbst soll sich diese Menge ebenfalls in sein Register eintragen, also sowas wie eine doppelte Buchführung anlegen. Und zwar – und jetzt kommen wir zu den Mengen – muß jede Person, die älter ist als neun Jahre vier Metzen nehmen. Leben in einem Haushalt mehr als vier Personen, so sind zwei Metzen zusätzlich zu kaufen »vor das Einschlachten«. Für jede melkende oder tragende Kuh zwei Metzen, für je zehn Schafe ebenfalls zwei Metzen.

Nachdem die Sache soweit klar ist, muß jedem Hauswirt verständlich gemacht werden, daß er, wenn er sich das nächste Mal Salz kauft, sein Büchlein mitnimmt und sich dort eintragen läßt, wieviel er abgenommen hat. An diesem Punkt ist dem König auch noch ein kleiner Nachtrag für seine Inspektoren eingefallen: er weist sie vorsorglich darauf hin, daß sie auf keinen Fall während der Schlachtzeit ihre Kunden besuchen sollen, sondern im Frühjahr, und zwar in den Monaten Februar, März und April. Dann ist das Vieh noch vollständig und am günstigsten zu kontrollieren.

Der König scheint auch seinen Salzinspektoren nicht allzu viel buchhalterische Fähigkeiten zuzutrauen. Denn nachdem er alles wiederholt hat, wie es mit dem Aufschreiben zugehen soll, gibt er vorsorglich noch ein Beispiel, wie es im Büchlein der Familie Mustermann und gleichzeitig in der Registratur des Inspektors auszusehen hat:

N.N. soll nehmen vom Februario 1766		
auf vier Personen		
a 4 Metzen	*1 Schfl.*	
vor das Einschachteln		
und extraordinair		*2 Mtz.*
auf zwei tragende oder		
milchende Kühe		
a 2 Metzen		*4 Mtz.*
auf 10 milchende Schaafe		*2 Mtz.*
auf 10 güste Schaafe		
und Hammel		*1 Mtz.*
Summa		*1 Schfl. 9 Mtz.*

Und noch einmal: Dieses Salz ist von den Verkäufern oder den Faktoreien des Königs zu beziehen, nirgendwo sonst. Der Inspektor soll dann auch den Hauswirt nicht im Zweifel darüber lassen, daß er »übers Jahr in eben dieser Woche« wieder kommen werde und dann in dem Buche nachsehen werde, ob der Kerl auch die Menge Salz gekauft hat, die er zu kaufen hatte.

Danach folgt eine Liste von Strafen für die verschiedenen Möglichkeiten, diese Vorschriften zu umgehen. Die Phantasie des Königs, wenn es darum geht, zu überlegen, auf welche Weise ihn seine Untertanen bei diesen Salzgeschäften betrügen könnten, dürfte von keinem Bauern übertroffen, ja nicht einmal erreicht werden. So hatte er selbst vorsorglich untersagt, daß jemand etwa Salz von den in Fässern eingesalzenen Heringen »denselben abnehmen und dasselbe der menschlichen Consumption zuführe«. Daß die Inspektoren sich Schriftproben der Salzverkäufer besorgen oder sich mindestens deren Schrift einprägen sollten, versteht sich von selbst.

Berliner Salzgurken

Nimm 5 Liter Brunnenwasser und löse darin tags zuvor 225 g Kochsalz auf, 5 Pfund kleine Einlegegurken, wasche und lege sie über Nacht in einfaches Brunnenwasser. 10 g Basilikum / 40 g Kringelbaumblätter / 4 g Pfefferkörner / 40 g Rebenblätter / 70 g Trokkendillstiele, lege abwechselnd lageweise mit den Gurken in das gesalzene Brunnenwasser, so daß das Salzwasser über den Gurken steht. Lege einen Holzdeckel darauf, daß die Gurken unter die Lake gedrückt werden. Bildenden Belag schöpfe von der Oberfläche ab, nach 14 Tagen hast du schöne Salzgurken von herrlichem Aroma.

Wenn so ein Inspektor ein Dorf durchgekämmt habe, solle er sich zunächst hinsetzen und zusammenrechnen, nach den Rubriken:

Sollen nehmen / Haben genommen / Restiren.

Um die Städte brauche sich der Salzinspektor keine Sorgen zu machen, da wird der Warenverkehr ja ohnehin gründlich kontrolliert. Aber …

Aber diese verdammten »adelichen Güter, und die Vorwerker und Ämter, die Amts-Dorfschaften, Kolonien, Schäfereien und Mühlen usw. …« auf die muß man besonders acht geben und darf sie auf keinen Fall mit Samthandschuhen anfassen. Im Gegenteil, gerade diesen Herrschaften muß besonders gründlich auf die Finger gesehen werden, mehr noch als den Leuten »auf dem platten Lande«. Die holen sich sonst tonnenweise fremdes Salz. Und deren Dienstboten mitzählen! Natürlich vergißt der König auch die Fabrikation nicht und den Handel. So ist »besonders seit einigen Jahren bemerkt worden, daß die Salz-Tonnen von den Salz-Schiffern mit großen Defekten« bei den Händlern abgeliefert worden sind. Daß diese Defekte nicht von selbst entstehen, weiß der König natürlich, er weiß sogar, wie sie entstehen oder besser warum, »weil nämlich die Schiffer zunächst an die Einwohner von an Strömen gelegenen Dörfern loses Salz verkaufen.« Der König schlägt vor, einigen Leuten von der Mannschaft, denen man vertrauen kann, mitzuteilen, daß sie solche Vorfälle gegen Belohnung, sofort melden sollten. Ihre Namen sollen »auf Verlangen verschwiegen gehalten werden«. Selbstverständlich soll man auch keine Ausreden der Schiffer gelten lassen, daß es vielleicht unterwegs feucht war oder gar zu sehr geregnet habe und das Salz sich deshalb zusammengezogen habe.

Um zu belegen, wie ernst es die Könige mit ihrem Salz meinten, dürfte der Hinweis auf die Strafe reichen, die jeden treffen sollte, der fremdes Salz auch nur benutzen würde. Er sollte an den Galgen.

Und was ebenfalls nur selten in den Edikten stand, damit sich niemand »mit der Unwissenheit zu entschuldigen finden möge: So haben wir dieses Edikt in Teutscher, Polnischer und Litthauischer Sprache zum Druck befördern lassen.« Es sollte auch besonders intensiv verbreitet werden. Auf dem Lande etwa, müsse es jeden Monat an einem Sonntag, nach dem Gottesdienst, durch den Glöckner oder Schulmeister auf den Kirchhöfen vorgelesen, nachdem bereits während des Gottesdienstes »dieselbe durch den Prediger von der Kanzel« herab ebenfalls bekannt gemacht worden war. Sogar die Abwesenden sollten gewarnt werden. Lediglich wie dieses zu geschehen habe, wurde nicht näher erläutert.

Da stand dann das Salz wohl säckeweise in den Häusern herum, weil kaufen und verbrauchen zweierlei sind, zwei Tätigkeiten, die selbst heute meist verwechselt werden und vom Verbraucher die Rede ist, wenn nur der Käufer gemeint ist. Was wir verbrauchen ist denen ja egal, die etwas verkaufen wollen. Hauptsache wir haben gekauft. Da saßen dann die braven Hausfrauen vor ihren üppigen Salzvorräten und überlegten verbissen, was man um Himmelswillen mit diesen Massen anfangen könne. Und da hat eben eine Dame aus dem Spreewald den Einfall gehabt, die in ihrer Gegend reichlich sprießenden Gurken einzusalzen. (Ob vom ersten Tage an auch so viel Dill an die Gurken gekommen ist, wissen wir leider nicht.)

Immerhin können wir gleich ergänzen, daß nicht nur die Salzgurken so unfreiwillig durch königliche Order entstanden sind, sondern ebenfalls – dank dem Fleischermeister Cassel in der Potsdamer Straße 15 – der Kassler Rippenspeer. Bei dieser Gelegenheit, damit wir es nachher nicht vergessen, einige Korrekturen falscher Herkunftsangaben bestimmter Gerichte. Die Bockwurst soll nach Angaben der Berliner Fleischerinnung erst Ende des 19. Jahrhunderts entstanden sein. Als beim Gastwirt Scholtz einige Studenten Bockbier tranken und ziemlich spät noch was zu essen haben wollten, holte Scholtz Spezialwürste vom Fleischer Löwenthal. Diese wurden als Partner des Bockbiers fast automatisch Bockwürste.

Der Begriff Eisbein, einer anderen Berliner Spezialität, entstand dagegen völlig unabhängig von der Schweinshaxe, obwohl es besonders gern im Winter gegessen wurde. Die Kinder liefen im Winter auf den märkischen Seen auf untergeschnallten Schienbeinknochen der Schweine Schlittschuh. Fast alle andern der Mark Brandenburg zugeschriebenen Spezialitäten stammen gottlob aus weit entfernten Gegenden Deutschlands.

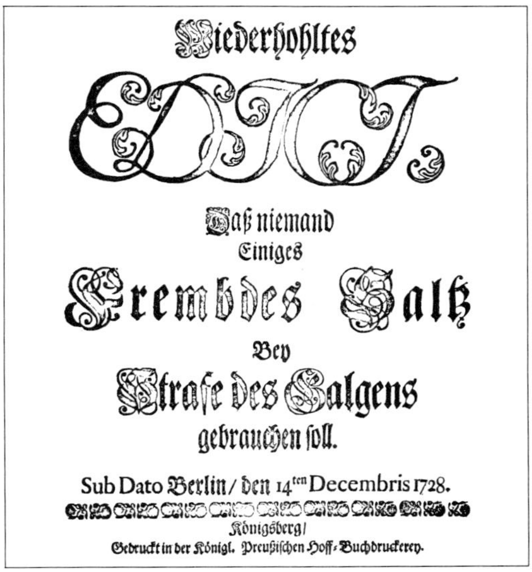
Wiederhohltes
EDICT,
Daß niemand
Einiges
Frembdes Saltz
Bey
Strafe des Galgens
gebrauchen soll.
Sub Dato Berlin / den 14ten Decembris 1728.
Königsberg /
Gedruckt in der Königl. Preußischen Hoff-Buchdruckerey.

Holzschuhe oder Ziviler Ungehorsamm

Daß der preußische Alltag ziemlich rigoros und auch nachhaltig vom Militärischen durchdrungen wurde, ist hier ebenfalls behauptet worden. Das gilt zumindest für die Zeit, nachdem der »Soldatenkönig« mit seiner Art zu regieren begonnen hatte.

Dennoch soll nicht unterschlagen werden, daß an dieser These auch leichte Zweifel entstehen können. Dieses Mißtrauen ist nicht zuletzt aus dem Vergnügen entstanden, mit dem wir in dem historischen Trödel gewühlt haben, der dem ernsthaften Gelehrten unnützer Ballast ist. Wenn alles wirklich so militärisch war, im täglichen Kram der Untertanen, dann müßten sich doch auch militärische Tugenden, wie Disziplin und Gehorsam etwa, bei ihnen durchgesetzt haben.

Dann hätten wir jedoch gern erklärt bekommen, warum es nötig gewesen ist, so viele Anordnungen, Edikte, Befehle, Gebote, Verbote so häufig zu wiederholen. Warum mußte manches, oft alle zehn Jahre, wieder strengstens verboten, befohlen werden, nun aber ernstlich, mit allem Nachdruck? Von heute an wird nun endgültig durchgegriffen.

Ein für allemal haben ab sofort, die verdammten Untertanen es zu unterlassen, frisch gepflanzte Bäume an den Straßenrändern zu klauen, Meilensteine, Wegweiser, Straßenlaternen. Die Forderungen blieben, lediglich die Strafandrohungen wurden schärfer.

Obwohl wir einige Beispiele bereits erwähnt haben (und noch ein paar mehr erwähnen werden), soll hier der Streit um die hölzernen Pantinen geschildert werden, ein ganz unbedeutender Streit. Doch gerade weil er so unbedeutend für den Gang der Geschichte ist, erweckt er bei schlichten Gemütern, wie unsereins, den Eindruck, daß sich die Subordination in den Seelen der Untertanen so tief und so gründlich wohl doch nicht festgefressen zu haben scheint. Auf alle Fälle kann es mit der Exekutive nicht so gut geklappt haben.

Daß den Hugenotten, die zuerst vom Kurfürsten Friedrich Wilhelm ins Land gelassen oder geholt wurden, sehr viel an handwerklichen Fähigkeiten zu verdanken ist – ganz abgesehen von allem, was in der Rubrik Kultur bequem abgelegt werden kann – dürfte ausreichend bekannt sein. Berliner Hühnerfrikassee – von ihnen eingeführt – wird selbst in bayrischen Restaurants angeboten.

Mit neuen Fertigkeiten kamen auch neue Produkte. Unter diesen Produkten – und das muß man nicht wissen, es ist auch nicht gerade typisch für die französische Eleganz – waren hölzerne Pantoffel ins Land gekommen, die hier dann bald Pantinen hießen. Diese Holzpantinen wurden schnell populär. Schließlich waren sie billig und viele Einwohner konnten sich jetzt entscheiden, ob sie lieber diese Holzpantinen tragen wollten, oder weiter, ganz sicher im Sommer, barfuß laufen. Die meisten Einwohner hatten – auch in den Städten – sich nur im Winter den Luxus leisten können, Schuhe zu tragen. Daß diese neue Mode jedoch die Schuster wenig amüsierte, läßt sich denken. Immerhin haben sie erkannt, daß die Sache solange wenig ärgerlich ist, als sich nur jene Leute hölzerne Schuhe kauften, die sonst gar keine gekauft hatten. Jedoch wie heute: die Holzpantinen wurden Mode. Da hatten sich zuerst die Bauern an den Füßen »französisch« gekleidet, ihnen folgten die Bewohner der Ackerstädte bis hin zu regierenden Bürgermeistern.

Das war den Schustern dann doch zu viel. Unter den französisch gesonnenen Herrschern um die Jahrhundertwende fanden sie freilich kein Gehör, um so eher bei Friedrich Wilhelm I. So erließ er am 6. Juli 1717 ein Edikt, nach dem das Tragen von hölzernen Schuhen und Pantoffeln in den sämtlichen Dörfern der Kurmark »künftighin gänzlich nachbleiben und abgeschafft« werden solle. Doch der strenge König mußte schon bald Haussuchungen anordnen lassen, weil ihm zugetragen worden war, daß sich so gut wie niemand an diese Anordnung halte. Selbst diese Maßnahme schien die Untertanen nicht übermäßig zu beeindrucken. Nach knapp zehn Jahren, am 7. Dezember 1726 mußte er ein neues Edikt erlassen.

Nachdem Seine Königliche Majestät in Preußen, unser allergnädigster Herr am 6ten Juli 1717 in Gnaden verordnet haben, daß das Tragen der hölzernen Schuhe und Pantoffeln auf den sämmtlichen Dörfern der Kurmark künftighin gänzlich nachbleiben und abgeschafft werden solle; Gleichwohl aber höchst mißfällig vernehmen müsse, daß Dero allergnädigste Willens-Meinung hierunter nicht gebührend nachgelebt, sondern in verschiedenen Dörfern zum Schaden und Nachteil der Schuster, denen solchergestalt die Nahrung entzogen wird, dem Edikt zuwider gehandelt werde, da noch jüngsthin bei geschehener Haus-Suchung viele Paar hölzerne Schuhe und Pantoffeln hin und wieder gefunden und weggenommen worden:

Also haben höchstgedachte Seine Königl. Majestät sothane Verordnung nicht nur wiederholen wollen, sondern befehlen auch anderweit in Gnaden und daneben allen Ernstes, daß das Tragen der hölzernen Schuhe und Pantoffeln auf den Dörfern überall gänzlich abgestellt und unterlassen werden solle. Aber wenn jemand darüber betroffen werde, auch dergleichen hölzerne Pantoffel und Schuhe bey ihm gefunden würden, derselbe sodann zu gewärtigen habe, daß gegen ihn nach Befinden mit der Strafe des Hals-Eisens oder Gefängnisses verfahren werden solle. Wobei denn zugleich den Gerichts-Obrigkeiten und Schultzen jeden Orts hiermit ernstlich und bey Vermeidung von 200 Dukaten zur Rekruten-Kasse zu erlegenden Strafe, welche unausweichlich beygetrieben werden sollen, anbefohlen wird, alle Quartale in den unter ihrer Gerichtsbarkeit stehenden Dörfern eine genaue Visitation deshalb anzustellen, und mit allem Fleiß darauf zu sehen, daß dieser Verordnung Folge geleistet und nachgelebt werde.

Fr. Wilhelm

Hat sich was geändert, danach? Ganz bestimmt nicht. Einer wurde erwischt, ein Bräutigam, der seine Braut abends in Holzschuhen besuchte. Er kam ohne Prozeß ins Gefängnis. Ein Bauer bekam das Halseisen, als er gesehen wurde, während er abends noch vom Haus hinüber zum Stall ging, um den Pferden Futter einzuschütten. In Holzpantinen. Mittlerweile hatten die Bauern gelernt, sich diese Schuhe selbst zu schnitzen. So wurden sie billiger und blieben beliebt.

Friedrich Wilhelm I. starb. Friedrich II. führte seine schlesischen Kriege und das Werk seines Vaters fort, zumindest, was das Verbot der Holzschuhe anging. Das erste Edikt gegen die Pantinen erließ er am 11. Juni 1745, gleich ein weiteres, verschärftes natürlich, schon am 30. November 1746. Dann war eine Weile Ruhe. 1756 begann der Siebenjährige Krieg. Am 4. Juni 1767 ein weiteres Edikt gegen das Tragen der hölzernen Schuhe.

Irgendwann ist unser großer Friedrich der Sache doch überdrüssig geworden. Es kam zu einem Kompromiß zwischen König, Schustern und Bauern. Den Bauern wurde gestattet Schuhe zu tragen, deren Sohle aus Holz, deren Kappe jedoch aus Leder sei. Die Schuhe erhielten einen neuen Namen. Sie wurden Kurkels getauft. Vielen jungen Bauern gefielen diese Kurkels, sie trugen sie brav und sogar gern.

Ihre Väter jedoch machten diese »Königsmode« nicht mit und latschten weiter in ihren Holzpantinen. Ihre angepaßten Söhne wurden von ihnen etwas abfällig als Königsbauern bezeichnet.

Die Schuhe haben überlebt, beide Sorten. Auch wenn die Kurkels heute Clogs genannt werden und allgemein als dänische Erfindung gelten. Die Wahrheit ist so, wie hier geschildert worden ist.

Und wahr bleibt ebenso, daß dieser Krieg um Holzschuhe nicht darauf hindeutet, als hätten die großen preußischen Könige stets durchgesetzt, was sie durchsetzen wollten. Was sie bei den Pantinen nicht geschafft haben, ist ihnen bei viel wichtigeren Dingen ebenfalls nicht so gelungen, wie man es von einem Staat nun wirklich erwarten sollte, der aus Untertanen besteht, die angeblich nichts anderes kannten, als blinden Gehorsam.

Wie man sich hölzerne Pantoffeln selbst herstellen kann: Man verwendet hauptsächlich Weiden-, Erlen- oder Pappelholz. Mit einer Säge werden zunächst zwei grobe Holzklötze geschnitten. Diese werden dann mit dem Schnippmesser in die gewünschte Form gebracht. Ausgehöhlt wird der Block dann zunächst mit einem Holzbohrer, die feinere Arbeit wird danach mit einem Krummesser getan. Um dem Holzschuh eine bessere Haltbarkeit zu geben, sollte er über einem Holzfeuer leicht angeröstet werden.

Rechts: Maulbeerbaum
vor dem Charlottenburger Schloß

Preußische Holzschuhe
wie sie in der DDR
für 3,70 Mark zu haben sind

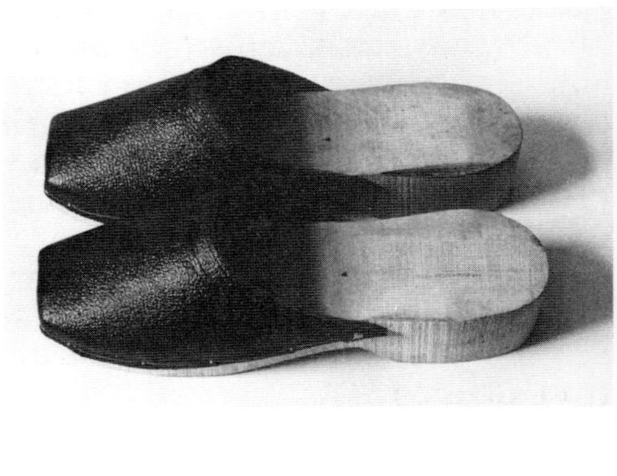

Seide oder Wer will in die Fabrik?

Vielleicht werden unsere Kinder oder Enkel eines Tages eine Fichte so sehen: etwas behütet, doch fast vergessen, ein Einzelstück. Dennoch Zeuge einer vergessenen Vergangenheit. Eben so wie wir uns heute diesen Maulbeerbaum betrachten können, bescheiden versteckt zwischen Schloß Charlottenburg und der Orangerie. Würde er reden können, würde er vermutlich behaupten, daß er mehr aus jenen Tagen zu erzählen habe, als sein prunkvoller Nachbar, das Schloß. Und das sollten wir ihm getrost glauben.

Schließlich symbolisiert dieser Maulbeerbaum, als letzter von vielen tausenden, den ehrgeizigen Versuch preußischer Könige, aus diesem armen, gebeutelten Land etwas zu machen. Ein Land, das selbst den Rohstoff Wolle ausführen mußte, um dann – meist aus Sachsen – das fertige Tuch wieder einzuführen, fast wie heute die westafrikanische Republik Gambia ihre Erdnüsse; ein unterentwickeltes Land also, wenn wir uns dieser geheuchelten Euphemie bedienen wollen. Bei diesem gewaltigen Kraftakt, autark zu werden, so gut es geht, jedenfalls im eigenen Lande herzustellen, was man dort doch eigentlich auch können müßte, weil es viele Nachbarstaaten können, bei diesem Versuch, war die Seide selbstverständlich nicht das bedeutendste Produkt. Aber der Versuch wurde gemacht. Ein bißchen schon gegen Ende des 17. Jahrhunderts, etwas energischer dann unter Friedrich Wilhelm I., mit voller Energie jedoch erst von Friedrich dem Großen. Friedrich

Wilhelm hatte sich nicht allzuviel vom Seidenbau versprochen. Es war auch nicht die Sorte Stoff, die er liebte. Seine Soldaten brauchten kaum Seide, allenfalls die Offiziere. Der Soldatenkönig förderte lieber diejenigen Manufakturen, die einheimische Rohstoffe verarbeiten konnten, also alles, was aus Wolle hergestellt werden konnte.

Um die Einfuhr von Seide einzuschränken, verbot er erstmal, daß sowas von jedermann getragen werde. Diesmal hatte er »mißfällig« angemerkt, daß »die Dienstmägde und ganz gemeinen Weibesleute, es seien Christen oder Juden, sowohl in den Städten als auch auf dem platten Lande, seidene Kamisöler, Röcke und Lätze gar häufig tragen, solches aber nicht allein der dem ganzen Lande so sehr ersprießlichen Wollmanufaktur hinderlich sei, sondern auch den vorher bereits ergangenen Verordnungen entgegen ist, nach welcher sich ein jeder seinem Stande gemäß kleiden soll. Überdies verführt dieses auch zu allerhand Unordnungen, wohl gar zu sündlichem Leben. Indem nämlich manche Dienstmagd und ganz gewöhnliche Weibsperson, wenn sie sich von ihrem Lohn die Anschaffung der seidenen Dinge nicht leisten kann, sie diese dann durch unerlaubte Mittel zu erlangen sucht.«

Also ordnete er an, »daß nach Verlauf sechser Monate nach Publikation dieses Ediktes, keine Dienstmägde oder ganz gemeine Weibsleute, es seien Christen oder Juden, ferner seidene Kamisöle, Röcke und Lätze« tragen dürfen. Wenn sich nach »Ablauf solcher gesetzten Zeit dennoch welche damit antreffen lassen würden, denselben solche seidene Kleidung öffentlich auf den Straßen abgenommen werden soll.« Was dann auch einige Male passierte (übrigens auch bei Frauen, die Kleider aus Kattun trugen.)

Immerhin gestattete er es, daß sich ein paar seiner Untertanen mit dem Seidenbau beschäftigten, das heißt, daß sie jene exotischen Bäume pflanzten, von deren Blättern sich die Seidenraupen ernährten. Schon bei seinem Vater hatten sich einige bessere Schulmeister um die Angelegenheit gekümmert, vor allem der Rektor des Grauen Klosters. Er dürfte wohl die ersten Bäume gepflanzt haben, vorm Spandauer Tor und auf den Wällen der Stadt. Er war außerdem auf die Idee gekommen, die Kirchhöfe in Stadt und Land mit Maulbeerbäumen zu bepflanzen. Das wurde auch umgehend vom König so angeordnet. Ab sofort sollten die Prediger und Lehrer auf allen Kirchhöfen Preußens Maulbeerbäume pflanzen lassen. Auf Kosten der Kirchen natürlich. Sie sollten ja dann den Nutzen davon haben.

An diesen Nutzen schienen freilich die Prediger und die Konsistorien nicht so recht zu glauben. Sie hatten kaum Anlaß dazu. Vielleicht kannten sie die Haltung des Königs, wußten möglicherweise sogar, wie es dem aus Frankreich geflüchteten Seidenfachmann Badiston ergangen war. Dieser Einwanderer hatte eine Seidenmanufaktur einrichten wollen. Dazu erbat er 300 Taler Vorschuß und eine jährliche Unterstützung von 150 Talern. Dem König versprach er dafür, ihm den Ertrag zur freien Disposition zu überlassen. Friedrich Wilhelm schrieb lakonisch auf den Antrag: »Erst den Profit! Dann soll er alles haben.« Es wurden also kaum Bäume gepflanzt. Bislang hatte es ja auch lediglich zu den Krönungsfestlichkeiten 1701 eine kurze Konjunktur für Samt und Seide gegeben. Danach war alles wieder eingeschlafen.

Friedrich Wilhelm ließ immerhin von Flüchtlingen aus Orange kleinere

Pflanzungen anlegen, auf dem sandigen Boden der »Terre de Moabit«. Doch das war auch nichts Rechtes. 1732 wurden die Maulbeerbäume gezählt. Es waren ganze 2000 und sie hatten 115 Pfund Rohseide erbracht. Allerdings war kurz vorher eine andere Entscheidung getroffen worden, die sich auswirken sollte: Der Schutzjude David Hirsch erhielt das für ganz Preußen gültige Privileg, in Potsdam eine Manufaktur für Samt zu errichten. Er hatte also ein Monopol. (Übrigens waren die Juden von der Wollfabrikation ausgeschlossen und durften weder mit Wolle noch mit Garn handeln.)

Aus »Der Kinderfreund«
Der Baumverderber

Hans that gerne unnütze und böse Dinge. Wenn er die Pflugeisen von der Schmiede holte und unterwegs einen jungen Baum sah; so machte er sich daran und probirte die Eisen, ob sie scharf wären. Der Herr des Dorfes hate zwo Reihen Obst und Maulbeerbäume an den Weg setzen lassen, und sah immer mit Verdruß, daß sie beschädigt waren. Er ließ daher solange auflauern bis Hans dabey betroffen wurde. Er ward empfindlich gestraft, und mußte seinen halben Lohn daran wenden, die beschädigten Bäume zu bezahlen.

Da sagte er: »Ich habe nicht allein Schaden gethan, Andere haben auch Bäume beschädigt.« Darauf antwortete der Herr: »Aber dich haben wir bey Beschädigung der Bäume angetroffen, und die andern nicht. Hast du andere gesehen, welche die Bäume beschädigen; so hättest du es angeben, aber nicht nachmachen müssen.« Um solcher bösen Buben willen bleiben viel nützliche Dinge zurück, die sonst geschehen könnten.

Friedrich von Rochow

Der König schenkte David Hirsch fünf Häuser, gab ihm ein zinsloses Darlehen von immerhin 7000 Talern. Hirsch engagierte zwei Samtmacher aus der Schweiz und einen Leipziger Seidenweber. Schon zwei Jahre später, 1732, erweiterte Hirsch sein Unternehmen und errichtete eine Manufaktur für Seidenzeug. Für sie konnte er zwei Meister und sechs Gesellen aus der Schweiz und aus Frankreich gewinnen. Vater und Großvater hatten sich also bemüht, aber nicht angestrengt, hatten es eher den Seidenraupen selbst überlassen, ob sie die Industrie fördern wollten oder nicht. Der Sohn und Enkel jedoch, der große Friedrich, hielt sich an seine Untertanen. Er wollte es mit Gewalt schaffen, und es gelang ihm auch, eine Seidenindustrie aufzubauen, die nicht nur den einheimischen Bedarf decken konnte, sondern sogar Seide für den Export übrig hatte.

Mit Gewalt, das hieß, mit allen Mitteln: mit Verboten, Seide überhaupt einzuführen, zumindest mit hohen Zöllen, mit einer staatlichen Kommission für den Seidenbau, mit finanziellen Zuschüssen (mit Subventionen also), mit Privilegien aller Art und mit einem Plan. Und wer bei dieser Vokabel möglicherweise an den zweiten deutschen Staat denkt, liegt gar nicht so falsch. Ohnehin dürfte das ungeschriebene Motto des alten Preußens »Alles für das Volk – nichts durch das Volk« auf die DDR mit teils geringen, teils auch einschneidenden Varianten anwendbar sein.

Pioniere des Seidenbaus sollten bei Friedrich ebenfalls die Pfarrer und Schullehrer sein. So entwarf er eine Art »sozialistischen Wettbewerb«, nachdem jeder Landpfarrer und Lehrer, der in der Umgebung von Berlin die meiste Seide gewinnen würde, 100 Taler Belohnung erhalten sollte. Damals hat das funktioniert: Die

Erträge stiegen von 50 auf 700 Pfund.

Ein weiterer Wettbewerb belohnte jedes Jahr jene fünf Geistlichen, die am meisten Seide angebaut hatten. Zwölf Groschen kriegten sie für jedes Pfund, das sie in diesem Jahr mehr als im Vorjahr gewonnen hatten. Doch sollte sich eigentlich jeder am Seidenbau beteiligen: Samen für die Bäume, Eier für die Raupenzucht wurden unentgeltlich verteilt. Wer tausend Bäume gepflanzt hatte, erhielt 50 Taler Prämie. Die Produkte wurden zu garantierten Preisen abgenommen.

Gleichzeitig lockte der König ausländische Pflanzer nach Preußen, Experten der Seidenzucht. Er versuchte, einen Stamm kundiger Meister und Arbeiter im Ausland anzuwerben. Das war allerdings nicht ganz so einfach, weil die meisten Länder verboten hatten, daß gerade solche Leute auswanderten. Es ging also nur mit List und etwas Tücke, aber vor allem heimlich. Und es ging nur mit Geld. Die Reise- und Transportkosten mußten erstattet werden. Jährliche Pensionen wurden ausgesetzt, es gab Mietzuschüsse und vor allem Prämien für jeden in Betrieb gesetzten Webstuhl.

Wir wollen uns an dieser Stelle eine kurze Pause gönnen, nicht, um uns zu erholen – das sollte nicht notwendig sein – sondern, um uns durch den Kopf gehen zu lassen, was das bedeutet. Wir stellen uns schließlich, wenn überhaupt, den Beginn einer Industrialisierung immer vor, als sei damit gleichzeitig ein Arbeiter-Proletariat entstanden. Wir haben dann das vor Augen, was wir die Massenverelendung nennen. Ist das im alten Preußen denn anders gewesen? Es mußte anders gewesen sein, weil es in Preußen gar keine Arbeiter gab. Preußens Problem in diesen Jahren lautete: Woher kriege ich ausreichend viele und hinreichend qualifizierte Arbeiter?

Kenntnisreiche Arbeiter für diese neuen Gewerbe waren schon mal überhaupt nicht vorhanden. Um das zu verstehen, müssen wir lediglich begreifen, daß technisches Wissen, in der fast abstrakten Weise wie heute, nicht vermittelt werden konnte. Technische (und auch wirtschaftliche) Kenntnisse waren mit Personen verbunden. Ein »lebendiger« Mensch war gleichzeitig der Kenner, der Könner und der Bewahrer von bestimmten Fähigkeiten. Wo eine neue Industrie gegründet werden sollte oder auch nur technisch verbessert, mußte man zusehen, wie man die Menschen bekam, die über die benötigten Kenntnisse verfügten. Wo dieser Träger, oder sollten wir besser sagen Eigentümer, einer technischen Erfahrung aus irgendeinem Grunde ausschied, ob er nun auswanderte oder starb – da wanderte oder starb das Wissen mit ihm aus.

Es galt also zunächst die Kenntnisse zu erhalten. Das ist nicht nur in Preußen so gewesen. Auch als die Franzosen unter Ludwig XI. – also einige hundert Jahre vor den Preußen, in der zweiten Hälfte des 15. Jahrhunderts in Lyon und in Tours eine Seidenindustrie aufbauen wollten, mußten sie sich italienische Seidenarbeiter holen. Im unterentwickelten Preußen existierte jedoch niemand, der über die geforderten Fertigkeiten verfügte. Bei Beginn der Industrialisierung, in der entstehenden Welt einer arbeitsteiligen Wirtschaft, verfügte Preußen jedoch nicht einmal über eine ausreichende Zahl von Menschen, die auch nur einfache Arbeiten in den neuen Manufakturen übernehmen konnten. Oder wenn sie es eigentlich gekonnt hätten, es nicht wollten.

Am Anfang hatten wir von den Horden umherstreunender Bettler gesprochen. Sollte es nicht möglich sein, hier einfach in die Massen hineinzugreifen und sich so viele Leute, wie man brauchte, in die Fabriken zu stecken? Es ging nicht, vornehmlich aus zwei Gründen:

1. Diese Herumtreiber dachten nicht im Traum daran, zu arbeiten. Es gab dafür einfach keinen Grund, der ihnen einleuchten würde. Ihr Geld verdienten sie auf ihre Art viel einfacher. Sie hatten sich mit der Zeit so viele Kunststücke und Tricks einfallen lassen. Mit denen konnten sie ohne Arbeit bequem leben. Die Vorstellung, täglich und auch noch regelmäßig in einer Fabrik zu arbeiten, ohnehin keine besonders vergnügliche Tätigkeit, war ihnen ein Greuel. Ganz besonders die Arbeit an den Spinnrädern war langweilig und war selbst jenen zu beschwerlich, die bereit waren, überhaupt zu arbeiten.

2. Hätten sie zahlenmäßig indessen ebenfalls nicht ausgereicht, um sämtliche Fabriken zu füllen, die Preußens Könige errichten wollten.

Schließlich gab es noch keine Maschinenspinnereien, es wurde mit der Hand und der Spindel an einem Rad gesponnen. Da für einen Tuchmacherstuhl durchschnittlich mindestens zehn Berufsspinner benötigt wurden, kann sich jeder leicht vorstellen, wieviele Arbeiter man für eine Fabrik brauchte. Dieser Mangel an Arbeitskräften betraf selbstverständlich nicht nur die entstehende Textilindustrie. Als etwa Friedrich der Große gleich im ersten Regierungsjahr befahl, in Eberswalde eine Stahl- und Eisenwarenfabrik zu errichten, scheiterte dieses Projekt jahrelang schlicht daran, daß man nicht genug Arbeiter, erst recht keine Meister auftreiben konnte.

»Es würden hier noch 500 bis 600 St. Tücher jährlich mehr gemacht werden können, wenn es nur nicht an der Spinnerey fehlen würde, indem dann hier ein großer Mangel ist und die Leute nicht dazu zu bringen wären, fleißiger zu spinnen.« So lautete eine der üblichen Klagen. Preußen war ohnehin karg besiedelt, es fehlten überall Menschen. So ist Westpreußen kaum jemals richtig industrialisiert worden, weil in dieser Provinz zu wenig Menschen lebten.

Daß schließlich in Preußen doch eine Industrie entstanden ist, wenn auch viel später als in den anderen Staaten des westlichen Europas, lag daran, daß die politischen Interessen des Staates, von ein paar Lücken abgesehen, mit den wirtschaftlichen Interessen identisch waren. Staat und Wirtschaft waren auf vielfältige Weise voneinander abhängig: Man wollte ein starkes Heer, um den politischen Zielen eine notwendige Grundlage zu schaffen. Man brauchte Geld, um das Heer zu ernähren und zu kleiden. Die Kleidung für die Armee, die Uniform, wurde schließlich jedes Jahr erneuert. Die Tuche für die Uniformen mußten bisher eingeführt werden. Und müßte man das, was die Sachsen fertig brachten, nicht ebenso in Preußen schaffen? Also her mit den Tuchfabriken. Für Absatz war allemal gesorgt. Jedenfalls auf absehbare Zeit.

Nirgendwo dürfte der Beginn eines neuen Wirtschaftssystems mit der Entwicklung des Staates so eng verbunden gewesen sein, wie in Preußen. Doch dann mußte sich der Staat auch intensiv darum kümmern, technisches – wie heißt es heute? – knowhow, na schön ... ins Land zu bekommen. Er mußte versuchen, überhaupt neue Bewohner ins Land zu locken. Der Staat brauchte mehr Menschen. Obendrein war er am Anfang selbst Unternehmer. Dabei begnügte er sich übrigens nicht etwa mit der Herstellung von Produkten, die er unmittelbar benötigte, für seine Armee, also Gewehrfabriken, Kanonengießereien und nicht ganz so unmittelbar (man war nur der beste und sicherste Kunde) Tuchfabriken; der Staat gründete Gold- und Silbermanufakturen, Messingwerke und Porzellanmanufakturen.

Der Staat kümmerte sich demnach darum, Arbeitskräfte zu beschaffen. Das berühmte Edikt von Potsdam vom 29. Oktober 1685, mit dem der Große Kurfürst Preußen als Asyl für Verfolgte anbot, war der erste bedeutende Schritt. Unter Friedrich Wilhelm I. wurde diese Arbeit dann kraftvoll vorangetrieben, ebenso später durch dessen Sohn. Man versuchte aus Ländern, die wirtschaftlich weiter waren, systematisch Leute anzuwerben.

Wenn es sanft und friedlich nicht möglich war, zögerte der Staat auch nicht, rigoros zu werden. So müssen die brutalen Anwerbungen für Soldaten nicht stets unbedingt künftigen Soldaten gegolten haben. War so ein Mann mal im Land, konnte er genausogut in einer Manufaktur gebraucht werden. Daher sind so viele Facharbeiter wieder ausgerückt, auch wenn der König scharf aufpassen ließ, daß sich niemand seinen Verpflichtungen entzog, nachdem er einmal so viel Geld in sie investiert hatte.

Daß die Fabrikherren ebenfalls dazu gebracht werden mußten, sich Arbeitskräfte zu beschaffen, klingt normal. Ob die Methoden immer normal waren, bleibt fraglich. Nachdem Schlesien endgültig preußisch geworden war, befahl beispielsweise der Minister von Schlabrendorff (auf königlichen Befehl) den Kaufleuten von Hirschberg und Schmiedeberg »auf ihre Kosten soviele Damastweber ins Land zu ziehen, als emigriert wären. Und zwar ohne Widerrede.« Selbst kirchliche Institutionen versuchte man zu zwingen, für Arbeitskräfte zu sorgen. Als 1763 das Zisterzienser Kloster Grünau (Schlesien) einen neuen Abt wählen mußte, wurde ihm gleichzeitig auferlegt, soviele evangelische Weber zu besorgen, wie der Abt Rosa gut hundert Jahre zuvor vertrieben hatte. Das Kloster mußte also zusehen, wie es innerhalb von sechs Jahren 15 Weberfamilien ansiedeln konnte. Doch irgendwann hatte man es geschafft. Innerhalb weniger Jahre konnten rund hundert ausländische Fabrikanten, Arbeiter, Appreteure, Färber, Musterzeichner und andere Spezialisten angesiedelt werden. Es waren nicht immer die besten, aber es reichte.

Parallel zu diesen Bemühungen war natürlich versucht worden, Landeskinder für die Arbeit in den Manufakturen zu gewinnen. Sie sollten ausgebildet werden und sie mußten, zunächst jedenfalls, die einfacheren Arbeiten übernehmen. Ziemlich schnell stellte sich heraus, daß dies nicht einfacher war, als auswärtige Spezialisten zu überreden. Eigentlich hätte es ganz selbstverständlich sein müssen, einige Handwerker dazu zu bringen, in die Fabriken zu gehen. Doch selbst das machte Schwierigkeiten. Allerdings gelang es, Arbeiter unter jenen Handwerkern zu finden, die Ärger mit den Zünften hatten. Solche, die entweder nicht in die Zünfte aufgenommen wurden, oder solche, denen die ganze Richtung nicht paßte.

Diese Zünfte nämlich waren extrem konservativ, stur, traditionalistisch »hingen an starren Überlieferungen, die nichts Neues duldeten.« Das Zunftwesen hatte sich innerlich immer mehr versteinert. Feste Formen wurden um ihrer selbst Willen gepflegt. Anregungen, die vom Staate oder flüchtigen französischen Protestanten ausgingen, konnte man nur feindlich gegenüber stehen.

Durch die Verknöcherungen im

Zunft- und Innungswesen vermochte man die Schwierigkeiten erst recht nicht zu überwinden. Klagen über Mißbräuche hatten überhand genommen: Hohe Gebühren für den Eintritt in die Zunft, übertriebene Meister- und Lehrgelder wurden erhoben. Da wurden teure und wegen ihrer veralteten Art unverkäufliche Meisterstükke verlangt. Große Gelage zwangen den Lehrling oder Gesellen oft, sich vor ihrer Selbständigkeit in Schulden zu stürzen, die sie ihr Leben lang kaum abtragen konnten.

Andere Regeln hatten dafür gesorgt, daß Söhne bestimmter Berufe nicht aufgenommen werden durften, etwa von Stadtknechten, Gerichtsdienern, Feldhütern, Hirten, Turm- und Nachtwächtern, Totengräbern, Gassenreinigern und Badern. Allerdings hielt sich selbst der gutwillige Handwerker – wie der Bauer – an das, was ihm von seinem Vater oder Meister überliefert worden war. Man holte sich hier, was zu holen war.

Nachdem jedoch der Arbeitsmarkt in den freien bürgerlichen und ländlichen Kreisen abgegrast schien, ging man dazu über, die weniger freien Einwohner zu durchforsten. Da boten sich vor allem die verschiedenen staatlichen Anstalten an, Zuchthäuser, Gefängnisse, Spinn- und Arbeitshäuser. Aber auch die Waisenhäuser und die Armenhäuser. Insbesondere mit den Gefängnissen und Zuchthäusern entstand eine merkwürdige Verbindung zwischen Staat und Unternehmer. Der Staat verpachtete quasi seine Gefängnisse und Zuchthäuser – mit Inhalt, versteht sich – an gut zahlende Unternehmer. Der Pächter konnte die Insassen dann nach seinem Belieben verwenden.

Der Staat zeigte sich weiter erkenntlich, indem er versuchte, in die Zucht- und Arbeitshäuser möglichst kräftige Leute zu stecken, auf keinen Fall, wenn es sich nur irgend vermeiden ließ »schwangere Weibes-Persohnen, auch welche, die noch kleine Kinder haben.« Nach einer Anordnung aus dem Jahre 1729 für Halle, sollten stattdessen insonderheit »Weibes-Leute gelieffert werden, so noch jung und gesundt, auch zur Arbeit tüchtig, als wodurch der Entrepeneur David Hirsch desto mehr Gespinste bekommt, folglich die Einnahme für das Haus wächst.« An einigen Orten ging die Obrigkeit sogar soweit, Leute, die eigentlich ins Gefängnis gehörten, lieber in Freiheit zu lassen, damit sie sich nicht gegenseitig bei der Arbeit behinderten.

Ganz besonders praktisch hatten sich die Königsberger gezeigt, nachdem sie das kurz vorher (1693) errichtete Zuchthaus sogar eigentlich vermieteten. Denn hier befand sich die Fabrik gleich innerhalb der Mauern des Zuchthauses. Dem Fabrikanten waren einige Räume überlassen worden. Da brachte er natürlich auch seine freien Arbeiter unter. Die Häftlinge wurden mit den roheren Arbeiten bedacht, aber sonst unterschieden sich die beiden Gruppen lediglich darin, daß die Gefangenen weniger Geld erhielten und nach Feierabend im Hause blieben. Es war natürlich sehr reizvoll für die Unternehmer, über Arbeitskräfte zu verfügen, die nicht weglaufen konnten und einer strengen Hausordnung unterstanden.

Die geringsten Sorgen hatten die ländlichen Grundeigentümer, wenn sie sich dazu entschlossen hatten, Manufakturen zu gründen. Denn ihnen gehörte ja nicht nur das Land, sondern ihnen gehörten ebenso die Bewohner des Landes. Sie brauchten sich also nur ein paar ausländische Experten zu besorgen, dann ließen sie in ihren Dörfern spinnen. Arbeitskräfte als persönliches Eigentum. In den

Städten jedoch wurde bald, als die anderen Reservoire versiegt schienen, auf eine Gruppe von Menschen zurückgegriffen, die vor allem billige Arbeitskraft versprachen: Frauen und Kinder.

So hatte sich bereits Friedrich Wilhelm die ersten Arbeiter für seine Seidenmanufakturen aus dem Militärwaisenhaus geholt. Die erste Armenanstalt in Berlin (1687, an der Inselbrücke) war gleich als »Manufactur-Spinnhaus« errichtet worden. Es sollte der Straßenbettelei abgeholfen und die Tuchindustrie unterstützt werden. Gleich zu Anfang war für das Potsdamer Waisenhaus ein spanischer Spinnmeister angestellt worden.

Ein Aufseher brachte die Kinder morgens in die Fabriken und holte sie zum Essen wieder ab. Im Sommer wurde von 5–12 Uhr und dann wieder von 13–16 Uhr gearbeitet. Daß Kinder arbeiteten, war ja damals nicht ungewöhnlich. Wie darüber gedacht wurde, erhellt vielleicht besser, als so manche Anklage, ein Untersuchungsbericht des Fabrikinspektors Kunth:

Diese Knaben von 12 bis 14 Jahren, welche sich hier früh zu einer anhaltenden und nützlichen Geschäftigkeit gewöhnen, geben schon an sich einen interessanten Anblick; und wenn die Unternehmer nach ihrem jetzigen Vorsatz, künftig fast allein mit Knaben arbeiten, so wird die Erweiterung der Fabriken auch auf den Charakter der Nation von einem höchst vorteilhaften Einfluß sein. Ein solcher Anblick hat aber auch zugleich etwas rührendes, wenn man erwägt, daß es meistens Kinder armer Eltern sind, von denen der erst aufgenommene, der nur etwa zum Bewegen oder Bestreichen der Scheibe gebraucht wird, wöchentlich 12 Groschen, der geübtere im ersten Jahr wenigstens 1 Reichstaler und 4 Groschen erhält, und diesen kleineren oder größeren Erwerb, die Frucht seines Fleißes, seinen Eltern wieder zurückbringt.

Aber es kam auch zu Zwistigkeiten innerhalb der Betriebe. Die Unternehmer beschwerten sich, daß die zusammengewürfelten Arbeiterscharen ihnen nicht gehorchen wollten. Die Arbeiter dagegen behaupteten, daß sie ausgenützt würden, viel zu viel arbeiten müßten. Die Unternehmer verlangten, daß der Staat darauf achten solle, daß die Arbeiter nicht so viele Schulden machten. Sogar für Schäden durch Veruntreuungen und Kontraktbruch sollte der Staat aufkommen.

Da eigentlich der Staat die Manufakturen eingerichtet hatte, mußte er sich folgerichtig in Zwistigkeiten zwischen Unternehmer und Arbeiter einmischen. Selbstverständlich gab es Streit (auch Streiks waren nicht selten), als die Preise stiegen, aber nicht die Löhne. Schließlich kamen neue Wickelmaschinen auf, es kam zu wirtschaftlichen Flauten und die Unternehmer glaubten dann, Arbeiter entlassen zu können.

Der König verfügte, daß kein Meister, der ausschließlich in einem Betrieb gearbeitet hatte, ohne gesetzliche Ursache und gegen seinen Willen entlassen werden dürfe. Gesellen durften unter bestimmten Voraussetzungen entlassen werden, vor allem Freiwächter, also Soldaten aus der Garnison.

Aus einer Mitteilung des Königs an das Polizeidirektorium:

... wann dergleichen Zeiten kommen, wo die Ausfuhr nicht benötigt ist, die Seidenwirkermeister, welche

durch Verminderung ihrer gangbaren Metiers genötigt werden, Gesellen abzudanken, zuförderst die als Gesellen bei ihnen arbeitenden Soldaten. Da solche, wenn sie auch eine Zeitlang ohne Fabriquenarbeit sind, von ihrem Tractement leben können. Danach die auswärtigen ein- und auswandernden ledigen Gesellen. Aber sie sollen nicht ohne äußerste Not einen einländischen oder beweibten und dadurch etablierten Gesellen verabschieden.

Leider liegen uns über die Arbeitsbedingungen in den Seidenspinnereien nur kärgliche Berichte vor. Dagegen gibt es etwas mehr aus den Wollspinnereien. Da die Arbeit in beiden ziemlich ähnlich gewesen sein dürfte, wollen wir auch aus beiden zitieren.

Das gehet ja gar nicht an, daß der Jude Moses Ries in Berlin seine hiesigen Seidenmeister bei seiner Fabrike eigenmächtig auf eine harte und bei allen andern Fabriken unerhörte Art behandelt. Er fordert größeres Ellenmaß aber macht ihnen doch von Zeit zu Zeit ihren Lohn immer schmäler. Überdem will er sie ganze Wochen lang ohne Lohn feiern lassen. Dies ist ein Verfahren, welchem das V. Departement Meines General-Directorii auch nicht die geringste Nachsicht gönnen will, sondern eigentlich solche Handlungen schon längst hätte abhelfen sollen. Es wird also nötig sein, den Bedrückungen dieses Juden auf eine wirksame Art Einhalt zu tun, auch ihn in seinen Schranken zu halten.

»Da aus den gegenwärtigen Akten zu eines jeden Abscheu herfürleuchtet, was bei den hiesigen Wollspinnereien für ganz außerordentliche und der Menschlichkeit fast widerstehende Mißbräuche herrschen, da diejenigen, welche dergleichen Spinnereien halten, mit denen darin zu Spinnerinnen angenommenen Weibsleuten gleichsam einen Handel treiben, und wenn sie dieselben für gar geringes Geld, so sie zu derselben Auslösung an andere gegeben, acquiriret, dieselben als ihre Sklaven halten und mit ihnen als solchen auf eine unter Christen nicht zu billigende Art umgehen ...« sollten endlich verbindliche Vorschriften erlassen werden, damit solche »schändlichen und verabscheuungswürdigen Mißbräuche« ein für allemal verhindert werden. Schließlich hatte bereits aus Verzweiflung über das »erlittene unbarmherzige Tractement ein Mädchen dem anderen den Hals abschneiden« wollen.

Bei einer der alle vierzehn Tage stattfindenden Kontrollen im Jahre 1787 beklagten sich die Spinnerinnen, daß sie die Spinnerei nicht verlassen dürften. Die Polizeimeldung dazu lautete: »Die bekannte Lebensart der Spinner, daß sie des Tages etwas arbeiten, des Abends aber auf den Straßen umherlaufen, um betteln und Hurerei auf der Straße zu treiben, nötigt den Spinnhalter zu diesem Zwang. Sie kommen krätzig oder gar venerisch oder auch schwanger in die Spinnerei zurück. Bei der Menge des Volkes steckt eine die andere an, und dies ist gerade die erste Quelle der Entstehung der bittersten Armut und einer unnötigen Belästigung der Armenanstalt.« Daher wird verordnet, »die Spinner des Abends und Nachts nicht aus der Spinnerei zu lassen.«

Auf den Einfall, Waisenkinder mit Arbeiten für Tuchfabriken zu unterhalten, sind übrigens nicht nur die Preußen gekommen. Zumindest hat ihr Beispiel Schule gemacht. So hatte sich Herzog Carl Eugen von Württemberg zur Förderung der Seidenkultur einen Seidenweber geholt, der direkt im Stuttgarter Waisenhaus die Kinder anlernen sollte (die Kinder wurden also nicht in die Fabriken geschickt, wie in Preußen). Nach der Besichtigung dieses Waisenhauses beschrieb der damals sehr angesehene Pädagoge Christian Salzmann den Zustand so:

Nie habe ich ein so anschauliches Gemälde vom menschlichen Elend gehabt als in dieser Stube. Ein ganzes Herdchen Kinder, deren Versorger im Grabe moderten, die hier sollen versorget sein und doch so schlecht versorget waren! Alle sahen bleich aus, wie die Leichen, hatten matte, viele triefende Augen, kein Zug von Munterkeit war an ihnen sichtbar, einige hatten verwachsene Füße, andere verwachsene Hände, und alle starrten vor Krätze, die alles Mark auszusaugen schien. Die Stube war schwarz vom Öldampfe, und an den Wänden flossen die Ausdünstungen herab, die diese Elenden von sich gaben. Sie waren auf ihre Arbeit so erpicht, daß unsere Gegenwart sie gar nicht störte. Und alle ihre Arbeit war Spinnen. Einige, besonders die Kleinen, spannen sitzend, die anderen stehend. Mein Herz hätte über den Anblick springen mögen, wie ich sehe, daß so viele Keime, die der Schöpfer gepflanzt, zerknirscht, und diese Elenden in so schreckliche Lage versetzt wurden, daß sie am Geist und Leibe gebrechlich und klein werden mußten. Unterdessen, daß andere Kinder springen, scherzen und lachen und in der Natur einen Schatz von Kenntnissen sich sammeln, sind diese Elenden an das Rad gefesselt, und der einzige Gegenstand ihrer Betrachtung ist die Spindel. Auf die Frage, wie es möglich sei, »eine solche Menge Kinder zu einem so erstaunlichen Fleiße zu bringen«, wurde mir die Tür zu einem Zimmer geöffnet, »in welchem ich einen Auftritt sah, vor dem die Menschheit zurückschaudert, und den ich gewiß nicht glauben würde, wenn ich ihn nicht mit eigenen Augen gesehen hätte.

Fünf Kinder waren hier auf die Folter gespannt. Dreien waren die Arme ausgedehnt und die Hände an eine Stange gebunden, so daß sie in einer Stellung waren, die mit der Stellung des Gekreuzigten eine große Ähnlichkeit hat. Zwei Knaben lagen auf der Erde, so daß der vordere Teil des Körpers durch die bloßen Ellenbogen, der Kopf durch die Hände und der hintere Teil des Körpers durch die entblößten Knie unterstützt wurde. Auf dem entblößten Rücken war ein schweres Stück Holz gelegt.

Ich fragte erschrocken, was diese Kinder verbrochen hätten? und erfuhr, daß ihr ganzes Verbrechen darin bestünde, daß sie ihr bestimmtes Gewicht an Wolle und Baumwolle nicht aufgesponnen hätten.

Um die in Schwierigkeiten geratene Tuch-Industrie wieder ingang zu bringen, wurde 1754 – neben einigen anderen Maßnahmen – eine strenge Qualitätsprüfung angeordnet. Danach sollten ab sofort:

§ 1 aus dem Gewerck der Tuchmacher zwey ehrbare, gewissenhafte Meister gewählet und vereydigt werden, welche das Tuch vom Wirckstuhl über eine Stange ziehen, und

wohl examiniren, ob das Tuch so hoch als verordnet stehe, ob gleiches Gespinst darinnen, und solches wohl und dicht durch und durch gewirckt sei. Das Tuch soll in die Länge und Breite gemessen werden, auch gewogen, ob das völlige Gewicht und Garn darin sey, sowie von den Schauern mit einem Kleeblatt gezeichnet und in die Walke gebracht.

§ 2 Wann nun das Tuch aus der Walke kommt, müssen solches die Schauer wieder beschauen, ob es die richtige Länge und Breite nebst dem gehörigen Gewand habe, auch durch und durch einerlei und gute Wolle, und ob es noch wohl bedecket, alles Fett heraus und rein gewalcket sey.

§ 3 Wann es denn ohne Tadel, hängen sie einem ordinair-, mittel- oder Kern-Tuche ein Bley an, auf welchem der Stadt Wappen und Namen auf einer Seite, auf der anderen aber die Länge des Tuchs stehen muß, wonach auch der Kaufmann das Tuch unweigerlich annehmen muß, und nicht, wie bisher zum Ruin der armen Tuchmacher geschehen, oft mehr Ellen einmißt und decurtirt.

§ 4 Wann das Tuch aus der Farbe kommt, wird es am Rahmen geschlagen, da dann die Schauer die letzte Schau so wohl am gefärbten und melirten Tuch verrichten und urteilen müssen, ob ein melirtes Tuch nicht streificht oder fleckicht sey, Noppen oder große Knoten habe, und ob die gefärbten Tücher wohl durch gefärbt sind, daß der Schnitt nicht weiß zu sehen sey, oder Kalck- und andere Kessel-Flekken habe. Und wenn das Tuch tüchtig und gut befunden wird, so bekommt ein ordinair Tuch ein, ein mittel zwey und ein Kern-Tuch drey Kleeblätter und Siegel. Sollte aber ein Tuch mangelhaft befunden werden, so kommt kein Kleeblatt daran. Wer den Mangel verursachet, muß den Schaden ersetzen.

Friedrich II. besucht eine Seidenmanufaktur
Holzschnitt nach einer Zeichnung von Menzel

Daß sich nicht alles so anließ, wie die Obrigkeit es sich wünschte, die den wirtschaftlichen Aufschwung betrieb, läßt sich nicht nur anhand der in den Manufakturen arbeitenden Menschen verfolgen. Dabei können wir die wirtschaftlichen Schwierigkeiten unberücksichtigt lassen. Daß es gute und schlechte Zeiten gab, erscheint selbstverständlich. Kriege, Mißernten, Währungsprobleme sind einige Stichworte für das Auf und Ab. Daß auch die merkantilistische Wirtschaftsordnung bis heute umstritten blieb, dürfte niemanden verwundern. Wenn Preußen die Einfuhr bestimmter Waren reglementierte, hohe Zölle einführte, verschärfte Kontrollen, den Durchgangsverkehr erschwerte, zunächst für die Messen die Einfuhr, wie etwa für den Samt aus Hamburg verbot, schließlich grundsätzlich verbot – antworteten die Nachbarn natürlich mit ähnlichen Maßnahmen.

Nein, selbst der so energisch betriebene Anbau der Maulbeerbäume funktionierte nicht in der gewünschten Weise. Immer wieder mußten die Bürger aufgerufen, gemahnt, sogar bedroht werden.

Kurz vorm Siebenjährigen Krieg meldete sich der König wieder mit der Nachricht, er habe mißfällig vernommen, daß die Bepflanzung der Kirchhöfe mit Maulbeerbäumen an den meisten Orten in der Neumark noch schlecht vonstatten gehe und er deshalb *»allergnädigst befehle, daß alle Inspektoren*

1. in allen Dörfern nachsehen, wieviel Maulbeerbäume auf den Kirchhöfen und anderen den Kirchen gehörenden Plätzen nach Beschaffenheit des Erdreichs gepflanzt werden können.

2. Bei der nächsten Visitation sollen die Inspektoren nachsehen, ob die bestimmte Anzahl gepflanzt sei.

3. sollen alle Inspektoren jedes Jahr gegen Martini berichten, was sie für diese vorteilhafte Sache getan haben.

4. sollen die Inspektoren sich von den Predigern zu Protokoll geben lassen, ob sie die erforderliche Anzahl Bäume anschaffen, pflanzen und warten wollen. Falls jemand hierzu wegen seines Alters, seiner Schwachheit oder anderer Umstände zu untüchtig wäre, soll der Küster oder der Schulmeister dazu angehalten werden, sich durch seine Unterschrift dazu zu verpflichten.

5. Sollen die Inspektoren sich das in den Buchläden zu Berlin befindlichen Traktätlein anschaffen mit dem Titel: Deutliche Anweisung, über die Säung des Maulbeersamens und Pflanzung der Maulbeerbäume. Bei Haude und Spener, Berlin 1751.

Verordnung aus dem Jahre 1723

Nachdem Wir wahrgenommen, daß Zeithero eine sehr große Menge von allerhand gemalten und gedruckten feinen auch groben, Zitzen und Kattunen in Unser Land eingebracht worden, solches aber Unserer zur Aufnahme der in Unseren Landen befindlichen Wollen- und Linnen-Manufakturen abzielenden allergnädigsten Intention ganz zuwiderläuft: So wollen und verordnen wir hiermit in Gnaden, jedoch allen Ernstes, daß in Unser Kurmark dies- und jenseits der Oder und Elbe, wie auch in Unsern Herzogtümern Magdeburg und Pommern, ingleichen im Fürstentum Halberstadt von Dato anzurechnen nach Ablauf acht Monaten keine gedruckte noch gemalte Kattune, bei dreitägiger Bestrafung mit dem Halseisen, weiter getragen, sondern alle jetzt habende Kattunenkleidung, Schlafröcke, Mützen, Schürzen, und was es sonst sein mag, innerhalb den gesetzten acht Monaten völlig aufgetragen und zerrissen werden sollen.

Bei der Bereisung soll er selbiges dem Prediger oder dem Küster geben, sich die wenigen Groschen von der Kirche wiedergeben lassen. Diese können aus der Schrift lernen, wie sie Bäume säen, Baumschulen anlegen und auch die Seide selbst gewinnen können.

Anfang 1765 wird angeordnet, daß alle Kirchhöfe bis Ende September desselben Jahres mit tüchtigen Gehegen, Zäunen, Mauern, Türen und Torwegen versehen werden, daß sie desgleichen von allem Schutt, Unflat, unnützem Strauchwerk und Bäumen gereinigt werden, damit Maulbeerbäume gepflanzt werden können. Damit diese Bäume wiederum vor aller Beschädigung gesichert sein mögen, sollen die Türen und Torwege von den Predigern, Küstern und Schulzen ordentlich verschlossen werden. Die Zäune sind in solcher Höhe zu machen, daß auch kein Vieh drüber wegkommen kann.

Ebenfalls immer wieder mußte unser Friedrich mit »äußerstem Mißfallen und sonderbaren Unwillen« vernehmen, daß die

sowohl auf Unsere als auch andere Privatkosten im Lande gepflanzten Maulbeer-Bäume von allerhand liederlichen Leuten nach wie vor frevelhaft und mutwillig, teils beschädigt und die Baumstangen weggenommen, teils sogar abgehauen werden. Unsere Intention geht jedoch dahin, daß diese mit vieler Mühe und Kosten gepflanzten Bäume auf alle nur ersinnlich Weise geschützt werden, um den Seidenbau zum besten des Landes emporzubringen. Wir verordnen und befehlen, daß sich niemand künftig unterstehen soll, den in und bei den Städten oder Dörfern, auch auf öffentlichen Landstraßen, bereits gepflanzten oder noch zu pflanzenden Maulbeer-Bäumen Schaden zuzufügen, die Baumstangen davon wegzunehmen oder dieselben gar abzuhauen. Insbesondere sollen die Soldaten solche Bäume weder mit ihrem Seitengewehr noch auf andere Weise beschädigen. Wird einer dabei ertappt, soll er, wenn er bürgerlichen oder Bauernstandes ist, der nächsten Gerichtsobrigkeit zur Bestrafung mit der Karre überwiesen werden, falls er aber ein Soldat ist, an die nächste Garnison zur Bestrafung mit Spießruten, damit künftig das gewünschte Wachstum der Maulbeer-Bäume gefördert und damit unser zum Besten des Landes gedeihender Seidenbau.

Irgendwann gedieh er aber nicht mehr. Irgendwann hatten die Könige keine Lust mehr, die Untertanen zu ihrem Glück zu zwingen. Sie forderten nicht mehr und vor allem, sie förderten nicht mehr. Sämtliche Subventionen wurden gestrichen. Privilegien und andere unterstützende Maßnahmen wurden abgeschafft. So war der Seidenanbau in Preußen nur eine Episode. Wohl blieb für Berlin die Textilbranche erhalten, blieb auch größtenteils in jüdischen Händen. Man benötigte Nationalsozialisten und ihre mörderischen Maßnahmen, um diese stabile Wirtschaft zu zerstören.

Aus allen diesen Gründen hätte der mickrige Maulbeerbaum in Charlottenburg eine Gedenktafel verdient, wird jedoch keine erhalten, weil unsere Geschichte angeblich erst vor nicht mal fünfzig Jahren begonnen hat. Deshalb wollen wir zufrieden sein, wenn er regelmäßig mit dem Rasen und anderen Pflanzen begossen wird.

Löhne, Preise und Gewichte

Wer bis jetzt, wie wir hoffen, vergnügt, auch mal erstaunt seine Lektüre bis an diese Stelle voran getrieben hat, wird gleich – es fällt uns schwer, das zu gestehen, aber es ist nicht zu ändern – doch enttäuscht werden.

Wir wissen, daß der Leser irgendwann fragen wird »Das ist ja alles schön und gut, aber das Wichtigste ist ja noch nicht erwähnt: Wie stand es bei unseren Ahnen und Ahninnen denn nun eigentlich mit demjenigen welchen, mit dem, worauf es im Leben ja wohl nun doch am meisten ankommt, egal, was da sonst immer so geredet wird. Was also hat der Opa verdient und was konnte sich Oma dafür kaufen?«

Handel um 1770
Kupferstich nach Chodowiecki

Es geht um die Sache mit dem Lebensstandard. Als pflichtbewußter Bürger der Bundesrepublik Deutschland weiß man ja dann eigentlich erst richtig Bescheid, wenn man dem Nachbarn in die Lohntüte geguckt hat oder zumindest doch die Tarifgruppe kennt. Dazu dann den Preis fürs Wiener Schnitzel und – na schön, Autos hatten die ja noch nicht – was hat denn da so'n Pferd gekostet.

Doch leider geht es uns jetzt wie einem Pfarrer, der danach gefragt wird, um welche Seite des Sees Genezareth der Herr Jesus denn wohl herum gegangen sei, um die rechte oder um die linke. Wir müssen uns damit abfinden, daß wir es nicht wissen. Der Pfarrer hat auf seine Frage keine zuverlässige Antwort, wir nicht auf unsere.

Immerhin: Ein bißchen mehr als der Pfarrer wissen wir schon. Nur wissen wir es nicht so genau. Wer etwas ähnliches erwartet, wie es uns das statistische Bundesamt mindestens einmal im Monat ins Haus liefert, ist hoffnungslos verloren. Für dieses Dilemma gibt es viele Gründe.

Wohl liegen aus diesem Jahrhundert einige Zahlen vor, aber sie erweisen sich bei näherer Untersuchung doch wieder als nutzlos. So gelten viele Angaben nur für geographisch eng begrenzte Bereiche. Ein wirklicher Vergleich von Löhnen und Preisen ist so gut wie unmöglich, zumindest unbefriedigend.

Selbst wenn wir beispielsweise die

Tagelöhne in einigen Berufen erfahren, wissen wir noch immer nicht viel mehr. Der Wert der Münzen, also die Währung, läßt sich kaum mehr sicher umrechnen. Selbst wenn wir Löhne erfahren, wissen wir meist noch nicht, ob noch Kost hinzukam, oder Logis, oder überhaupt Naturalien. Selbst Minister erhielten häufig neben ihren (meist kargen) Gehältern, bestimmte Mengen an Brennholz, sie erhielten Mehl und andere Lebensmittel. Wir wissen ganz wenig darüber, ob es sich um Netto- oder Bruttolöhne gehandelt hat. Wie woanders erwähnt, haben wir für jedes Jahr die Getreidepreise. Aber ob etwa in schwierigen Zeiten das Brot dann auch von jedermann zum Taxpreis gekauft werden konnte, wissen wir schon wieder nicht. Das nächste Problem sind die Angaben für Mengen und Masse. Ein Scheffel Mehl in Berlin enthält nicht die gleiche Menge wie der Scheffel in Magdeburg. Ein paar Angaben liefern wir hier in einigen Tabellen. Durch sie wird das Chaos hinreichend angedeutet.

So können wir auf Erläuterungen verzichten. Selbst wenn die Wissenschaft im Bereich der Sozialgeschichte hier weiter gekommen wäre – das kann eines Tages möglich sein, denn die Forschung hat hier gerade in den letzten Jahrzehnten viel geleistet – wir wären in das nächste Rätsel gestolpert.

Angenommen wir wüßten, was der Küstriner Maurer Suhrbier im Mai 1764 beim Häuserbau verdient hätte, wie teuer andererseits die Schrippen im selben Monat waren, die Kartoffeln, das Bier, der Schweinebauch und die Stiefel. Wie wollen wir das in D-Mark und Pfennig umrechnen? Wir bitten um einen geneigten Blick in die ebenfalls abgedruckte Münztabelle. Kurzum: Wir resignieren, sorry.

Dennoch wollen wir das Kapitel nicht mit diesem Seufzer abschließen, sondern jemanden zitieren, der sich vermutlich viel gründlicher in diesem Labyrinth zu orientieren versucht hat, als wir es getan haben (der übrigens auch zum bald folgenden Abschnitt Medizin beigetragen hat). Manfred Stürzbecher hat nicht nur eine einleuchtende Umrechnungsmethode entwickelt, er ist vor allem zu dem wohl originellsten Ergebenis gelangt. In seiner Arbeit wollte er einen Anhaltspunkt für die damaligen Arzthonorare finden: »Bei der Umrechnung auf Getreidepreise ergibt sich die Schwierigkeit, daß die Hohlmaße – selbst bei gleichen Namen – in den einzelnen Landschaften und zu den verschiedenen Zeiten recht unterschiedlich sind ... Die Umrechnung auf Edelmetallwerte ist noch problematischer, da die Edelmetallpreise Schwankungen unterworfen sind, die nicht im geringsten belegbar sind. Ein Maßstab anhand anderer Viktualien ist nicht angebracht, weil die Qualität der Ware z. B. beim Fleisch in der Preisbildung berücksichtig wurde und meist nicht faßbar und vergleichbar ist.«

Wir wollen hier das Zitat seiner Überlegungen abbrechen und gleich das Produkt nennen, das er als brauchbarste Basis ansah: Hühnereier. Vor anderen Umrechnungsverfahren scheint es den Vorteil zu haben, meint Stürzbecher, daß die Preisangaben für Eier in der Regel auf ein Schock bezogen sind und die Stückzahl eines Schocks auch meist gleich geblieben ist. Obwohl er es nicht erwähnt, spricht ein weiteres Argument für seine Methode: Wir haben keine Veranlassung, anzunehmen, daß die Hühner früher Eier gelegt hätten, die wesentlich größer oder kleiner gewesen sind als jene, die wir aus unserem Supermarkt kennen.

Löhne

Beruf	*Verdienst*
1 Lakai	*10–12 Thaler*
1 Junge von 12 bis 16 Jahren	*5– 6 Thaler*
1 Knecht, der ohne Mahlzeit bei Ackerbau, Fuhrwerk, Brauen und Malzmachen oder anderer schwerer Arbeit dient	*18–20 Thaler*
1 Magd, die kochen und braten kann	*8–10 Thaler*
1 Magd, die Nähen, Waschen und zu anderer Hausarbeit gebraucht wird	*8– 9 Thaler*
1 Kammermädchen	*12–16 Thaler*
1 Kindermädchen	*6 Thaler*
1 Amme, die nicht verheiratet ist und kein lebendes Kind hat	*12–14 Thaler*
1 Amme mit lebendem Kind	*16–20 Thaler*
1 Kutscher	*12–16 Thaler*
1 Vorreiter	*8–10 Thaler*

(Jahresverdienst nach der Gesindeordnung von 1718)

Tageslohn von Zimmerleuten

	an langen	*an kurzen Tagen*
1 Meister, wenn er selbsten mitarbeitet	*36 Gr.*	*33 Gr.*
1 Polier	*34 Gr.*	*30 Gr.*
1 Geselle	*30 Gr.*	*26 Gr.*
1 Lehrbursche	*20 Gr.*	*17 Gr.*
1 Handlanger	*15 Gr.*	*12 Gr.*

(aus einer Verordnung von 1753)

Preise

Lebensmittelpreise vom Mai 1740:

1 Pfund Butter	*4– 5 Gr.*
1 Pfund Speck	*3 Gr.*
1 Pfund westf. Schinken	*3 Gr.*
1 Pfund Mettwurst	*10 Gr.*
1 Pfund Zucker	*4– 7 Gr.*
1 Pfund Tee	*1 Thlr. 4 Gr.–3 Thlr. 12 Gr.*
1 Pfund Kaffee	*8 1/2–15 Gr.*
1 Pfund Schokolade	*10–16 Gr.*

Leipziger Markttage von 1766:

1 Kanne Butter	*7– 9 Ngr.*
1 Schock Eier	*10 Ngr.*
1 Pf. Rindfleisch	*2 1/2 Ngr.*
1 Pf. Kalbfleich	*1 1/2 Ngr.*
1 Pfd. Schweinefleisch	*1 1/5 Ngr.*
1 Pf. Schöpsfleisch	*2 1/2 Ngr.*
1 Klafter hartes Holz	*4 1/2–8 Thlr*
1 Klafter weiches Holz	*3 1/2 Tlr*

Maße

Stückzahlmaße

1 Gros = 144 Stück	*1 Schock = 60 Stück*
1 Zimmer = 60 Stück	*1 Stiege = 20 Stück*
1 Mandel = 15 Stück	*1 Dutzend = 12 Stück*

1 Ballen Papier = 10 Ries = 200 Buch
1 Buch Papier = 5000 Bogen Druckpapier bzw. 4800 Bogen Schreibpapier

Alte Längenmaße

	m
Meilen	
1 preußische Meile = 2000 rheinische Ruthen = 10000 Schritt = 2 Stunden	7573
1 westfälische große Meile	10044
1 alte hannoversche Landmeile = 200 calenbg. Ruthen = 12000 Schritt = 2 Stunden	9393
1 geographische Meile = 1/15 Äquatorialgrad	7420
1 Seemeile	1852
1 englische Meile = 5000 Fuß	1523
1 russ. Werst = 500 Saschen = 1500 Arschin	1067
Ruthen	
1 preußische (rheinl.) Ruthe (= 12 rheinl. Fuß)	3,77
1 calenberger (hannoversche) Ruthe (um 1750)	4,66
1 mecklenburger Ruthe (= 16 meckl. Fuß)	4,66
1 hamburger Geestruthe (= 16 hamb. Fuß)	4,58
1 hamburger Marschruthe (= 14 hamb. Fuß)	4,01
1 kurhessische Katasterruthe (= 14 Katasterfuß)	3,99
1 oldenburger Ruthe zu 10 Fuß	2,96
Fuß	
1 preußischer (rheinl.) Fuß = 12 Zoll = 144 Linien	0,314
1 hannoverscher Decimalfuß	0,467
1 calenberger (hannov.) Fuß = 12 Zoll = 144 Linien	0,291
1 pariser Fuß = 12 Zoll = 144 Linien = 1440 Teile	0.325
1 englischer Fuß = 12 inches = 120 Linien = 1200 Teile	0,305
1 oldenburger Fuß	0,296
1 mecklenburger Fuß	0,291
1 kurhessischer Normalfuß = 12 Zoll = 144 Linien	0,288
1 kurhessischer Katasterfuß	0,285
1 hamburger Fuß = 12 hamb. Zoll = 144 Linien	0,286
1 Elle = 2 Werkfuß = 4 Viertel = 16 Sechzehntel = 24 Zoll in Brabant	0,691
in Hannover	0,586
in Hamburg	0,573
in Frankfurt	0,539
1 Zoll = 12 Linien (rheinisch) = 1 Daumen	0,026
= 12 Linien (hannoversch)	0,024
1 preußische Elle = 251/2 Zoll	0,667
1 preußischer Zoll	0,261

Alte Flächenmaße

	ha	a	qm
Morgen			
1 preußischer (magdebg.) Morgen = 180 Preuß. Quadratruthen = 0,974 hann. Morgen		25	53
1 altländer Morgen = 4 hann. Morgen	1	04	84
1 hannoverscher Morgen = 120 Qu.–Ruthen		26	8
1 hamburger Morgen = 600 Qu.–Marschruthen		96	58
1 hamburger Geest-Scheffel = 200 Qu.-Geestruthen		42	5
1 mecklenburger Morgen = 300 Qu.–Ruthen		65	
1 oldenburger Jück = 160 Qu.-Ruthen		45	38
1 oldenburger Morgen		22	56
1 kasseler Acker = 150 Qu.-Ruthen zu 14 Fuß		23	86
Quadratruthen			qm
1 preußische Quadr.-Ruthe = 144 Quadr.-Fuß			14,18
1 oldenburger Quadr.-Ruthe			28,36
1 hannov. Quadr.-Ruthe = 256 Quadr.-Fuß			21,73
1 mecklenburger Quadr.-Ruthe			21,68
1 hamburger Qu.-Geestruthe = 256 hamb. Qu.-Fuß			21,02
1 hamburger Qu.-Marschruthe = 196 Qu.-Fuß			16,10
1 kurhessische (kasseler) Quadr.-Katasterruthe			15,91

1 Hufe = meist 30 Morgen (vereinzelt 20–60 Morgen)
1 Jück = ca. 2 1/5 hann. Morgen (Wesermünde)
1 Tagewerk = 4 Vierup = 2 Morgen
1 Grasen = 1 3/5 Morgen = 374 ostfries. Grasen
1 Acker = 1 1/2 Morgen (Schaumburg)
1 Drohn = 3/4 Morgen (= 1 Scheffelstück-Calenberg)
1 Vorling = 1/2 Morgen
1 Himten = 1/2 braunschweiger Morgen = 60 Quadr.-Ruthen
1 Himtssaat = 1/3 Morgen (Verden, Grafsch. Hoya u. Diepholz)
1 Himten Acker = ca. 1/5 Morgen (Bremervörde)
1 osnabrücker Malter = 12 Scheffel = 1,412 ha
1 osnabrücker Scheffel = 0,118 ha
1 Scheffelsaat = 1/2 Morgen (Waldsrode)
= 1/3 Morgen (Nienburg, Schaumburg)
= 2/3 Morgen (Lippe)
1 Himtenstelle = ca. 1/6 Morgen (Land Hadeln)
1 Holle = 1/3 Morgen Calenberg
= 1/4 Morgen = 1/3 Drohn (Schaumburg)
1 Hunt = 1/4 Morgen

Körpermaße für flüssige Gegenstände		*Liter*
	1 Last = 60 Vierup	*2990*
	1 Fuder = 4 Oxhoft = 240 Stübchen	*902*
	1 Faß = 4 Tonnen = 104 Stübchen	*390*
	1 Oxhoft = 1 1/2 Ohm = 60 Stübchen	*226*
	1 Ohm = 40 Stübchen	*150*
	1 Tonne = 26 Stübchen	*98*
	1 Tonne = 4 Vierup = 16 Fäßchen	*199*
	1 Vierup = 4 Fäßchen = 36 Krug	*12*
	1 Anker = 10 Stübchen	*38*
	1 Eimer = 4 Stübchen	*15*
	1 Fäßchen = 9 Krug = 36 Ort	*12*
	1 Stübchen = 4 Quartier = 8 ösel	*3,8*
	1 Kanne = 2 Quartier = 4 ösel 3 1/2 Stübchen	*1,9*
	1 Krug = 4 Ort	*1,4*
	1 Quartier = 2 ösel = 1/4 Stübchen	*0,94*
	1 Ösel = 1 altes Pfund	*0,47*
	1 Ort = 4 Maatjes	*0,31*
	1 preußischer Scheffel	*54,96*

Körpermaße für trockene Gegenstände		*Kubikmeter*
	1 Klafter Holz = 144 Kubikfuß	*3,59*
	1 schaumburger Klafter Holz = 216 Kubikfuß	*5,18*
	1 schaumburger Fuder Kalk = 12 Balgen	*0,57*
	1 schaumburger Himten = 4 Metzen	*0,031*

1 Last	*= 16 Malter = 48 Scheffel = 96 Himten*
	= 25 Wispel = 10 Scheffel = 100 Himten (Celle)
	= 4 Wispel = 8 Drömt = 96 Scheffel (Mecklenb.)
1 Fuder	*= 13 Malter = 39 Scheffel = 78 Himten*
	= 12 Malter = 72 Himten (Schaumburg)
	= 8 Malter = 96 Himten
1 Wispel	*= 6 Malter = 18 Scheffel = 36 Himten*
	= 4 Scheffel = 40 (auch 48) Himten (Celle)
	2 Drömt = 24 Scheffel (Mecklenb.)
1 Vierup	*= 19 Scheffel = 36 Himten*
1 Malter	*= 6 Himten = 3 Scheffel*
	12 Himten (Verden)

1 Scheffel = 2 Himten
= 8 Himten (Verden)
= 10 Himten (Celle)
1 Himten = 4 Spint oder Metzen (Matten)
1 Metze = 1 Spint = 2 Stübchen oder Hoop
1 Stübchen = 1 Hoop = 2 Mühlenköpfe
1 Scheffel Haseler Maß = 1 Scheffel 2 3/4 Himten
1 Scheffel Peiner Maß = 1 Scheffel 1 3/4 Himten Celler Maß
19 braunschweiger Himten = 26 Celler Himten
1 hannoverscher Scheffel = 1,2 berliner Scheffel
= 1 lübecker Scheffel

Scheffelmaaß.

Eine Last Roggen hat drey Wispel, bey Hafer und Gerste aber nur zwey Wispel. Ein Wispel hat 2 Malter oder 24 Scheffel. Ein Scheffel hat vir Viertel oder 16 Metzen. Ein solcher Scheffel enthält 3039 1/2 Kubikzoll Rheinl. und ist seit dem Jahr 1716 im ganzen Lande das allgemeine Maaß. Ein Scheffel Roggen wiegt etwan 82 Berliner Pfund. Ein Scheffel Weizen 90 Pfund. Ein berliner Scheffel Mehl wiegt 75 Pfund und giebt, wenn er zu Kommißbrote verbacken wird, 100 Pfd. Brot. Eine Last Hamburger ist 611/5 Scheffel Berliner, oder 50 Faß Hamburger sind 51 Scheffel Berliner.

Getränkmaaß.

Ein Fuder Wein hat 4 Oxhofte oder 6 Ohm. Ein Oxhoft 11/2 Ohm. Eine Ohm hat zwey Eimer, aber nach der Eyche 120 Maaß, oder Quart; nach der Schenke wird sie gerechnet zu 128 Quart. Ein Eimer hält 2 Anker. Ein Anker 32 Quart. Ein Quart 2 Nößel. Vier Maaß allhier, machen in Hamburg fünf Quartier; 1 Stübchen in Hamburg hält dort 4 Quartier, oder 3 1/5 Berliner Maaß, das ist, 5 Stübchen machen 16 Quart Berliner. Zwey Quart allhier machen 5 Schoppen in Frankfurt am Mayn, 5 dasige Maaß geben hiesige 8 Maaß. Vier Quart oder Maaß allhier, thun 3 Maaß in Kölln am Rhein, und 3 dasige Pinger machen ein hiesiges Quart. Acht Quart allhier thun zu Breßlau 13 Quart. Drey Quart allhier sind 2 Stofe Weinmaaß in Danzig. Ein Quart oder Maaß allhier gleichet 1 Pinte zu Bourdeaux, und 2 Pinten machen 1 Pot de Bourdeaux.
Ein Gebräue Bier hat 9 Kufen oder 18 Faß. Eine Kufe 2 Faß oder 4 Tonnen. Ein Faß 2 Tonnen. Eine Tonne 4 Oehmchen. Ein Oehmchen 24 Quart. Ein Quart 2 Nössel.

Landmaaß.

Die Vermessung der Ländereien in der Mittelmark geschiehet nach dem durch eine königl. Verordnung festgesetzten berlinischen Fuß, der mit dem Rheinländischen Fuße einerley Größe hat, nemlich 139, 12 Pariser Linien. Zwölf solcher Fuß geben eine Ruthe, und diese wird beym Feldmessen in 10 Fuß; 100 Zoll, 1000 Linien eingetheilt.

Eine große Hufe Landes hat 30 große Morgen oder 66 2/3 kleine Morgen. Eine Hakenhufe hat 2 grosse Morgen. Eine Landhufe hat 1 großen Morgen. Ein großer Morgen hat 400 Quadratruthen. Ein kleiner Morgen hat 180 Quadratruthen. Nach solchen Morgen von 180 Quadratruthen find alle Domänenstücke vermessen und zum Anschlag gebracht. In der Uckermark und Neumark aber bedient man sich bey Vermessung der adlichen Güter noch des alten Maaßes, nach welchem die Ruthe zu 14 Fuß, und der Morgen zu 300 dergleichen Quadratruthen gerechnet wird.

Ellenmaaße.

100 Ellen in Berlin,	thun	$56\frac{7}{16}$	Staab in Abbeville.	
—	—	$99\frac{7}{8}$	Ellen in Achen.	
—	—	$87\frac{11}{16}$	Barras in Alikante.	
—	—	$97\frac{7}{8}$	Ellen in Amberg.	
—	—	80	Staab in Amiens	
—	—	$96\frac{5}{8}$	Ellen	in Amsterdam.
—	—	$93\frac{7}{8}$	Flämisch oder holländische Braband. Ellen.	in Amsterdam.
—	—	$103\frac{7}{8}$	Braccien in Ankona.	
—	—	$108\frac{11}{15}$	Ellen in Anspach.	
—	—	$96\frac{1}{8}$	große oder Seiden Ellen	in Antwerpen.
—	—	$97\frac{1}{2}$	kleine oder Wollen Ellen	in Antwerpen.
—	—	$95\frac{5}{8}$	Ellen in Arras.	
—	—	$109\frac{7}{16}$	Leinwandellen	Augsburg.
—	—	$112\frac{11}{16}$	Kramerellen	Augsburg.
—	—	$98\frac{1}{8}$	Elle in Aurich.	
—	—	$34\frac{1}{4}$	Kannas	in Avignon.
—	—	$57\frac{3}{16}$	Staab	in Avignon.
—	—	$19\frac{7}{16}$	Ellen in Bamberg.	
—	—	$56\frac{9}{16}$	Staab	in Basel.
—	—	$122\frac{9}{16}$	Ellen	in Basel.

100 Ellen in Berlin,	thun	112 7/18	Ellen in Gothenburg.
—	—	77 11/18	— — Grätz.
—	—	112 3/8	— — Grüneberg.
—	—	100	große } in Halle.
—	—	104 3/4	kleine } in Halle.
—	—	116 7/18	Ellen in Hamburg.
—	—	114 1/4	— — Hannover.
—	—	114 1/2	— — Haarburg.
—	—	91 11/17	— — Harlem.
—	—	104 11/18	— — Hof.
—	—	83 13/17	— — Ingolstadt.
—	—	84 15/18	— — Inspruck.
—	—	113 1/8	— — Kaufbeuern.
—	—	98 3/18	— — Kempten.
—	—	116	— — Königsberg in Preussen.
—	—	89 3/18	— — Krems.
—	—	115 7/18	— — Langensalza.
—	—	118	— — Leipzig.
—	—	94 15/18	— — Leutkirchen.
—	—	97 11/18	— — Leyden.
—	—	56 13/14	Staab in Lion.
—	—	115 5/18	seiden } Braccien in Lucca.
—	—	110 1/4	wollen } Braccien in Lucca.
—	—	105 3/8	Ellen in Lucern.
—	—	121	— — Lüttich.
—	—	119 11/18	— — Manheim.
—	—	143 3/18	Braccië in Mantua.
—	—	126 1/4	Ellen in Marpurg.
—	—	33 1/4	Cannen } in Marseille.
—	—	57	Staableinen Maaß } in Marseille.
—	—	97 9/12	Ellen in Mastrich.
—	—	106 1/4	seidë } Braccië in Venedig.
—	—	100 1/8	wollë } Braccië in Venedig.
—	—	85 7/8	Ellen in Wien.
—	—	115	— — Würzburg.
—	—	95 7/18	— — Ypern.
—	—	109 3/18	— — Zürch.

Noch ist zu merken:

Ein Decher ist 10 Stück. Ein Dutzend 12 Stück. Eine Mandel 15 Stück. Eine Striege 20 Stück. Ein Zimmer 40 Stück. Ein Schock 60 Stück.

Gewichte

1 Schiffslast = 4000 Pfund = 2 Tonnen = 40 Zentner = 1 Tonne Waren = 20 Zentner
1 Last = 12 Schiff-Pfund = 30 Zentner
1 Pfund Schwehr = 320 Pfund = 2,86 Zentner
1 Zentner = 110 oder 112 alte Pfund zu 0,456 kg = 46,77 kg
10 preußische Zentner = 11 hann. Zentner
1 Ließ-Pfund = 14 Pfund
1 Pfund = 2 Mark = 16 Unzen = 32 Lot = 468 gr.
1 Lot = 4 Quentchen = 16 Pfennig = 304 AB = 14,6 gr.
1 Pfennig = 19 AB

Apotheker-Gewichte:
1 Apothekerpfund = 12 Unzen = 350,78 gr.
1 Unze = 8 Lot = 8 Drachmen
1 Drachme = 3 Skrupel = 60 Gran = 3,65 gr.

Vom Gewichte. Die Schiffslast ist 12 Schiffspfunde, oder 3360 Pfd. Das Schiffspfund ist von 20 Liespfunden oder 280 gemeinen Pfunden, oder 2 1/2 Hamburger Centner. Das Schiffspfund für die Fuhren ist ebenfalls 20 Liespfund. Es wird aber ein solches Liespfund zu 16 gemeinen Pfunden gerechnet, und folglich hat das Schiffspfund für die Fuhren 320 gemeine Pfunde, wird aber allgemein für drey Centner bey den Fuhren berechnet. Der Centner wird zu fünf Stein oder 110 Pfund gerechnet. Ein Stein hat 22 Pfund. Ein leichter Stein zu Wolle hat nur 11 Pfund. Ein Pfund hat 2 Mark oder 32 Loth. Ein Loth hat 4 Quentlein. Ein Quentlein hat 4 Pfennig.

Gewichte.

110 Berliner Pfund oder ein Centner, thut

—	zu	Crakau	128	Pfund.
—	—	Danzig	115 1/3	—
—	—	Dresden	110	—
—	—	Frankfurt am M.		
—	—	schwer Gewicht	100	—
—	—	leichtes —	108	—
—	—	Frankfurt a. d. O.	110	—
—	—	Hamburg	106 2/5	—
—	—	Leipzig	110	—
—	—	Lissabon	112 3/8	—
—	—	London	112	—
—	—	Lübeck	108 1/5	—
—	—	Lyon, Stadtgew.	119 3/8	—
—	—	Seidengewicht	110 1/2	—
—	—	Madrit	109	—
—	—	Mayland,		
—	—	schwer Gewicht	156	—
—	—	leichtes —	173 1/2	—

—	—	Rom, schwer Gew.	$97\frac{5}{8}$	—
—	—	leichtes —	$143\frac{7}{9}$	—
—	—	Rotterdam	103	—
—	—	Straßburg	103	—
—	—	Stuttgard	108	—
—	—	Venedig,		
—	—	schwer Gewicht	$107\frac{1}{8}$	—
—	—	leichtes	$169\frac{3}{8}$	—
—	—	Ulm	108	—
—	—	Wien	90	—
—	—	Zürch	95	—

Dagegen:

100 Pfund	zu	Amsterdam thun allhier	$106\frac{3}{4}$	Pfund.
—	—	Bourdeaux	$106\frac{1}{4}$	—
—	—	Botzen	110	—
—	—	Breßlau	$87\frac{1}{4}$	—
—	—	Copenhagen	$83\frac{3}{4}$	—
—	—	Danzig	$95\frac{1}{4}$	—
—	—	Dresden	100	—
—	—	Frankfurt am M.		
—	—	schwer Gewicht.	110	—
—	—	Hamburg	$104\frac{3}{4}$	—
—	—	Leipzig	100	—
—	—	London	$98\frac{3}{13}$	—
—	—	Lübeck	$101\frac{3}{4}$	—
—	—	Mayland, schw. G.	$70\frac{1}{2}$	—
—	—	Nürnberg	110	—
—	—	Paris	$106\frac{3}{4}$	—
—	—	Regenspurg	$122\frac{1}{4}$	—
—	—	Straßburg	$106\frac{3}{4}$	—
—	—	Stuttgard	$101\frac{7}{8}$	—
—	—	Venedig	$64\frac{7}{8}$	—
—	—	Wien	$122\frac{1}{2}$	—
—	—	Zürch	$115\frac{3}{4}$	—

Feine Waaren und Sachen, die keine große Quantität ausmachen, werden mit dem sogenannten **Markgewichte** oder **Einsatzgewichte**, gewogen. Die Mark wird in **Unzen**, **Lothe**, **Drachmen**, **Pfenniggewicht** oder **Denier** und in **Gran** eingetheilt:

Der Denier hält in Berlin		—	20	Gran.
Das Drachma oder Quentchen	3 Heller oder		60	—
Das Loth	4 Drachmen	—	240	—
Die Unze	2 Loth	—	380	—
Die Mark	8 Unzen	—	3840	—
Das Pfund	2 Mark	—	7680	—

In Brandenburg-Preußen gab es zur zweiten Hälfte des 18. Jahrhunderts folgende Münzen:

Münzsorte	in Conventionsmünze Rthlr.	Gr.	Pf.	Pfennige
Brandenburger Reichsthaler	1	9	4	400
Courantgeld: Preußischer Reichsthaler = 24 Gr.		22	10	274
Groschen Preuß. Courant			3	3
Preußen Thaler = 30 Silbergr. = 3 Pr. Gulden	1			288
Friedrichsd'or = 5 Rthlr. Courant-Thaler	5			1440

In der Spielzeit 1977/78 wurde in den Kammerspielen München Lessings »Minna von Barnhelm« aufgeführt. Damit sich der Zuschauer besser vorstellen konnt, um wieviel Geld es in dem Stück geht, hat das Theater – unterstützt von der Deutschen Bank, Frankfurt und der Staatl. Münzsammlung München – versucht, die vielen finanziellen Angaben Tellheims umzurechnen.

500 Thaler Louisdor = 100 Pistolen		= ca.	30000 DM
Schuld Marloffs	400 Taler	= ca.	24000 DM
Justs Monatslohn	6 Taler	= ca.	360 DM
Leihsumme auf den Ring 80 Friedrichsdor	= 400 Taler	= ca.	24000 DM
Schätzwert Rind	1500 Taler	= ca.	90000 DM
Hotelrechnung 30 Friedrichdor	150 Taler	= ca.	9000 DM
Geld für Riccaut 10 Pistolen	= 50 Taler	= ca.	3000 DM
Leihsumme von Werner 100 Dukaten	= 300 Taler	= ca.	18000 DM
Vorstrecksumme Tellheims 2000 Pistolen	= 20000 Taler	= ca.	600000 DM
Wert des Wernerschen Gutes = 2000 Pistolen & 100 Dukaten	= 20300 Taler	= ca.	618000 DM

1 Pistole 1 Friedrichsdor 1 Louisdor	= 5 Taler	= ca. 300 DM
1 Dukaten	= 3 Taler	= ca. 180 DM
1 Taler	= 24 Groschen	= ca. 60 DM
1 Groschen	= 12 Pfennige	= ca. 2,50 DM
1622–1775	1 Taler	ca. 49,20–65,40 DM

Stand 1976

Vom Werthe der gangbaren Münzen.

In Berlin, so wie in der ganzen Mark Brandenburg, wird nach Thalern, Groschen und Pfennigen gerechnet. Ein Thaler hat 24 Groschen und ein Groschen 12 Pfennige. Die gangbaren Münzen sind:

1) Silbermünze oder brandenburgisch Kurrent. Sind die unter dem itzregierenden Könige nach dem so genannten Graumannischen Fuß geschlagene Thaler, halbe und Viertelthaler: imgleichen die seit 1764 geprägten Acht-Vier- und Zweygroschenstükke. Vierzehn Thaler Kurrentgeldes halten eine Mark fein Silber; und von 1770 an sind, zu Verhütung des Auskippens, auch die kleinsten Stücke justirt und gerändelt.

100 Rthlr. im Ganzen, Halbe und Viertelthaler müssen wiegen	*9 Mark*	*8 Loth*
100 Rthlr. in Achtgroschenstücken	*10,–*	*5,–*
100 Rthlr. in Viergroschenstücken	*13,–*	*––*
100 Rthlr. in Zweygroschenstücken	*18,–*	*––*

Scheidemünzen sind die Eingroschenstücke, Sechspfennig-, Vierpfennig-, Dreypfennig- und Einpfennigstücke. Die Berlin geschlagenen Scheidemünzen werden in allen Königl. Staaten angenommen, obgleich einige Königl. Länder, als Preussen, Schlesien, Magdeburg und Kleve besondere Scheidemünzen haben, die aber nur in der Provinz, für die sie geschlagen sind, nicht aber in den anderen, genommen werden. Überhaupt ist nach den Gesetzen niemand gezwungen, von Scheidemünzen mehr, als bey zehn Reichsthalern einen, anzunehmen.

Auswärtige Silbermünzen hat gewöhnlich keinen Lauf, sondern wird, so wie die unter den vorigen Regenten geschlagenen Münzen, gegen Bezahlung des innern Werts in die Münze geliefert.

2) Goldmünzen. Ganze, doppelte und halbe Friedrichsd'or, imgleichen vollwichtige Braunschweigische, Hannoversche, Sächsische und Französische Pistolen, desgleichen Preußische, Holländische und andere Dukaten sind die gewöhnlichen Goldmünzen. Ein Friedrichsd'or und wichtige Pistole gelten, gegen kourante Silbermünze fünf Thaler sechs Gr., und die Dukaten drey Rthl. 35 ganze Friedrichsd'or müssen eine Mark wiegen. Spanische und andere Pistolen sind zwar nicht verrufen, werden aber in einiger Anzahl nicht gern genommen. Karolinen, Schildluisd'or und Guineen siehet man selten, sie gelten etwas über sechs Thaler. Souveränd'or solten zwar drey Dukaten gelten, sie werden aber selten für voll, sondern etwa nur für acht Thaler und zehn bis zwanzig Groschen genommen.

Honorare der Medizinaltaxe von 1725 umgerechnet auf Eier

Medicis	
Für jedes Rezept, so die Patienten von den Medico aus seinem Hause holen lassen	*30 Eier*
Vor den ersten Gang in gemeinen Krankheiten	*240 Eier*
in ansteckenden, außer der Pest	*480 Eier*
Vor jede Visite ohne Verfassung eines Recepts in gemeinen Krankheiten	*60 Eier*
Mit Verschreibung eines Recepts	*80 Eier*
In anklebenden Krankheiten	*120 Eier*
Mit einem Recepte	*150 Eier*
Vor die erste Consultation einem jeden Medico	*240 Eier*
Vor eine jede folgende Conference, mit 2, 3, oder mehr Medicis, wegen vieler Versäumniß, die in solchen zu gewissen Stunden angesetzten Zusammenkünften sich finden, einem jeden Medico	*120 Eier*
Vor eine Visite bei nachtschlafender Zeit	*240 Eier*
Vor eine Reise über Land, vor jede Meile bis zu den Patienten, oder wo eine Besichtigung angeordnet	*240 Eier*
Vor jeden Tag, bis der Medicus wieder zu Hause kommet	*480 Eier*
Vor ein geschrieben Consilium werden sich die Medici von selbsten der Billigkeit befleißigen, und solches nach der Weitläufigkeit von der Person Gelegenheit zu aestimiren wissen, zum wenigsten	*480 Eier*
Vor Besichtigung und Eröffnung eines todten Körpers wegen üblen Geruchs, und anderer vielen Incommoditaeten, ohne und über die gewöhnlichen Reisekosten	*960 Eier*
Vor Abstattung der schriftlichen Relation	*480 Eier*
Chirurgis	
Vor eine gemeine frische Wunde, die von keiner sonderlichen Erheblichkeit, sollen sie haben vor den ersten Band	
Vor eine große oder auch Beinschrötige Wunde, die doch nicht gefährlich, noch tödtlich ist, vor den ersten Band	
Vor eine Fleisch-Wunde zu heilen, nach derer Beschaffenheit	*240– 480 Eier*
Vor eine Beinschrötige Wunde zu heilen, nachdem sie groß oder gefährlich	*1200–4800 Eier*
Vor eine Wunde, so gestochen, nachdem sie tief oder gefährlich	*1440–2400 Eier*
Vor eine gemeine Haupt-Wunde, so gehauen	*480– 960 Eier*
Vor eine Haupt-Wunde, so vom Schlagen oder Fallen	*960–1200 Eier*
Vor eine Haupt-Wunde, so gefährlich, dabei das Cranium und Pericranium verletzte, oder eingedrückte, doch ohne Fissur	*1440–1920 Eier*
Vor eine Verletzung des Hauptes, da das Cranium cum Fissura merklich eingedrükket ist, und mühsam gehoben werden muß	*2400–3600 Eier*

Vor dergleichen Schaden, da das Trepan gebraucht werden muß, vor jede Application, ohne die übrigen Curen	*480– 720 Eier*
Vor einen Bein-Bruch an alten Personen	*2400–3840 Eier*
Vor einen Arm- oder Bein-Bruch an jungen Personen	*1440–2400 Eier*
Vor einen Schlitz-Bruch, nachdem er groß oder gefährlich, doppelt so viel als vor gemein	
Vor Einrichtung und nochmalige Besorgung der verrückten Glieder, nach derer Beschaffenheit	*240– 720 Eier*
Contusiones, Geschwüre, allerley Geschwülste, Entzündungen, böse Hälse und dergleichen vielerhand Zufälle, weil deren Besorgung, und die Bemühung dabei so vorfället, sehr unterschieden, dahero so eigentlich nicht taxiret werden können, mögen die Chirurgi vor jeden Gang 2 bis 3 Gr. fordern, doch auch die Patienten mit überflüssigen Gängen nicht übernehmen (20–30 Eier)	
Vor eine Reise über Land, vor jede Meile bis zu den Patienten, oder wo eine Besichtigung angeordnet	
Vor jeden Tag, bis der Chirurgus wieder zu Hause kommet	*240 Eier*
Vor eine Section eines todten Körpers	*480 Eier*
Vor ein Aderlassen nachdem die Personen	
am Arm	*20– 30 Eier*
an den Füßen	*40– 60 Eier*
Absetzung der Glieder, nachdem sie mühsam und gefährlich, wird denen Beinschrötigen Wunden, was die Cur betrifft, gleich geschätzet. Doch wird hiermit denen Vornehmen und Wohlbemittelten ihre Discretion und Liberalität nicht gebunden, hingegen wird die christliche Liebe und ihr Gewissen, den Chirurgus anweisen, wie sie sich gegen Arme, die so viel zu bezahlen nicht vermögen, zu bezeigen haben.	

Zu seiner geplanten Amerikareise (1763) hatte sich Lessings Freund Cristlob Mylius folgende Dinge angeschafft:

	Thlr.	Gr.
Oberwäsche, an Oberhemden und Binden 20 Stück	60	12
So viel Unterhemden	18	
Ein roth Kleid mit einer grünen mohrenen Weste mit Gold	50	
Ein blau und gelb Tuchen Kleid	22	
Eine Wolfsschur	15	
Beinkleider und Strümpfe	12	
ein Schlafrock	6	
Ein paar Stiefeln	5	
Drey Paar Schuh	3	6
Ein Paar Pantoffeln	1	
Eine Peruque	2	
Ein Huth	2	12
Nachtmützen	2	12
Eine Pelzmütze	1	6
Ein Paar haarne Reisestrümpfe	1	
Eine Taschuhr mit Sekunden nebst Reparatur	40	

Für seinen Reisebegleiter, der zugleich sein Diener war, hat Mylius gekauft:

	Thlr.	Gr.
Ein neu Kleid	20	
Beinkleider und Strümpfe	8	12
Schuh und Pantoffeln	2	20
Wäsche	15	
Eine Peruque	1	12
Ein Huth	1	8
Ein Castan	4	12
Nachtmützen	1	
Eine Pelzmütze	1	6
Ein Roklor	2	
Ein paar haarene Reisestrümpfe	1	

Militär oder Wie man Menschen dressiert

Das Militär – hier haben sie sich nicht geschont, unsere Gelehrten. In die Abteilung preußisches Militär scheint kaum noch was hinein zu passen. Hier haben sie Material in Hülle und Fülle zusammengetragen, haben untersucht, analysiert und geurteilt. Sie sind freilich – das war auch nicht anders zu erwarten – zu unterschiedlichen Resultaten gelangt. So stellt der eine fest, das preußische Militärsystem habe schon allein deshalb das zivile Leben durchdrungen und geprägt, weil eben jeder, oder doch fast jeder, auf dem Lande lebender Einwohner von Geburt an Soldat war und – häufig, in den östlichen Provinzen vor allem, als Leibeigener – für den Gutsbesitzer zu arbeiten verpflichtet war. Dieser Gutsbesitzer wiederum mußte jedoch gleichzeitig auch Offizier sein und war automatisch Vorgesetzter unseres Bauernjungen (obendrein noch Gerichtsherr, Landrat und was sonst noch).

Doch da kommt der nächste und sagt, schön und gut, so war die Theorie. Aber war das auch die Praxis? Theoretisch hätte der Gutsbesitzer tatsächlich dieser Halbgott sein müssen, der stets als Vorgesetzter auftauchte, auf dem Acker, auf dem Exerzierplatz und vor Gericht. Immer derselbe Mann, den Knüppel in der Hand. Wir mögen uns an diesem Streit nicht beteiligen. Denn daß zu dieser Zeit militärisches Verhalten weit in den privaten Bereich eingedrungen war, bezweifelt ohnehin niemand.

Wir bleiben bei unserer Methode und wollen auf unsere Art versuchen, ein bißchen Soldatenleben mitzukriegen. Wer sich gründlicher auf diese Problematik einlassen möchte, wird mehr als genug Material finden können. Dennoch bleibt es uns leider nicht erspart, ein paar Steine zu pflastern, damit wir bei unserem Spaziergang festen Grund unter den Füßen

Soldat aus der Armee Friedrichs des Großen

haben und jedermann versteht, wie das alles funktioniert hat.

Ein Staat, der wie Mirabeau gesagt haben soll, aus einer Kanonenkugel ausgebrütet sei und nicht eine Monarchie sei, die eine Armee unterhalte, sondern eine Armee, die sich einen Staat leiste – muß auch hier von dieser Seite betrachtet werden.

Preußen hatte zu unserer Zeit eine große Armee. Verglichen mit der Zahl der Einwohner und der Größe des Landes war sie die relativ größte Europas. Ob das so sein mußte oder nicht, soll hier nicht diskutiert werden. Wer dazu neigt, spontan nein zu antworten, dem sei allerdings geraten, vorher der geographischen Situation des Staates seine Aufmerksamkeit zu schenken. Er möge sich einen Blick auf die Landkarte gönnen.

Bevor einigermaßen gerecht über die preußische Armee geurteilt werden kann, müßte man sich natürlich auch einmal umsehen und prüfen, wie es denn in den anderen Armeen zuging. Das wird hier nicht stattfinden. Wir haben ja nichts anderes vor, als uns um das preußische zu kümmern. Mit dieser Bemerkung sollte nur jeder Leser zur Vorsicht gemahnt werden und nicht allzu hastig, allzu flink als spezifisch preußisch ansehen, was in anderen Armeen kaum anders war.

Dabei hatten die Preußen schon ihre Besonderheiten. Jeder männliche Bewohner dieses Staates war zunächst »wehrpflichtig«. Nach seiner Geburt war eine Preuße Soldat. Er kriegte eine rote Binde um den Hals und wußte, daß er, wenn er so um die 16 ist, in einem bestimmten Regiment zu dienen hatte. Friedrich Wilhelm I. hatte das Land in Distrikte eingeteilt, in sogenannte Kantone. Jedem Regiment wurde ein Kanton zugeteilt und nur aus diesem Kanton durfte es sich seinen Anteil an inländischen Rekruten holen. Das war rund die Hälfte. Mehr konnte der Staat wirtschaftlich nicht verkraften. Auf diese Weise waren in der preußischen Armee mehr Landeskinder, als damals üblich. Der Rest wurde, häufig mit brutalsten Mitteln, zum Dienst unter der preußischen Fahne gepreßt.

Dazu der Große Friedrich selbst:

Die Kantons machen die Regimenter unsterblich, weil sie ununterbrochen deren Verluste ersetzen. Diese Kantons sind der Urbestandteil des Staates. Wenn die Armee dieser Ackerbauern durch ihre Arbeit nicht den dürren Boden ertragsfähig machte, würde die Gesellschaft und die Regierung zugrunde gehen. Man muß diese nützlichen und arbeitsamen Leute hüten wie den Augapfel und in Kriegszeiten dem Lande nicht eher Rekruten nehmen, bis die äußerste Notwendigkeit dazu zwingt.

Unsere Regimenter bestehen halb aus Landes-Kindern, und halb aus Ausländern welche sich vor Geld haben anwerben lassen, diese letztere, weil sie dem Staat mit nichts weiter attachiert sind, versuchen bey der ersten Gelegenheit wieder wegzulauffen, und deshalb ist es zuförderst ein wichtiges Objekt, die Desertion zu verhindern. Einige von unseren Generals glauben, daß ein Kerl ein Kerl sei, und daß der Verlust eines einzigen Menschen keinen Einfluß auf die totalité habe ....

Wenn aber mal ein Soldat, den man 2 Jahre nacheinander dressiert hat, um ihn auf einen gewissen Grad einer notwendigen Adresse zu bringen, aus dem Corps verloren geht, und entweder schlecht oder gar nicht wieder ersetzt wird, dann hat das Folgen.

Es mag ja richtig sein, daß viele Menschen in den Landen seien, aber wie viele haben auch die Taille, des Königs Soldaten zu sein.

Jeder Offizier hat also auf folgendes zu achten:

1. Wenn man vermeidet nahe an einem Wald zu kampieren.

2. Wenn man die Burschen öfters in ihren Zelten visitieren läßt.

3. Daß man Husaren-Patrouillen rund um das Lager gehen läßt.

4. Wenn man nachts Jäger in das Getreide postiert.

5. Wenn man nicht zuläßt, daß sich die Leute absondern, wenn Stroh oder Wasser geholt wird, sondern wenn man sie in Reih und Glied führt.

6. Wenn das marodieren ernsthaft bestraft wird, denn das ist die Quelle der größten Desordnungen.

7. Wenn an den Marschtagen die Wache in den Dörfern nicht eher zurückgezogen wird, bis die Armee unter Waffen steht.

8. Wenn man bei Nacht nicht marschiert.

9. Wenn rigoros verboten wird, daß bei Marschtagen kein Soldat sein Peloton verläßt.

10. Daß man seitwärts Husaren-Patrouillen gehen läßt, wenn die Infanterie ein Gehölz passiert.

11. Wenn man Engen zu passieren hat, daß man am Anfang und am Ende der Engen Offiziere postiert.

12. Daß, wenn man gezwungen wird, mit den Truppen einen Rückzug zu beginnen, es diesen sorgfältig verbirgt oder doch mit einem Vorwand verbrämt, der den Soldaten Vergnügen macht.

13. Wenn man jederzeit aufmerksam ist, daß es den Truppen an keinem Nötigen fehle, es sei Brot, Fleisch, Brandtwein, Stroh oder dergleichen mehr.

14. Daß, wenn die Desertion bei einem Regiment einreißen will, man sogleich die Ursachen davon examiniert, um zu wissen, ob der Soldat seine Löhnung und andere ihn ausgemachte Douceurs richtig bekommt, oder ob sein Kapitän einer Mißhandlung schuldig sei.

Der größte Teil der Armee besteht aus indolenten Leuten. Wenn ein General selbigen nicht beständig auf den Hakken ist, so wird diese ganze so künstliche und vollkommene Maschine sich sehr geschwind auflösen und der General wird eine wohl disziplinierte Armee nur allein in der Idee haben.

Bauern und Knechte wußten, daß sie nach ihrer eineinhalb bis zweijährigen Ausbildung wieder zu Hause sein würden, zumindest für zehn Monate im Jahr. Sechs bis acht Wochen lang müßten sie jährlich in der Garnison Dienst tun, also Exerzieren.

Während der übrigen zehn Monate waren sie indessen lediglich beurlaubt. Deshalb hatten sie auf dem heimatlichen Hof noch Uniformteile zu tragen, Uniformjacke, Hut oder Halsbinde. Am Sonntag in der Kirche die vollständige Uniform. Da der preußische Soldat – und das hat es übrigens in keiner anderen Armee damals gegeben – jedes Jahr eine neue Uniform verpaßt bekam, war es nicht verwunderlich, daß die Landbevölkerung in alten Uniformen umher lief. Die Uniform gehörte dem Soldaten und er konnte deshalb mit der alten tun was er wollte, also verkaufen oder verschenken, sobald er die neue erhalten hatte.

Zu Breslau wurde angeworben,
Zu Berlin bin halb verdorben.
Ich habe leiden müssen wie ein Hund,
wurd geprügelt fast alle Stund.
Ich lege meine Flint, sie halte Wacht.
Lieber Bruder, gib acht
und leg deine auch darzu,
so haben wir fein alle Ruh.
Fürwahr fünf Gröschel seind zu wenig,
adieu mein lieber König.
Getreuer Deserteur

Viele Bauernsöhne haben den Begriff Urlaub allerdings zu wörtlich genommen. Sie wollten sich nicht damit abfinden, daß sie beurlaubt worden waren, um zu arbeiten. So liegen zahllose Beschwerden vor, daß besonders die beurlaubten Bauernsöhne auf dem heimatlichen Hof faulenzten und ihren Eltern mehr zur Last lagen, als daß sie ihnen zur Hand gingen.

Ein richtiges Soldatenleben führten eigentlich nur die Ausländer und jene Inländer, die ausgebildet wurden oder als *unsichere Kantonisten* bei der Truppe bleiben mußten. Sie waren sozusagen der Kader. Allerdings taten selbst diese nicht das, was wir uns unter soldatischem Dienst heute vorstellen. Viele Soldaten waren nebenher als sogenannte Freiwächter berufstätig. Diese Art Urlaub vergab der Kompaniechef sogar sehr gern, weil er die Löhnung einbehalten konnte. Denn die Kompaniechefs waren in gewisser Weise Eigentümer ihrer Kompanie. Für den Unterhalt ihrer Soldaten erhielten sie eine Pauschale und mußten von diesem Geld vor allem Uniform, Verpflegung und Löhnung ihrer Soldaten bezahlen. Daß unter diesen Bedingungen einige Offiziere zur zivilen Arbeit geprügelt haben sollen, ist darum sicherlich bestimmt kein Gerücht. Andererseits fällt es auch schwer, sich diese preußischen Offiziere – bei allen finanziellen Zuschlägen – als besonders kriegswütig vorzustellen. Die Freiwächter mußten Uniform tragen, durften aber, wie gesagt, sozusagen nebenberuflich tätig sein. Sie und auch ihre Frauen arbeiteten in den neuen Industriezweigen, bei der Woll-, Baumwoll- oder Porzellanindustrie. Die Hälfte der Belegschaften in den Manufakturen bestand aus Soldaten. Beliebt war auch das Arbeiten im Bau und im Transportgewerbe.

»Es gibt Freiwächter, die ein Handwerk erlernt haben. Diese stehen sich in der Regel sehr gut, weil ihnen Quartier und Brot vergütet wird. Andere Freiwächter errichten einen Kram- oder Hökerstand; noch andere handeln mit Vögeln, stechen Riemen, spielen Töpfchen, lassen Hunde tanzen, stehlen auch bei Gelegenheit, und befleißigen sich anderer sinnreicher Kunststücke, die weil die Leute selten dabei ertappt, oder wenigstens selten deshalb verklagt werden, mit zum freien Handel und zur Toleranz von Berlin gehören«.

Aus einem Reglement über Kleidung und Frisuren

Art. I. Weil die Regimenter alle Jahre neu montiert werden, und die Leute auch zureichende kleine Montierungsstücke bekommen; so befehlen Seine Königliche Majestät allen Officieren, vom ersten bis zum letzten, ernstlich darauf zu halten, daß die Unterofficiere, Spielleute und Soldaten, sowohl außer, als im Dienst, allemal ganz als Soldat, propre angezogen, daher gehen.

Art. II. Überhaupt muß ein jeder Soldat beständig Zopf und Haarband tragen.

Art. III. Die Haare müssen nach Vorschrift des Chefs verschnitten seyn, und nur im Notfall Peruquen erlaubt werden. N.B. Die Peruquen, welche der Unterofficier, Tambour oder Gemeiner zu tragen genöthigt, muß der Capitaine geben, und solches gehört zu den Compagnie-Unkosten.

Art. IV. Die Leute müssen zu allen Paraden sich die Bärte gut aufsetzen und barbirt seyn.

Zur Werbung

Soldatenwerbung
Kupferstich aus »Der vollkommene Teutsche Soldat« 1726

Ein Werbe-Offizier, ein Obrist-Lieutenant v. Hompesch, sah einst in Jülich einen Zimmermann von außerordentlicher Größe. Er beschloß sofort, denselben in die preußische Armee zu stecken. Da er aber zufällig wußte, daß alle Mühe, den Riesen zur Annahme des Werbegeldes zu bewegen vergeblich sein würde, nahm er zu einer List seine Zuflucht. Er bestellte einen Sarg für einen großen Menschen, dessen Länge und Breite er genau angab. Der Zimmermann brachte seine Arbeit. Herr v. Hompesch aber weigerte sich, den Sarg anzunehmen, indem er behauptete, derselbe sei zu klein, der Tote, der genau die Länge des Zimmermanns habe, könne darin nicht liegen.

Der Arbeiter beteuerte, er habe den Sarg noch um 2 Zoll größer gemacht, als bestellt sei; er erbot sich, zum Beweise dessen, sich selbst hinein zu legen. Dies war es, was Herr v. Hompesch gewollt hatte. Kaum lag der Zimmermann im Sarg, als sofort zwei verkleidete preußische Soldaten, die als Diener in der Stube mit anwesend gewesen waren, hinzu sprangen, den Deckel auflegten, ihn vernagelten und nun Sarg und Zimmermann auf den Wagen packten und ihn dann zum Tore hinaus führten. Draußen wurde der Sarg geöffnet, um den erbeuteten Rekruten weiter zu transportieren; dieser konnte indessen seinen gezwungenen Dienst nicht antreten, denn er war inzwischen erstickt.

Nicht so begeistert war die Bevölkerung, vor allem die Handwerker in ihren Zünften. Aus einem Parolebefehl: »Das Schustergewerck hat wieder Klage geführt, daß so viele Soldaten ihre Profession als Meister betreiben. Solches soll ihnen ernstlich verboten werden.«

Es gab auch Beschwerden aus anderen Gründen: »Die Soldaten, so Spinnereien haben, sollen die Leute nicht so sklavisch halten und sie des Nachts nicht anschließen.«

Und es wurde viel getrunken. Oft wurden die Kompaniechefs von oben instruiert, darauf zu achten, »daß die Leute nicht besoffen in die Parade kommen.« Auch sollten sich die Arrestanten auf der Wache nicht betrinken. An Löhnungs-und Feiertagen waren die Wirtsstuben und Tabagien voller betrunkener Soldaten.

Die Soldaten wurden aber nicht nur außerhalb der Kasernen in den Fabriken beschäftigt. Sie übernahmen auch Arbeiten innerhalb der Garnisonen und Kasernen; dies dann auch gleich für ihre Angehörigen mit, also für ihre Frauen und ihre Kinder. Da kam ganz schön was zusammen, weil es häufig mehr Frauen und Kinder gab als Soldaten. Übrigens unterstanden diese Frauen und Kinder ebenfalls der Militärgerichtsbarkeit, durften also körperlich gezüchtigt werden. Als Arbeit ergab sich fast von selbst die Spinnerei in allen möglichen Textilzweigen. Sie war leicht zu lernen und Spinner waren eigentlich immer knapp. »Darum glichen die Kasernen Fabriken; denn in jeder Stube standen große Räder und Hecheln, an welchen die Soldaten, während sie im Dienst nicht beschäftigt waren, bis auf das Hemd ausgezogen und mit bloßen Füßen vom Morgen bis in die Nacht hinein, Wolle spannen und kratzten.«

Wie umfangreich sich diese Arbeit für die Textilindustrie in einigen Fällen auswirkte, mag das überlieferte Beispiel der Heymannschen Fabrik in Breslau belegen. Diese ließ die Glatzer Garnison für sich spinnen. Für das Jahr 1766 waren es demnach:
Regiment Fouqué 12 Kompanien
347 Räder
Regiment de la Noble 15 Komp.
762 Räder
Artillerikomp. v. Traubenthal
3 Räder
und *27 Wollschläger und Kampler*
An Zivilisten arbeiteten im selben Jahr in Glatz und auf dem Lande ganze 200 Personen für diese Fabrik.

Es mußten sich also selbst jene Soldaten um ein zusätzliches Einkommen bemühen, die in den Kasernen blieben. Der Sold, der über Jahrzehnte unverändert niedrig geblieben war, reichte vorn und hinten nicht. Der Toggenburger Bräker, der heute wohl prominenteste »geworbene« Soldat Preußens berichtete, daß er bald nach Dienstantritt alles verkaufen mußte, um sich Lebensmittel, Kreide, Puder, Schuhwichse und Seife kaufen zu können.

Besonders schlimm war es für verheiratete Soldaten. So einer »ist ein höchst unglückliches Geschöpf. Selten wird ihm ein ordentliches Weib zuteil, gewöhnlich sind es nur liederliche Dirnen, die sich entschließen einen Soldaten zu nehmen; diese führen dann entweder ein schändliches Leben als Erwerbszweig, oder sie verkümmern dem Mann seine ohnehin kärgliche Existenz«.

In gelassener Konsequenz billigte es der Garnisonskommandeur, wenn Soldaten und ihre Frauen einträgliche Bordelle betrieben. Allerdings wurden diese Bordelle dann auch vom Militärgouvernement beaufsichtigt. Erstaunlicherweise hat sich die zivile Konkurrenz darüber nie beschwert, was für die Handwerker fast alltäglich geworden war.

Doch über die Soldaten klagten nicht nur Handwerker, sondern fast alle Zivilisten. Wohnungsvermieter beschwerten sich über die Schäden an Häusern und Mobiliar durch die rüden Soldaten. Arglose Bürger mußten aufpassen, daß sie von Horden junger Leutnants auf der Straße nicht angerempelt wurden. Vor Gericht haben sie immer den kürzeren gezogen und Polizeipatrouillien gingen solchen Zusammenstößen vorsorglich aus dem Wege.

Die Einwohner Berlins waren übrigens, wie fast alle Städter, vom Wehrdienst befreit, auch sehr viele Handwerker, Handwerkersöhne. Natürlich waren auch die reichen Leute vom Wehrdienst ausgenommen. Wer ein Vermögen von mehr als 10000 Taler besaß, brauchte nicht Soldat zu werden. Ebenfalls wurden Leute, die in den Manufakturen als das arbeiteten, was wir heute Facharbeiter nennen und königliche Beamte vom Dienst befreit, ebenso Pfarrer, Lehrer und deren Söhne. Natürlich war Preußen sowieso ein Bauernland. Um es mit den Worten Friedrichs zu sagen: »Der Bauernstand ist für den Staat sehr wichtig; er bildet seine Grundlage und trägt seine Last; er hat die Arbeit und die anderen den Ruhm.«

Um das Bild allerdings nicht schief werden zu lassen: Die Bauern hatten auch einige Vorteile von diesem Rekrutierungssystem. Es änderte sich ihre Beziehung zum Gutsherrn. Weil er nun Soldat war, konnte sein gutsherrlicher Vorgesetzter nicht mehr mit ihm schalten und walten, wie er wollte. Der Gutsherr, der ja bis dahin auch in der Regel sein Gerichtsherr war, mußte sich daran gewöhnen, daß sein bäuerlicher Untertan und dessen engste Angehörigen jetzt der militärischen Gerichtsbarkeit unterstanden. Das hat manchem den Mut gegeben, sich jedenfalls gegen die gröbsten Schindereien zu wehren.

Die Sache mit den langen Kerls

Der Rest der Welt hat sich amüsiert. Auch wer heute über diese Marotte des sogenannten Soldatenkönigs redet, denkt, dieser König, der da lange Soldaten sammelte wie andere Leute Bierdeckel oder Porzellan, müsse einen kleinen Dachschaden gehabt haben. Nun mag es durchaus möglich sein, daß Friedrich Wilhelm I. gewisse Eigenheiten hatte, die man nicht unbedingt unter normal einordnen würde. Doch die Sucht nach langen Kerls war kein kapriziöser Fimmel.

Friedrich Wilhelm scheint genau gewußt zu haben, was er tat. So heißt es in seinem (wohl nicht mehr vorhandenen, aber zuverlässig verbürgten) privaten Testament unter anderem: »Mein ganzes Leben hindurch fand ich mich genötigt, zwei Leidenschaften auszuhängen, die ich nicht hatte: eine war ungereimter Geiz und die andere eine ausschweifende Neigung für große Soldaten. Nur wegen dieser so sehr in die Augen fallenden Schwachheiten vergönnte man mir das Einsammeln eines großen Schatzes und die Errichtung einer starken Armee. Beide sind da, und nun bedarf mein Nachfolger weiter keiner Maske.«

Friedrich der Große benutzte, wie wir wissen, die Armee und den in hölzernen Tonnen angehäuften Staatsschatz sofort. Was die langen Kerls anging, war er jedoch nicht für die gesamte Armee der Ansicht seines Vaters. Und der hatte seinen »Tick« tatsächlich übertrieben, indem er nicht nur für die Infanterie diese Supergrößen verlangte, sondern ebenfalls für die Kavallerie.

»Die Kavallerie,« notierte Friedrich später, »bestand ebenfalls aus sehr

Geschützinschriften

Der ist ein seltsam Mann,
Der ein Schuß fehlt
Und kein Ausred kann.

Ich töte bald und komm geschwind
Darum heiße ich der fliegende Wind

Langer Kerl aus der Armee Friedrichs

großen Leuten, die ungeheure Pferde ritten; es waren Kolosse auf Elefanten, die weder manövrieren noch fechten konnten. Keine Musterung ging vorbei, wo nicht ein Reiter aus Ungeschicklichkeit vom Pferde gefallen wäre. Sie waren nicht Meister von ihren Pferden und ihre Offiziere hatten keinen Begriff weder vom Dienste der Reiterei, noch vom Kriege überhaupt.«

Aber die Frage ist noch nicht beantwortet: Was machten lange Soldaten für einen Sinn? Unser Experte für die preußische Armee, Hans Bleckwenn, erklärt es schlicht und fachlich:

»Ab 1701 war ein neues Gewehr eingeführt worden, das Steinschloßgewehr (Füsil). Es ist leichter als die alte Luntenmuskete, arbeitet schneller und zuverlässiger, und denkende Offiziere horchen auf: könnte nun endlich die Pulverwirkung die Übermacht der Kavallerie auf den Schlachtfeldern brechen? Theoretisch ja, aber in der Praxis bedarf es zweier zusätzlicher Bedingungen:

1. müßte das Gewehr mindestens 155 cm lang sein, damit durch Gasdruck und längere Führung die Kugel ihre Wirkung von 150 m auf 200 m steigert.
2. müßte die Truppe derart gedrillt werden, daß der komplizierte Ladevorgang nicht 30, sondern 20 Sekunden benötigt.«

Da man im 18. Jahrhundert noch nicht so weit war, in größeren Mengen Gewehre herzustellen, die hinten geladen werden konnten, blieben die Soldaten bei den Vorderladern. Geladen werden mußte dann so: Mit der rechten Hand hatte der Soldat die Patrone aus der Patronentasche zu nehmen und das Papier anzubeißen, das Kugel und Pulverladung umhüllte. Aus der angebissenen Patrone wird eine Prise Pulver auf die geöffnete Pfanne geschüttet, dann der Pfannendeckel darüber geschlossen. Jetzt wird der Rest des Pulvers aus der angebissenen Patrone in den Lauf geschüttet, das Papier und die Kugel als Pfropf in die Mündung gesteckt. Der Ladestock wird herausgezogen, umgekehrt und mit seinem dickeren Ende voran in den Lauf gestoßen, um die Ladung nach unten zu drücken. Es muß mindestens einmal nachgestoßen werden. Dann muß der Ladestock wieder aus dem Lauf herausgezogen und am Gewehr befestigt werden.

Die Schlußfolgerung liegt auf der Hand: Um einen Vorderlader schnell zu hantieren, braucht man lange Arme. So einfach ist das.

Preußen hat diese simple Weisheit nicht verkündet, aber praktiziert. In den Kriegen gegen Österreich: Bei den Preußen feuern alle 600 Mann schon ab 200 m drei Salven pro Minute. Bei den Österreichern feuern 450 Mann erst ab 150 m zwei Salven pro Minute (150 Mann bleiben »Feurreserve«).

Um 9 Uhr exerzierte das 1te Bataillon ganz allein bataillonsweise im Garten, der König war dabei.

Wenn ein Peloton blind chargirt, so muß es von der Zeit, da Feuer! kommandirt wird, 3 Sekunden haben, bis Hahn in Ruh ist, 1 Sekunde zur Ladung zu werfen, 2 zum Ladstock heraus, 2 in Lauf, 3 an seinem Ort und hoch zu nehmen, 12 Sekunden in allem. Die meisten von uns kommen mit 9 bis 10 hoch. Wenn es aber Patronen hat, so gehn: 6 Sekunden bis Pulver aufgeschüttet ist, 2 bis 3 zur Ladung schwenken und Patrone in Lauf, 2 der Ladestock heraus, 4 in Lauf, 5 zum Ort und schultern, also in allem 20 Sekunden. Die meisten von uns haben, wenn man 9 zählt, den Ladestock heraus und bei 18 schon hoch, die andern bei 20 und

Der Phönix heiß ich;
Ich lege ein Ei;
Was ich treff, das bricht entzwei.

Ik hete Kuckuck
Den min Ey drucket,
Den geit de Buk (Bauch) ut.

einige bei 22, dies sind die schlechtesten. Zur Ladung schwenkt ein jeder, wenn er fertig ist mit Pulver aufschütten, beim Schultern wird im Bataillon ein klein wenig angehalten. Der Unterschied also zwischen blind laden und mit Patronen ist 8, höchstens 10 Sekunden. In 1 Minute kann also ein Peloton ohne die Kommandos dreimal feuern. Die Kommandos auf der Stelle nehmen 5 Sekunden, das Anschlagen auch 5, also 10 Sekunden in allem Zeit weg. Im Avanciren die Kommandos und ausrücken 8 Sekunden, Anschlagen 5, in allem 13 Sekunden. Im Retiriren die Kommandos 7 Sekunden, das Anschlagen 5, in allem 12 Sekunden. Ein Peloton kann also auf der Stelle zweimal in 1 Minute, im Avanciren in 66 Sekunden, im Retiriren in 64 Sekunden zweimal feuern. N.B. Man kann aber, wenn man eilen will, vom Sitzenlassen und Anschlagen 2 bis 3 Sekunden abnehmen und statt 10, 13 und 12 Sekunden 7, 8 bis 9 und 10 Sekunden in allem zu jeder Art nehmen. In einer Minute kann man allezeit zweimal feuern, ohne zu eilen.

Da mußten wir zusehen, wie man die Deserteure durch zweihundert Mann achtmal die lange Gasse auf und ab Spießruten laufen ließ, bis sie atemlos hinsanken – wie sie des folgenden Tags aufs neue dran mußten, die Kleider vom zerhackten Rücken heruntergerissen, und wie wieder frisch drauflosgehauen wurde, bis Fetzen geronnenen Bluts ihnen über die Hosen hinabhingen …

Auf dem Exerzierplatz … war des Fluchens und Karbatschens von prügelsüchtigen Jünkerleins und hinwieder des Lamentierens der Geprügelten kein Ende. Wir selbst zwar waren immer wieder von den ersten auf der Stelle und tummelten uns wacker. Aber es tat uns nicht minder in der Seele weh, andere um jeder Kleinigkeit willen so unbarmherzig behandelt und selber jahrein, jahraus so kujoniert zu sehen: oft ganze fünf Stunden lang, in unserer Montur eingeschnürt, wie geschraubt stehen, in die Kreuz und Quer pfahlgerad marschieren und ununterbrochen blitzschnelle Handgriffe machen zu müssen, und das alles auf Geheiß eines Offiziers, der mit furiosem Gesicht und aufgehobnem Stock vor uns stand und alle Augenblicke wie unter Kabisköpfe dreinzuhauen drohte. Bei einem solchen Traktement mußte auch der

»Exemplarische Soldaten-Justice vor einem ganzen Bataillion« 1726
»Das ehrliche Gassenlaufen« gestochen von Chodowiecki 1770

starknervigste Kerl halb lahm und der geduldigste rasend werden.

Kamen wir dann todmüde ins Quartier, so ging's schon wieder über Hals und Kopf, unsere Wäsche zurechtmachen und jedes Fleckchen auszumustern, denn bis auf den blauen Rock war unsre ganze Uniform weiß. Gewehr, Patronentasche, Koppel, jeder Knopf an der Montur, alles mußte spiegelblank geputzt sein. Zeigt sich an einem dieser Stücke die geringste Untat oder stand ein Haar in der Frisur nicht recht, so war, wenn man auf den Platz kam, die erste Begrüßung eine derbe Tracht Prügel.

Das Gassenlaufen wurde von 200 Mann vollstreckt. In die von ihnen gebildete Gasse ging erst der Profoß des Regiments und verteilte die langen, in Salz getauchten Hasel- und Birkenruten. Dann wurde der Sträfling vorgeführt. Der Regimentsauditeur verlas das über ihn verhängte kriegsgerichtliche Urteil, die Tamboure des linken Flügels begannen die Trommel zu rühren, dem Verurteilten wurde der Mantel abgenommen, der seine Blöße verhüllt hatte; mit nackter Brust und nacktem Rücken trat er seinen Schmerzensgang an. Er war an den Händen gefesselt, damit er niemandem, weder sich noch anderen, ein Leid antäte, an den Füßen gefesselt, damit er nur langsam vorwärts käme und ja kein Schlag fehlginge; in den Mund war ihm eine bleierne Kugel gesteckt, um an ihr, nicht an der Zunge, den Schmerz zu verbeißen. Vor und hinter ihm schritten mit erhobenem Kurzgewehr Unteroffiziere, welche verhindern sollten, daß er zu schnell gehe oder sich etwa umwende; auf den Außenseiten der Gasse gingen hier der Major, dort der Adjutant auf und nieder, indem sie die eifrig Zuschlagenden belobten, die Säumigen durch heftigen, das Jammergeschrei des Gepeitschten und den Wirbel der Trommel übertönenden Zuruf bedrohten. Welch ein Anblick, wenn dann das Blut die Kleider überströmte und die Ruten beim Zurückziehen Fleischstükke losrissen; wenn er, zum Gehen unfähig, wohl gar an einen Pfahl gebunden wurde und die Kameraden zum Schlagen an ihn heran treten mußten. Nicht selten geschah es, daß, wenn das höchste Maß, die 30. Exekution, erreicht war, der Delinquent in den Sarg gelegt wurde.

Und noch einmal Friedrich:

Man führt den Krieg in dreierlei Ländern; nämlich in seinem eigenen Lande, oder in denen von einer neutralen puissance, oder aber in des Feindes Lande.

Wenn ich keine andere Absicht hätte, als nur den eclat von meiner Reputation, so würde ich nirgends anders, als in meinen eigenen Ländern Krieg führen, wegen aller derer Vorteile so man dabei findet: Denn jedermann dienet Euch darin zum Spion, und der Feind kann nicht einen Schritt tun ohne verraten zu werden ...

Wird er geschlagen, so agiert jeder Bauer wie ein Soldat und harceliret den Feind, davon der Kurfürst Friedrich Wilhelm nach der Schlacht bei Fehrbellin die Erfahrung gehabt, da Bauern mehr Schweden tot schlugen, als in der Bataille selbst geblieben waren. ...

Wann der Krieg in einem neutralen Lande geführt wird, so scheint die Advantage zwischen beiden Parteien egal zu sein und kommt es nur darauf an, wer von beiden die Freundschaft und das Vertrauen der Landeseinwohner gewinnen kann. Man hält deshalb in solchen Lande eine strenge Disziplin, verbietet das Marodieren und alle Plünderungen und bestrafet dergleichen nach aller Schärfe.

Man beschuldigt den Feind, von den allerschlimmsten Absichten so er gegen das Land hege. Ist solches protestantisch, wie in Sachsen, so spielet man die Rolle eines Beschützers der Lutherschen Religion und suchet in den Herzen des gemeinen Mannes den Fanatismus bestens aufzublasen, dessen Einfalt darunter gar leicht zu betreiben ist. Ist das Land katholisch, so spricht man von nichts als von Toleranz, man predigt die Moderation, man wirft alle Schuld der Verbitterung, zwischen den christlichen Sekten, auf die Prediger, welche jedoch in den essentiellsten Glaubens-Punkten miteinander einstimmig wären ...

In einem ganz feindlichen Land, wie Böhmen oder Mähren ist, muß man kein anderes Spiel als ein sicheres spielen ... Man muß sich nicht einbilden, daß man das Volk da jemals für sich gewinnen könne und es sind nur die Hussiten im Königgrätzer Kreis, von welchen man Vorteil ziehen kann. Die Herrschaften sind Verräter, obwohl dieselben sich anstellen, als wären sie für uns gut intentioniert. Mit den Pfaffen und den Wirtschafts-Hauptleuten hat es die gleiche Beschaffenheit, denn ihr Interesse ist mit dem vom Hause Österreich verknüpft. Und da das Interesse fast überhaupt die große Triebfeder der menschlichen Handlungen ist, so muß man niemals den Leuten trauen, deren Interesse, mit den unseren nicht konform ist.

Was Euch hierin noch offen bleibt, ist der Fanatismus. Wen man ein Volk wegen seiner Gewissens-Freiheit animieren, auch ihm beibringen kann, daß es von den Pfaffen und Devoten bedrückt wird, so kann man sicher auf dieses Volk rechnen. Das heißt eigentlich, Himmel und Hölle für Euer Interesse zu bewegen.

Edikt

Declaration des neuen Marsch-Reglements daß dem Soldaten auf Märschen täglich 2 Pfund Brot vom Lande unentgeltlich ... bezahlet werden sollen. 8. April 1738

... hatten am 28. März 1737 allergnädigst verordnet, daß den Unteroffizieren sowohl als den Gemeinen, auch Compagnie- und Proviant-Wagen-Knechten durch die Bank 2 gute Groschen täglich an Zulage bezahlet werden, und diese sich dafür selbst beköstigen sollen« ... Inzwischen »haben seine Majestät bei gemachter Ausrechnung der Marschkosten wahrgenom-

men, daß wenn die 2 gute – Groschen – Zulage vom Lande bezahlt werden soll ... die Kosten ungemein hoch anlaufen, und dem Lande aufzubringen fast unerträglich fallen würde. »So haben denn seine Majestät zum soulagement des Landes und der Untertanen die Zahlung der 2 Groschen aufgehoben. Dagegen soll jedem Soldaten« täglich zwei Pfund Brot vom Lande unentgeltlich geliefert werden, diese sich aber auch damit auf den Märschen begnügen, und bei schwerer Strafe nicht das geringste Essen oder Trinken von ihren Wirten ohne Bezahlung fordern sollen.

Berliner geschriebene Zeitungen
Berlin, den 4. Dezember 1740

Diesen Morgen ist der Ausmarsch der Artillerie geschehen, welche noch gestern Abend um 6 Uhr auf I.M. Befehl mit 2 Mortiers, 4 Kugel-Wagen und 8 Munitions-Wagen in der größten Geschwindigkeit vermehrt worden. Der Zug geschah folgender gestalt:

Voraus marschieren 24 Zimmerleute mit Äxten und Patronentaschen, welche von einem Zimmermeister angeführt und beschlossen wurden, welche Meisters grüne gemalte, versilberte und abgezeichnete Maaßstäbe in den Händen hatten.

Hierauf folgten 24 Bombardiers und 64 Artilleristen mit scharf geschultertem Gewehr, welche von dem Major v. Meerkatz als Kommandeur und anderen Ober-Offiziers angeführt wurden.

Dann 20 3Pfd.-Feld-Stücken .., 4 18Pfd.-Haubitzen .., 6 50Pfd.-Mortiers .., 10 kleine Pulverkarren .., 6 große Pulverkarren .., 6 Bomben-Kugel-Wagen .., 101 Munitions-Wagen .. Darauf folgten wieder 64 Canoniers ... Dann 1 Königl. Stallmeister mit 6 Königl. Stallknechten mit neuer Montur ...

Ich hatte mich einmal
unterschrieb'n,
Dem Könige von Preußen treu
zu dien'n;
Ich dient' ihm kaum ein halbes Jahr,
Da ging das Desertieren an.

Und wie ich hinter die Stadt
'naus kam,
Begegnete mir ein Bauersmann,
Der sprach: Mein Freund,
wo kommt er her?
Er ist fürwahr ein Deserteur.

Ich aber resolvierte mich
Und sprach: Mein Freund,
glaub' er sicherlich,
Ich bin von Berlin ausmarschiert
Und hab' den rechten Weg verliert.

Er führte mich vor des Scholzen
Haus,
Da kamen drei hübsche Burschen
'raus,
Die banden mich an Bein und Arm
Kreuzweise, daß es Gott erbarm'!
Die führten mich vor den Offizier,
Der sprach: Mein Freund,
wen bringet ihr?
Der sprach: Mein Freund,
wen bringt ihr hier?
Wir bringen einen preuß'schen
Deserteur.

Man führte mich vor den General,
Da bat ich um das einzige Mal.
Der sprach: Bist du getreu?
Mußt zweimal laufen,
bist wieder frei.

Und als ich hinter die Stadt
'naus kam,
Schaut' ich mir die armen Preußen an:
Zweihundert Mann mit frischem Mut,
Die hieben mich bis auf das Blut.

Und als ich in die Stadt 'nein kam,
Schaut' ich mir meinen Buckel an:
Gerechter Gott, bist du mir gut,
So lauf' ich morgen wieder fort.

Am 5. Dezember war die Schlacht von Leuthen. Der erste Bericht davon erschien am 8. Dezember in den Berlinischen Nachrichten.

Donnerstag, den 8. Dezember

Gestern, des Abends nach 9 Uhr, erhielten wir allhier durch einen Courier, unter Vorreutung von etlichen 30 blasenden Postillions mit brennenden Fackeln, die höchsterfreuliche Nachricht, daß Se. Majestät, unser glorwürdigster Monarch, den 5ten dieses Monats, mit Dero Armee, einen der vollkommensten Siege über die in Schlesien versammelte österreichische Armee zwischen Parchwitz und Neumarck erfochten haben, wovon man die besonderen Umstände noch erwartet.

Und am 10. Dezember kam dann der nächste Bericht.

Vorgestern ward, letztgemeldetermaßen, das Danckfest wegen des am 5ten jetzigen Monaths bei Neumarck, in Schlesien, von der Königl. Armee, unter höchsteigener Anführung unsers großen Monarchen, erfochtenen herrlichen Sieges in allen hiesigen Kirchen auf das feyerlichste gehalten, auch das Te Deum Laudamus, musicalisch abgesungen, worauf eine dreymahlige Abfeuerung der auf den Parade-Platz gepflantzten Canonen, und ein dreyfaches Bataillon-Feuer aus dem kleinen Gewehr von den daselbst in Parade gestellten Infanterie-Regimentern, von Loen und von Langen, erfolgten. In der Dom-Kirche predigte bey solcher erfreulichen Gelegenheit der Königl. Ober-Consistorial-Rath, und erste Hof-Prediger, Herr Sack, über die Worte aus Psalm 116, V. 11–14; ... An eben dem Tage, und bey derselben erfreulichen Gelegenheit begab sich die hiesige Schützen-Gülde, zu Bezeigung ihrer Ehrfurcht, auf den Schützen-Platz, allwo unter Trompeten- und Paucken-Schall, und dreymaliger Abfeuerung der Canonen nebst einem Lauf Feuer, ein frohes Vivat ausgerufen, auch die hohe Gesundheit Sr. Königl. Maj. jedesmahl unter Trompeten- und Paucken-Schall, und Abfeuerung der Canonen getruncken wurde.

Die Freude über diesen von GOTT abermahls geschenckten so sehr wichtigen Sieg herrscht noch immer in den Herzen aller redlich gesinnten Berliner, und sie äußerte sich verwichenen Mittwochs, des Abends, bei Ankunft des Couriers unter anderen, auch dadurch, daß die Luft von dem beständigen Rufen Vivat der König! der in fast unglaublicher Menge versammelten Einwohner erfüllt wurde, und daß man die Häuser der vornehmsten Straßen auf das schönste erleuchtet sahe. Bericht über die Schlacht, ebenfalls diese Ausgabe.

---

26. August 1713. Unsere Soldaten desertieren noch sehr stark, wie denn auch diese Woche ihrer 15 echappiret seyn. Das neue Marschreglement hält in sich, daß bey denen Marsches die Beamten fleißige Acht haben sollen, daß das ruineuse Desertieren vermieden werde, besonders aber ist denen Bauern anbefohlen, daß sie die Soldaten, so ihnen von den Unteroffizieren in die Quartiere gebracht, wieder an dieselbe richtig abliefern, oder da einer von ihnen desertiret, sie an deren statt stehen und wieder in Dienste genommen werden solten.

Schule oder Ein bisgen Lesen und Schreiben

Hochwürdiger Hochgelehrter Herr,
Gnädiger Herr Lieutenant,

Unser Schäfer hat mir erzählt, daß Ihr Schulmeister in voriger Woche gestorben ist, und daß Sie bemüht sind, diese Stelle sobald wie möglich zu besetzen. Da ich im vorigen Jahre den Lerchenstrich von Ew. Gnaden ge-

Friedrich und die Schuljugend
Holzschnitt nach Camphausen

pachtet und 2 Gulden mehr gegeben habe, als mein Vorfahr, so nehme ich mir die Freiheit, Ew. Excellenz dienstfreundlichst zu bitten, Sie wollen die hohe Gnade haben und mich zu Ihrem allerunterthänigsten Schulmeister nehmen.

Meine Stimme ist gut, und ich getraue mir, die größte Kirche zu füllen. Die Orgel schlage ich frisch, und in Fugen bin ich stark. Ich habe das Unglück gehabt, dreimal abgesetzt zu werden; aber meine Feinde sind Schuld daran, und vielleicht wäre es das letzte Mal auch nicht geschehen, wenn ich dem Superintendenten zur rechten Zeit einen gemästeten Truthahn geschickt hätte. Das erstemal kam es über des Schulzens Frau her. Der Corporal gab mich an; aber er mochte wohl seine Ursachen haben. Es gibt böse Leute, die alles zu Bolzen drehen und ich war noch nicht verheirathet. Das zweytemal war mein eigner Pfarrer Schuld daran. Ich weigerte mich, ihm den Priesterrock aufs Filial nachzutragen, und deswegen machte er dem Kirchenpatron weiß, ich sey alle Tage in Branntwein besoffen. Der Himmel ist mein Zeuge, daß es alle Woche nur ein paar mal geschahe, und noch dazu war es grimmig kalt.

Das dritte Mal war ich vollends gar unschuldig. Es fiel dem Superintendenten ein, daß ich in seiner Gegenwart catechisiren mußte. Freylich ging es nicht, recht wie es sein sollte, und meine Jungen wußten mehr, als ich sie fragen konnte; aber der Catechismus ist auch niemals mein Hauptstudium gewesen, weil ich mich von Jugend an aufs Vogelstellen gelegt habe. Soll man deswegen einen ehrlichen Mann absetzen, wenn er das nicht versteht, was zu seinem Amte gehört? Wieviel Pfarrer und Superintendenten würden ohne Amt herum laufen, wenn das eingeführt werden sollte!

Wie gesagt, wenn ich in Zeiten geschmiert hätte, so wäre ich wohl besser gefahren. Aber meine Frau wollte nicht daran; sie hatte den Truthahn gar zu lieb. Sehen Sie gnädiger Herr Lieutenant, das ist nun alles, und davon macht man so ein Aufhebens. Ich denke, in Ihr Dorf werde ich mich ganz gut schicken. So viel Ihre Bauernjungen von Gottes Wort brauchen, will ich ihnen doch wohl vorsagen. Für armer Leute Kinder mag es halbwegs seyn. Auf den Respekt halte ich. Da gebe ich Ihnen mein Wort. Ich will die Jungen zusammenpeitschen, sie sollen Öl geben, wenn sie nicht gut thun wollen. Was mir am Christenthum und dem Catechismus abgeht, das ersetze ich auf andere Art. Sie haben keinen Barbier im Dorfe, den sie doch so nothwendig brauchen, da Sie sich ständig dort aufhalten. Das verstehe ich perfect. Ich will Euer Gnaden umsonste scheeren, nach dem Strich und wider dem Strich, wie Sie es verlangen und alles umsonst, darauf können sich Ew. Excellenz verlassen.

Die gnädige Frau Gemahlin ist eine Liebhaberin von Branntwein. Das sage ich Ihnen, so schön muß kein Mensch abziehn, als ich. Meine Frau hat ein besonderes Geheimniß, Froschleichwasser zu machen, welches zu einer reinen Haut und wider die Sommersprossen hilft. Das wird sehr gut für den ältesten Juncker sein, welcher sehr viel auf ein hübsches, weißes Gesichtchen hält.

Ich glaube, Ew. Magnificenz sollen so viel Einsicht haben und finden, daß sich niemand besser zu Ihrem Schulmeister schickt als ich: Rechnen und Schreiben ist auch meine Sache nicht; aber was thut das? Ich will mir einen großen Jungen aus der Gemeinde halten, der es an meiner Statt thut. Ich denke ja wohl, das geschieht in den meisten Ämtern, daß einer den Titel und die Besoldung hat und einen großen Jungen für sich arbeiten läßt. Was vornehmen Leuten recht ist, das wird doch auch bey einem armen Dorfschulmeister angehn. Mit einem Worte, ich verlasse mich darauf, daß ich den Dienst kriege. Gevatterbriefe und Hochzeitsbriefe, das ist mein Werk, die kann ich schreiben, trotz zehen andern! Ich schicke Ihnen von beyden eine Probe mit, die sich gewaschen hat. Wenn Sie mir den Dienst geben, gnädigster Herr Lieutenant, so schenke ich Ihnen den besten Lockfinken, den ich habe; der junge Herr soll meinen Staar kriegen, das ist ein Staar! Er kann Ew. Gnaden in dreyerley Sprachen einen Hahnenrey heißen und hat mehr gelernt, als mancher Magister. Lassen Sie mir durch Ihren Pächter antworten, gnädiger Herr. Er darf mir nur den Brief mit dem Drescher überschicken. Ich halte mich mit meiner Frau izt, weil ich keinen Dienst habe, außen in der Krugschenke am Anger auf. Und hiermit Gott befohlen. Der ich allstets verharre ...

Vorsorglich, weil man ja nie weiß, wie preußisch die Leserschaft dieses Buches ist, wollen wir schnell erklären, daß dieses Bewerbungsschreiben nicht ernst gemeint war. Es stammt von Rabener, einem Spaßvogel aus dem 18. Jahrhundert, einem sogenannten Satiriker, von denen es damals bereits einige gegeben hat. Es ist also genauso wenig ernst, wie das, was einige unserer »Satiriker« heute schreiben. Doch wie die heutige Wirklichkeit in ihren Arbeiten deutlicher und schärfer zu erkennen ist, als in vielen anspruchsvollen Aufsätzen, Büchern und Leitartikeln, ist auch aus diesem »Bewerbungs-Schreiben« möglicherweise mehr zu erfahren, als aus allem, was gleich folgt. Vielleicht werden wir demnach Mühe haben, den Zustand der Schulen ebenso wirkungsvoll zu schildern.

Immerhin soll hier schleunigst eingeräumt werden, daß vor allem die amtlichen Äußerungen nicht ohne Witz sind und ebenfalls die Zeugnisse nicht, aus denen wir unsere Kenntnisse bezogen haben. Sie wirken häufig eher komisch als ernst. Dabei ist der Hintergrund unseres Berichtes über den Zustand des staatlichen Schulwesens im 18. Jahrhundert alles andere als heiter. Als Trost bleibt nur, daß jene, die immer noch daran zweifeln, daß die Menschheit zu Fortschritten fähig ist, zugeben werden, daß wir – nein, nicht wir, unsere Groß- und Urgroßväter – zumindest auf dem Gebiet des Schulunterrichts Erstaunliches erreicht haben.

Es soll auch nicht unterschlagen werden, daß wir für den Bericht – was ja auch logisch ist – endlich einmal mehr Material vorliegen haben, als wir ausnützen können. Wer sich mit der Schule befaßte, konnte eben schreiben. Na ja, das ist dann doch übertrieben, jeder nun auch wieder nicht. Nicht mal alle Lehrer. In seinen »Bemerkungen für Landschullehrer ...« berichtet Johannes Büel von einem Bauern, der zum Pfarrer kam, um Lehrer zu werden. »Könnt ihr denn lesen« fragte ihn der Pfarrer, »das nun nicht gerade,« meinte der Bewerber treuherzig, »aber es kommen genug große Buben in die Schule und die werden mir das Ding schon zeigen.« Leider erwähnt Büel nicht, ob der Bauer als Schulmeister angenommen wurde oder nicht.

Ausgeschlossen ist es jedenfalls nicht. Da sind ganz andere zu Lehrern gemacht worden. In Samuel Heinickes Schulmeistergesprächen erzählt ein Lehrer, der zehn Jahre Diener bei einem Obersten gewesen war, wie er die Schulstelle erhalten hatte. »Einmal fiel es dem Herrn Obersten bei der Tafel ein, weil ich einen fremden Hund aus dem Speisesaal prügelte – unser Herr Pastor war akkurat auch mit bei Tische – Ha, sagte der Oberst – mein Christoph hat eine fertige und geschickte Hand zu geißeln! In dem Kerl steckt bei meiner Ehr ein Schulmeister; mit dem Superintendent will ich schon fertig werden, den kenne ich in- und auswendig. Ein halb Dutzend Hasen, so viele Rebhühner, ein Reh und ein Empfehlungsschreiben von mir mögen sich statt meinem Christoph examinieren lassen.«

Wir dürfen eben nicht vergessen, daß in diesem Jahrhundert die Schule für alle erst eingeführt wurde. Erst jetzt war man auf die Idee gekommen, daß es nichts schaden könne, wenn jedes Kind etwas lernen würde. Erst in jenem Jahrhundert wurde so etwas wie die Schulpflicht eingeführt. Preußen gehörte hier zu den Pionieren. Vor allem der als so simpel und wissenschafts- und kunstfeindlich eingeordnete Friedrich Wilhelm I., der Soldatenkönig, hat mehr für die Schule getan als die meisten seiner monarchischen Zeitgenossen und auch Nachfolger. Unter seinem aufgeklärten und intellektuellen Sohn, dem Großen Friedrich, ist gerade der ererbte Zustand halbwegs erhalten worden. Die als Kulturvolk geltenden Sachsen führten die allgemeine Schulpflicht erst im 19. Jahrhundert ein, 1805. Da waren selbst die Bayern schneller, jedenfalls drei Jahre.

Doch in Brandenburg hatte bereits der Große Kurfürst 1662 versucht, die Kinder zum Schulbesuch zu verpflichten. Für ganz Preußen erinnerte 1717 Friedrich Wilhelm I. an die Anordnung seines Großvaters. Vermutlich gilt deshalb erst das Jahr 1717 als das entscheidende Jahr.

Weil »... von den Inspectoren und den Predigern« bei uns geklagt wird, »daß die Eltern, absonderlich auf dem Lande in Schickung ihrer Kinder zur Schule sich säumig zeigen und dadurch die arme Jugend in großer Unwissenheit, sowohl was das Lesen, Schreiben und Rechnen betrifft, als auch in denen zu ihrem Heil und Seligkeit dienenden höchstnötigen Stücken aufwachsen lassen. Um diesem höchst Verderblichen abzuhelfen, verordnen wir mit diesem Generaledikt, daß hinkünftig an denen Orten, wo Schulen sein, die Eltern bei nachdrücklicher Strafe gehalten sein sollen, ihre Kinder gegen zwei Dreier wöchentliches Schulgeld von einem jeden Kinde im Winter täglich, im Sommer, wann die Eltern die Kinder bei ihrer Wirtschaft nicht benötigt sein, zum wenigsten ein- oder zweimal die Woche, damit sie dasjenige was im Winter erlernet worden, nicht gänzlich vergessen mögen, in die Schule zu schicken. Falls aber die Eltern das nicht hätten, so wollen wir, daß solche zwei Dreier aus jedem Ort als Almosen bezahlet werden sollen.« Leider muß wiederum sofort darauf verwiesen werden, daß auch hier, wie es uns schon so häufig begegnet ist, die Anordnung das Theoretische ist, das Gewünschte, aber eben nicht die Wirklichkeit.

Es bestand in den oberen Rängen

Lied für den Schulunterricht

(Melodie: Lobt Gott ihr Christen.)

Dich preisen mein Lied oh Gott der Macht
mit kindlich frohem Sinn,
die Stunden, die ich hier verbracht
die Stunden, die ich hier vollbracht
sind ewig mein Gewinn.

Gib daß ich fern von Müßiggang
nie Fleiß und Arbeit scheu.
Dies höchste ist der beste Dank
für deine Vatertreu.

---

der Gesellschaft überhaupt kein Interesse daran, dem einfachen, normalen Bürger auch nur die notdürftigste Bildung zu vermitteln. Fürsten und Adel achteten lediglich darauf, daß ihr Abstand zum Volk erhalten blieb, wenn er nicht, was ihnen noch besser in den Kram paßte, vergrößert werden konnte. Mit ihren Kindern war es eben etwas anderes, als »mit den Kindern der Canaille«.

Noch unverständlicher, zumindest für Anhänger unserer Kirchen, war die Haltung der Geistlichkeit. Auch sie hielt es für unter ihrer Würde zum armen Volk hinabzusteigen, um dort jedenfalls die christlichen Kenntnisse zu verbreiten. Abgesehen von den Pietisten, befürchtete der hohe Klerus, daß durch eine allgemeine Schulbildung sich die Menge eher vom Christentum abwenden würde und so schwieriger zu leiten sei. Nun ist es nicht unsere Aufgabe zu untersuchen, ob die damaligen Kirchenherren von heute aus betrachtet, mit der Auffassung Recht behalten haben, daß ein Volk in Dummheit und Unwissenheit leichter zu lenken und zu regieren sei, als ein halbwegs geschultes.

Lied für den Schulunterricht

(Melodie: In allen meinen Taten.)

Schon sind die Morgenstunden
des Unterrichts verschwunden,
der Geist wird jetzt belehrt
Mit froher Seele bringen wir unsern Dank
und singen Dir, o Gott,
der unsere Kenntnis mehrt.

O Geber aller Gaben,
wir bringen, was wir haben,
ein Danklied dir geweiht,
gern Dein Gebot zu üben
das Gute nur zu lieben
das, das ist wahre Dankbahrkeit.

Ganz schlimm war es auf dem Lande. Wie hätte man auch auf die Idee kommen sollen, sich große Mühe für die Erziehung eines Standes zu geben, den man kaum besser als das liebe Vieh hielt und bei dem man jede Kenntnis und Fähigkeit, außer den zu den Geschäften seiner Dienstbarkeit notwendigen, für einen überflüssigen Luxus ansah.

Unter den Christen waren damals jedenfalls nur die Pietisten der Ansicht, daß auch der Niedriggeborene als Mensch und Christ zu achten, zu führen und zu lieben sei. Friedrich Wilhelm I. war strenger Pietist. So ist aus seinen späteren (und detaillierteren) Verordnungen über das Schulwesen in Preußen klar zu erkennen, wie wichtig es ihm war, daß die Kinder vor allem in der Erkenntnis und Furcht des *Herrn* erzogen werden würden, daß durch den Schulunterricht »auch die Ehre *Gottes* vermehret werden möge.«

So wolle er gleich in Punkt 1 seiner Verordnung, daß »kein Kind zur Konfirmation oder zum Heiligen Abendmahl gelassen werden solle, welches nicht zuvor fertig lesen könne«. Es sollte auch keiner Schulmeister werden, der nicht vorher von einem geistlichen Konsistorium, oder doch wenigstens von einem Inspektor, examiniert worden war.

»Was den Unterricht in der Schule selbst betrifft; So wollen wir, daß die Kinder also dergestalt unterwiesen werden, daß sie nach obiger Verordnung fertig lesen, und im Neuen Testament und in der Bibel aufschlagen lernen. Wie dann statt des Evangelien-Buches, jedwedes Kind ein Neues Testament haben muß, weil es wohlfeiler als jenes und mehreres darin enthalten ist, auch wenn eines lieset, die andern alle mit acht geben können, welches nicht angehet, wo die Kinder unterschiedliche Bücher haben. Gleichwie auch wenigstens ein paar Bibeln in jedweder Schule aus den Kirchenmitteln, oder sonst anzuschaffen sind.

Nächst diesem müssen die Kinder den Catechismus Lutheri mit der Auslegung und den vornehmsten Haupt- und Kern-Sprüchen aus der Bibel auswendig lernen. Desgleichen die vornehmsten Lieder mit ihren Melodeyen bekannt gemacht und müssen diese aus einem censurierten Gesangbuch zum Anfang und zum Schluß der Schulstunden gesungen werden.

Mit fähigen Kindern, da an vielen Orten bisher wenig gefunden werden, die ihren Namen schreiben können, muß auch das Schreiben und Rechnen, so viel als nöthig und thunlich, geübet werden.« Und so war dann auch der Unterricht und blieb wenig verändert bis in das nächste Jahrhundert hinein. Übrigens war die Beschränkung des Unterrichts auf das Religiöse (wenn überhaupt Unterricht erteilt wurde) in fast allen deutschen Ländern üblich.

Kinder von 5 Jahren wurden darin unterwiesen, mechanisch Bibelstellen aufzuschlagen und formelhafte Antworten zu geben, ohne den behandelten Stoff überhaupt erfassen und verstehen zu können. Darauf kam es den Pietisten auch nicht so sehr an, wie darauf, daß die Kinder ihre auswendig gelernten Sprüche und Heilswahrheiten wie auf Kommando hersagen konnten.

Noch 1763 hatte man im § 20 des Reglements für Schulen festgelegt, welche Bücher in Zukunft benutzt werden sollten:

1. die Hallische oder Berliner Bibel;

2. Das Neue Testament, auch »Gebetsübung« genannt;

3. der zergliederte Katechismus von Luther;

4. der erklärte Katechismus von Luther;

5. der Inhalt der biblischen Bücher;

6. die christliche Lehre im Zusammenhang;

7. das Allgemeine von Gott, der Welt und dem Menschen;

8. die Ordnung des Heils (wohl von Rambach);

9. das Berliner Buchstabier- und Lesebuch;

10. das Lehrbüchlein zum Unterricht der Kinder auf dem Lande in allerhand nötigen und nützlichen Dingen.

Ein Schulmeister gesehen von Daniel Chodowiecki

Und fast am Ende des Jahrhunderts:

An jedem Tag war die erste Schulstunde dem Bibellesen gewidmet. Es wurde da angefangen, wo man am vorigen Tage stehengeblieben war, bis man mit der Bibel fertig war. Dann wurde sofort mit den ersten Worten des ersten Buches Mosis wieder angefangen und fortgefahren bis zum letzten Worte der Offenbarung Johannis. So ging man das alte Testament, die Apokryphen und das Neue Testament durch: kein Wort wurde ausgelassen. Es wurde darin etwas geleistet; denn in etwa acht Monaten waren wir durch. Das ist viel; erklärt sich aber, wenn man weiß, daß durchaus nichts erläutert wurde und daß es zum guten Tone gehörte, ohne allen Ausdruck, so schnell wie immer möglich ohne Anstoß wegzulesen. Wir freuten uns daher immer auf die Bücher der Chronica, in denen es so viel schwere Namen hintereinander gibt, bei denen man sich nichts denken konnte. Letzteres war aber auch anderweitig wenig der Fall, weil alles viel zu schnell vorüberbrausete. Es wurde von den Schülern der Reihe nach gelesen, und der Rektor sprach in der Stunde selten mehr als das Wort »Weiter!«, wenn ein anderer fortfahren sollte. Höchstens berichtigte er ein falsch gelesenes Wort oder rief einen, der nicht gefolgt war, außer der Reihe mit dem Worte »Weiter!« auf. Suchte der, so gab es einige Hiebe mit dem Kantschu.

Mittwochs und sonnabends von neun bis zehn Uhr wurde das schnelle Aufschlagen von Bibelstellen eingeübt. Darin besaßen wir eine so merkwürdige Fertigkeit, wie sie mir nie wieder vorgekommen ist. Kaum hatte der Rektor die letzte Silbe ausgesprochen, so fing mindestens einer an zu lesen; unmittelbar darauf hatten die meisten die Stelle und gleich nachher jeder. Wir legten davon öfter nach der Nachmittagspredigt in der Kirche vor der Gemeinde öffentlich Proben ab. Diese Stunden waren uns alle die liebsten und angenehmsten, und unstreitig exzellierten wir darin am meisten.

Noch bevor 1763 das »Königlich-Preußische-General-Schul-Reglement« erlassen wurde, hatte der König im Jahre 1754 für einen Teil Preußens eine Landschulordnung erlassen. In ihr wurde bereits angeordnet, wie lange die Schulzeit zu dauern habe. So sollten die Eltern, bzw. alle, denen die Erziehung obliegt, die Kinder und zwar »Knaben und Mädgen, wo nicht eher, doch höchstens vom 5ten und 6ten Jahre an bis ins dreizehnde oder vierzehnde Jahr« zur Schule geschickt werden.

Die Gutsherren werden »allen Ernstes erinnert«, daß sie die Kinder, welche wegen »des Dienstzwanges deren Untertanen« (Eigentum) sind, den Schulen nicht zu entziehen. Wenn manchmal vermutet wird, daß Friedrich die Schule eigentlich nur für seinen Kampf gegen den Landadel benutzte, könnten solche Anmerkungen diese These unterstützen. Es kann in der Tat so gewesen sein.

Ausreden, daß die Kinder im Sommer das Vieh hüten müssen, wollte er nicht länger hinnehmen. Für das Vieh solle man sich gefälligst Viehhüter nehmen. Und wenn das ganz unmöglich wäre, sollten das Vieh eben zusammengetrieben werden und dann brauche eben nur ein Kind das Vieh zu hüten. Und dieses eine Kind könne sich dann täglich mit einem anderen abwechseln, sodaß die anderen immer zur Schule gehen könnten.

Als wichtigste Forderung über die Befähigung für das Lehramt hält der atheistische König »zulängliche Erkenntnis der Göttlichen Wahrheiten«. Aber die Lehrer sollten sich auch hüten, »Wirthschaft zu halten, Bier und Brandwein zu verkaufen« oder sich mit Dingen zu befassen, die sie von der Schularbeit abhalten könnten. Sie sollten sich beim Besuch der »Schenken und Krüge« zurückhalten, eigentlich bei allen fröhlichen Anlässen, die mit Musik verbunden seien. Doch enthält dieses Reglement auch einen Stundenplan, und deshalb haben wir es vor allem hier aufgenommen, einen amtlichen, einen königlichen Stundenplan sozusagen:

1. Stunde vormittags
(im Sommer von 7 bis 8 Uhr, im Winter von 8 bis 9 Uhr)

1. Wird ein Lied gesungen, welches der Schulmeister langsam und deutlich vorsaget, und darauf mit gesamten Kindern nachsinget. Alle Monate wird aber nur ein Lied, welches von dem Prediger aufgegeben werden, und nicht zu lang und unbekandt sein muß, erwählet und gesungen, damit es Große und Kleine durchs Singen auswendig lernen. Unter dem Singen giebt der Lehrer genau acht, daß sie alle mit singen. Dabey wir keinem Kinde erlaubt, bey dieser Arbeit sein Gesangbuch vor sich zu nehmen, und aus demselben zu nehmen, und aus demselben zu singen, weil solche nicht gehörig aufmercken, das Gesangbuch durchblättern und daher das Lied nicht lernen. Wollen sie aus dem Gesangbuch singen, so kann solches zu Hause geschehen.

2. Nach dem Gesang wird gebetet. Das Gebet aber verrichtet der Schulmeister entweder selbst, oder lässet ein Morgengebet, welches vorgeschrieben werden soll, und sich für die Schulkinder schicket, von einem fertigen Lese-Kinde langsam und deutlich vorlesen: dabey denn alle übrigen Kinder still sitzen und zuhören müssen. Darnach beten sie alle zugleich, doch andächtig und vor Gott ihre auswendig gelernten Gebetsformeln, ein Knabe lieset deutlich, langsam und laut den monatlichen Psalm, und darauf wird geschlossen mit dem Gebete des Herrn. Wenn unter dem Gebete Kinder in die Schule kommen, so bleiben selbige an der Türe so lange stehen, bis das Gebet verrichtet ist, weil sonst die übrigen gestört werden.

3. Nach dem Gebete wird ein Stück aus dem Catechismo, welches in der Ordnung folget, erkläret, und zwar so kurtz, daß alle sechs Wochen der Catechismus zu Ende gebracht werde. Bey dieser Arbeit wird es so gehalten: Das Stück, welches zu erklären, muß von einigen Kindern so lange hergesagt werden, bis es den meisten wohl bekannt worden. Hernach werden anfänglich die Worte und darauf die Sache, welche in den Worten lieget, Fragweise erläutert, und mit Sprüchen aus der heiligen Schrift bestätiget. Endlich wird auch gewiesen, wie die Kinder die angehörte Wahrheit im Leben anwenden und gebrauchen sollen. Der Schluß geschiehet mit einem kurzen Gebet, wodurch der Schulmeister zeiget, wie sie das vorgetragene ins Gebet fassen, erfahren und ausüben sollen.

2. Stunde vormittags
(Sommer: 8–9 Uhr, Winter: 9–10 Uhr)

1. In der ersten halben Stunde lesen die fertigen Lesekinder einige Kapitel aus dem Neuen Testament oder die Bibel, bald alle zugleich, bald fährt einer und der andere alleine fort, welchen der Schulmeister dazu auffordert, damit sie in beständiger Aufmerksamkeit erhalten werden. Bald buchstabiren sie alle zugleich, bald muß einer und der andere im Buchstabiren fortfahren.

2. In der andern halben Stunde buchstabiren die Mittlern, bald zusammen, bald einer alleine, zuletzt wird das Wort an die Tafel geschrieben, und dabei alles wiederholet, was zum Buchstabiren und Lesen nötig ist. Unter dieser Arbeit aber werden die Großen im Aufschlagen so wohl in der Bibel, als auch im Gesangbuche geübet, lernen ihre Wochensprüche, und machen sich auch zuweilen die Namen der Biblischen Bücher, wie sie aufeinander folgen, bekannt, damit sie im Aufschlagen immer fertiger werden.

3. Die A.B.C. Schüler stehen oder sitzen in dieser Stunde mit ihrem A.B.C. Täfelchen vor der Tafel, lernen täglich etwa zwei Buchstaben, und zwar außer der Reihe: Sie werden vom Schulmeister zum öftern unter dem Lesen und Buchstabiren der übrigen Kinder aufgefordert, ihre beyde Buchstaben herzusagen und auf dem Täfelchen zu zeigen. So bald sie die Buchstaben kennen, werden sie gleich zum Buchstabiren angeführet.

3. Stunde vormittags
(Sommer: 9–10 Uhr, Winter: 10–11 Uhr)

1. Die großen Kinder schreiben in der ersten halben Stunde, und in der andern halben Stunde wird ihnen die Arbeit corrigiret. Und damit kein Kind in der Correctur übergangen werde, so hält sich der Schulmeister ein Verzeichniß von denen, welche nach der Ordnung ihre Schreibe-Bücher aufweisen, und wo er den vorigen Tag aufgehöret, da fängt er den folgenden Tag wieder an. Damit auf solche Art ein jedes Kind wöchentlich etliche Male zur Correctur komme.

2. Die Buchstabirer und A.B.C. Schüler werden in der Zeit, da die Großen schreiben, dergestalt vorgenommen, daß im Buchstabiren exerciret, und ihnen die Leseregeln bekannt gemacht werden; diesen aber der Unterschied der lauten und stummen Buchstaben beygebracht wird. Unter dem Corrigiren der Größeren werden ihnen zuweilen die Wochensprüche vorgesaget. Gegen elf Uhr werden die Kinder zum Gebet ermuntert, und wenn der Schulmeister solches verrichtet, oder den monatlichen Psalm vorgelesen, so werden die Kinder aus der Schule nach Hause dimittiret. Der Schulmeister siehet ihnen nach, wie sie sich auf dem Wege betragen, damit sie nicht durch Leichtsinnigkeit und Boßheit in den Wind schlagen, was ihnen mit viel Mühe beigebracht worden.

1. Stunde nachmittags
(in beiden Jahreszeiten von 12–1 Uhr)

In dieser Stunde sammeln sich die Kinder unter Aufsicht des Schulmeisters, und nachdem einige Verse gesungen und der monatliche Psalm gelesen worden, so wird ihnen der Inhalt der biblischen Bücher beygebracht, auch werden die Wochensprüche auswendig gelernet.

2. Stunde nachmittags
(1–2 Uhr)

1. Der Schulmeister lieset ihnen das Stück, welches sie auswendig lernen sollen, einige mahl nach einander langsam und deutlich vor; Dabey die Lese-Kinder ihren Catechismum aufschlagen haben, und still nachlesen; Darauf müssen die Lese-Kinder alle zugleich eben dis Stück einige mahl herlesen. Dabey die mittlere und kleine Kinder still sitzen und jenen zuhören.

2. Wenn solches geschehen, so sagt der Schulmeister ein Comma nach dem andern von dem auswendig zu lernenden Stücke, den Kindern vor, lässet es nachsprechen, und wiederholet es solange, bis sie es wissen. Alsdenn gehet er weiter. Auf diese Weise wird es gehalten mit den Verbis biblicis des Catechismi: Denn diese lernen alle Schulkinder zugleich. Was aber die Auslegung des Catechismi betrift, so wird dieselbe von den großen Kindern allein durch öfteres Herlesen gelernet; die Mittleren und Kleinen aber sitzen stille, und hören hierbey nur zu. Haben nun die Großen das Pensum einige mahl alle zugleich hergelesen, so rufet der Präceptor bald diesen bald jenen auf, lässet ihn das gelesene Stück hersagen, und siehet also zu, ob und wie sie es gefasset.

3. Endlich sagt ein jeder Haufe seinen Wochenspruch her, nemlich die Großen einen weitläufigen, die Mittlern einen mittelmäßigen, und die Kleinen ein ganz kurtzen. Auf diese Art lernen die Kinder wöchentlich ein Stück aus dem Catechismo, und drey Sprüche; und monatlich so wohl einen Psalm als auch ein Lied. In der andern halben Stunde lesen die Größeren, buchstabiren die Mittleren, und die Kleinen lernen die Buchstaben, wie oben gezeigt worden.

3. Stunde nachmittags
(von 2–3 Uhr)

In dieser Stunde wird theils geschrieben, theils gerechnet, unter welcher Arbeit die Mittleren im Buchstabiren, und die Kleinen im A.B.C. geübt werden. Auf dise Weise wird die Arbeit täglich verrichtet.

Obwohl der Große Friedrich während seiner Regierungszeit insgesamt selbst nicht öfter als sieben Mal zu einem Gottesdienst eine Kirche betreten hatte (bei Anlässen, die einen Besuch unvermeidbar machten, etwa seine eigene Hochzeit), war ihm offenbar diese Bevorzugung des Religiösen in der Schule ganz recht.

Sehr eindeutig offenbart das (und ein bißchen mehr) ein Brief an seinen Etatsminister von Zedlitz:

Daß die Schulmeister die Religion und die Moral den jungen Leuten lehren, ist recht gut und müssen sie davon nicht abgehen, damit die Leute bei ihrer Religion hübsch bleiben und nicht zur katholischen übergehen, denn die evangelische ist die beste und weit besser als die katholische; darum müssen sich die Schulmeister Mühe geben, daß die Leute Attachement zur Religion behalten und sie soweit bringen, daß sie nicht stehlen und morden, sonst ist es auf dem platten Land genug, wenn sie ein bisgen lesen oder schreiben lernen, wissen sie aber zuviel, so laufen sie in die Städte und wollen Sekretärs und so was werden, deshalb muß man auf dem platten Land den Unterricht der Leute so einrichten, daß sie das Notwendigste, was zu ihrem Wissen nötig ist, lernen, aber nach der Art, daß die Leute nicht aus ihren Dörfern weglaufen, sondern hübsch dableiben.

Es könnte fortgefahren werden »... und vor allem ihrem Monarchen treue Untertanen bleiben.« Doch die Gefahr, daß die Kinder zu viel lernten, hat in Wahrheit gar nicht bestanden. Nicht, weil die Eltern ihre Kinder, vor allem auf dem Lande (und da lebten ja die meisten), trotz aller Mahnungen und Drohungen immer noch nicht regelmäßig in die Schule gehen ließen, sondern weil die meisten Schulmeister selbst gar nicht dazu fähig waren, zu lesen, zu schreiben und zu rechnen. Schulmeister war ein Nebenberuf, wenig geachtet, geradezu unwürdig besoldet; ein kümmerliches Dasein. Als am Anfang des Jahrhunderts der Prediger bei St. Georg eine Schule schaffen wollte, machte er wegen der Entlohnung des Lehrers dem Magistrat den Vorschlag, daß der Schulmeister die 10 Taler erhalten solle, »welche für das sonntägliche Musizieren in der Kirche bisher gegeben worden sind, und außerdem zwei Haufen Kienholz. Ferner darf er dreimal jährlich vor den Thoren singen, und was ihm die Leute aus gutem Willen geben, soll er für sich nehmen. An Schulgeld soll er von jedem Knaben die Woche nicht mehr als 1 Groschen nehmen; arme Kinder muß er umsonst unterrichten. Der Küster vor den Thoren giebt ihm die Hälfte der einkommenden Leichengelder ab, wofür er aber verpflichtet ist, des Sonntags in der Kirche zu singen.«

Wohl wird immer behauptet, daß die Schulmeister nebenher noch als Schneider, Küster, Weber tätig sein durften. Praktisch war es aber eben umgekehrt. Der Schneider unterrichtete die Kinder, meist in seiner Werkstatt, während er nähte. Oder er mußte viel im Winter unterrichten, im Sommer jedoch als Hirte oder Tagelöhner arbeiten. »Wir Lehrer« klagte einer der wahren Lehrer dieser Zeit, in dem er so tat, als prahle er, »sind die eigentlichen Pfeiler der Christenheit, und wer das nicht einsieht, der spricht vom Erzieh- und Schulwesen, wie der Blinde vom Regenbogen. Was muß ein Schulmeister nicht alles können und wissen? Z.B. Lesen, Schreiben, Rechnen, Orgeln, Catechisiren, Singen, Federnschneiden, Orgelstimmen, Musika, Gevatterbriefe stilisieren, Regel de tri ohne und mit Brüchen, die 5 Species, die ganze h. Schrift, das alte und das neue Testament, den Altar zu bekleiden, den Catechismus, den Himmelsweg, alle Sprüche im ganzen Christenthum, Linien ziehen, Notenschreiben, Latein, Collectensingen, Fractur, Canzlei und Current schreiben, Perücken akomodiren, Uhren aufziehen und stellen, die Bußpsalmen, Barbiren, Läuten, den Klingelbeutel tragen, Schulregister machen, und auch etwa dabei Schneidern, oder Schustern muß er können. Hat er Feld- und Wiesenwuchs bei seiner Schule, so muß er mähen, dreschen, graben, hacken, Häckerling schneiden, dengeln, pfropfen, schleifen, Kühe inoculieren und Seile machen können.«

Gebet in der Schule

Lieber Gott und Vater! Mit Freuden versammeln wir uns diesen Morgen wieder in unserer Schule, um recht viel Gutes zu lernen, und dadurch weiser, besser und seliger, den Nebenmenschen nützlicher, und dir wohlfälliger zu werden. Dir verdanken wir es, daß wir gesund und munter erwacht sind und wieder in unsere Lehrstunden erscheinen können. Wir wollen aber unserem lieben Lehrer seine Arbeit durch Aufmerksamkeit, Fleiß, Ordnung und Stille versüßen, seine guten Ermahnungen folgen, und auch unsere Eltern ihre Liebe durch Gehorsam und gute Sitten zu vergelten suchen, damit jedermann merke, wieviel Gutes wir in der Schule gelernt haben und wie nützlich es ist, die schönen Lehren des Christentums zu kennen. Du bist die Vergeltung alles Guten! Belohne du, o lieber Gott, alle guten Menschen, besonders unseren geliebten Vorsteher, der sich unserer so väterlich annimmt und uns zu tugendhaften Menschen erziehen läßt. Gieb, das wir diese vorzügliche Wohltat recht dankbar erkennen und so anwenden, daß diese edle Absicht an uns allen erreicht werden möge, Amen.

Bei allem, was über die fortschrittlichen Absichten des Soldatenkönigs vorgebracht werden muß, darf indessen nicht übersehen werden, daß er eigentlich wohl den zweiten Schritt gemacht hatte, indem er die allgemeine Schulpflicht verordnete und betrieb, den ersten aber übersehen hatte. Er hatte sich kaum darum gekümmert, wer nun die Kinder unterrichten sollte, die er in die Schule zwingen wollte. Auf die Idee, daß man Lehrer ausbilden und erträglich besolden müsse, war er nicht gekommen. (Andere erst recht nicht, aber das ist hier nicht unsere Sache.) Die Ansicht des Königs wird deutlich im 10. Paragraphen der 1736 erlassenen Principia regulativa: »Ist der Schulmeister ein Handwerker, kan er sich schon ernähren; ist er keiner, wird ihm erlaubt, in der Ernte sechs Wochen auf Tagelohn zu gehen.« Der § 6 gestattet dem Schulmeister obendrein »eine Kuh und ein Kalb, item ein paar Schweine und etwas Federvieh frei auf der Weide« zu halten.

Aber eben, auf die Gefahr hin, daß wir uns unnütz wiederholen: Dieser König gab den Anstoß, auch den Herrschern anderer deutscher Staaten.

Schulmeister wurden folgerichtig vor allem unter Handwerkern gesucht. Ein gewisser Fortschritt war es, als in Preußen angeordnet wurde, auf dem Lande nur unter Schneidern, Leinewebern, Schmieden, Uhrmachern und Zimmerleuten die Schulmeister auszuwählen. Das scheint kein allzu großer Fortschritt zu sein, weil in den Dörfern andere Handwerker wohl auch kaum tätig gewesen sein dürften. Wenn wir aber darauf aufmerksam machen dürfen, daß etwa in den Dorfschulen des Fürstentums Ratzeburg ausschließlich Bierfiedler, Wirte von Branntweinschenken, Höker und Tagelöhnerfrauen unterrichteten, sieht auch diese preußische Anweisung besser aus.

Mit einem ironischen Bewerbungsschreiben haben wir dieses Kapitel begonnen. Es wird also Zeit, daß wir uns mit der Wirklichkeit befassen, wie sie ohne Ironie war: wie kamen Lehrer tatsächlich zu ihren Ämtern?

Sie wurden geprüft; das klingt vernünftig. Examen wurden in der Regel vor den zuständigen Geistlichen abgelegt. Schließlich waren die örtlichen Pfarrer im allgemeinen für die Schulen verantwortlich. So ist es auch nicht überraschend, wenn die Schulmeister zumindest zusätzlich die

Arbeiten des Küsters mit übernehmen mußten. Dazu gehörten jedoch außer dem Orgelspielen, Vorsingen und Vorlesen, ebenfalls Reinigungs- und Reparaturarbeiten und persönliche Handreichungen für den Pfarrer. Der Küster/Lehrer mußte dem Pfarrer den Chorrock nachtragen, im Hause des Pfarrers helfen, bei Gastlichkeiten mit bedienen, abwaschen, einschenken, Essen auftragen, im Garten helfen, wenn nicht gar auf dem Feld des Pfarrers mitarbeiten.

Doch häufig hatten die Gutsbesitzer das Anstellungsrecht und sahen die Schulen als brauchbare Versorgungsanstalt für ihre Diener (und auch Dienerinnen). So geschah es nicht selten, daß einer als Lehrer angestellt wurde, weil er die Kammerzofe der gnädigen Frau heiratete. Die vorgeschriebene Prüfung wurde zu einer albernen Formalität. Es ist kaum vorgekommen, daß ein Geistlicher den Willen seines Rittergutsbesitzers nicht respektierte.

In vielen Orten wurde die Gemeinde an der Lehrerwahl beteiligt. Aber das brachte natürlich nicht viel. Schließlich wird eine geistige Leistung verlangt, wenn die Fähigkeiten geprüft werden sollen, ob einer für dieses Amt taugt oder nicht. Diese konnte jedoch von den Bauern jener Tage, von Leuten also, die selbst in Unwissenheit gehalten wurden, nicht erwartet werden.

Ein Teil der Examen fand häufig in der Kirche statt, in Anwesenheit der Gemeinde. Einige Prüfungsprotokolle sind erhalten geblieben. Sie erlauben uns, auf Beschreibungen zu verzichten. Deutlicher als hier, kann der intellektuelle Standard der Betroffenen nicht dargestellt werden. Das Protokoll eines Examens aus einem pommerschen Dorf (1729): Nachdem auf geschehenes tötliches Ableben des bisherigen Schulmeisters sich nur fünf Liebhaber gemeldet, so wurde zuvörderst vom Pastor loci in einer Betstunde nach Matth. 18, 19–20 die Gemeinde zu herzlicher Erbittung göttlicher Gnade zu diesem wichtigen Geschäfte erinnert, sodann in der Kirche vor Augen und Ohren der ganzen Gemeinde die Singprobe mit den Bewerbern fürgenommen und nach deren Endigung dieselben im Pfarrhaus von Endesunterschriebenen

---

Lieder für den Schulunterricht

(Melodie: Vom Himmel hoch.)

Mit Freuden danken wir
für Alles was wir lernen hier
und jeden guten Unterricht
für die Erkenntnis unserer Pflicht.

Laß unsere Pflicht uns nicht allein
auf bloßes Wissen schränken ein.
Es werde das was wir erkannt,
nun auch aufs Leben angewandt.

(Melodie: Ich danke dir schon.)

Wir danken guter Vater dir
für alle guten Lehren,
die du in dieser Schule hier
uns heute ließest hören

Oh laß uns unserer Pflicht bewußt
uns deines Beifalls freuen,
und lernen stets mit neuer Lust
nie Fleiß und Mühe scheuen.

(Melodie:
Kommt Menschenkinder kommt.)

Dank sei Dir für das neue Licht o Gott
und für den Unterricht,
den du uns heut verliehen
um uns zur Tugend zu erziehen.

Heil uns! Wir können fröhlich sein
uns der verflossenen Stunden freun,
denn wohlgenutzte Jugendzeit
bringt Segen für die Ewigkeit.

Personen noch weiter auf folgende Art und Weise tentiret:

1) Martin Ott, Schuster allhier, 30 Jahre des Lebens alt, hat in der Kirche gesungen: a) Christ lag in Todesbanden usw. b) Jesus meine Zuversicht usw. c) Sieh, hier bin ich, Ehrenkönig usw. Hat aber noch viel Melodie zu lernen, auch könnte seine Stimme besser sein. Gelesen hat er Genesis 10, 26 bis aus, buchstabirte V.16 bis 29. Das Lesen war angehend, im Buchstabiren machte er zwei Fehler. Dreierlei Handschrift hat er gelesen – mittelmäßig; der Fragen aus dem Verstand beantwortet – recht; aus dem Catechismo de sc. coena und die 54. Frage recitiret, ohne Fehler; drei Reihen dictando geschrieben – vier Fehler; des Rechnens ist er durchaus unerfahren.

2) Jacob Maehl, Weber aus D., hat die Fünfzig hinter sich, hat gesungen: a) Oh Mensch, beweine dein usw. b) Zeuch ein zu deinen Thoren usw. c) Wer nur den lieben Gott läßt usw. Doch Melodie ging ab in viele andere Lieder; Stimme sollte stärker sein, quelte mehrmalen, so doch nicht sein muß. Gelesen Josua 19, 1–7 mit 10 Lesefehlern, buchstabirte Josua 18, 23–26 ohne Fehler. Dreierlei Handschriften gelesen – schwach und mit Stocken; drei Fragen aus dem Verstand, hierin gab er Satisfaction. Aus dem Catech. den Decalog und die 41. Frage recitiret ohne Fehler; dictando drei Reihen geschrieben – fünf Fehler; des Rechnens auch nicht kundig.

3) Philipp Hopp, Schneider aus G., schon ein alt gebrechlich Mann von 60 Jahren, sollte lieber zu Haus geblieben sein, als sich dies vermessen. Hat gesungen: a) Ein Lämmlein geht usw. b) Mitten wir im Leben usw. Stimme wie ein blöckendes Lamm, auch öfter Malen in unrechte Lieder verfallen. Gelesen Josua 19, 7–13 – gar jämmerlich; buchstabirte 18, 22–23 mit viel Anstoßen, das große T ein Stein des Anlaufens, kam endlich rüber. Drei Fragen aus dem Verstand – blieb fest sitzen. Dreierlei Handschriften gelesen, schon im Anfang gesagt, daß er des nicht erfahren sei. Dictando nur drei Wörter geschrieben – mit Mühe zu lesen. Rechnen ganz unbekannt, er zählte an den Fingern wie ein kleines Kind. Wurde ihm gemeldet, daß er thöricht gehandelt habe, sich zu melden, was er auch mit Thränen und Seufzen bekannt.

4) Johann Schütt, ein Kesselflicker von allhier, hat 50 Jahre des Lebens auf Erden gewandelt, und hat gesungen: a) O Ewigkeit, du Donnerwort usw. b) Eins ist Noth usw. c) Liebster Jesu, wir sind hier usw. mit ziemlichen applausu. Gelesen und buchstabiret Genesis 10, 13–18, auch nicht uneben. Beim Catech. bemerkt man, daß er sothanen Stücken noch nicht im exercitio stehet. Dictando drei Reihen geschrieben – ging an, was Buchstaben betrifft, doch zehn Fehler! Des Rechnens nur im Addiren erfahren.

5) Friedrich Loth, ein Unterofficier aus Schl., so im Hochedlen von Grumbkow'schen Regiment den Feldzug gegen die Schweden gemacht und alldort ein Bein verloren, 45 Jahre des Lebens alt, hat gesungen: a) Christ lag in Todesbanden usw. b) Allein Gott in der Höh' sei Ehr' usw. gut, starke Stimme, doch fehlt die Melodie im Ganzen, fiel einmal in ein anderes Lied. Dreierlei Handschriften fertig gelesen. Gelesen und buchstabiret Genesis 10, 13–18, ging ziemlich; Catech. – wohl inne. Vier Fragen aus dem Verstand – ziemlich. Dictando drei Reihen, doch mit acht Fehlern; Rechnen – Addiren und bischen Subtrahiren inne.

Wer nun, weil er nach so unendlich oft wiederholten Behauptungen über den preußischen Schulmeister, ganz sicher sein müßte, daß ohne Bedenken der ehemalige invalide Unteroffizier genommen wurde, irrt sich dann allerdings doch. Bei dieser Wahl zumindest reichte gerade die Herkunft des Soldaten als Grund aus, ihn abzulehnen. »Der Kriegsknecht würde wohl die Fuchtel gegen die armen Kindlein zu stark gebrauchen, was den mitleidigen Müttern derselben doch sehr in's Herz stechen und wehe thun könnte; auch sei zwischen rohen Soldaten und solchen Würmlein doch ein Unterschied zu setzen.« Der Kesselflicker wurde abgelehnt, weil ihm nicht getraut wurde, »sintemalen er viel durch die Lande streiche«. Gegen Jakob Maehl wurde vorgebracht, daß er ohne Vermögen sei, immerhin wurde er dennoch gewählt.

Nach allem, was wir bislang jedoch erfahren haben, dürfte der bis zum Überdruß wiederholte Vorwurf, die preußischen Schulmeister seien fast alle ehemalige Unteroffiziere oder Feldwebel gewesen, so belastend gar nicht mehr sein. Wir können uns ja allmählich vorstellen, was da alles auf die hilflosen Kinder losgelassen wurde.

Nur ist die Wirklichkeit – wieder einmal – ganz anders gewesen, als die fleißigen Teilnehmer an der Diskussion über Preußens Ruhm und Schande es uns vormachen wollen. Möglicherweise wären also ehemalige Soldaten nicht schlimmer für die Kinder, als die Schneider, Schuster, Barbiere und Gastwirte. Nur hat es, zumindest in diesem Jahrhundert kaum preußische Soldaten im Schuldienst gegeben.

Der aufmerksame Leser mag ja auch schon gestutzt haben, als er erfahren mußte, daß man von einem Lehrer erwartete, er solle gleichfalls, sozusagen in Personalunion, die Arbeit des Küsters mit übernehmen. Schließlich ist es nicht sehr wahrscheinlich, daß ein preußischer Soldat auch im Orgelspielen ausgebildet wurde.

Tatsächlich war es eher umgekehrt. Friedrich dem Großen wurde geraten, mehr für die Volksschulen zu tun, weil das Militär Mühe hatte, für die Regimenter Unteroffiziere zu finden, die schreiben und rechnen konnten. »Da gibt es Dörfer, in welchen kaum einer oder ein paar schreiben können oder auch nur was Geschriebenes lesen, daher die Regimenter nicht einmal einen guten Feldwebel erlangen können.« Allerdings hat Friedrich häufig den Wunsch geäußert, oder es auch schon mal angeordnet, daß die Invaliden seiner vielen Kriege als Schulmeister unter die Haube gebracht werden sollten; sie waren ein soziales Problem, hatten aber »ihr Leben und ihre Gesundheit für das Vaterland gewaget«. In allen möglichen Berufen versuchte er sie unterzubringen, als Holzwärter, Nachtwächter, Feld- und Wiesenhüter, Hirten und eben auch als Schulmeister.

Nur waren diese Bemühungen nicht besonders erfolgreich, soweit es den Schuldienst betraf. Die für die Anstellung von Invaliden verantwortlichen Behörden waren durchweg von der Idee nicht begeistert, diese ehemaligen Drillmeister der Armee zu Lehrern zu machen. Sie folgten meist nur, wenn der König einen ausgedienten Soldaten per Kabinettsbefehl zum Schulmeister beförderte. So einen Fall gab es beispielsweise in dem Kolonistendorf Friedrichshagen bei Köpenick. Der bisherige Lehrer war wegen seiner Fähigkeit zum Leiter der Garnisonsschule von Potsdam ernannt worden. Für die vakante Stelle »meldete sich ein Invalide, der bei der Prüfung untüchtig befunden und daher abgewiesen wurde. Er beklagte sich darüber unmittelbar beim König, der durch einen Kabinettsbefehl seine Anstellung in Friedrichshagen verordnete, weil es gerecht und billig sei, einen Menschen, der seine Kräfte im Dienste des Vaterlandes aufgeopfert habe, zur Ruhe zu setzen. Der Invalide konnte nun zwar als Lehrer einer zahlreichen Schuljugend kaum Ruhe finden; aber ihm war an dem Gehalt von 120 Talern und an dem Wohnhause gelegen, darum nahm er von dem Amte Besitz. Sobald er aber in die Schule kam, erkannte er selbst, daß die Kinder mehr wußten als er, folglich seine Lehrer sein konnten. Das ängstigte ihn, und er wollte mit einem andern Invaliden tauschen.« Das wurde ihm jedoch nicht genehmigt. Die Gemeinde bat daraufhin ihrerseits den König, ihr den unwissenden Schulmeister wieder abzunehmen. Doch hielt dieser stur an seiner Entscheidung fest: die Gemeinde mußte sich mit dem Lehrer und der Lehrer mit den Schülern abfinden.

Derartige Eingriffe blieben jedoch Ausnahmen. Wenn wir uns nämlich endlich der Bilanz aller dieser königlichen Anstrengungen annehmen und einmal zusammenzählen, wieviel Invaliden, ehemalige Korporäle aus Preußens großer Armee tatsächlich im Schuldienst untergebracht wurden, gewinnen wir eher den Eindruck, als sei der König kaum irgendwo gründlicher gescheitert als hier.

So genügten den Ansprüchen der ostpreußischen Kirchen- und Schulkommission ganze fünf Kandidaten. Zwei von ihnen hatten jedoch selbst überhaupt keine Lust, blieben drei. So kamen demnach bei der großartigen Aktion insgesamt zwei Feldwebel und ein Unteroffizier in den ostpreußischen Schuldienst. So ist zunächst für Ostpreußen festzuhalten, daß die Behauptung, der große König habe die Schneider durch Unteroffiziere ersetzt und darum von nun an der Stock in der Schulstube geherrscht habe, Mumpitz ist.

Es war so nicht in Ostpreußen, aber es war auch nicht so im übrigen Preußen. Die absoluten Zahlen sind etwas höher, aber im Verhältnis war das Resultat ähnlich: Von 4258 Kandidaten wurden insgesamt nicht mehr als 79 Leute für den Schuldienst vorgeschlagen. Selbst wenn alle 79 Lehrer geworden wären, wie es von einigen Experten, vermutlich falsch, behauptet wird, kann keine Rede davon sein, daß in den Schulen Preußens wegen dieser 82 Lehrer, die vorher Soldaten, jetzt Invaliden waren, militärischer Drill vorherrschte.

Indessen, richtig ist, daß in den Schulen Preußens geprügelt wurde. Aber geprügelt wurde genauso, oder noch mehr, in den Schulen (falls welche vorhanden waren) Sachsens, Bayerns, Holsteins, Württembergs, Hessens, Hannovers, Österreichs usw. – es wurde in allen Schulen geprügelt. Ohrfeigen, Stöcke und Ruten dienten den phantasielosen Lehrern als einziges Mittel, um die Schüler zu disziplinieren. Die anderen, die etwas erfindungsreicher waren, hatten sich Strafen einfallen lassen, die selbst Kinderfeindliches aus unserer deutschen Gegenwart als heiter-harmlose Abwechslung erscheinen lassen. Da mußten Kinder auf getrockneten Erbsen neben einem heißen Ofen knien und wenn sie sich wegen der Schmerzen nicht mehr zusammennehmen konnten, machte sich der Lehrer über sie lustig und forderte die anderen in der Klasse auf, sich »dieses Affengesicht« nur mal anzusehen. Oder sie ließen Knaben, die beim Katechisieren Fehler gemacht hatten, mit dem entblößten Gesäß in Richtung der anwesenden Mädchen stehen, während der Katechismus aufgesagt wurde.

1. Die Schüler müssen sich dran gewöhnen, die Füße etwas auswärts zu setzen, 2. nicht zu weite Schritte zu machen, 3. die Füße beim Schreiten nur so weit zu heben, daß sie an den Boden nicht anstreichen, doch aber beim Erheben die Fußsohlen nicht in die Höhe werfen, 4. mit dem Ballen zuerst auftreten, 5. die Knie strecken, 6. das Haupt mit Anstand zu entblößen und nach dem Stande und der Würde der Personen sich mehr oder weniger zu verneigen, wobei ihnen das Hintenauskratzen mit den Füßen gleich einer Henne zu untersagen ist.

In der Regel galt in den Schulen »... das Prügeln als die Hauptsache der Erziehung, und je mehr Geschrei aus der Schule erschallte, um so besser that der Schulmeister seine Pflicht, um so besser war die Schule.«

Der erste Eindruck Bronners vom Unterricht des Cantors von Höchstädt waren »gräuliche Executionen. Da bekam einer mit der Ochsensehne einen mörderischen Spanniol auf die gespannten Beinkleider; dort wickelte der Lehrer einen anderen einen Mantel um den Kopf, damit er nicht schreyen könnte, und führte ihn in das sogenannte Speckkämmerlein, wo ihm entweder mit der Ruthe oder gar mit der Ochsensehne das nackte Sitzfleisch fürchterlich durchgegärbt ward. Wenn so ein Bube wieder heraus kam, wälzte er sich gewöhnlich vor Schmerzen auf dem Boden, und der Cantor stieß ihn wild lachend mit den Füßen...« Ein andermal schüttelte er einen Schüler so heftig bei den Ohren, daß ihm die Haut hinter denselben zerriß, und das Blut herabströmte.

Bronner selbst »ward mit den Füßen gestoßen, und bekam einen entsetzlich heftigen Nassen mit des Lehrers Mantel um den Kopf. Dennoch hörte die Frau Cantorin mein mörderisches Geschrey, und kam mit dem Spinnrocken mir zu Hülfe...«

Das sind nur einige Kostproben. Mühelos könnten wir hier mit dem Zitieren aus Erinnerungen von Augenzeugen fortfahren. Einige, wiederum andere, Strafmethoden werden noch erwähnt, wenn wir uns gleich den Schilderungen des Unterrichts widmen. Denn selbst die Schilderungen der Schulen, der Gebäude, der Stuben, als Klassenzimmer, sind gnadenlos:

Die Nebenschulen haben zum Teil gar keine ständigen Schulhäuser; man führt die Kinder wochenweise von einem zum anderen Hause. Bei den Pfarreien stecken sie zum Teil in finsteren Winkeln, gleichen Gefängnissen, Wohnungen der Dürftigkeit und Freistätten der Bettelei; zum Teil sind sie nicht gut eingerichtet, und es fehlt an den nötigen Gerätschaften. Hier ist die Schulstube zu klein und faßt die Kinder nicht oder wird vom Hausgeräte des Lehrers, der sie zugleich zur Wohnstube macht, versperrt. Dort unterbrechen die häuslichen Geschäfte der Frau, der Kinder, der Dienstpersonen, auch oft das Vieh, Hunde und Katzen den Unterricht, oder ziehen wenigstens die Aufmerksamkeit auf sich. Bald fehlt es an einem Stalle, wo der Lehrer etliche Stück Vieh, bald an einem Keller, wo er sein Gemüse und andere Notwendigkeiten unterbringen könne.

Gebet in der Schule
Beglücke auch unsere liebe Obrigkeit. Insbesondere segne den geliebten Vorsteher unserer Schule, erfreue sein Herz und belohne ihm alle seine Liebe, die er uns so väterlich erzeiget.

Das Zimmer war auf dem Fußboden mit Ziegeln belegt, die kleinen Fenster befanden sich oben nahe der Decke und waren so blind, daß man nicht hinaussehen konnte. Ein großer Ziegelofen stand neben dem Kamine und vor diesem saß die alte Frau und spann den ganzen Tag, neben sich auf einem Sessel eine hölzerne Kelle und eine Rute, die einzigen und mir schon sehr wohlbekannten Lehrmittel. Drei freistehende, rohe, doch glatt geriebene Bänke ohne Lehnen nahmen die Schuljugend, Knaben und Mädchen auf, bis sie notdürftig lesen konnten. Die eine Bank trug die Abc-Schützen, die zweite buchstabierte, die dritte fing an zu lesen. Der Schulunterricht begann mit dem Gesange eines feststehenden Liederverses, den man wie seine Melodie durch den Gebrauch lernte, und einem feststehenden kurzen Gebete, welches einer im Singsang hersagte, und hierauf ging eines nach dem anderen zur spinnenden Frau und sagte aus der gewöhnlichen Fibel mit dem Hahne seine Buchstaben oder sein »a, b, ab« her. Die Alte sprach wenig, machte ein Kind Fehler, so schob sie ihr Spinnrad zur Seite, kippte mit einer Hand das Kind übern Schoß, hob mit der anderen den Rock in die Höhe, ergriff die Kelle oder Rute und bearbeitete nach Gutdünken das Sitzfleisch. Dann kam ein anderes Kind an die Reihe, bis man durch war.

Etwas anderes wurde nicht vorgenommen, und lange Stunden saß man still und müßig, bis die bestimmte Zeit verflossen war ... Gesang und Gebet wurden völlig gedankenlos hergeleiert: beim Unterricht dachte höchstens der etwas, der eben etwas aufsagte, wenn beim »f, a, fa, f, i, fi« etwas zu denken ist, und hätten wir nicht unsere Streiche im Kopf gehabt, so wären wir völlig gedankenlos gewesen ... Früher war die alte Frau sehr strenge gewesen und hatte viel gehauen, ... und strafte so unvernünftig, daß die Behörde ihr das Handwerk legen mußte, weil sie ein Mädchen zwölf Stunden lang in den heißen Backofen gesperrt und ihrer Gesundheit geschadet hatte.

Sogar die Räume des angesehenen Berlinischen Gymnasiums wurden vom peniblen Königl. preuß. Oberkonsistorialrat Anton Friedrich Büsching so beschrieben:

Sie wären gut zu Weinkellern. Sie waren alle kellermäßig, dunkel, unangenehm und ungesund, weil sie einige Ellen tiefer als die Straßen und Höfe in der Erde lagen. Zwei dieser elenden Klassen waren nur durch Bretter einige Ellen hoch voneinander abgesondert, so daß man in keiner laut reden durfte, um einander nicht zu stören. Man glaubte, daß die Zugänge zu den Klassen und diese selbst seit Jahrhunderten nicht geweißt wären. Katheder und Bänke waren im elendsten Zustande. In der Schreibklasse waren nicht einmal ein paar Tische, sondern die Schüler mußten ihre Schreibbücher auf die niedrigen Bänke legen und bei denselben zum Schreiben niederknien. Wenn aber auch nur notdürftig Licht vorhanden war, so fehlte es an Leuchten, deren Stelle die Hände der Schüler vertreten mußten. Öffentliche Prüfungen der Schüler waren seit vielen Jahren nicht angestellt worden, weil keine Magistratsperson noch sonst jemand von einigen Ansehen dabei erschien. Der Rektor kam ins Gymnasium nur »wöchentlich einmal, in die Klasse des Kantors Buchholz, um sich zu erkundigen, ob nicht einige Groschen Leichengeld für ihn eingekommen wären.«

In dieser Schule werden 300 Knaben unterrichtet. Gern nähme der liebe Mann auch 1000, wenn es möglich wäre, sie in das Zimmer zu stopfen; denn das Zimmer ist so klein, daß die Kinder ihre Arme kaum vom Leibe bringen können. Beim Eintritt muß ein jeder seinen Hut abgeben, welcher mit den übrigen zu einer großen Pyramide aufgethürmt wird. Diese Pyramide wirft der Herr Präceptor nach Endigung der Stunde, mit dem Fuße um, und dann stürzen alle Knaben über den Haufen her und suchen ihr Eigenthum heraus, wobei es nicht selten Stöße und Schläge giebt ... Mit dem Unterricht geht es in dieser Schule folgendermaßen zu: Der Lehrer lehrt die Knaben, wie Papageien, Dinge auswendig lernen, womit sie bei ihren Eltern zur Ehre des gelehrten Unterrichts paradieren, aber wobei sie nichts denken können. Diese Kenntnisse werden ihnen vermittels einer Peitsche beigebracht, welche Herr Eyermann so zu dirigieren weiß, daß es jedem auch noch so entfernten Schüler am rechten Fleck trifft. Die Belohnungen aber bestehen in Anweisungen an die Eltern, z.B. 4 Groschen dem Fleißigsten zu zahlen – also mit Peitsche und Geld.

Wir hatten akkurat, wenn's kalt ist, brav eingeheizt, daß die Ofenblase brodelte, und meine Frau hatte die jungen Gänse und das kleine Ferkel in der Stube. Du lieber Gott, die armen Dinger mußten doch sonst im Stall erfrieren ... und ich hatte auf ein 70 Stück Kinder in der Stube. Ich kann sie nicht frieren lassen: denn deswegen gehen viele nur zur Schule, weil sie bei sich selten eine warme Stube, wie bei mir antreffen.

Vielleicht sollten wir, falls Sie das überlesen haben, wiederholen, daß hier nicht ausschließlich aus preußischen Schulen berichtet wurde. So waren sie überall in unseren Landen und fast vorgestern, vor nicht mehr als zweihundert Jahren.

Aus den Erinnerungen des August Ludwig Freiherrn von der Marwitz

Ein preußischer Edelmann reagiert auf die Wirren durch Aufklärung und französische Revolution.

Die Erziehungsschriften und die Lesebücher für die Jugend, waren ganz im Geiste unseres lichtvollen achtzehnten Jahrhunderts, welches sich einbildet, nicht nur erleuchteter zu sein als alles, was früher dagewesen war, sondern auch seinen Nachkommen solche Weisheit und solche Einrichtungen hinterlassen zu können, die niemals übertroffen werden würden. Nachdem der Aberglaube ausgerottet war, glaubte der Verstand keine Grenze mehr anerkennen und alles überfliegen zu dürfen.

Vom Staat wurde gelehrt, er sei aus den Bedürfnissen gegenseitiger Hilfeleistungen entstanden. Die Menschen seien zu diesem Zweck zusammengelaufen und hätten sich Oberhäupter gewählt, um diese gegenseitigen Hilfeleistungen zu dirigieren, überhaupt: um das Volk glücklich zu machen. Wird diese grundfalsche Prämisse zugegeben, so folgt auch die ganze Teufelei, die seitdem Europa auf den Kopf gestellt hat, ganz logisch aus derselben.

So ist es aber nicht gewesen. Gott schuf Adam, Adam zeugte Kinder und hatte daher, also von Gott, eine natürliche Macht und Oberherrschaft über seine Familie. Aus diesen entstanden in der Folge mehrere Familien, und in jeder derselben hatte der Vater dieselbe natürliche Macht und Oberherrschaft über seine Kinder. Die Herden, die Bedürfnisse vermehrten sich, der Familienvater nahm Dienstboten an und übte dieselbe Macht und Oberherrschaft über sie aus. Wenn sie selbige nicht gehörig anerkannten, strafte er sie oder jagte sie fort und nahm andere Dienstboten an, alles kraft seiner ihm beiwohnenden und von Gott ihm zugestandenen Machtvollkommenheit.

So ist es auch noch bis auf den heutigen Tag. Nie ist es noch gesehen worden, daß sich ein Hauswesen zusam-

mengefunden hätte von selbst, Kinder, Dienstboten, Erzieher, Kutscher, Koch usw. – und, nachdem sie sich zusammengefunden, gesprochen hätten: »Da sind wir nun ein Hauswesen, laßet uns nun ein Hausherrn wählen«. Umgekehrt der Hausvater ist immer zuerst da, und da er Kinder hat und hinreichende Macht und Geld, um Dienstboten, Erzieher, Kutscher und Koch halten zu können, so nimmt er sie in seinen Dienst, und dadurch entsteht die Familie und das Hauswesen. – Ebensowenig verlangen die Hausgenossen, daß er die gegenseitigen Hilfeleistungen dirigiere, und überhaupt daß er sie glücklich mache. Im Gegenteil, der Hausherr legt einem jeden die Leistungen auf, die die Familie leisten soll, aus eigener Macht und weil es sein Wille so ist. Er erhält Ordnung und übt Gerechtigkeit unter seinen Hausgenossen, das ist sein Amt – wie glücklich ein jeder sich dabei fühlen möge oder nicht, das ist nicht des Hausherrn, sondern jedes einzelnen Dieners Sache. Er wird dem treuen Diener dazu behilflich sein, insofern er die Pflichten eines Christen übt – aber es von Hause aus, als dazu angestellter Beamter, besorgen zu müssen, für den schlechten Knecht wie für den getreuen, dazu hat er gar keine Verpflichtung, ist er auch gar nicht einmal imstande, weil ein jeder Mensch sein Glück sich nur selber bereiten kann.

Genau ebenso ist es mit dem Staat. Es ist noch nie vorgekommen und kann auch gar nicht sein, daß ein Volk zusammengelaufen wäre, ohne vorherigen Zusammenhang und ohne Oberhaupt und hätte nur gesprochen: »Wohlan! Da sind nun ein Volk, Vornehme und Geringe, Bürger und Bauern, lasset uns ein Oberhaupt erwählen, auf daß es unsere gegenseitige Hilfeleistung dirigiere und damit es uns glücklich mache!« Umgekehrt: Nachdem Gott Familien- und Hauswesen instituiert hatte, so ließ er zu, daß es darunter Ungerechte gab, welche die andern bedrängten. Wo nun ein mächtiger Familienvater schon da war, da schlossen sich andere an ihn an, damit er sie beschütze. Er aber nahm sie in seinen Schutz unter der Bedingung, daß sie ihm ebenso gehorchten, wie seine eigene Familie es tat, und so entstanden Stammeshäupter, Fürsten und Könige. Nimmermehr haben die Schutzgenossen verlangt und verlangen können, daß er Leistungen verteile oder daß er beglücke! Sie mußten sich die Leistungen gefallen lassen, die ihnen aufgelegt wurden, weil sonst der Schutz, dessen sie bedurften, ihnen unmöglich gewährt werden konnte. – Ob sie dabei glücklich seien, das blieb nach wie vor ihre eigene Sorge. Des Fürsten Pflicht war nur, Ordnung und Gerechtigkeit unter ihnen zu handhaben, deswegen hatte Gott ihn Fürst werden lassen, und konnte er außerdem einem zu seinem Glücke behilflich sein, so war dies wiederum eine Liebespflicht, die er als Christ übte, keineswegs eine ihm durch sein Fürstenamt gebotene Pflicht!

Wenn man die Geschichte aller europäischen Staaten durchgehen will, so wird man immer finden, daß der Fürst allenthalben eher dagewesen ist als das Volk, daß er sich sein Volk gemacht hat, ebenso wie der Hausherr sich sein Hauswesen macht, nicht umgekehrt. Z.B. in Preußen: Der Burggraf von Nürnberg kaufte die Mark Brandenburg, für bares Geld, seine Nachkommen machten die preußische Monarchie, indem sie durch Erbschaft Pommern, Preußen, Cleve, durch Eroberung Schlesien usw. erwarben. So ist es überall und allenthalben und immer gewesen. Nirgends ist ein König als Beamter von seinem Volk, auf das er es glücklich mache eingesetzt worden. Vielmehr hat ihm Gott Macht und Herrschaft gegeben, auf daß er Recht und Ordnung handhabe! In Hinsicht des Erwerbs war die neue Irrlehre, da sie die Industrie und den Kredit an die Stelle des ruhigen Besitzes und des mit wenigem zufriedenen Fleißes, die Spekulation an der Stelle fleißiger Arbeit setzte, nicht weniger verderblich und naturwidrig.

Von der Kirche wurde gelehrt, daß sie überhaupt nur ein Blendwerk sei: was ein jeder mit dem allergemeinsten Verstande und ohne Anstrengung nicht zu begreifen vermöchte, was er gleichsam nicht mit den Händen fassen könne, das sei auch gar nicht vorhanden. Es existiere also auch kein Zusammenhang des Menschen mit Gott und keine über ihm waltende Vorsehung. – Des Menschen Verstand allein sei hinreichend, um ihn durch das Leben zu führen – es komme nur darauf an, Umstände und Schicksale geschickt benutzen usw.

Wenn insbesondere der Verstand zur Herrschaft berufen war, so waren auch alle diejenigen zum Herrschen bestimmt, die Verstand und Talent besaßen oder zu besitzen glaubten. Da aber auch hier wieder keine göttliche Allwissenheit auf dem Platze gegenwärtig war, um den wahren Verstand und das beste Talent aus der großen Masse der Talentvollen herauszusuchen, so mußte ein wildes Streben entstehen, durch welches ein jeder den anderen zu verdrängen suchte. – Die neue Lehre bestand also eigentlich darin, an die Stelle des Rechts und der Ordnung den Nutzen, an die Stelle christlichen Demuts und Zufriedenheit den Hochmut und die Unzufriedenheit mit der Stelle, die Gott einem jeden angewiesen hatte, zu bringen.

In Deutschland arbeitete die Sucht der Umkehr nur erst in den Köpfen der Gelehrten und Schriftsteller; die eigentlichen Stände des Landes, die arbeitsamen Klassen, waren noch nicht angesteckt.

Der Brandenburgische Kinderfreund, der in allen Schulen eingeführt wurde, gibt sich schon mit Staatserklärungen ab, und ein anderes ebenfalls in den Schulen eingeführtes Buch, das Not- und Hilfsbüchlein für den Landmann läßt in seinem letzten Teile das Dorf, von welchem geredet wird, nicht eher vollkommen glücklich werden, als bis der (übrigens gar nicht einmal böse, sondern wohltätige) Gutsherr es verlassen hat und eine republikanische Konstitution darin eingeführt ist. – In allen jenen Gedichten wurden nun die Edelleute als roh, unwissend, hochmüthig, adelsstolz dargestellt, als ihre Bauern mit willkürlichen Abgaben plagend, sie von Haus und Hof treibend, vorzüglich als enorme Jagdliebhaber, die mit ungeheuren Hetzen die Kornfelder des Bauern ruinierten und diesen zerprügelten, wenn er tränend und fußfällig mit Weib und Kind um Schonung bat. – In allen Kinderschriften ist immer der Junker ein Narr und ungezogener Bengel, der Bürgersohn ein Tugendheld.

Alle diese Lügen fanden allerdings noch keinen Eingang. Wie aber späterhin die Stuben- und Schulgelehrsamkeit dermaßen Oberhand gewann, daß niemand mehr wußte, was außerhalb der Stube geschah, und den Büchern allein geglaubt wurde, da vermeinte man allerdings den Bauern eine große Wohltat erzeigt zu haben, wie man ihn dem Schutz und der Vorsorge des Gutsherrn entzog und ihn wehrlos den weit strengeren Herren, seinen Gläubigern, überlieferte.

Medizin oder Von Doctoren, Apothekern und Quacksalbern

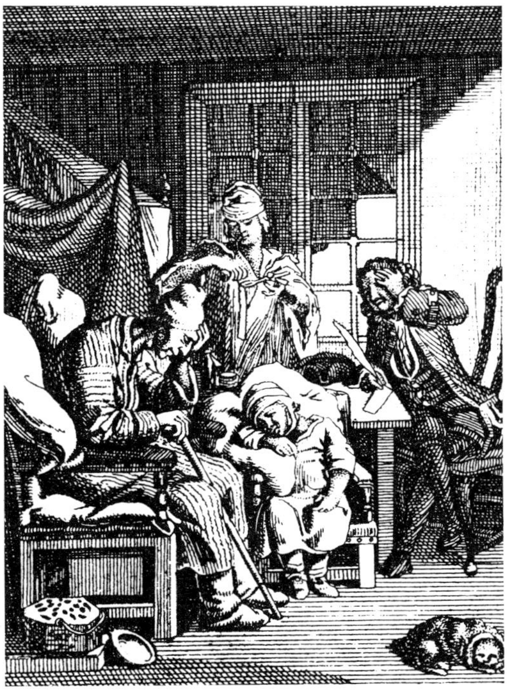

»Das Glück des häuslichen Lebens« wie es Daniel Chodowiecki 1773 sah

Berlin, den 24. September 1724.

Daß der Königl. Preuß. Rath Eysenbarth von Magdeburg zum Trost vieler bedrängten Patienten allhier seyn, wird hierdurch zu wissen gethan: er hat die kurtze Zeit viele Menschen an allerhand, theils gefährliche, Kranckheiten rühmlich curiret. In specie hat er den 11. Sept. von einem 23jährigen Menschen mit geschwinder Behändigkeit und in Presence vieler Leute, doch ohne große Schmerzen dergleichen Stein aus der Blase geschnitten. Dieser Mensch ist Gottlob frisch und gesund, auch die Blase vollkommen heil; er logiert in der Heiligen Geist Straße, in der Witwe Neumeisterin Hause, allwo in seinem Quartier das Original kann gesehen werden. Dergleichen wichtige Operationes wird der Rath Eysenbarth noch mehrere vornehmen. Was an Augen-Curen, Brüchen, Leibs-Gewächsen, Hasenscharten von ihm verrichtet werden achtet er gering.

Zu haben sein wird dessen unvergleichlicher balsamischer Haubt-, Augen- und Gedächtnis-Spiritus, de meliori recommendiret. Wovon sehr viele Proben erwiesen, an denen, so vom Schlage gerührt, Schwindel, Ohren-Sausen, Kopfweh und Augen-Tunckelheiten laboriret; auch ist zur Conservirung dazu nichts beseres zu wünschen, das Loth a 12 Groschen. Ingleichen dessen berühmten Tinktur gegen Stein- und Gliederschmerzen, das Loth a 8 Groschen. Auch zu haben um billichen Preiß sind die curieusen und bequemen Bruch-Bänder nebst dienlichen Medicamentis, wodurch viele Brüche ohne Schnitt curiret werden.

So jemand seiner Hülffe benöthigt, kann er des Morgends nichtern seinen Urin auffangen und ihm zusenden. Sein Logis ist in der Spandauerschen Straße bey Herrn Melchern.

Selbst von dem publicity-süchtigsten Mediziner unserer Tage brauchen wir eine ähnliche Anpreisung nicht zu befürchten. Sowas ist nicht nur deshalb undenkbar, weil dem Arzt Werbung verboten ist, er würde Vergleichbares nicht riskieren, weil das Publikum nie auf die Idee käme, daß hier überhaupt ein Arzt zu ihnen spricht.

Doch ist uns der Name Professor Eisenbarth heute noch geläufig, weil er wahrscheinlich ein für seine Zeit brillanter Arzt gewesen ist. Seine marktschreierischen Methoden benutzten auch andere Ärzte, genau wie Quacksalber und Barbiere, Pfuscher und Gelehrte. (Vorsorglich machen wir hier bereits darauf aufmerksam, daß der Begriff Pfuscher damals anders definiert wurde.) Dieser Eisenbarth symbolisiert jedoch ein Dilemma im Gesundheitswesen jener Zeit, nein, kein Dilemma – es war eher ein Chaos, nach heutigem Ermessen.

Zunächst müssen wir uns mit der Tatsache bekannt machen, daß ein Chirurg kein Arzt war; Medizin und Chirurgie waren streng voneinander getrennt. Besonders verwirrt dürfte jener werden, der daraufhin wissen möchte, was ein Chirurg war, was er durfte, was ihm verboten war, vor allem, wenn er erfahren möchte, wie tüchtig diese Leute waren. Da wirkt alles ein bißchen konfus. Es ist sicher einfacher, heute die gleichen Fragen nach einem Heilpraktiker zu beantworten. Manchmal waren Chirurgen Wundärzte, bzw. Wundärzte Chirurgen, aber auch Barbiere und Bader. Selbst die Bezeichnungen änderten sich im Verlaufe des Jahrhunderts.

Offenbar waren sie alles zugleich, einer mehr das eine, der andere weniger. So mußten Chirurgen zumindest in Berlin eine Barbierstube unterhalten, waren somit zunftpflichtig. Das heißt, es konnte nur derjenige das chirurgische Handwerk ausüben, der in die Zunft hineingelassen wurde. Schon wegen dieser äußeren Bedingungen ist es nur natürlich, daß ihre Qualifikation extrem unterschiedlich gewesen ist. Da gab es simple Handwerker neben gebildeten Chirurgen. Einige sahen ihre Haupttätigkeit darin, den Leuten die Perücken zu ordnen, andere wieder operierten nach fast überraschend modernen Methoden.

Doch vor allem bestand die Arbeit der Chirurgen darin, den vom Arzt verordneten Aderlaß vorzunehmen oder auch nach eigener Verordnung. Und im Zahnziehen. Zumindest bis in die Mitte des Jahrhunderts durften sie äußerliche Medikamente verordnen, etwa Pflaster und Salben. Sie durften Umschläge machen und allenfalls noch Wundtränke verabreichen.

Der Arzt dagegen war ein Gelehrter mit theoretischer Vorbildung. Zu seinem medizinischen Studium gehörte eine gründliche Beschäftigung mit Chemie, Botanik und Physik. Die berühmtesten Doktoren waren meist gleichzeitig tüchtige Botaniker und Physiker. Nur ein klinischer Unterricht war an den Universitäten kaum üblich. Den erhielten dagegen Chirurgen in ihren Medizin-Schulen.

So gab es auch keine ärztliche Praxis, wie wir sie heute kennen. Die Ärzte besuchten ihre Patienten zu Hause, mußten dazu häufig weit reisen. Aber ihre Patienten hatten Häuser, denn es waren die reichen Kranken, die hochgestellten sogenannten Persönlichkeiten. Eine Sprechstunde entwickelte sich später und sehr langsam, erst als die Ärzte anfingen, sich auch um die weniger begüterten Kranken zu kümmern.

»In jeder ansehnlichen Stadt sind gemeinigl. Ärzte eine Menge, und doch stirbt der größte Theil der Sterbenden ohne daß ein Doctor sich um sie bekümmert hätte. Wo keine opes, keine Barzahlung und reichliche Geschenke zu holen sind, da läßt sich kein Galener blicken.« So beschrieb der Pfarrer Christoph Wöllner den Zustand des Gesundheitswesens ziemlich am Ende des 18. Jahrhunderts, als er dem König einen Entwurf für eine Neuorganisation vorlegte. Seine Behauptungen unterstrich er auch ziemlich ausführlich und drastisch: »Nur dort, wo die hohe Tür des Palastes geöffnet wird, und der seidene Vorhang vorm Krankenbette rauscht, da sind oft halb Dutzend Aerzte mit ängstlicher Emsigkeit beschäftigt, um ein Consilium medicum über eine Indigestion zu halten. Nützlicher wäre gemeiniglich dem Staate das Leben der Armen in den baufälligen Hütten, als die Tage der Bewohner in den goldenen Palästen.«

Das beliebteste Haus- und Allerweltsmittel jener Zeit war der Aderlaß. In der irrigen Meinung befangen, der Mensch dürfe nicht zu viel Blut haben, schrieb man jedes körperliche Mißbehagen, jede schlechte Gemüthsstimmung der »Wallung des Geblüths« zu und suchte sich durch »Abschlagen« von gewöhnlich »12 loth« von dem überflüssigen und schlechten Blute zu befreien.

So findet der Aderlaß die weitgehendste Verwendung; man gebraucht ihn bei Müdigkeit und Trägheit, um den Eindruck eines Schrekkes abzuschwächen, bei der Pleurasie (Rippenfellentzündung), während der Geburt, bei Verstopfung, bei Nasenbluten und bei der hypochondrischen Krankheit. Auch das »Erbsen- und Fliegen-sehen im Halbschlaf« wird durch einen Aderlaß kuriert und sogar von Zahnschmerzen sucht man sich durch einen Aderlaß zu befreien. Als den Prediger Müller einmal während der Predigt das Gedächtnis verläßt, wird die Schuld dem Blute zugeschrieben, und er fängt an, auf Anraten seine Frau Volanten zu schlagen, um das Geblüth ein wenig in Bewegung zu bringen und die Transpiration zu befördern. Schließlich ist der Aderlaß auch ohne äußere Ursache auf jeden Fall gut, und so hat denn auch der Prediger auf den erprobten Rat seines Freundes hin sich jährlich zweimal zur Ader gelassen.

Ich habe noch eine Reihe älterer Personen gekannt, welche prophylaktisch alle Halbjahre einen Aderlaß für nötig erachteten zur Instandhaltung der Gesundheit. Man »polkte« eine kleine Ader am linken Handgelenk auf und beobachtete mit starrem Blick die Blutung, bis nach dem Dafürhalten des Arztes der Patient anfing, »schnell zu athmen«. Dann war es für dieses Mal genug. Mit starkem Leinwandlappen wurde die Wunde fest verbunden und der Kranke zu Bett gebracht, um nach tüchtigem nun folgenden Schlafe (Ohnmacht?) erleichtert aufzustehen.

In Berlin sterben jährlich zwischen 4000 und 6000 Menschen, die Garnison nicht mitgerechnet. Hiervon will ich nur den 4ten Teil ganz armer Leute annehmen, obgleich seit den Zeiten der heillosen geltenden octroi von dieser Classe weit mehr gestorben sind. Es sollen also in Berlin jährlich nur 1000 ganz arme Leute sterben, die keinen Arzt bezahlen konnten, und folglich auch von keinem Arzt in ihrer Krankheit besuchet worden sind. Die Hälfte will ich preis geben, und annehmen, daß sie kein Doctor curiren konnte; es bleibet mir also noch die andere Hälfte dieser nützlichen Menschen übrig, die sicher wäre gerettet worden, hätte sie den Zuspruch eines Arztes genossen. Also sterben jährlich in Berlin 500 Menschen die der Staat freiwillig ver-

liehret, weil er nicht für ihre Erhaltung sorgt; nicht den Doctor bezahlen will, den der Arme nicht selbst bezahlen kann. In 20 Jahren sind dies in dem einzigen Berlin 10000 Unterthanen weniger, die Nachkommenschaft dieser Menschen ungerechnet, welche leicht das Duplum ausmachen könnte. Lässet sich ein größerer Schaden gedenken, in einem Lande, das um seine Bevölkerung und um die Vermehrung seiner Einwohner so rühmlichst bekümmert ist? ...

Um zu wissen, wie hoch der Schaden wirklich gewesen ist, müßte man jedoch zusätzlich wissen, wie weit die medizinische Wissenschaft überhaupt war. Was haben die besten Ärzte gekonnt, was nicht? Welche Krankheiten konnten sie bekämpfen, welche nicht? Da es jedoch auch heute meist nur Unheil stiftet, wenn sich medizinische Laien in Heilpraktiken einmischen, wollen auch wir lieber darauf verzichten, Fachliches zu bewerten. Wir begnügen uns mit dem Allgemeinen. Dazu können wir zunächst schon sagen, daß nach Meinung eines hundert Jahre später lebenden Gelehrten, sowohl die vorbeugende Gesundheitspflege, als die »Heilwissenschaft, namentlich aber das öffentliche Medizinalwesen in dem größten Teil von Deutschland noch auf einer ziemlich niedrigen Stufe stand. Einen der schlagendsten Beweise dafür giebt die traurige Tatsache, daß unter den während der Jahre 1783–91 in Berlin verstorbenen 47367 Menschen, nicht weniger als 4315 Kinder waren, welche von den Pocken hinweggerafft wurden, während in einem gleichlangen Zeitraum zu Beginn des 19. Jahrhunderts (1814–22) unter 51389 Toten nur noch insgesamt 535 Menschen an Pocken starben. In Württemberg starben zwischen 1772 und 1796 7,7 Prozent aller Kinder an Pocken, 50 Jahre später waren es nur noch 0,6 Prozent. Wesentlich zur Verringerung der Sterbequoten wird wohl die Entdeckung (1798 veröffentlicht) des englischen Arztes Edward Jenner beigetragen haben: nämlich daß sich im Körper eines mit Kuhpocken geimpften ein Gegengift bilden würde. Auf ähnliche Weise spotteten andere verheerende Krankheiten der damals noch unvollkommenen ärztlichen Kunst. So raffte gegen Ende des vorigen Jahrhunderts ein sogenannter böser Hals, wahrscheinlich eine Art von Bräune, eine ungeheure Zahl von Kindern in der preußischen Neumark hinweg. An Masern starben in Berlin 1751 binnen 18 Wochen fünfhundert Kinder – gerade ein Viertel der gesamten Todesfälle in diesem Zeitraum.«

Doch hat sich auch die Obrigkeit kaum um das Gesundheitswesen gekümmert. Das konnten wir ja bereits aus den Bemerkungen Pfarrer Wöllners erkennen. Auch die Bevölkerung war eher passiv, wahrscheinlich wegen einer Mischung aus Aberglaube und Religiosität. In Seuchen, Krankheiten, wie auch in Kriegen glaubte man eher die göttliche Strafrute zu erkennen, welche die sündige Menschheit heimsuchte. Also war es nicht die Aufgabe der Menschen, die von Gott bestimmte Ordnung zu verändern oder zu verbessern. Gegen Seuchen und dergleichen Plagen gab es daher nur geistliche Mittel: Gebet und reuige Buße für begangene Sünden, die Wiedergewinnung der himmlischen Gnade und Versöhnung der zürnenden Gottheit.

Was jedoch hätte getan werden können, geht am klarsten aus einem Memorandum hervor, das der große Leibniz verfaßt hat, lange bevor er die spätere preußische Akademie der Wissenschaften gründen durfte.

Allerdings ist unbekannt, ob es am preußischen Hofe überhaupt zur Kenntnis genommen wurde, gerichtet hat man sich danach jedenfalls nicht:

Nächst den Tugenden des Gemüths hat die Obrigkeit auch auf die Gesundheit des Leibes ihrer Unterthanen zu sehen, zu welchem Ende nöthig, verständige Medicos zu halten, und mit denen diesfalls zu öfteren zu ratschlagen, auch ihnen allerhand Fragen zu gebührender Untersuchung zu stellen. Und zwar bin ich zuförderst der Meinung, daß der Juristen insgemein zu viel, der Medicorum aber zu wenig seyen. Hingegen eines Menschen Gesundheit beachtete nur ein einziger Medicus, und zwar zum öfteren nur überhin, und im vorbeistreichen. Denn wie kann es anders seyn, da der Medicus von der Praxis lebt, und in einem Tage so viel Patienten besuchen muß, deren einer wohl etliche Stunden Nachsinnens und allerhand schwere Bedencken erfordert hätte? So ist es ja auch ungleich leichter von einem Process, als von einer Kranckheit wohl zu urtheilen, denn in den Acten kann man lesen und solche anatomiren, der Leib aber eines lebenden Menschen ist verschlossen und zwischen einem toten Cörper und lebendigem Leibe ist ein allzu großer Unterschied. Daher ich mich oft über der Menschen Blindheit wundere, die sich ihre wahre Wohlfahrt so wenig angelegen seyn laßen. Vornehme Leute, ja große Potentaten selbst müßen täglich erfahren, wie übel es hergehet, wenn sie oder die ihrigen oder ihre guthe Freunde kranck seyn, und wie viele durch Nachlässigkeit und Unwißenheit aufgeopfert werden, und dennoch wollen sie nicht ein weniges auf dasjenige bey gesunden Tagen wenden so sie in Kranckheit mit viel tausend vergeblich zu erkauffen trachten würden ... Allein es geht den meisten mit der Gesundheit wie mit der Seeligkeit, deren keines sie achten, bis sie von der späthen Reue übereilet werden. Und sonderlich sollte man Aufsicht haben auf die Diät, weil zu menschlicher Gesundheit mehr an Küche und Keller gelegen, als an Apotheke und Laboratorio, und also zu sehen auf Victualien, Obst, Fleischbäncke und Brodbacken, vor allen Dingen, aber auch auf das Brauwesen und Getrâncke, denn für gewiß halten, daß durch übel gebrautes und in den Krügen verderbtes Bier der gemeine Mann sehr an seiner Gesundheit verwahrloset wird; daher die Leute hernach in den Zeitwechselungen des Jahres allerhand regierenden Kranckheiten, wegen geschwächter Natur, wie die Fliegen dahin fallen. Von Taback, Wein, Brandtewein, Salz, Zucker und Gewürz, Thee, Cafe und Chocolate anjezo nicht zu gedencken.

Dennoch ist es heute nicht leicht zu verstehen, daß auch ein von Krankheiten so schwer heimgesuchter Mann, wie Friedrich Wilhelm I. sich um die Medizin seiner Zeit kaum kümmerte – oder sollte er gerade wegen seiner Krankheiten kein Vertrauen gehabt haben? Ihn interessierten fast ausschließlich die Chirurgen. Von ihnen gingen in Preußen auch fast sämtliche Impulse auf den Sanitätsdienst aus. Alle Militärspitäler wurden Chirurgen unterstellt, deren Ausbildung auch das Ziel der königlichen Medizinschulen war. »Die Chirurgi sind von uralten Zeiten allhier privilegiert und in großem Ruf gewesen. Sie haben nunmehro eine geschlossene Zahl und müssen das Tentamen und Examen ausstehen, wie auch ihren cursum auf dem collegio Medico-Chirurgico machen. Heutigen Tages kann auch niemand ein Amtschirurgus werden, er habe denn als Kompagnie-Feldscherer unter einem Regiment gedienet, wovon die Königl. Medizinalordnung ein mehres besaget«.

Ein Wundarzt mit chirurgischen Instrumenten und Barbierbesteck um 1730

Zahnziehen

Dieser äußerst schmerzhaften Prozedur versuchte man nach Möglichkeit aus dem Wege zu gehen und nahm seine erste Zuflucht zu Hausmitteln: Ich versuchte alles an Kräutern, Spiritus, Aderlaßen, der Bader schlug auf den Daumen, in Meinung, das müsse helfen, aber alles umsonst.

Damen greifen sogar zur Tabakspfeife, um den Schmerz zu töten: Die Fräulein Lottchen hatte wieder Plage von den Zahnschmerzen, doch half ihr meine Pfeife Tobak am Montage beim Bettgehen.

Erst wenn dergleichen nicht mehr verfangen will, muß man zum letzten Mittel greifen, zum Ausziehen sich entschließen. Der Chirurgus wird ins Haus bestellt, wohin er seine Instrumente mitbringt, den Patienten bittet er sich auf ein »Küssen an der Erde« zu setzen und »steigt so dann hinter ihm auf.« Meistens muß er mehrere Male ansetzen, ehe er den Zahn herausbricht. Einmal heißt es sogar, er winde den Zahn gleichsam heraus, nachdem er vorher mit den Fingern das Zahnfleisch untersucht hatte.

Von einem Zahnarzt in Rostock

An einem Nachmittage hielt unter unsern Fenstern ein Zahnarzt zu Pferde. Er hatte eine große Schnur Zähne umhängen und machte viel Rühmens von seiner Geschicklichkeit. Es kam also ein Soldat zu ihm sich einen Zahn ausziehen zu lassen. Er zog den Degen aus, sagte, daß er ihm bei seiner Abreise von zu Hause von seinem Vater gegeben worden, damit die Zähne auszustechen. Er langte mit der Spitze und dem Forderfinger herein und holte sie ohne Zaudern damit heraus, steckte sie auf der Spitze und zeigte sie herum denen Zuschauern. Hierauf kam auch ein artiges Mädgen mit einem Tuch um den Kopf und klagte, daß es seit langer Zeit die heftigsten Schmerzen von einer Zahn gehabt hätte. Er ließ sich dieselbe zeigen, langte eine hölzerne kleine Kelle aus der Taschen, und sagte, dies wäre ihm in gleicher Absicht von seiner Großmutter gegeben worden, die Zähne damit herauszuholen. Er hielt die Kelle zum Munde, langte wieder mit dem Forder Finger herein und brachte sie schnell und geschickt auf der Kelle heraus.

Werbeblatt eines Zahnarztes im 18. Jahrhundert

Da die Zünfte (deren unseliger Einfluß bereits beschrieben worden ist), versteinerte Institutionen geworden waren, da sie unfähig schienen, selbst bescheidenen Neuerungen anders als feindlich zu begegnen, ist es nur konsequent, wenn festgestellt werden muß, daß auch die Chirurgie durch ihre Verbindung zum Zunftunwesen in ihrer Entwicklung als einer Disziplin der medizinischen Wissenschaft behindert wurde. Genauso nachteilig hat sich diese unglückliche Verbindung mit den Zünften auf die medizinische Versorgung ausgewirkt. Einerseits schützte sie medizinische Dilettanten, die sich um die ärztliche Tätigkeit kaum, dafür aber um so mehr um das Barbieren kümmerten. (Was ja deren gutes Recht war.) Andererseits verhinderte sie jedoch – wie auch meist sonst, bei anderen Handwerken – daß qualifizierte Chirurgen bzw. Wundärzte unbehelligt ihren Beruf ausüben konnten.

»... kann wegen Blödigkeit des Verstandes und ansonsten nur mit der Bartschere etwas verdienen«, lautet etwa das Urteil über einen Chirurgen im Berliner Bürgerbuch. Gleichzeitig gab es dann Wundärzte, die am Collegium medico-chirurgicum lehrten.

Das Monopol wurde rigoros ausgenutzt. Selbstverständlich waren auch die Wundärzte, die aus der Armee gekommen, oder dort noch gleichzeitig tätig waren, vor der Konkurrenz weiterer Zivilchirurgen geschützt. Folgerichtig waren sie auch materiell gesichert. Als die Wundärzte 1737 vom Magistrat aufgefordert wurden, die Armen umsonst zu behandeln, lehnten sie das rundweg ab. Der Fall war erledigt.

In der zweiten Hälfte des Jahrhunderts versuchten die gebildeten Wundärzte, sich aus dem Zunftzwang zu lösen, und gleichzeitig die Verbindung mit der Barbier-Gerechtigkeit loszuwerden. Doch blieben diese Bestrebungen bis zur allgemeinen Gewerbefreiheit naturgemäß erfolglos. Ungelöst blieb auch das Problem der Quacksalber. Dazu gehörten jedoch damals, wie bereits angedeutet, nicht unbedingt die Kurpfuscher.

Als Kurpfuscher galt nämlich bereits jemand – ganz unabhängig von seinen Fähigkeiten und seiner Ausbildung – der seine Tätigkeit ohne die Erlaubnis der Obrigkeit ausübte. So konnte selbst der promovierte Arzt als Kurpfuscher bezeichnet werden. Die Verwirrung kann also beginnen, wenn Quacksalber und andere Spitzbuben genauso als Pfuscher eingeordnet werden. Doch der geistige (und auch der materielle) Zustand der Bevölkerung war natürlich ein idealer Nährboden für betrügerische Wundheiler aller Art.

Bis in die höchsten Gesellschaftskreise hinein waren die Menschen abergläubisch. (Bei Friedrich Wilhelm II. durften Quacksalber selbst am königlichen Hof praktizieren.) Weil diese Strolche ständig umherreisten, verbreiteten sie außerdem den Reiz des Außergewöhnlichen. »Die Freude an chemischen Prozessen, an den Destillationen in der Retorte und den Lösungen auf kaltem Wege war vielen gemein; kräftige Tinkturen wurden an Bekannte verteilt, die Hausfrauen liebten allerlei künstliche Wasser zu destillieren, und in den Frage- und Anzeigeblättern wurden häufig Arzneien angepriesen, Pillen gegen Podagra, Pulver gegen Kröpfe, blaues Wasser gegen Viehsterben.«

Aber eben auch die hohen Honorare der Ärzte dürften eine Ursache dafür gewesen sein, daß sich die »Kurpfuscherei« bei der Bevölkerung so verbreiten konnte. Feldschere und Frauen von Scharfrichtern betätigten sich gleichermaßen auf diesem Felde, stillten Blut mit Lappen aus alten Fahnen oder mit Frauenkot und pulverisierten Ziegelsteinen.

Ärzte waren verpflichtet, Arme umsonst zu behandeln. Aber sie kümmerten sich nicht um diese Anordnungen. Nach längeren Verhandlungen mit der Obrigkeit gelang es endlich, Armenärzte gegen eine jährliche Besoldung zu bestellen. Über ihre Tätigkeit jedoch hat selbst ein so unermüdlicher Forscher in diesem Bereich wie Manfred Stürzbecher nichts in den Akten finden können. Selbstverständlich verlangten auch die Wundärzte/Chirurgen hohe Honorare für häufig sehr geringe Leistungen. Bei den Quacksalbern vermischten sich freilich häufig ernsthafte Heilmethoden mit betrügerischen Fisematenten. Was davon sinnvoll gewesen sein mag, was Unfug, wollen wir wiederum nicht beurteilen. Wir begnügen uns damit, willkürlich einige Beispiele aufzuführen, von denen wir hoffen, daß wir den Unsinn ebenso berücksichtigen, wie das wirksame Heilungsmittel:

Frösteln bei beginnenden Fieberschauern wurde dadurch abgestellt, daß dem davon Betroffenen unvermuthet eine große Schere zum Nacken hinein auf die bloße Haut den Rücken entlang geworfen wurde. In Königsberg war es dazumal stadtkundiges Geheimniß, daß, wer anfing, ernstlich kalte Fiebererscheinungen zu zeigen, Abends nach dem Poetensteig hinausgelockt, dort veranlaßt wurde, über einen der schmalen Stege des Herbstbaches zu gehen, bei welcher Gelegenheit ihn ein unvermuthet beygebrachter Stoß zum plötzlichen Erschrecken in das Wasser beförderte. Manch einer behauptete, auf solche Weise vor dem wirklichen Ausbruch des Fiebers gerettet zu sein. Wie viele aber zu Schaden kamen, davon schwieg der Welt Höflichkeit.

Man läuft hierlands denn doch viel lieber als zu den Allerweltshelfern zur Medizin-Apotheke. Jedoch viel lieber in vorkommenden Fällen zu »klugen Frauen«. Fünfzehn bis zwanzig Centner Gewichts amerikanisches Schweineschmalz – mit 250 bis 300 Prozent Gewinn abgegeben! – berechnete ein mit mir befreundeter Apotheker in einem kleinen Ort der Neumark den jährlichen Verbrauch von Salbe, welche unter den Titeln »Bärenfett für Frauen, Bärenfett für Männer, Fuchslungensaft, Hundeschmalz, Zug-Druck-Stich, Gelber Quector, Königssalbe« usw. von ihm gefordert würden. Dahingegen arbeiten ganz offen vor aller Augen und Ohren die »halben Doktoren«. Als solche stehen nach alter Tradition da: »Scharfrichter, Schäfer, Müller, Schmiede, ab und zu auch einmal ein Böttcher.« Jedenfalls Leute, welche in einer gewissen Isoliertheit ihr Leben zuzubringen pflegen.

In gleicher Naturwüchsigkeit wurde ein Sekundanerfreund von mir behandelt, als derselbe über Stiche in der Brust klagte und Lungenentzündung befürchtete. Sein Oheim entfernte sich, nachdem er solche Klage vernommen, wortlos und kehrte nach kurzer Zeit in Begleitung eines Böttchers wieder, welcher letztere alsbald ohne ein Wort zu sagen dem Patienten mit den »Knebeln«, d.i. Knöcheln der rechten Hand, einen derben Schlag auf das Nasenbein versetzte und wortlos verschwand. Ein Blutstrom entstürzte jener Nase. Wir wollten uns entrüstet an die Verfolgung des Übelthäters machen. Da hinderte die ganze liebe Verwandschaft des Gemißhandelten mit der Versicherung: das sei ein vorsorgliches Verfahren, beginnenden Entzündungen und Blutstockungen vorzubeugen.

Bei heftigem Nasenbluten wurde »eingebunden«. Um das Nasenbluten zu hemmen, wurde das oberste Glied des kleineren Fingers linker resp. rechter Hand, je nachdem das betreffende Nasenloch blutete, mit starkem Bindfaden fest umwunden; wobei der Ausführer solcher Operationen unter beständigem Kopfschütteln die Worte murmelte: »Witt un blach« (weiß und blau). Solcherlei nämlich nahm sehr bald das gequälte Fingerglied an.

Die Heilung trockner Flechten wurde versucht, indem der Patient einen Fingerhut voll zerstoßenen Alaun in ein Quart Wasser auflöste und von solcher Auflösung eine Woche lang früh morgens täglich je ein Siebentel nüchtern trank.

Knüllen: eine Art Massage-Kur. Wer in Folge von Erkältung Steifheit der Glieder bekommt, ist »angewachsen«. Er wird zuerst »gereckt«, d.i. während er sich duckt, auch wohl niederkniet, setzt der Heilkünstler bzw. die Heilkünstlerin ihm ein Knie in das Kreuz und drückt ihm die Schultern mit den Händen möglichst weit rückwärts. Alsdann werden die leidenden Stellen erbarmungslos mit Daumen und Zeigefinger im Knetverfahren bearbeitet, um »gelöst« zu werden. Längst vor der medizinisch geübten Massagekur gab es weit und breit im Lande berühmte Kneter und Knüller, z.B. in Friedrichsfelde bei Berlin, in Krossen, in Königsberg (Salzgasse).

Das »Messen« wird angewandt, wenn jemand an unbestimmtem »Unbehagen« leidet, insbesondere, wenn er »blüschen«, d.i. ersticken will; sei es, daß Leberleiden, Magenleiden oder Asthma sich anbahnt. Der Patient legt sich auf den Bauch und streckt alle Viere von sich. Nun mißt der Heilkundige über Kreuz von der linken Fußspitze zur rechten Hand hin und umgekehrt. Stimmen beide Maße miteinander, so hat es mit dem Übel nichts auf sich. »Es treckt sich allens von tülfften wedder torecht«. Ist aber ein Maaß kürzer, wie das andere, alsdann ist der Fall bedencklich und nun wird unter Stöhnen und Aechzen des Leidenden wie der Heilhelfer in des Prokrustes Weise durch Ziehen der zu kurz befundenen Glieder Abhülfe gesucht. Wehe dem Kranken, wenn er während solcher Verfahren flucht und tobt! Er muß allen seinen Jammer auf die zwei Ausdrücke beschränken: »Ach Jottekin, meine Jesekin!« In der Tonart seiner Klagelaute steht ihm Freiheit zu.

Zahnschmerzen wurden zunächst durch unvermuthet erteilte Ohrfeigen abgeleitet. War der Zahn sehr hohl, so wurde Watte in »Fixfeuerzeug« gestippt, d.i. in die Schwefelsäure-Auflösung der früher gebräuchlichen »Stippfeuerzeuge«, und solche Watte in den hohlen Zahn befördert. Der Patient fing alsbald an, wie toll zu tanzen und sank nach einigen Sekunden »vor dodig« = wie todt zu Boden. Der Zahnschmerz war jedoch endgültig gehoben.

Oder aber: da der Doktor Ausziehen eines Zahnes 8 Groschen, der Barbier wenigstens 2 Groschen nahm, ging man zum Dorfschmied. Der thats mit einer eigens dazu nach Art der Drahtzangen eingerichteten Zange aus Gefälligkeit umsonst, nahm höchstens 1 Groschen.

Schwitzkuren! Unerschöpflich ist dieses Kapitel. Ein Quart Kamillenthee, verschönt durch einen Löffel Essig: Dann bis an den Hals in einen Kleiesack. Oder auch im Schaafstall eine Nacht lang in einen Sack gebunden und bis an den Hals unter Schaafdung gepackt! Ebenso drastisch wa-

ren Laxierkuren mittels Bittersalz, Bomitive als z.B. Seifenwasser und Butter, Kitzeln mit Federn im Halse und dergleichen mehr bis es hieß: »Zehn Schritt gegen den Wind!«

Verstopfung suchte man außer durch Aderlaß, durch Rhabarbar, Schwetschensuppe, Pillen, ein Lavement oder durch Seidlitzer Saltz zu beseitigen.

Um einen Dorn aus dem Auge zu entfernen, machte man einen »Krebsstein« darinnen, der bei dem Herumgehen ums Auge die Unreinigkeit zum Ausfluß treiben sollte, und gebrauchte außerdem Franzbrantwein, Rosenwasser und von dem blauen Augenwasser.

Geschwüre pflegte man durch Umschläge zu beseitigen. »Es wurde ein grobes Pulver, welches die alte Cumrowsche, wo ich nicht irre, ›fil graecuns‹ nannte, besorget; davon man vor 1 Schilling eine große Tüte bekam. Es wurde mit Milch gantz dick, und mit ein bisgen Butter heiß gemacht, zwischen zwei Tüchern herumgeleget, worin es gelinde erweichte; anstelle dessen der Doctor sonst warmes Weißbrot, in Milch gekocht, auf gleiche Art verordnet, welches aber nicht so gute Wirkung that. Sobald die Geschwüre offen, steckte sie diese starke Weiche, mit Johannis Oel angefeuchtet, hinein und legte 3 Pflaster von einerlei Art, als hellroth sonst bekannt, bis endlich die Weichen nicht mehr nötig waren. Ich nahm eine alte Frau dafür, von deren Geschicklichkeit ich viele Proben gehabt. Ihre Mittel bestunden in Johannis Oel, das hitzig und weiß, Lilienoel, das kühlend, womit sie den Fuß über und über bestrich, an dem anderen Tage aber mit einem Umschlag von Roggen, Mehl und Wermuth abwechselte, zuletzt noch Graecan, welches in einem Tiegel mit etwas Butter warm gemacht, alsdenn auf Leinwand dick geschmieret wurde, umschlug«.

Gegen Stiche im Kreuz verordnet der Arzt außer dem üblichen Aderlaß eine Blase mit lauwarmer Milch, die ihm auf den Ort, wo der Stich, geleget werden und in der Nacht wiederholt warm gemacht werden mußte. »Ich hatte mir das Kreuz mit Camphor Spiritus und warmen Servietten reiben lassen, wie auch der Doktor nachher rieth, aber es hatte nicht gewirkt. Der Herr Doctor Weigel rieth mir, beim Bettgehen, das Reiben mit Ameisen-Spiritus und einem Löffel voll Flieder-Blüten einzunehmen«.

Gegen Fieber werden braune Fiebertropfen oder China-China angewendet, wovon der Kranke täglich ein Pulver, in Wasser aufgelöst, zu sich nehmen muß. Helfen sollen außerdem Rhabarber und Ipecacuanha (eine brasilianische Brechwurzel).

Einen gefährlichen Halsschaden suchten Doctor und Chirurg vergebens durch Vesicatoria und Aufbrechen zu heilen, und der Kranke wäre methodicae verstorben, wenn nicht die Alte auf pfuscherhafte Art geholfen hätte.

Als letztes Mittel, die Empfindungen zu erwecken und zu sammeln, verordnet der Arzt »spanische Fliegen und Meerettig unter die Füße.« Einem fast tot geborenen Kinde wird sehr stark mit Zwiebeln vor der Nase gerieben, da es denn anfing, Luft zu schöpfen.«

Chronische Kopfschmerzen werden durch Ptisane, versüßtes Quecksilber und teilweise durch Chinarinde gemildert; bei Schwindsucht gibt der Arzt Rhabarber, Kaskarillenextrakt und Chinarinde. Bei Wassersucht sollen Gummi amoniacum, venetianische Seife und der Squille, die in Wein gegeben noch besser wirken soll. Abführende Mittel, wassertreibende Elixiere und Stärkungsmittel ergänzen die Behandlung.

Ordnung für die Behandlung von Irren und Tollen

1. Sollen die Dollen, jeder in ein absonderlich Gemach, gehalten und so lange sie in der dollheit seyn, allein beschlossen werden.

2. In der eussersten Dollheit haben sie nichts frey, als ihren eigenen Leib, weil doch alles von ihnen zerrissen und zermalmet wird. Wenn sie aber wieder etwas zu sich selbst kommen, so werden ihnen Strohbette und dergleichen gegeben.

3. Ihr Essen und Trincken wird ihnen durch Löcher gegeben, in kupfernen Becken, an Ketten festgemacht, werffen sie es weg, so ist's auf ihre Gefahr.

4. Alle Wochen sollen ihre Wohnungen und Leiber, wenigstens zweymal gereinigt werden.

5. Bey denen es sich thun läßt, werden alle Genesungsmittel angewendet.

6. So lange sie doll seyn, werden sie an Hände und Füße geschlossen gehalten, die aber mit denen es sich bessert, werden nur des Nachts geschlossen, und gehen des Tags in ihrer Wohnung herum.

7. Der bezahlen kan, bezahlt, wer es von denen Berlinischen nicht thun kan, wird umsonst gehalten.

8. Ein eigener Mann ist bey den Männern und eine eigene Frau bey den Frauen bestellet.

9. Die etwas Irren, aber nicht Rasend, werden in ein gut Zimmer gehalten und gehen im Hause herum.

10. Der Prediger und Medicus besuchen dieselben und brauchen bey ihnen ihr Amt, nach dem es der Zustand zuläßt.

Krankenhäuser waren damals vornehmlich den Armen vorbehalten. Sie waren meistens auch zunächst als Armenhäuser gedacht gewesen, oder wurden es im Verlaufe ihrer Karriere. Typisch für diese Entwicklung ist die noch heute bestehende, immer noch renommierte Charité.

»Die Charité liget zwischen Thiergarten und der Uranischen Landwehr ... Sie liget noch innerhalb der Pallisaden und wird ohne Zweifel mit zur Dorotheen- und Neustadt gehören müßen. Nicht weit davon, voran ist ein Wachthaus und auf einer Seite hinter der Charité ist auch an den Pallisaden eine Soldatenwache. Es ist dieses Haus zu Anfang zu einem Pesthause, ni fallor 1708 erbauet worden, weil zu dieser Zeit die Pest in der Nähe ziemlich graßirt, und eben deswegen ist es etwas entfernt nach außerhalb der Vorstadt erbauet worden. Nachgehends als die Pest aufgehört, hat man ein Zuchthaus daraus gemacht, und ... welche darin haben arbeiten müßen. Weil aber dieses keinen sonderbaren Nutzen gebracht und die Regimenter angewachsen, hat man ein Invalidenhaus und Soldatenlazarett daraus gemacht. Nach der Zeit aber hat man auch allerhand andre Leute darin genommen, und hat auch von daher wieder einen anderen Namen bekommen, wen es ietzo noch hat, und wird genannt: La Maison Royale de Charité, ein Königliches Haus der Liebe und Barmherzigkeit, weil aber dieses so lang ist, so heißt man solchs nur kurtz Charité.« Aber es war damals weder in der Charité noch in den anderen Krankenhäusern so, wie wir es heute erwarten. Ein ausgebildetes Pflegepersonal gab es nicht. Deren Arbeit wurde von bedürftigen Kranken erledigt, die ihre Kuren auf diese Art abarbeiteten, viele Huren, viel Gesindel. Patienten wurden wegen geringer Vergehen – das kennen wir ja allmählich – geprügelt. Ein Arzt kam, wenn es ein guter Arzt war, bestenfalls einmal in einer Woche. Häufig vergingen jedoch Wochen, ohne daß sich ein Arzt blicken ließ.

Die Zimmer sind sehr reinlich, und die Kranken werden auch im Anzuge sehr ordentlich gehalten. Dafür müssen die Aufwärter und Aufwärterinnen stehen. Es wird fast beständig geräuchert, um den üblen Geruch zu verhüten, soviel als es möglich ist. Theils mit Wacholderbeeren, theils auch mit Essig, der auf einen heißen Stein gegossen wird.

Einem Mohr, der mit dem nichtswürdigsten Abschaum Berlins, mit den im Thiergarten herumlaufenden, und nach Stillung ihrer Brunst lechzenden unkeuschen Dirnen, die ärgste Wohllust getrieben, war vor einigen Tagen das männliche Glied abgenommen worden.

In der Ecke des Zimmers lag eine Frau, der die Lustseuche das ganze Gesicht zerfressen hatte. Keine Augen und keine Nase, von der Stirn bis an das Kinn, eine Öffnung, gleich einem Abgrund, dessen Tiefe man nicht ergründen kann. Die Sprache war das einzige, das sie vom scheuslichsten Thiere unterschied. Die Wärterin packte sie unbarmherzig an, riß ihr die Decke vom Gesicht, die sie sich aus Schaam über dasselbe gezogen hatte, sie schrie, und die Stube schallte in dem dumpfsten Tone wieder.

»Die Speisen bestimmt der Pensionär-Chirurgus, nachdem sie für den Kranken selbst zuträglich sind, oder nicht. Um elf Uhr schreibt der Pensionär in ein jedes Buch das ein, wo der Name des Kranken steht, was er zu Mittag bekommen soll. Entweder kräftige, oder bloß Wassersuppe und Semmel, oder gekochte Pflaumen, oder warme Milch. Nach Maßgabe der Umstände, wenn es ihm nichts schadet, erhält ein Kranker auch Fleisch, auch wenn es zu seiner Stärkung dient, Wein. Was in dieses Buch eingeschrieben ist, müssen sie sich aus der Küche verabfolgen lassen. Ein jeder Kranker hat seinen verzinnten, irdenen, in Form eines kleinen Blumentopfes gemachten Napf, worein ihn das Essen gethan wird. Um halb sieben Uhr erhalten sie ihre Suppen. Es ist bey Strafe verboten, das keiner von den Verwandten des Kranken ihnen Essen bringen darf. Daher werden auch alle, die zu Kranken gehen wollen, unter dem Thore visitiret. Dies ist nöthig, weil dergleichen übertriebene Liebe mehr schadet, und auf einmal den reconvalescierenden Kranken wieder über den Haufen werfen kann.«

Schwere Kohlarten wie Weißkohl oder Hammelfleisch und Schweinefleisch durften bei schweren Erkrankungen nicht gegeben werden. Als Kost waren vielmehr einige Tassen dünne Hafergrütze und Gerstenwasser sehr beliebt. Zur Erfrischung erhielten die Kranken täglich sechs- bis achtmal einige Tropfen Lavendelspiritus mit flüchtigem Salmiakgeist zu gleichen Teilen in die Hände gegossen. Die Flüssigkeit mußte durch Aneinanderreiben der Hände verteilt und vor die Augen gehalten werden. Schläfe und obere Augenlider wurden gleichfalls mit dieser Flüssigkeit bestrichen.

Ärzte, Wundärzte, Chirurgen, Naturheiler, Krankenhäuser – sie alle haben sich von der heutigen, fest verankerten Ordnung aus betrachtet, ziemlich wirr entwickelt. Viel organischer scheint dagegen der, sagen wir, Normalisierungsprozeß der Apotheken verlaufen zu sein. Und für die medizinische Versorgung sind sie ja ebenfalls nicht unbedeutend. Die erste Apotheke in Preußen wurde angelegt, als es unser Preußen allerdings

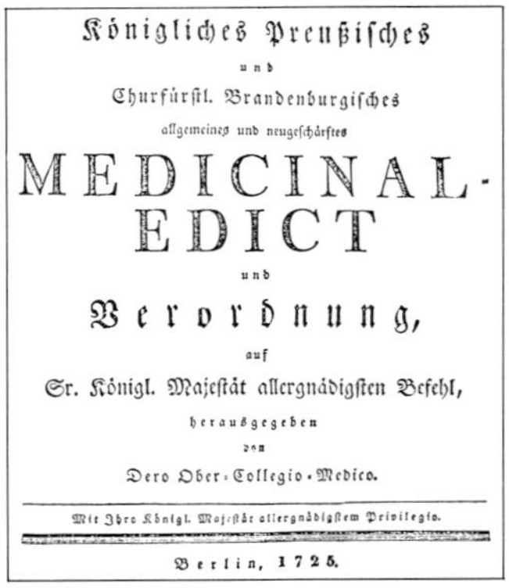
Königliches Preußisches
und
Churfürstl. Brandenburgisches
allgemeines und neugeschärftes
MEDICINAL-EDICT
und
Verordnung,
auf
Sr. Königl. Majestät allergnädigsten Befehl,
herausgegeben
von
Dero Ober-Collegio-Medico.
Mit Ihro Königl. Majestät allergnädigstem Privilegio.
Berlin, 1725.

noch gar nicht gab, nämlich 1488 in Berlin. Und sie war in ganz Deutschland erst die dritte überhaupt. (Vielleicht ist dies eine Gelegenheit, darauf hinzuweisen, daß auch wir, wenn wir von Preußen reden, der Zeit etwas voraus sind. Korrekter wäre es, wenn wir statt Preußen Brandenburg sagen würden.)

Im ersten wichtigen Medizinal-Edikt von 1685 wurde versucht, für die Apotheker ein Privileg durchzusetzen, ein Monopol. Denn es war immer noch üblich, daß Gemüsehändler, Gewürzhändler, Alchimisten, Destillateure, Konditoreien und Parfümerien Medikamente herstellten und verkauften. Apotheker dagegen mußten häufig ermahnt werden, Kranke nicht zu behandeln. Apotheker durften auch keine Medikamente verschreiben. Sie sollten sie nur verkaufen.

Hätte es zur Zeit Friedrich Wilhelms I. bereits eine »Rote Liste« gegeben, so würden wir da immerhin schon an die 400 Kategorien von Medikamenten aufgeführt finden. Da gab es Untergruppen mit »Verabreichungen« aus Ölen, geistigen Flüssigkeiten, Extrakten, verschiedenen Siruparten, Wasser, Tinkturen, Salben, Zuckerstückchen, Opium, Opiumtinkturen, Abführmittel, Magenmittel, Amulette, Wurzelextrakte, Blumen, Kräuter und Innereien von Tieren.

Seit 1725 (neue Medizinal-Ordnung) mußte ein Apotheker einen speziellen Apothekerlehrgang besuchen und durfte erst danach eine Apotheke führen. Über ihren Läden mußten sie ein Schild »Privilegierte Apotheke« anbringen. Gleichzeitig wurde den Materialisten vorgeschrieben, Schilder mit dem Text »Materialwaren- bzw. Gewürzwarenhandlung« vor ihre Läden zu hängen.

Ein Hochschulstudium wurde bis ins 19. Jahrhundert von den Apothekern nicht gefordert, doch wurden im Cursum pharmaceuticum, der Voraussetzung für die Niederlassung in Berlin war, bestimmte wissenschaftliche Kenntnisse auf dem Gebiet der Pharmazie gelehrt.

Schreiben des Berliner Magistrats 1794:
Allein es kommt in Erwägung, daß die Apotheken doch nur eigentlich für die höhern und mittlern Stände bestimmt sind, die arme Volksklasse behilft sich leider größtentheils mit Haußmitteln, also die in den Vorstädten vermehrte Anzahl der Einwohner, die zur letztern Classe vorzüglich gehören, gebrauchen nur selten die Stadtapotheken.

Der Preis der Medikamente war durch eine Arzneitaxe festgesetzt. Allerdings im allgemeinen in einer Höhe, daß die Apotheke nur den begüterten Bevölkerungskreisen zur Verfügung stand. Den Armen aber, und das war eine genau definierte Gruppe der Einwohner, lieferte die Hofapotheke auf ärztliche Verschreibung Arzneien gratis. Diese Möglichkeit wurde auch weitgehend in Anspruch genommen, denn wiederholt mußte überlegt werden, wie die hohen Kosten für diese Fürsorge herabgesetzt werden können.

Das Innere der Schloßapotheke hatte ehedem mancherlei Merkwürdigkeiten. Man fand daselbst die gut gemalten Bilder des Kurfürsten Joachim Friedrich und der Kurfürstin Katharina. Sie hatte die Hofapotheke 1598 ins Leben gerufen. Besonders interessant war die von Friedrich Wilhelm I. angelegte »Königliche oder Silberne Apotheke«. Dieselbe bestand aus einigen sehr zierlichen dehnbaren Schränken mit silbernen Arzneigefäßen. In einem dieser Schränke zeigt man eine Waage, welche Friedrich Wilhelm I. selbst gedrechselt haben mochte. Merkwürdig war auch das Königliche Laboratorium der Apotheke. In demselben befand sich ein Kühlfaß, welches früher von der »Wasserkunst« mit Kühlwasser versehen wurde, und ein großer Schmelzofen. Friedrich Wilhelm ließ sich darin von dem zu seiner Zeit sehr berühmten Kaspar Neumann chemische Versuche zeigen.

Vermutlich dürfen wir unterstellen, daß gerade in der Zeit der beiden großen preußischen Könige die Armee auch medizinisch besonders fürsorglich betreut wurde. So sollte sich nirgendwo leichter ablesen lassen können, auf welchem Stand die Medizin damals wirklich war, so zu sagen, die amtliche Bestätigung. Wir haben eine durchorganisierte Gruppe mit einer ebenso gründlich organisierten medizinischen Betreuung.

Allerdings, das ist schon erwähnt worden, förderten beide Könige nicht die Ärzte sondern die Chirurgen. Das hatte nichts damit zu tun, daß es der Natur einer Armee entsprach, vor allem Verwundete pflegen zu müssen. Auch die friderizianische Armee, die von einer Schlacht zur nächsten zu marschieren schien, hatte die wesentlichen Verluste durch Krankheiten der Soldaten, und nicht durch Verwundungen im Gefecht.

Das hat ein bißchen schon damit zu tun, daß die Armeen beweglicher geworden waren. Die Heere Friedrichs scheinen ja von Sieg zu Sieg marschiert zu sein – mit ein paar Niederlagen unterwegs. Aber es waren strapaziöse Märsche, wie etwa der Gewaltmarsch Friedrichs von Sachsen bis kurz vor Breslau in die Schlacht von Leuthen im November 1757. Die höhere Einschätzung der Chirurgen wurde auch dadurch gekennzeichnet, daß die Militärspitäler ausschließlich Chirurgen unterstellt wurden. Gleichzeitig hatte man jedoch die Ausbildung in den königlichen Medizinschulen so verbessert, daß hier von ersten Schritten zur Vereinigung der beiden Disziplinen gesprochen werden konnte. Das Theatrum anatomicum zur Ausbildung von Feldscheren war bereits 1724 zum Collegium medico-chirurgicum erweitert worden.

Um denjenigen, die von der Medizin etwas verstehen, einen Eindruck von dem zu geben, was wir oben den Stand dieser Wissenschaft nannten, haben wir – wiederum etwas willkürlich – aus zeitgenössischer Fachliteratur einige Appetithäppchen zusammengetragen, doch nur so sparsam, daß auch der Laie nicht nur bei der Lektüre sein, allerdings wohl leicht makabres, Vergnügen hat, sondern sich ebenfalls vorstellen kann, wie es damals dem später berühmten Schützen Arsch gegangen ist, nachdem er für König und Vaterland (falls es zufällig auch sein König und sein Vaterland war) einen Arm, ein Bein oder irgendein anderes Körperteil opfern mußte, irgendwo einen Granatsplitter abbekommen hatte oder vielleicht lediglich beim Marsch in die Schlacht sich die Krätze geholt hatte.

Der bedeutendste (es gab insgesamt drei) Generalchirurg der preußischen Armee veröffentlichte – wahrscheinlich 1768 – seine *»Praktische Anweisung für die Feldwundärzte«*. Daraus sehr knappe Auszüge:

§ 1 Die Wunde, so eine Trennung fester Theile ist, kann durch verschiedene Körper, die auf unsere festen Theile würken, veranlaßt werden. Dahero theilt man auch die Wunden, nachdem sie durch stumpfe Körper, als Knüttel, Steinen, Kugeln usw. oder durch scharfschneidende Instrumente, als Säbel und Degen sind gemacht worden, in gequetschte und nicht gequetschte ein.

§ 2 Dasjenige Werkzeug, so eine Wunde veranlasset trennet alle vor sich findende Theile so weit als es genugsam Kraft dazu hat. Da aber die Theile an dem menschlichen Körper von verschiedener Art sind, so wird die Verletzung der Theile und vorhandener Zufälle die Wunde eine einfachere oder zusammengesetztere Heilart erfordern.

§ 4 Alle einfachen Wunden können für sich allein oder durch die Behandlung zu verwickelten Wunden werden.

§ 5 Die penetrierten Wunden können blos eine Höhle des Körpes eröffnet haben, oder aber insbesondere noch ansehnliche Gefäße zugleich mit verwundet.

§ 6 Auf gleiche Art sind auch die Schußwunden anders als die Hieb- und Stichwunden zu behandeln.

§ 8 Selten entsteht eine Wunde, bey der nicht Blutgefäße getrennt werden, wenige Theile machen hier eine Ausnahme. Diese Theile besitzen dann keine Blutgefäße. Ein Blutfluß wird also ein gewöhnlicher Zufall der Wunden seyn.

§ 10 Die größern Stämme der Blutgefäße sind es also, aus welchen ansehnlicher Blutfluß entstehet. Da aber die Blutgefäße theils Pulsadern, theils Blutadern sind, so werden auch beide Arten von Gefäßen hieher zu zählen seyn.

§ 11 Zuweilen aber siehet man, obgleich eine Pulsader eröffnet worden, dennoch das Blut nicht aus derselben fließen. Bey diesen Fällen ergießet sich das Blut ins Zellgewebe und bildet einen falschen Pulsaderbruch.

§ 12 Es ereignen sich aber auch Fälle, wo das ausströmende Blut in die Höhlen des Körpers sich ergießet, und den Verwundeten dadurch auf eine zweyfache Weise, das ist schneller oder langsamer, tödtet. Schnell wird der Verwundete getödtet, wenn des ergossenen Blutes viel ist, oder aber wenn durch die Menge des ergossenen Blutes nicht allein die Gefäße zu sehr ausgeleert, sondern auch zum Leben nöthige Eingeweide zusammengedrückt werden. Langsam tödten aber Blutvergießungen den Verwundeten, wenn sich nicht alles ersoffene Blut resorbiret, sondern mehr oder weniger davon faul wird; und so gelegen ist, daß es edlere Eingeweide angreifen kann.

§ 16 Die Haut, die Muskelfibern und überhaupt die mehrsten Theile des Körpers haben Nerven und Gefäße. Was Nerven hat, ist reizbar, und wenn ein reizbarerer Theil gereizt wird, so ziehet er sich selbst zusammen. Da nun fast kein Theil ohne Blutgefäße ist, so wird auch selten eine Wunde seyn, ohne daß nicht sollten Gefäße gereizet, und folglich zum Zusammenziehen bewogen werden.

§ 17 Aller Reiz begleitet einen Schmerz.

§ 18 Es scheint eine

Verletzung der Nerven bey einer Verwundung der Sehnen nicht rar seyn zu können, und hiervon kommen unfehlbar die üblen Zufälle her; und man mag öfters in der Meinung die Sehnen durchzuschneiden, auch zugleich die Nerven mit durchschnitten haben; und auf solche Weise haben die Zufälle nachgelassen.

§ 19 Die Verletzung der Nerven ist also gefährlich; es erzeugen diese nemlich heftigen Schmerz, Unruhe, starke Entzündung, heftiges Fieber, Raserey, Zuckungen, Verhaltung des Urins, Krampf, Leibesverstopfung, Hinderung der Verrichtung der Theile, Erstarrung, Kinnbackenkrampf, allgemeine Convulsionen, Brand und Tod.

§ 20 Eine jede Wunde wird mit einer Entzündung begleitet.

§ 21 Ist bey einer Wunde die Entzündung bereits ansehnlich, so darf man nicht auf deren gänzliche Zerteilung gedenken, sondern man muß wenigstens an den Rändern der Wunde die Vereiterung zu befördern trachten.

§ 22 Ist die Entzündung zu heftig, sind die Theile in und um der Wunde so sehr gequetscht worden, so daß sie nicht vermögend sind, ihre Verrichtungen zum Theil wieder zu erlangen, so folgt der Brand.

§ 24 Will man eine Wunde heilen, so muß man wissen, wie tief die Wunde sey, wohin sie ihren Gang genommen, und was für Theile verletzet sind. Bey penetrierten Wunden geben der Ausfluß dieser oder jener Feuchtigkeit aus der Wunde, immer das sicherste Kennzeichen ab, daß diese oder jene Theile verletzt sind.

§ 25 Um den Gang einer Wunde zu wissen, muß man dieselbe sondiren, das heißt, vermittelst einer Sonde oder eines Fingers die Wunde untersuchen. die Sonden sind aus verschiedener Materie verfertiget worden, indessen aber sind die silbernen oder stählernen oder von Tischbein die besten, und erstere haben noch den Vorzug, daß sie nicht rostig werden, welches man an den zweyten aufs sorgfältigste verhüten muß, damit nicht die rostige rauhe Stelle die Wunde reizen möge. Bey einer weiten Wunde ist der Finger die beste Sonde, bey tiefen und lang sich fortschreitenden Kanälen ist er aber öfter zu kurz.

§ 26 Beym Sondiren muß man den Verwundeten so viel als möglich in derjenigen Stellung des Körpers zu bringen sich bemühen, so er während der Verwundung gehabt hat. Denn bey veränderter Lage des Körpers wird durch die Verziehung der Muskeln auch die Wunde verändert.

§ 27 Die Sonde muß der Wundarzt nur lose mit ein paar Fingern anfassen, damit dieselbe, sobald sie anstößt, zwischen seinen Fingern zurückgehen möge.

§ 28 Das Sondiren dienet theils dazu, um die Richtung und die Tiefe der Wunden zu wissen, theils um zu erfahren, ob auch etwas fremdes in der Wunde sey. Ist die Wunde nicht tief, so kann dieses der Finger am besten entscheiden.

§ 29 Alle fremden Körper oder losgegangene Knochenstücke, die gleichfalls als fremde Körper anzusetzen sind, müssen, sobald dieselben, entdeckt worden, herausgenommen werden, weil die Eiterung in den allermeisten Fällen erst diese Körper losmachen und ausstoßen. Und ehe sie nicht fort sind, die Wunde entweder gar nicht oder doch sehr schwer heilet.

§ 30 Das Herausnehmen der fremden Körper muß behutsam geschehen, ohne in der Wunde so sehr zu wühlen, damit man nicht unnöthigen Reiz verursache. Man bedient sich zum Herausnehmen der fremden Körper aus der Wunde, der Finger, Zangen oder Pinzette.

§ 31 Alle Wunden werden entweder vermittelst der Eiterung, oder ohne derselben geheilet. Mittelst der Eiterung heilet man gequetschte Wunden, ohne Eiterung aber die nicht gequetschten. Wenn ein Fleischlappen zugegen, so im Umfange schon abgestorben, oder aber ein Knochen bereits angegangen ist, muß daselbst die Eiterung befördert werden, bevor an die Heilung zu denken ist.

§ 32 Die Heilung der Wunde wird durch die Natur bewürkt, wofern ihr nichts im Wege ist. Alles demnach, was der Heilung der Wunde widrig oder hinderlich ist, muß man aus dem Wege räumen.

§ 33 Die guten und vorteilhaften Erscheinungen bey einer Wunde sind: 1) Wenn eine so geringe Entzündung und Vereiterung als möglich erfolget, durch die Eiterung nicht viele Theile verloren gehen, sondern sich im Gegenteil die Blutgefäßchen bald verlängern, hervorwachsen und neues Fleisch entstehet, und dieses sowohl im Grunde als auch im Umfange der Wunde geschieht, wodurch denn die Wunde nach und nach voll gefüllt wird.
2) Wenn eine Entzündung bey einer Wunde zugegen, so muß diese nicht zu lange dauern, sondern den 7, 8, 9ten höchstens den 12ten Tag abnehmen, der Eiter aber muß, so wie die Entzündung abnimmt, gelber und klebrichter werden, die gequetschten Ränder müssen sich absondern, und mit frischen rothen Fleischwarzen bedeckt werden.
3) Wenn bey einer Knochenwunde der Knochen sich merklich abblättert, sondern die zusammengebrachten Stücke wieder aneinander wachsen, oder aber im schlimmeren Fall die Abblätterung gut von statten geht.

§ 36 Entstehen Zufälle von halbzerschnittenen Nerven, Muskeln und Anspannungen derselben Fibern durch eine schädliche Lage des Theils, wobei nemlich die zertrennten Theile gespannt sind, so muß man die Lage des Theils dergestalt ändern, daß gegentheils die zertrennten Muskeln erschlafft werden.

§ 38 Bevor endlich der Wundarzt die Wunde sich schließen läßt, so muß er auf eine gute Narbe bedacht seyn.

§ 41 Bey einer jeden heftigen Verblutung, muß man darauf zuerst sehen, ob das Blut aus einer Schlag- oder Blutader kommt. Um dieses zu bemerken, muß man acht haben, ob das Blut sprungweise, oder aber in Strahlen ausfließt. Im ersten Fall ist eine Schlagader, im letztern aber eine Blutader eröfnet. Es können aber auch beiderlei Gefäße zugleich eröfnet seyn; und denn ist es mißlich diese Fälle zu unterscheiden.

§ 42 Strömt das Blut aus der Schlagader heraus, so muß man sogleich das Gefäß oberhalb der Wunde mittelst einem oder zweien Finger zusammendrücken; entweder so daß die Schlagader mit den Fingern an einem darunter liegenden Knochen andrückt, oder zwischen zweien Fingern gleichsam kneipet. Bey diesem Verfahren muß man die Lage der Gefäße wohl wissen. Hat man auf solche Weise das Blut angehalten, so legt man hierauf, wenn es

nöthig ist, einen Torniquet, und alsdenn den Verband; ist aber der Torniquet nicht nöthig, so greift man gleich zum Verbande. Wenn die Finger der linken Hand das Gefäß drükken und zusammenkneipen, nimmt man mit der rechten Hand Tampons, und legt diese schichtweise unmittelbar über die Mündung des Gefäßes, oder man nimmt anstatt der Tampons ein Stück zubereiteten Schwamm, neben diesen Dingen aber füllet man die Wunde mit Charpie an und drückt diese fest ein. Liefe man aber wegen anderer nahe gelegener Gefäße und Nerven Gefahr eine dergleichen Erweiterung vorzunehmen, so muß man erst mit starkem Weingeist einigemal einsprützen, und hierauf starke Bourdonets in die Wunde bringen, und durch einen festen Verband dieselben andrücken. Anstatt der Bourdonets bringt man auch einen dem Schußloch angemessenen Pflock von Schwamm mittels einer Sonde in die Wunde hinein.

§ 43 Bey einem Blutflusse aus einem Hauptstamme einer Ader, als z.B. der Arm oder Schenkel, muß man das Gefäß nach unten, das ist, unterhalb der Wunden zusammendrücken, weil das Geblüt von diesen Gefäßen von unten nach oben geht.

§ 65 Der Brand wird bey den Wunden auf eine dreyfache Weise verursacht; nemlich er ist 1) entweder die Folge der Entzündung, oder 2) er entsteht von einem gehinderten Einfluß des Blutes in dem Theile, oder 3) von einem gehinderten Rückfluß desselben.

§ 66 Die Entzündung ist die häufigste Ursache des Brandes, aber auch eben diejenige Ursache, so die meiste Hülfe zu läßt, und von den wenigsten Folgen in Verhältnis der anderen Fälle zu seyn pflegt.

§ 67 Solange die Säfte in einem Körper noch milde und gut sind, so lange geht die Entzündung nicht leicht in den Brand über.

§ 69 Geht ein Theil unseres Körpers in Brand über, so stirbt der Theil nicht auf einmal ab, sondern es geschieht dieses nach und nach. Bey der Entzündung verhält sich dieses folgendermaßen: die Entzündung so sehr hochroth und glänzend war, wird braun, dunkelbraun und bekömmt Blasen, worin eine wässerische Feuchtigkeit ist. Erblickt man dieses, so heißt es, der heiße Brand ist zugegen. Dieser Zustand dauert nicht lange, sondern der Theil fängt an blau und schwarz zu werden, die Empfindung verliert sich in dem schwarzen Theil, und alsdenn sagt man der kalte Brand sey vorhanden, wobei denn auch ein fauler übler Geruch von dem Theil ausgehet.

Diesem Chirurgus Bilguer ist zu verdanken, daß in der preußischen Armee viel seltener amputiert wurde, als etwa im sonst fortschrittlicheren Frankreich. Der zweite Generalchirurg Theden, setzt durch, was er im ersten Schlesischen Krieg praktisch erfahren hatte, daß nämlich Blutungen auch durch Tamponade gestillt werden können und nicht unbedingt immer Gefäße abgebunden werden müssen. Während sich der dritte im Bunde der Generalchirurgen, Schmucker, besonders für Kopfverletzungen interessierte. Vielleicht wird mancher erstaunt sein, zu erfahren, daß damals bereits erfolgreich Kopfoperationen vorgenommen worden sind.

Die äußeren Wunden wurden mit Formentationen (warmen Umschlägen) behandelt, doch wurde bei inneren Verletzungen die Schädeldecke geöffnet, »dabei wurde zunächst das Haar gekürzt, sodann ein Hautschnitt angelegt, der den vermeintlichen Knochendefekt um einiges überragte. Darauf wurde der Trepan (Schädelbohrer) angesetzt.«

Bei Verletzungen der Mundhöhle wurde der Mund mit angewärmtem Landwein und Rosenhonig ausgespült. Eiterte die Wunde im Mund, so wurden Spülungen aus abgekochter Fiberrinde, Myrrhen mit weißem Wein und etwas Rosenhonig häufig vorgenommen. Es hatte den besten Erfolg und die Wunde wurde vom Eiter gereinigt.

Daß bei Brustverletzungen die Lunge in Mitleidenschaft gezogen werden konnte, und dadurch wiederum eine Blähung hervorgerufen wurde, war damals schon bekannt. Deshalb erweiterte man sobald wie möglich die äußere Öffnung, damit die Luft aus der Lunge nicht in die Cellulosität dringen kann.

Beschreibung einer Operation in der Brusthöhle

Um die Eiteransammlung in der Brusthöhle operativ zu entfernen, legt man den Verwundeten auf die gesunde Seite, so daß man ihm an der dem verwundeten Ort gegenüber befindlichen Stelle etwas erhabenes leget, der Kopf und die unteren Extremitäten aber flach liegen, damit die Rippen ein wenig auseinander gehen mögen. Kann aber der Verwundete wegen der Beklemmung auf der Brust diese Stellung nicht aushalten, so läßt man ihn auf den Rand des Bettes sich setzen, so daß seine Füße herunterhängen, und auf etwas festes gestemmet seyn mögen, den Körper des Kranken läßt man ein wenig nach der gesunden Seite beugen und halten. Alsdann erhebet man über den Zwischenraum der dritten und vierten Rippen die Haut in einer Falte in die Höhe, so daß sich dieselbe mit den Fibern des breiten Rükkenmuskels kreuzet. Hierauf nimmt man das Operationsmesser in der rechten Hand haltend, und zerschneidet damit die Falte, nach der Richtung jener Muskelfibern des breiten Rükkenmuskels gemäß. Hat man diesen Muskel nicht gleich mit zerteilt, so thut man dieses hernach, so daß man die Rippen frei bekommt. Hierauf setzt man den Zeigefinger der linken Hand auf die Zwischenrippenmuskel genau auf, den Zwischenraum beyder benannten Rippen dergestalt an, daß der Nagel desselben nach vorne gekehrt sey. Nimmt das Operationsmesser wie zuvor in die rechte Hand, so daß der Zeigefinger ein wenig von der Spitze frey läßt, aber genau mit der Mitte auf dem Rücken des Messers liegt. Diesen nun auf dem Messer liegenden Zeigefinger legt man gegen den Rücken des andern, läßt ihn nun gerade hinunter glitschen, und führet dergestalt das Messer durch die Zwischenmuskel der

Rippen und Lungenhaut durch, und in die Brusthöhle hinein. Hierauf führet man den Schnitt einen Zoll lang nach vorne, die Mitte zwischen beyden Rippen haltend. Nun leget man das Messer hinweg, und gehet mit dem Zeigefinger in die Wunde und erweitert dieselbe ein wenig. Man legt den Verwundeten auf die Wund und lässet den Eiter oder Blut aus der Brusthöhle herauslaufen, und sprützet nötigenfalls ein. Sollte aber die Lunge aufgewachsen seyen, so muß man dieselbe mit dem in die Wunde gebrachten Finger zu lösen trachten. Aus Ursache dieser möglichen Anwachsung der Lunge muß man auch das Messer bey der Durchschneidung der Zwischenmuskel der Rippen nicht zu tief in die Brusthöhle hineinstoßen, um die Lunge nicht zu verletzen. Sollte aber die Lunge so stark aufgewachsen seyn, daß eine Lösung mit dem Finger nicht möglich wäre, so muß man an einer anderen Stelle eine Öffnung machen, jedoch erst warten, ob sich der Eiter nicht selbst einen Weg machen werde.

Bauchwunden, die rein oberflächlicher Natur waren, wurden durch Heftpflaster, Kompressen und Binden versorgt. Es wurde dabei auf das genaue Aneinanderliegen der Wundränder geachtet. War jedoch das Darmfell beschädigt worden, so wurde dieses mit viel Vorsicht und Geschicklichkeit genäht. Dazu nahm man ein krumme Nadel und einen doppelt gewachsten Faden. Um die angelegte Naht auf ihre Zuverlässigkeit zu prüfen, ließ man den Verwundeten trinken und wartete ab, ob aus der Naht die Flüssigkeit austreten würde.

Waren Zehen – entweder durch einen »schweren darauf gefallenen Körper, oder durch eine darüber gerollte Kanonenkugel stark zerschmettert, so müssen sie in ihren Gelenken abgenommen werden. Nimmt man die zerschmetterten Zehen nicht gleich ab, so entstehen heftige Entzündungen und sehr öfters der Brand, wodurch hernach zuweilen nicht allein der Fuß, sondern auch das Leben des Patienten verloren geht.«

Bei Frakturen oder Zersplitterungen des unteren Teils der Schenkelknochen durch Schüsse wurde nie sofort eine Amputation vorgenommen. Bei Zersplitterung im oberen Teil des Beines wurde dagegen zumindest immer sofort operiert. Dr. Schmucker gebrauchte für den Weichteilschnitt ein Sichelmesser, der Knochen wurde mit einer verhältnismäßig kleinen Säge abgesägt. Die größeren Arterien wurden mit der Arterienzange gefaßt und mit einem vierfach gewichsten Faden unterbunden. Über den Stumpf wurde eine angefeuchtete Rinds- oder Schweinsblase gezogen. Darüber wurde das Maltheserkreuz und Bandagen gelegt.

Nach einer Amputation mußte für die nächsten 24 Stunden ein Lazarettchirurgus beständig die Hand auf dem Stumpf halten. Nach jeder Operation erhielt der Patient 15 Tropfen Laudanum liquid in 2 Unzen Wasser (Tetanus-Schutz!). So ließ man ihn einige Tage liegen, übergoß ihn aber von Zeit zu Zeit mit Weingeist.

Kam ein Soldat in ein preußisches Lazarett, war er in der Regel dort besser aufgehoben, als sein europäischer Kollege in den seinigen. Verwundete wurden im möglichst nahe gelegenen, aber gut geschützten Hospital ambulant und zumindest provisorisch behandelt. Dort waren nach Möglichkeit immer ein Generalchirurgus und einige Stabswundärzte.

Nach dem Transport ins Hauptlazarett begann die eigentliche Behandlung und Pflege. Die Kranken wurden von den Verwundeten getrennt und

Ärzten in Pflege gegeben. Es wurden damals auch genaue Listen über Kranke und deren Krankheiten angelegt. Dahinter verbarg sich jedoch kaum medizinisches Interesse. Mit ihnen sollte einmal die Schlagkraft der Armee kontrolliert werden, aber zum zweiten ebenfalls die vom Spitaldirektor verbuchten Ausgaben. Denn auch in der preußischen Armee wurde gern in die eigene Tasche gearbeitet. So mußte selbst für jedes in der Feldapotheke bezogene Medikament eine Quittung ausgestellt werden.

Übrigens mußte sogar der kranke Soldat seine Ausrüstung, insbesondere sein Gewehr bei sich haben, erhielt weiter seinen Sold, seine Rationen Brot und Fleisch. Er ist hier »Herr über seine Lebensart«, was medizinisch vor allem bedeutete, daß ihm keine Diät aufgezwungen werden konnte. In der kaiserlichen, französischen und in der britischen Armee wurde den Kranken im Spital kein Sold bezahlt. So mußten die Kranken dort auch essen, was ihnen vorgesetzt wurde. Ausgerechnet in der preußischen Armee wurden den Kranken und Verwundeten demnach Freiheiten zugestanden, die ihren auswärtigen Kollegen versagt waren.

Amputation eines Armes um 1725.

Aufklärung oder Wie man jemanden vom Tode wieder zum Leben bringt

Das 18. Jahrhundert ist auch das Jahrhundert der Aufklärung. Der Mensch wurde als vernunftbegabtes Wesen erkannt. Es galt die Voraussetzung, daß allein das vernünftige Denken die Welt beherrsche und der Mensch Mittelpunkt der Welt sei. Ebenso, daß der Mensch im Grunde vernünftig, gutartig und, wenn man ihm nur alles richtig erklärt, auch lenkbar sei. Wenn es eine allgemeingültige und verbindliche Vernunft gibt, dann muß es auch möglich sein, eine allgemeine vernünftige Rechtsordnung, eine natürliche Moral, eine natürliche Religion zu konstruieren. Für die optimistischen Aufklärer war der Mensch selber fähig, das Rechte auf Erden zu erkennen und zu verwirklichen.

Die Aufklärung mußte für den Staat natürlich Grenzen haben, sonst würde seine Autorität leiden, die ganze gesellschaftliche Ordnung, wie sie bestand, wäre gefährdet. Wenn, wie es in Preußen war, der Monarch sich selber zu den Aufgeklärten rechnete und wir das ganze System nun als aufgeklärten Absolutismus bezeichnen, dann bedeutet das aber auch, daß der König das Beste für die Allgemeinheit erreichen muß und sich selbst solchen Gesetzen unterwirft. Wenn Ludwig XIV. sagte »Der Staat bin ich«, so änderte sich das bei Friedrich in »Der Fürst ist der erste Diener seines Staates«.

Um nun jene Leser nicht zu verwirren, die Alltägliches erwarten durften, sich jedoch unvermittelt mit profaner Philosophiegeschichte konfrontiert sehen, der Anlaß für diese Einleitung: Es ist ganz einfach so, daß sich der König auch für Angelegenheiten verantwortlich fühlte, die man normalerweise nicht in königlicher Zuständigkeit vermutet. Mit einem Edikt von 1775 wollte Friedrich II. zum Beispiel »mögliche Vorkehrungen treffen« für den Fall, daß seine Untertanen »durch einen sich selbst zugefügten oder sonst gelittenen gewaltsamen Tod umgekommen oder auf die eine oder andere Art im Wasser verunglücken, erfroren, durch schädliche Dünste erstickt, erdrosselt oder erhenckt sind. Denn man hat leider gar viele und klägliche Exempel, daß Leute sind begraben worden, welche nicht wahrhaftig tot waren, sondern nur in tiefer Ohnmacht lagen. Hiermit wollen Wir die aus alten Zeiten und Gebräuchen herrührende, einer gesunden Vernunft und Religion entgegen laufende lieblosen Vorurteile des gemeinen Mannes, daß nehmlich die an einer verunglückten Person zu leistenden Beyhülfe, der Ehre des Helfenden einen Nachteil verursache, gänzlich abstellen«. Dann erklärt der König seinem Volk, was in diesem Zusammenhang zu geschehen habe.

Die Aerzte sind aus oft wiederholten sicheren Erfahrungen überzeugt, daß die meisten im Wasser verunglückten, erhängten, durch schädliche Dämpfe betäubten oder vor Kälte erstarrten Personen ins Leben zurückgebracht werden können, wenn ihnen schleunige, vernünftige und anhaltende Hilfe geleistet wird. Unwissende halten dergleichen Personen für tot, weil sie nicht mehr atmen, weil sie unempfindlich sind, wenn sie gerüttelt, mit Wasser oder stark riechender Feuchtigkeit angesprengt oder gebrannt werden. Oder auch weil nicht der geringste Pulsschlag, weder in einer äußeren Ader, noch am Herzen gespürt wird, auch wohl, wenn bei dem ersten Aderlasse kein Blute kommt.

Aber diese vermeintlichen Todeszeichen trügen alle. Heute hat man bewährte Hülfsmittel, wodurch der scheinbare Tote gerettet worden kann.

Wenn ein lebloser Körper im Wasser oder am Ufer gesehen wird, muß er schleunigst aber behutsam aufs Trockne gebracht werden. Es ist nicht nötig, daß man sich vorher darum kümmere, in welcher Gerichtsbarkeit er liege. Es haben vielmehr alle Landesherrschaften in ganz Deutschland verordnet, daß man solchen Verunglückten sobald als möglich helfe. Der Streit über die Zuständigkeiten kann später ausgetragen werden. Die alte Gewohnheit, im Wasser verunglückte Personen auf den Kopf zu stellen oder über Fässer zu rollen, wird von den besten Ärzten als gefährlich, oder doch zumindest als nicht notwendig empfunden. Man muß sie also vermeiden. Stattdessen ist der vermeintlich Tote sofort in das nächste Haus zu bringen.

Dort reinige man ihm sogleich den Mund vom Schlamm oder Schaum, am besten mit der Fahne einer Feder, mit einem Grashalm, oder was man sonst bei der Hand hat. Der Mund wird mit etwas Wasser ausgespült, der Ertrunkene auf die Seite gelegt, damit das Wasser heraus laufen kann. Der Verunglückte wird in ein nicht zu warmes Gemach gebracht, ganz entkleidet, überall mit Decken, bis auf das Gesicht bedeckt, oder auch dick mit warmer Asche, warmen Salz oder gewärmten Sand bestreut.

Wenn ein Wundarzt zugegen ist, so wird er sogleich eine Ader schlagen und zwar die Drosselader am Halse, weil diese Ader in solchen Fällen am leichtesten Blute gibt. Ferner muß man warme Luft in die Lunge bringen. Dieses geschieht am kürzesten, wenn ein gesunder starker Mensch seinen Mund auf den Mund des scheinbar Toten legt und ihm zum wiederholten Male mit Nachdruck viel Luft einbläst. Dabei ist aber dem Kranken auf jeden Fall die Nase zu zu halten, damit die Luft dort nicht wieder heraus tritt, sondern in die Lunge dringt.

Will dieses allerdings niemand tun, so kann man einen Blasebalg oder sonst eine vorhandene Röhre benutzen. Die Öffnung der jeweiligen Röhre wird dann mit nasser Leinwand umwickelt und dem Kranken in den Mund geschoben. Dabei drückt ein Mensch dessen Lippen ringsum fest an die Röhre und ein anderer bewegt den Blasebalg langsam auf und nieder oder bläst langsam, doch mit Nachdruck, in die Röhre. Man kann auch Tabaks-Rauch in den Mund blasen, um die Lunge zu reizen. Auch dabei muß die Nase des Kranken fest zugehalten werden.

Gleichzeitig muß man dem Kranken soviel Tabaks-Rauch wie möglich durch den Mastdarm in den Unterleib blasen. Für diese Tätigkeit sind bequeme Instrumente erfunden worden. Doch kann man die Sache auch anders bewerkstelligen: Dann bestreicht das Ende eines Pfeifen-Rohrs mit Oel und schiebt es in den Mastdarm des Kranken. Das andere Ende nimmt ein Mensch in den Mund, der gleichzeitig eine zweite Pfeife kräftig raucht. Den Rauch bläst er nun in jenes Rohr.

Man halte ihm außerdem geriebenen Meerettich oder frisch gestoßenen Senf, Salmiakgeist, scharfen Branntwein oder Essig unter die Nase und blase ihm von Zeit zu Zeit Schnupf-Tabak, Nießpulver, Majoran, Raute oder Pfeffer in die Nasenlöcher. Will alles dieses nicht helfen, so stichelt man die Fußsohlen und unter den Nägeln an den Händen und Füßen mit Nadeln, tröpfelt brennendes Siegellack auf die Haut und dergleichen. Zeigt sich nach zwei bis drei Stunden noch immer kein Leben, legt man den Ertrunkenen in ein Lager von warmen Mist in einen warmen Stall und deckt ihn überal mit recht heißem Mist zu. Nur das Gesicht bleibt frei.

Wenn ein Mensch am Halse hängend, oder durch Gewalt mittels eines um den Hals geschnürten Bandes erwürgt entdeckt wird, so ist schleunigste Hülfe nötig. Sonst ist der Tod unvermeidlich. Hoffentlich wird niemand aus falscher Scham, albernem Vorurteil, oder aus kindischem Ekel, davon abgehalten, dem Unglücklichen unverzüglich zu helfen. Das allererste, allernötigste ist, daß derjenige, der zu einem so kläglichen Anblicke kommt, ohne sich zu bedenken, das Band, womit der Verunglückte aufgehängt oder gewürgt ist, abschneide. Bei einem Gehängten wird jeden die Menschlichkeit daran erinnern, daß der Körper im Herabfallen keinen Schaden erleide.

Wenn er liegt, mache man ihm gleich den Strick, das Halstuch, die Hemdknöpfe, Westenknöpfe, Strumpfbänder, den Leibgurt und Hosenbund, aber wenn's ein Weibsbild ist, das Mieder und den Rockschurz los.

Der Todscheinende wird schnell und behutsam in das nächste Haus gebracht. Dort wird er in einem Gemach, in dem weder Dunst noch viel Wärme ist, auf ein bequemes Lager gelegt. Das Einblasen in die Lunge, wie auch Tabak-Klistiere sind hier ebenfalls notwendig. Man kann dem Kranken auch wohlriechenden starken Spiritus unter die Nase halten.

Ohne alles Bedenken kann ihm auch ein Elystier von Milch oder Habergrützen-Schleim, mit wenigem Salz gegeben werden.

Man hat viele Beispiele, daß gewisse schädliche Dünste dem Menschen das Bewußtsein rauben, oder auch gänzlich ersticken können. Dergleichen Dünste sind unter andern, in seit langer Zeit nicht eröffneten Gewölben, in tiefen Kellern, in Kellern, in den viel gärendes Bier oder junger Wein oder Branntwein liegt. Dazu gehört auch Kohlen-Dampf, Dampf von Öl- und Tran-Lampen, der Dampf von Öfen, besonders wenn er mit Rinde- oder Gerber-Lohe geheizt wird.

Einige von diesen Dünsten betäuben nur. Das erkennt man daran, daß der Mensch zwar ohne Lebzeichen liegt, jedoch noch einiger Atem zu merken ist. Die Betäubung ist der erste Grad des Erstikkens.

Andere ersticken gänzlich. Sie bleiben ohne Gefühl, auch wenn man sie rüttelt oder brennt.

In beyden Fällen muß man einen solchen Unglücklichen schleunigst an die frische Luft bringen, und ihn von allen engen oder drückenden Kleidungs-Stücken befreien. Man legt ihn auf eine Bank und fährt fort, ihm ein Glas eiskaltes Wasser ums andere aus einiger Entfernung ins Gesicht und an die Herzgrube zu spritzen. Man legt ihm auch in kaltes Wasser getunkte Tücher oder Stücken Eis unter die Achseln und auf die Brust.

Wegen all dieser Dinge wird nun folgendes bestimmt: Ab sofort hat jeder, ohne Ausnahme des Standes, der solche tot scheinenden Körper antrifft, ohne den mindesten Verzug, selbst gleich zu helfen.

Jeder Erhängte ist sogleich loszuschneiden, der Strick oder das Band vom Halse ist abzulösen; ein Ertrunkener ist sogleich heraus zu ziehen; ein auf öffentlichen Landstraßen, anderen Wegen, oder in den Waldungen angetroffener Erfrorener sofort aufzuheben und in den nächsten Ort oder das nächste Haus zu schaffen.

Wer eine für ertrunken, erfroren, erstickt oder erdrosselt gehaltene Person wieder zum Leben bringt, erhält eine Belohnung von 10 Talern. Sollten die angewandten Bemühungen keinen Erfolg gehabt haben, ist dennoch eine Belohnung von 5 Talern aus Unsern, respektive den Grenz- und Kriegs-Kassen jeder Provinz zu zahlen.

Es soll sich niemand unterstehen, denjenigen, die Ertrunkene aus dem Wasser gezogen, Erfrorene und Erstickte aufgehoben, oder Erhängte abgeschnitten haben, daraus Vorwürfe zu machen. Sonst wird er mit empfindlicher Leibes- auch nach Befinden mit Zuchthaus- und Festungs-Strafe belegt werden. Ebenso werden diejenigen, welche die Pflichten der Menschlichkeit dergestalt vernachlässigen, und den Verunglückten die vorrätigen Hilfsmittel, Leinenzeug, Feuerung oder Lagerstätte versagen, mit nachdrücklicher Leibesstrafe belegt.

Nachdem nun von höchster Stelle auf die Problematik aufmerksam gemacht worden war, daß Menschen nach Unglücksfällen wie tot wirken, es aber in Wahrheit nicht sind, versuchten Behörden zu erfahren, welche Vorsorgemöglichkeiten in ihren Bezirken bereits vorhanden sind. Sie verfaßten also einen Fragebogen, der den Schulzen von jenen Gemeinden zugeschickt wurde, in deren Nähe irgendwelche Gewässer waren.

In einem Falle, den wir glücklicherweise überliefert bekommen haben, sah das Ergebnis dann so aus: (Um dem geehrten Leser die Mühe zu ersparen, nach jeder Frage auf die Antwort zu blicken, haben wir die gehorsamst erteilten Antworten unseres Schulzen unmittelbar nach der jeweiligen Frage abgedruckt.)

Frage 1: Was geschieht, wenn jemand aus Ihrem Orte durch einen Sturz ins Wasser verunglückt?

Antwort: Wenn jemand ein Mensch ins Wasser fällt, und nicht gleich jemand da ist ihn zu erretten, so ertrinkt er.

Frage 2: Sind früher schon in solchen Fällen medicinische Mittel zur Wiederbelebung angewandt worden?

Antwort: Sind die Medizin-Mittel nicht ganz verwerflich, wenn einer ins Wasser fällt und gleich bald herausgezogen wird, solange Tod und Leben miteinander ringen. Da können gleich auf der Stell die Mittel der Herren Doktors anschlagen. Wann aber einer einmahl gestorben ist, so können sie keinen mehr ins Leben zurückrufen. Diese Proben sind schon zu meinen Lebzeiten allhier gemacht worden. Aber sie haben keinem Toten das Leben zurückgebracht.

Frage 3: Welche Einrichtungen sind damals getroffen worden?

Antwort: Was damals für Einrichtungen in vergangenen, früheren Zeiten waren, ist mir keine bekannt.

Frage 4: Worin bestehen die etwa vorhandenen Geräthschaften für einen solchen Fall?

Antwort: In was diese Instrumente und Gerätschaften bestehen, weiß ich nicht, und ist im geringsten nichts vorhanden.

Frage 5: Was hat die Anschaffung derselben gekostet?

Antwort: Betreffend, was deren Anschaffung gekostet, kann ich nicht darauf dienen.

Frage 6: Wäre es zu wünschen, daß im Ermangelungsfall beizeiten eine solche Einrichtung getroffen würde?

Antwort: Ob und wo eine solche Einrichtung zu wünschen wäre? Das wäre zu wünschen, wenn jemand in eine Wasser-Gefahr käme, aber nicht ertrinken sollte, sondern die Schutzengel ihn bewahren möchten; daß aber die Herrn Doktors einen Toten durch Instrumente wieder in das Leben rufen können, das glaub ich nicht, und laß es an seinen Ort gestellt sein. Ich wünsche mir für meine Person einen solchen Bären nicht aufbinden zu lassen, daß man die Toten durch dergleichen Affären wieder ins Leben bringen würde. Dessen wegen ich auch nicht gesonnen bin, Kosten darauf anzuwenden, um die Kommune um das Geld zu bringen weil es zu keinem Vorteil der ertrunkenen Menschen gedeihen würde.

Trauer

Auszüge aus dem »Friedhofs-Reglement vom 3ten Januar 1748«

I. Werden die Leichen Dero hiesigen Bedienten, auch Bürger und Einwohner, in folgende 5 Classen eingetheilet: 1. Adeliche Leichen 2. Kirch- und Gewölbe-Leichen. 3. Nicht nur bemittelte Bürger-Leichen, sondern ebenso sowohl königliche – als auch Stadt-Bediente, so nicht wirklich von Adel, mit zu verstehen. 4. Mittelmäßige Bürger- und Handwerker-Leichen. 5. Schlechte Bürger- und Handwerker-, auch Tagelöhner-Leichen.

III. Für Kinder-Leichen werden Kinder von 12 Jahren und darunter gerechnet.
Von todtgebohrenen Kindern wird aber weiter nichts an Gebühren gefordert, als der Kirche für die Grab-Stelle und dem Todten-Gräber für die Kuhle zu graben.

XI. Wann bey einer Kirchen-Leiche Wachs-Lichter verlanget werden, liefert solche der Küster, behält auch die Überbleibsel. Es muß aber die Lieferung pfundweise und nach dem ordinairen Preise geschehen, auch nicht mehr geliefert und in Rechnung gebracht werden, als verlanget worden.

XIII. Sind auch dem Küster bey adelichen und Kirchen-Leichen, oder solchen, welche bey einem Leichen-Sermon in der Kirche niedergesetzt werden, wegen des dritten Leichen-Tuchs, oder sogenannten Abgangs des Leichen-Tuchs 12 Gr. zu bezahlen. Imgleichen wegen der Unter-Spreede und Stellage in der Kirche 12 Gr. zu lassen. Es verstehet sich aber solches nur in dem Fall, wann sothanes dritte Leichen-Tuch, oder die Unter-Spreede und Stellage von dem Sterbe-Hause verlanget und wirklich gebrauchet werden.

XV. Und da zu Winters-Zeiten bey Froste die Todten-Gräber mehr nehmen für die Grube zu verfertigen, aber solche Zeit dann zu weit ausdehnen, soll künftig Winters Zeit vom 15. November bis letzten Februar gerechnet werden. Es soll den Todten-Gräbern über den ordinairen Satz bey Froste für eine große Leiche 4 Gr. und für eine Kinder-Leiche 2 Gr. mehr zu nehmen erlaubet seyn; jedoch solches nur von den Leichen derer drey ersten Classen, nicht aber von den übrigen geringen und armen Leichen.

XVI. Bey Abend-Leichen liefert zwar das Sterbe-Haus dem Todten-Gräber die benöthigten Lichter, er muß aber nicht mehr fordern als er benöthiget und wirklich gebrauchet.

XVII. Die Todten-Bahre stellt der Todten-Gräber und bekommt für dessen Leihung bei den drey ersten Classen 2, 3, 4 Gr. Bey den halben, viertel und Currende-Leichen aber darf er dafür nichts nehmen.

XX. Da einige Todten-Gräber, besonders in den Vorstädten, sich angemaßt haben, wenn Erben und Interessenten der Verstorbenen neue Leichen-Steine, Zäune, Zargen, Tafeln, Kreutz, einen Baum oder Gruße aufs Grab verlangen, selbst anschaffen, anlegen oder bepflanzen, und dafür, laut Beschwerde der Gemeinde, sich höher bezahlen lassen, als üblich, so sollen die Todten-Gräber sich solches nur mit Vorwissen des Predigers und Ober-Kirchenvorstehers erlauben.

XXI. Da auch verschiedentlich bemerkt worden, daß ein großer Mißbrauch mit dem Läuten vorgehet, und ohne alle Distinction der Personen und Stände bey Leichen, nachdem viel oder wenig bezahlet wird, die Glocken ganze halbe Stunden, viele Tage nach einander gezogen werden; so soll künftig bloß bey Leichen von adelichen und sonst qualifizirten Personen, wie Königliche Ministres, Geheime Räthe und dergleichen geläutet werden, doch nur vier Schläge hintereinander, so dann aber aufgehöret. Weder an demselben, an den folgenden Tagen soll weiter geläutet werden. Alle anderen unter diesen Ständen Seyende, wie auch die bürgerlichen, und noch geringeren Leichen aber sollen hinführo gar nicht mehr beläutet werden. Jedoch verbleiben dennoch für alle die gewöhnlichen Gebühren für das Läuten.

Berlin,
den 3ten Januar 1748.
Friderich.

Edikt, wie es in den Königlichen Landen mit der Trauer gehalten werden soll, vom 27. Juli 1720

I. Wann eine Trauer über den tödlichen Hintritt gekrönter Häupter oder aber Printzen und Printzeßinnen des Königlichen Preußischen Hauses sich begiebt, die Trauer über solches Absterben so lange und auf die Art getragen werden solle, als Seine Königl. Majestät bey jedem Fall es allergnädigst verordnen und anbefehlen werden.

III. Die Eltern betrauern ihre Kinder lediglich im Falle, daß dieselben das zwölfte Jahr ihres Alters erlebet haben. Dann drey Monathe lang. Wegen der Kinder aber, die unter zwölf Jahre sterben, soll gar keine Trauer-Kleidung von den Eltern angelegt werden.

IV. Die Kinder sollen die Trauer über ihre verstorbenen Eltern sechs Monathe lang tragen. Ihre Stiefeltern aber wie eine Muhme nur dreyßig Tage betrauern.

V. Ein Witwe betrauert ihren Ehemann ein Jahr und länger nicht. Der Ehemann aber soll die Trauer über seine mit dem Tode abgegangene Ehe-Genossin schon nach Verfliessung von sechs Monaten wieder ablegen.

VI. Die Schwiegereltern sollen ebenmäßig länger nicht als ein halbes Jahr betrauert werden.

VII. Wer von jemand zum Universal-Erben oder Legatario eingesetzt worden ist, hat die Freyheit die Trauer über desselben Tod bis zu Ende des sechsten Monats zu continuiren.

VIII. Die Trauer über einen Bruder oder Schwester oder über einen Schwester-Mann und Schwägerin muß nicht länger als drey Monate währen.

IX. Alle übrigen Verwandte und Angehörige, sie mögen in solchem Grad der Bluts-Freundschaft oder Schwägerschaft stehen wie sie wollen, müssen nicht länger als dreyßig Tage lang betrauret werden.

X. Soll auch niemand, wenn in seiner Familie eine Trauer entstehet, seine Carossen drappiren oder seine Zimmer mit Schwarz behängen und seine Domestiquen in Trauer kleiden lassen; es sey denn, daß er seine Eltern, Großeltern, Schwiegereltern oder Ehegatten betrauret oder daß er als Erbe seinem Erblasser die Trauer anleget.

Auf einem preußischen Grabstein

Vergnügt und ohne Sorgen
Ging er am frühen Morgen
Auf seine Arbeit aus.
Da traf ihn eine Eiche,
Und ach! als todte Leiche
Kam abends er betrübt nach Haus.

Declaration an die Pommersche Regierung, die Beerdigung der Selbstmörder betreffend, vom 28. October 1752

1) Es verstehet sich von selbst, daß die Verwandten verlangen können, daß dergleichen Cörper ehrlich sollen begraben werden. Es müsse auf dem Kirchhofe nur aber in der Stille geschehen.

2) Wenn es aber auf die Abschneidung eines sich selbst erhängt Habenden ankommt, kann man wohl nicht jemand besonders mit dergleichen Verrichtung beschweren, sondern solches kann am besten von einem Verwandten, dem solches keineswegs zum Vorwurf gereichen muß, geschehen. Falls aber auch hiezu kein Verwandter sich verstehen wolle, müssen sie es der Obrigkeit anzeigen, welche dann einen Taglöhner, oder sonst jemand, außer dem Büttel, dazu nehmen muß, und welchen sie davor befriedigen müssen.

3) Anbelangend die Träger, müssen solches allerdings die Verwandten besorgen. Allenfalls aber muß der Magistrat dafür sorgen, wann die Verwandten keine bekommen können, daß der Cörper auf der Angehörigen Kosten nach dem Kirchhof getragen oder gefahren werde.

Taxa

Der Leichen-Gebühren bey der Kirche in der Köllnischen Vorstadt vorm Köpenicker-Thor, bey

I. Adelichen Leichen,

1. Der Kirche fürs Geläute	*1*	*–*
2. Dem Prediger	*4*	*–*
3. Dem Cantori	*2*	*–*
4. Dem Baccalaureo oder Currende-Führer	*1*	*8*
5. Dem Küster	*2*	*–*
6. Den Pulsanten	*–*	*12*
	10	*20*

		Thlr.	Gr.
	7. Wann aber nach dem 21sten §pho des Reglements geläutet wird, noch den Pulsanten	–	12
		11	8
II. Bey einer Kirchen-Leiche, so in der Kirche begraben wird,			
	1. Der Kirche fürs Geläute	–	12
	2. Dem Prediger	2	–
	3. Dem Cantori	1	–
	4. Dem Baccalaureo oder Currende-Führer	–	16
	5. Dem Küster	1	–
	6. Den Pulsanten	–	5
		5	9
	7. Wann aber nach dem 21sten §pho des Reglements geläutet wird, noch	–	5
		5	14
III. Gantze Kirchhofs-Leichen.		Thlr.	Gr.
	1. Der Kirche	–	12
	2. Dem Prediger	1	12
	3. Dem Cantori	1	16
	4. Dem Baccalaureo oder Currende-Führer	–	4
	5. Dem Küster	–	6
	6. Den Pulsanten	–	5
		3	7
	7. Wenn nach dem 21sten §pho des Reglements geläutet wird, noch	–	5
IV. Halbe Leichen.			
	1. Dem Prediger	1	–
	2. Der Kirche fürs Geläute	–	6
	3. Dem Cantori	–	12
	4. Dem Baccalaureo oder Currende-Führer	–	2
	5. Dem Küster	–	4
	6. Den Pulsanten	–	2
		2	2
V. Viertel-Leichen.			
	1. Dem Prediger	–	6
	2. Dem Cantori	–	6
	3. Dem Baccalaureo	–	1
	4. Dem Küster	–	2
		–	15
	Grabstellen-Gebühren.		
	1. In der Kirche für eine große Leiche	12	–
	Auf dem Kirchhofe		
	2. Für eine große Leiche	–	12

Aberglaube oder Guter Rath in allen Lagen

Fürsorge für den Körper

Sommersprossen, Schorf und Rose weichen einer Waschung mit Charfreitags- sowie Osterwasser. Wer Osterwasser in der heiligen Nacht zwischen 12 und 1 Uhr mit der Hand schöpft, dem wird es zu Wein und sichert ihm auf ein Jahr Leben und Wohlsein.

Der erste Schnee macht schön! Ein junges Mädchen muß eine Schüssel, in die ein Schlüssel gelegt ist, beim Fallen des ersten Schnees so lange mit bloßen Armen und Händen zum Fenster hinaus halten, bis der Schlüssel vom Schnee zugedeckt ist. Dann stillschweigend mit solchem Schnee gewaschen und sie wird frisch und glänzend, der reine Engel!

Wasser, in welchem Eier gekocht sind, als Waschwasser benutzen, giebt Warzen. Wasser von Kartoffeln abgegossen, darf kein Glied berühren, sonst giebts Gicht.

Am Gründonnerstag muß man Honig essen, sonst wird man dumm!

Am Ostermorgen einen Apfel essen, erhält bis Weihnachten sicher und gesund.

Liebesangelegenheiten

Wer eine alte Jungfer küßt, ohne dieselbe heiraten zu wollen, verliert innerhalb Jahresfrist die Vorderzähne!

Ein Mädchen, welches verlobt ist, muß am ersten Freitag nach der Verlobung bei Sonnenuntergang die Hauskatze ergreifen, sie in die Höhe heben, scharf, darunter nach der Uhr sehen »un en ordentlichen Puß hinjäwen«. Die das thut, weiß immer, was die Glocke geschlagen hat, bei Tag wie bei Nacht, im Hause und Küche, auch bei ihrem Eheherrn. Der Brautmann seines Theils tut gut, den Hauskater zur selben Zeit in den Schwanz zu beißen und dreimal anzuziehen, als wenn er tauchen will. Kriegt er das fertig, so wird ihm die Frau später nie was vormachen.

Donnerstag ist der eigentliche Mannestag. Ein Mann, der am Donnerstag heiratet, wird das Regiment im Haus führen.

Vor der Geburt

Schwangere Frauen sollen alle Wochen ihren rechten Schuh mit dem linken verwechseln, damit ihre Leibes-Frucht munter und frisch dadurch erhalten würde.

Ein Kind bekommt Mitesser, wenn die Frau in andern Umständen beim Essen vor dem Brod-Schrank stehen bleibt.

Die Frau darf nicht auf der rechten Seite liegend schlafen, will sie eine Tochter haben.

Sie kann sich durch Beräuchern mit Kuh-Mist oder durch Einnehmen von gepulverten Hasensprung dagegen schützen, daß sie ein totes Kind gebiert.

Wenn eine schwangere Frau unter aufgezogenen Schnüren der Wäsche durchkriecht, verwickelt sich das Kind mit der Nabelschnur.

Isset die Schwangere Quitten und Coriander-Saamen, so bringt sie kluge Kinder, wo aber Bohnen, Zwiebeln und dergleichen gegessen, werden die Kinder grob und dumm seyn.

Taufe

Bei der Taufe darf das Kind nicht hoch liegen. Fließt ihm Taufwasser in die Augen, so wird es geistesseherisch und muckerig. Dagegen, fließt Taufwasser in die Haare, verhilft es zur Weisheit.

Wenn irgendmöglich muß das Kind schnell von der Taufe nach Hause gebracht, zu solchem Zweck zuletzt einer schnell laufenden Jungfer gegeben werden; kommt es noch mit taufwasserfeuchter Stirn zuhause an, so kriegt's gute Gesundheit und flinke Beine.

Nie darf ein Mädchen aus dem Taufwasser eines Jungen getauft werden, sonst bekommt es einen Bart.

Fieber und Sommersprossen werden dadurch vertrieben, daß man sich mit Taufwasser eines Kindes anderen Geschlechtes wäscht oder einen Schluck davon trinkt.

Das Kleinkind

Während des ersten Lebensjahres ziehe man dem Kinde immer den rechten Ärmel zuerst an; sonst wird es linkepatschig!

Nie sehe man ein Kind im ersten Lebensjahr über den Kopf hinweg an; sonst schielt es und schnappt über!

Essen

Fische, insonderheit Hechte, sind leicht folgendermaßen zu angeln: Man schneidet ein todt gefundenes Huhn auf und streut da hinein Safran. Dann entwickeln sich Maden, auf welche, sobald sie am Angelhaken stekken, die Hechte blind und wild losfahren.

Vor dem Brotschneiden drei Kreuze mit dem Messerrücken darüber! Sonst liegt das Brot quer im Magen, macht bloß Beschwerde und nährt nicht. Auch darf man das Brot nicht mit dem Rücken auf den Tisch legen oder mit dem Anschnitt über den Tischrand ragen lassen. Sonst weinen die Engel im Himmel und Brot und Verdienst gehen weg.

Drei Eier hintereinander essen, bewirkt Steinbeschwerden. Darum iß nach dem zweiten immer erst was anderes!

Mäuse

Das beste Mittel gegen Ratten und Mäuse ist folgendes. Ein Knabe, der den Stimmwechsel hat, muß am Johannistage mittags zwischen 12 und 1 Uhr durch alle Räume im Haus, Stall und Scheune gehen, ununterbrochen singend: »Wie groß ist des Allmächtigen Güte« und »Der Herr ist mein Hirte«. Vor solchen Tönen nimmt alles Unzeug schleunigst Reißaus.

... und was sonst noch zu beachten sei

Tödte zwischen Weihnachten und Neujahr keine Fliege im Zimmer. Die erstgesehene in dieser Zeit bringt dir unvermuthet hundert Thaler ein.

Wer sonntags vor der Kirche flucht, dessen Kinder verfallen ins Stottern.

Schneide den Endfaden des Strumpfes nicht ab. Derselbe muß zwischen großem und zweitem Zehen festlagern. So wird das Glück festgehalten.

Ein Storchnest auf dem Dach / Sichert vor Blitzes Schlag, / Löscht jeden Hausbrand aus, / Doch schirmt nicht vor Feuer aus Nachbars Haus.

Wer einen Prozeß hat, muß in der Nacht vor der Gerichtsverhandlung in Stiefeln schlafen; dann gewinnt er.

Begräbnis

Wenn jemand ißt, während es zum Begräbnis leutet, bekommt er Zahnschmerzen.

Ein Selbstmörder muß querliegend begraben werden. Sonst stört er die anderen Todten und diese schikken, um Ruhe zu bekommen, Maulwürfe hin, die jene Leiche umdrehen.

Justiz oder Von der Bosheit der Menschen

Oft haben wir klagen müssen, daß wir zu wenig Zeugnisse besitzen, um unsere Ahnen einigermaßen sicher auf ihren alltäglichen Wegen begleiten zu können.

Wer den Alltag einer Zeit ergründen will, in der viele Betroffene sich selbst nicht äußern konnten, weil so mancher von ihnen nicht gelernt hatte, zu schreiben – und andere sichere Möglichkeiten, die Erben zu informieren, gab es für ihn nicht – ist dann besonders verwundert, wenn er Terrain betritt, das überwiegend von gebildeten Bürgern besiedelt war und sich dennoch unbehaglich fühlt, weil ein sicheres Urteil ebenfalls waghalsig wäre.

Die Ungemütlichkeit beginnt schon damit, daß wir eigentlich den moralischen und sittlichen Zustand der gesamten europäischen Gesellschaft kennen und schildern müßten, wenn wir die Frage redlich beantworten wollten, wie es denn mit der Gerechtigkeit für den einfachen preußischen Bürger bestellt war. Ein derartiges Vorhaben würde indessen den bescheidenen Rahmen dieses Berichtes sprengen. Viel übersichtlicher wird die Lage leider sogar dann nicht, wenn wir uns auf die Schilderung preußischer Zustände beschränken.

Selbst bei einer solchen Beschränkung gibt es reichlich Unsicherheiten und Widersprüche. So ergeben sich erste Konflikte für ein zuverlässiges Urteil zwischen dem, was geschrieben, angeordnet, gewünscht und dem, was praktiziert wurde. Aber sogar die Schilderungen der Rechtszustände, die wir von Zeitgenossen vorliegen haben, sind bereits kontrovers. »Die schlimme Justiz schreit gen Himmel und wenn ich nicht heile, so lade ich selber die Verantwortung auf mich.« Dieser laute Seufzer Friedrich Wilhelms I. gehört zu den am häufigsten wiederholten Zitaten. Eine vorbildliche Haltung für einen gerechten Fürsten. Aber handelte dieser König rechtlich? Manchmal schon, umso häufiger dagegen willkürlich. Er hat vermutlich nie begriffen, daß nicht er die letzte Instanz sei, sondern das Gesetz.

Doch bei diesem Stichwort wird es, pardon, kriminell. Wir befinden uns in einem Jahrhundert, in dem wohl ständig Prozesse geführt wurden, zivile und strafrechtliche, aber ohne allgemein überall im Lande geltende Gesetze, nicht einmal mit überall im Lande gleichen Gerichten. In diesem Dschungel fühlt sich vermutlich nur ein Jurist mit guten Kenntnissen der Rechtsgeschichte wohl.

Daß die Rechtspflege seit je mit der politischen Gliederung des Landes zusammenhing, erscheint einleuchtend. Nachdem sich politische Gemeinschaften gebildet hatten, schufen sie sich eben entsprechende Institutionen. Weniger einleuchtend ist jedoch die Folge dieser Entwicklung, das heißt, wohl können wir begreifen, daß es so gekommen ist, aber es geht einem doch schwer in den Kopf, warum sich dieser Zustand so lange unverändert erhalten hat.

Adel und Kirche hatten die Gerichtsbarkeit über ihre Besitzungen, über ihre Dörfer und ihre Städte, die Magistrate über die Bürger von Städten, die keinem Grundherren gehörten. Der König ließ die Gerichtsbarkeit auf seinen Domänen genauso handhaben, wie die übrigen Grundbesitzer auf ihren Gütern.

Die Verwaltungsbehörden hatten die Gerichtsbarkeit für das Steuerwesen, die Landespolizei, die industriellen Institute, die Universitäten – jeder erhielt die Gerichtsbarkeit über sein Ressort und die dort zuständigen Beamten. So gab es schließlich Post-, Lotterie- und Porzellanmanufakturgerichte.

Die Emigranten, die nach Preußen gekommen waren, erhielten ihre besonderen Gerichte. Hier wurde demnach sogar nach fremdem Recht verfahren, mitunter nach den fremden Prozeßgesetzen.

Während bei zivilrechtlichen Streitigkeiten die Regel anerkannt wurde, daß jeder bestimmende Einfluß des Landesherrn auf Entscheidungen rechtlich unzulässig sei, war es in der Strafrechtspflege auch noch im 18. Jahrhundert üblich, daß er eingriff.

Strafurteile von einem bestimmten Strafmaß an, meist jene »wo Begnadigung oder Aggrivierung der Strafe« möglich war, mußten mit den Untersuchungsakten an den zuständigen Minister geschickt werden. Während sich aber Friedrich Wilhelm I. noch seine eigene Entscheidung in jedem Falle vorbehielt, wollte sein Sohn Friedrich dagegen nur über die Urteile entscheiden, in denen auf Todesstrafe oder auf Festungs- und Zuchthausstrafe von wenigstens zehn Jahren erkannt worden war.

Die Gerichte waren angewiesen, jährlich sehr ausführliche tabellarische Übersichten der gesamten Strafrechtspflege nach Berlin zu senden, um den höchsten Behörden fortwährend Gelegenheit zu geben, einzuschreiten.

Ein speziell preußisches Problem war auch dadurch entstanden, daß sich der brandenburg-preußische Staat bereits weit über die Grenzen der Mark ausgedehnt hatte und eine ganze Anzahl deutscher und außerdeutscher Landesteile umfaßte, deren Rechts- und Verfassungszustand naturgemäß unterschiedlich war.

Eine völlige Einheit des Staates in Recht und Verfassung wurde damals nur in den höheren Regionen eines Staates angestrebt. Damit soll nicht gesagt werden, daß die preußischen Könige zufrieden waren mit ihrer Rechtspflege. Nur glaubte etwa Friedrich Wilhelm I. die Situation zu verbessern, wenn er den jeweils zuständigen Einrichtungen strengste Handhabung der Gesetze einschärfte. Es wurden Anordnungen erlassen, um die Gerichte gegen Beeinträchtigung ihrer Gerichtsbarkeit von Seiten anderer Behörden zu schützen. Andere Vorschriften sollten für eine ausreichende Qualifikation der richterlichen Beamten sorgen, damit Unregelmäßigkeiten und Fehler im Verfahren abgestellt, richterlicher Willkür vorgebeugt und vor allem die Prozeßsucht eingeschränkt werde.

Besonders auf diesen letzten Punkt richtete sich die konzentrierte Wut beider Könige. Sie hatten dafür auch den Schuldigen ausgemacht, es war der Advokat. »Blutegel und Supplikenschreiber« nannte sie Friedrich Wilhelm I. Damit sie jedermann auch sofort erkennen könne, war der König auf die Idee gekommen, ihnen eine besondere Kleidung vorzuschreiben. Gleichzeitig wollte er mit dieser »Uniform« erreichen, daß »die Rechtsverdreher« von ihrer »Neigung zum Aufwande und zu äußerer Pracht geheilt und ihnen damit eine Triebfeder zur Unredlichkeit genommen« werde. Die Advokaten erhielten den Befehl, ab sofort und ständig, in öffentlichen Gebäuden und auf der Straße, einen schwarzen Rock mit einem bis auf die Knie herabreichenden schmalen, schwarzen Mantel zu tragen.

Viel konnten die verbitterten Advokaten dagegen nicht machen. Sie halfen sich ein bißchen gegen die Diskriminierung, indem sie diese »Mäntelchen vom leichtesten dünnen Seidenzeuge machen ließen und sie so enge zusammenfalteten, daß sie fast wie ein schwarzes Band aussahen, welches über den Rock herabhing und welches leicht gerollt in die Tasche gesteckt werden konnte«. Doch so genau muß dieses Kleidungsstück hier eigentlich nicht beschrieben werden, wir können es bekanntlich heute noch sehen.

Edikt vom 12. März 1718

Weil die Bosheit der Menschen sich nicht ganz will einschränken, noch aller Mord verhindern lassen; so bitten wir zuvorderst den allwissenden und gerechten Gott, daß er solche Unthaten ans Licht bringe, damit jeder seinen verdienten Lohn empfange und desgleichen böse Menschen sehen mögen, daß Gott unschuldiges Blutvergießen nicht wolle ungestrafet lassen. Sollte sich nun finden, daß der Thäter des Leben verwirket, so soll darauf ohne Ansehen einiger Person gesprochen und mehr auf Gottes Befehl, so derjenigen Blut, die Menschen Blut vergieße, wieder vergossen haben will, als auf ungegründete Ausflüchte, welche zum Deckmantel der Bosheit erdacht sein, sehen und dessen nicht schonen sollen, welchen Gott und die Gesetze hierin nicht wollen geschont wissen.

Doch die Rechtspflege ist durch solche Bemühungen natürlich nicht verbessert worden. Erfolglos blieb ebenso der Befehl des Königs, alle Prozesse innerhalb eines Jahres zu beenden. Erfolglos blieben noch viele andere Versuche, wir können hier aus Platzgründen nicht einmal alle aufzählen, die erfolglos geblieben sind.

»Was die Justiz in meinem Lande anbelanget, habe ich alles angewendet, daß sie gerecht und kurtz gefasset sein solte, aber leider habe ich nicht reussiret und habe es nicht dahin bringen können«, mußte Friedrich Wilhelm in einem politischen Testament bekennen. Aber es steht ebenfalls in diesem Testament, wie er sich zumindest das Strafrecht vorstellte: »... wenn einer Blut vergießt, muß es wieder vergossen werden«. Auge um Auge also, Zahn um Zahn.

Friedrich Wilhelm glaubte, wie fast alle Monarchen dieser Zeit, an die Abschreckung durch harte Strafen. Nur auf diese Weise würde es weniger Verbrechen geben, glaubte er, ja, er glaubte sogar daran, daß man einen heilsamen Eindruck auf die Bevölkerung ausüben würde, wenn die schweren Strafen öffentlich vollzogen werden. Eine Hinrichtung sollte »in den Herzen der Zuschauer einen nachhaltigen Eindruck zurücklassen, der in allen denen, die verbrecherische Neigungen in sich tragen, als ein wirksames Gegenmotiv wirken soll«. Der König verfügte sogar, daß bestimmte Personen an der Hinrichtung teilnehmen sollten, entweder, weil man ihnen verbrecherische Neigungen zutraute und sie durch eine besonders grausame Hinrichtung verwarnen wollte, oder weil sie die Ehefrauen der Verbrecher waren. »Er war eben ein Kind seiner Zeit mit einer aufbrausenden, impulsiven Natur und von religiösen Ideen geleitet.«

Hinrichtungen wurden nicht nur öffentlich vollzogen, die Delinquenten waren allerhand unheimlichen Zeremonien unterworfen. Sie wurden zur Richtstätte geschleift oder vor der Hinrichtung mit glühenden Zangen gerissen.

Welche Wirkung die fast religiöse Weihe, die die Hinrichtungen auch durch die salbungsvollen Reden der begleitenden Prediger erhielten, tatsächlich hatten, wissen wir nicht genau. Wir wissen lediglich, daß weder Hängen noch Rädern noch Kneipen mit glühenden Zangen die Zahl der Verbrechen in Berlin verminderte.

Gerade in dieser durch so viele Hinrichtungen gekennzeichneten Regierungszeit Friedrich Wilhelms war die Unsicherheit Berlins besonders groß.

Die Freiheitsstrafen wurden nach den heute vorliegenden Quellen in drei Kategorien unterteilt:

- ⋆ *die Festungs- und Karrenstrafe,*
- ⋆ *die Gefängnis- und Zuchthausstrafe,*
- ⋆ *die Arbeits- und Spinnhausstrafe.*

Die schwerste war die Festungs- und Karrenstrafe. Die Sträflinge in den Zuchthäusern überließ der König irgendeinem gewerblichen Unternehmer als Arbeitskräfte. Dieser verwandelte dann das Zuchthaus in eine Fabrik, wir haben das an anderer Stelle beschrieben. Von den Arbeits- und Zuchthäusern erhoffte man auch eine Besserung der Straftäter. In die aus ähnlichen Gründen geschaffenen Spinnhäuser kamen auch Bettler. Aber zugleich – jedenfalls bis zur Mitte des 18. Jahrhunderts – Kinder aller Altersgruppen.

Ein wichtiger Teil der Ermittlungen im Rahmen eines Strafprozesses war die Folter. Friedrich II. hatte sie wenige Tage nach seiner Thronbesteigung abgeschafft, am 3. Juni 1740 bereits. Allerdings nicht komplett – Landesverrat, Majestätsverbrechen und ganz besondere Mordfälle waren ausgenommen – und es war eine interne Anweisung. Es sollte niemand wissen, daß nicht mehr gefoltert werden durfte. Diese Entscheidung sollte nicht an die große Glocke gehängt werden. Die Halunken sollten sich schon weiterhin vor der Folter fürchten.

Erst vierzehn Jahre später wurde die Folter öffentlich abgeschafft und zwar für alle Verbrechen. (Ob trotzdem hin und wieder nicht doch noch gefoltert wurde, ist ein Streit unter Gelehrten. Ebenso, ob mit höchster Billigung weiter geprügelt wurde.)

Es ist ziemlich sicher, daß ein Vorfall aus dem gleichen Jahre (1754) diesen Entschluß veranlaßt hat. Da war eine kinderlose Witwe ermordet worden, und es gab ein paar Indizien, daß ein bei ihr im Hause wohnender Kandidat der Theologie der Täter sei. Unter der Folter hatte er sich dann auch zur Tat bekannt. Aber Freunde von ihm, die sicher waren, daß er es in Wahrheit nicht gewesen sein konnte, brachten den Großkanzler v. Cocceji dazu, die Sache erneut zu untersuchen. Dabei stellte sich heraus, daß die Ermordete durch einen Strick erwürgt worden war, und zwar mit Hilfe eines kunstgerechten Knotens, den nur Scharfrichter zu schürzen verstanden. Man erwischte die wirklichen Täter, zwei Scharfrichterknechte von außerhalb.

Es ist ohnehin sicher, daß dieser König im Bereich der Justiz erheblich fortschrittlicher war, als seine königlichen Kollegen in Europa. So sind im angeblich so liberalen Österreich noch im Jahre 1769 im Rahmen eines neuen Rechtswerks die Vorschriften für Folterungen erneuert worden. Vermutlich war es unter den Obrigkeiten überhaupt nur Friedrich der Große, der erkannt hatte, daß mit fortschreitender Zivilisation die Gesetze milder und die Strafen nicht mehr so barbarisch sein mußten. Er hatte sogar erkannt, und das war damals fast revolutionär – daß es wichtiger sei, Verbrechen zu verhindern, als Verbrecher zu bestrafen. Er zeigte ferner ein für damalige Verhältnisse ganz erstaunliches Verständnis für die sozialen Ursachen der Kriminalität.

So hatte sein Vater, Friedrich Wilhelm I. noch zwei Jahre vor seinem Tod ein Edikt wegen der »Diebstähle« in den hiesigen Residenzien erlassen, nachdem

1. ... die Hausdiebe, welche einen Kasten, Türe oder Spinde erbrechen, oder mit Schlüssel aufmachen und etwas daraus stehlen, wenn sie auch alles restituieren können, binnen acht Tagen gehenkt werden sollten.

2. Daß die anderen Diebe, welche einsteigen oder einbrechen oder sich in ein Haus einschleichen und darin verschließen lassen, gleichfalls mit dem Galgen bestraft und

3. wenn sie Waffen mit sich führen sollten, gerädert werden sollen.

Das war auch typisch für diesen König, daß er bei fast lächerlichen Verbrechen die Todesstrafe wollte.

Friedrich II. dagegen hatte sich schon als Kronprinz ziemlich abfällig zu diesen Vorschriften geäußert, ganz offenbar seien sie von den reichen Leuten gemacht worden. Ohnehin war er der Meinung, daß durch die meisten Gesetze seines Vaters, nur die reichen Leute ihr Recht erhalten würden – und zwar wegen der herrschenden Korruption. Hier griff er ziemlich schnell ein und bestimmte oft fast Gegensätzliches. So sollten beispielsweise Diebe, die sein Vater noch hängen wollte, völlig straffrei bleiben, wenn sie sich in einer Notlage befunden und vorher niemanden gehabt hätten, der ihnen helfen wollte.

Noch in einem anderen Bereich der Justiz war Friedrich seiner Zeit weit voraus. Es ist das, was Franz Mehring später »in puncto sexi« bezeichnet hat. Als glänzendes Beispiel die berühmt gewordene handschriftliche Randnotiz Friedrichs. Da hatte sich ein Kavallerist mit Pferden eingelassen und war nun selbstverständlich wegen Sodomie zum Tode verurteilt worden. Friedrich änderte die Strafe so: »Der Kerl ist ein Schwein. Er soll zur Infanterie.«

Wie bei Folterungen zu verfahren sei (Vorschriften aus der von Friedrich Wilhelm I. erlassenen Kriminal-Ordnung)

Zunächst ist der Gefangene außerhalb der Folterkammer in Güte zu vernehmen. Er muß gefragt werden, ob er seine Missetat zugeben will. Weigert sich der Gefangene jedoch, so ist ihm sofort bekannt zu geben, daß nun die Tortur an ihm vollstreckt werden wird. Und der Gefangene ist in die Tortur-Kammer zu bringen.

Es mag ausreichen, daß der Scharfrichter alle zur Peinigung dienlichen Instrumente dem Beschuldigten vorlege, ihn damit hart erschrecke und so tue, als wolle er sie auch wirklich benutzen.

Wenn so was aber im Urteil nicht vorgesehen ist, sol er die Sachen auch nicht anwenden. Im anderen Falle jedoch soll er den Delinquenten entkleiden, zur Leiter führen und endlich auch die Schnüre, Daum- und Beinschrauben anlegen, aber nicht zuschnüren oder zuschrauben.

Wieweit der Scharfrichter gehen solle, muß in dem Urteil genau vorgeschrieben sein. Und er hat sich danach zu richten und nicht etwa mehr zu veranstalten, als angeordnet ist. In unserem Lande sind drei Torturgrade eingeführt. Beim 1. Grad sind Daumenstöcke anzulegen und zuzuschrauben und mit den Bändern und Schnüren ist zu beginnen. Beim 2. Grad wird mit dem Schnüren fortgefahren, es werden auch die Beinschrauben angelegt und zugeschraubt und endlich wird der Beschuldigte an der Leiter mäßig aufgezogen. Beim 3. Grad geschieht das Aufziehen der Glieder mit dem sogenannten Kloben und es wird auch der gespickte Hase dabei gebraucht. Daß der Beschuldigte bei diesem 3. Grad auch mit Feuer, Pech und Schwefel beworfen wird, ist dann erforderlich, wenn ein besonders schweres Verbrechen vorliegt, und den Bürgern an der Bestrafung sehr gelegen ist, oder wenn eine besondere ungemein verhärtete Halsstarrigkeit bei dem Gefangenen bemerkt wird. Aber immer soll darauf geachtet werden, daß dieser an den Gliedern des Leibes keinen Schaden erleide. So soll der Scharfrichter auch immer selbst mit anpacken und die Sache nicht seinen unverständigen Knechten überlassen. Der Scharfrichter hat nämlich darauf zu achten, daß zwar der Gefangene vorschriftsmäßig gepeinigt wird, aber daß beim Anlegen der Schnüre usw. so verfahren werde, daß nicht Sehnen verletzt werden oder der Gefangene nach ausgestandener Tortur lahm bleibe oder sonstwie Schaden an seinem Leben oder seiner Gesundheit erleide.

Die Tortur soll allemal morgens früh im Beisein aller Gerichtspersonen vorgenommen werden und nicht stückweise oder gar am folgenden Tage wiederholt werden. Auch soll dem Gefangenen wenigstens sechs Stunden vorher keine Speise mehr gereicht werden. Es sollen auch keine unnützen Pausen gemacht werden. Es soll je nach Beschaffenheit der Person und des Verbrechens vorgegangen werden. Alles in allem dürfte die ganze Tortur nicht weniger als eine halbe Stunde und nicht länger als eine Stunde dauern. Dazu soll eine Sanduhr aufgestellt werden, aber so, daß der De-

linquent sie nicht sehen kann. Auch in den schärfsten Fällen soll die eine Stunde nur mäßig überschritten werden.

Folterleiter zum zerren der Glieder Rechtspflege um 1770

Instruction für das Stadtgericht in Potsdam

1. Der Stadtrichter soll seyn Sr. Königl. Majestät in Preußen Hofrath. Der Actuarius, der zweite Bürgermeister. Die drey Schöppen sollen seyn die drey anzusetzenden Ratsherrn.

2. Sollen die Stadtgerichte im Na-

men des Magistrats auf dem Rathause in der Rathstube, sowohl die Criminal- als Civilgerichte, vor dem Richter im Beisein des Actuarii und der Schöppen geführet und administriret werden.

3. Der Stadtrichter führt alle Inquisitiones, dirigiret den Processum in criminalibus, nach der ihm vorgeschriebenen Criminalordnung, schicket die Acta zum Criminal-Collegio ein, nach wieder eingelaufenem Urtheil und erfolgter allergnädigster Confirmation, läßet er dieselben exequiren, alles in Beyseyn des Actuarii und der Gerichtsschöppen, und sorget davor, daß die Gefangenen wohl verwahret und nothdürftig verpflegt werden.

4. In civilibus hält er die Woche zu zweymalen Gerichtstag, als Montags und Donnerstags, dagegen er Partes nach Gelegenheit der Sachen mündlich oder schriftlich zitiren läßt, hält ordentlich die Verhör, läßt den Actuarimum fleißig das Protokoll halten, fasset darüber die Abschiede ab, und publiciret dieselben.

7. Unter seine Civil-Jurisdiction gehören alle Bürger und Einwohner der Stadt, und Fremde, so sich da aufhalten, wenn sie nicht von der Soldatesque, noch sonst königliche Bediente und Exempti sind.

8. Die Jurisdiction administrirt er ohne einiges Ansehen der Personen, unpartheiisch, prompt und geschwind, hält niemand im Prozeß oder mit den Exekutionen auf.

9. Der Gerichts-Sportuln halber richtet er sich nach den herausgegebenen. Von denselben Gerichtssportuln bekommt den dritten Theil der Richter, ein Drittel der Actuarius und das übrige Drittel die Gerichtsschöppen.

10. Der Actuarius führet die Protocolla in allen Sachen und fertiget die Prozeßsachen und Abschiede, stellet er allemal prompt und zu rechter Zeit aus.

Edikt wegen Bestrafung des Selbstmordes vom 22. Januar 1731.

Nachdem Wir höchst mißfällig angemerket, daß, ob zwar alle göttliche und weltliche Rechte den Selbstmord scharf verbieten, dieses unmenschliche Laster dennoch und Unsere deshalb verschiedentlich ergangnen schriftlichen Verordnungen ohngeachtet eine Zeithero mehr zu- als abgenommen hat ... ordnen und befehlen Wir kraft dieses, daß derjenige, welcher sich selbst gewaltsamer Weise das Leben nimmt, ohne Unterschied, es möge Selbstmord aus freier Willkür oder aus anscheinender und vorgegebener Schwermut geschehen sein, vom Schinder oder Büttel, anderen zu desto größerem Abscheu, und damit auch ein jeder so viel mehr Sorge und Acht auf die Seinigen und Angehörigen, welche schwermütig zu sein scheinen, nehmen möge öffentlich weggeholet und verscharrt werde.

Scheiterhaufen für den Hausdieb und Brandstifter Johann Christian Höppner
Folgeseite: Die Verbrennung am 15. August 1786

Da in Preußen bereits zu Beginn des 18. Jahrhunderts dem Scharfrichter befohlen war, bei schweren Hinrichtungsarten – die ja häufig ungewöhnlich roh waren – den Delinquenten die Halsschlagader so zu drücken, daß er schnell starb, ohne daß es die neugierigen Zuschauer jedoch merken sollten, mag eine Gebührenordnung für Scharfrichter aus dem Jahre 1757 aus einem anderen Staat Deutschlands die Zustände außerhalb Preußens veranschaulichen.

Reglement

	Rthlr.	*Alb.*
1. mit 4 Pferden auseinander zu reißen	*5*	*26*
2. in 4 Theil zu legen	*4*	
3. für des Ends erforderlichen Strick	*1*	
4. für diese Theil an 4 Ecken aufzuhencken darzu erforderliche Strick, Nägel, Ketten, und den Transport mit eingeschlossen	*5*	*26*
5. zu Köpfen und verbrennen insgesambt	*5*	*26*
6. für desfals nöthige Strick, und den Scheiter-Haufen zu legen und anzuzünden	*2*	
7. zu strangulieren und zu verbrennen	*4*	
8. für Strick den Scheiterhaufen zu legen und anzuzünden	*2*	
9. Lebendig zu verbrennen	*4*	
10. für Strick den Scheiterhaufen zu legen und anzuzünden	*2*	
11. lebendig zu rädern	*4*	
12. für Strick und Ketten	*2*	
13. den aufgeflochtenen Cörper mit dem Rad in die Höhe zu richten	*2*	*52*
14. vom köpfen allein	*2*	*52*
15. für des Ends erforderliche Strick, und das Tuch zur Verbindung des Gesichts	*1*	
16. das Loch zu machen und den hingerichteten Cörper einzuscharren	*1*	*26*

17. vom Köpfen, und den Cörper aufs Rad zu flechten insgesambt		
18. für Strick und Ketten samt dem Tuch	*2*	
19. eine Hand, oder einige Finger abzuhauen und zu köpfen insgesambt	*3*	*26*
20. selbige mit dem glühenden Eisen zuzubrennen	*1*	*26*
22. vom Köpfen, und den Kopf auf eine Stange zu stechen insgesambt	*3*	*26*
23. für Strick und Tuch	*2*	*26*
24. vom Köpfen, den Cörper aufs Rad zu flechten, und den Kopf auf eine Stange zu stechen insgesambt	*5*	
25. für Strick, Ketten und Tuch	*2*	
26. vom Hencken	*2*	*52*
27. für des Ends gebrauchende Strick, Nägel und Kette	*1*	*26*
28. einen Deliquenten vor sonstiger Execution mit glühenden Zangen zu greifen, vor jedem Grif, nebst oben Respectu Supplicii ausgeworfener Gebühr		*26*
29. die Zunge ganz, oder ein Stuck davon zu schneiden, nachgehends mit einem glühenden Eisen zuzubrennen insgesambt	*5*	
30. für dazu gebührende Strick, Zang und Messer	*2*	
31. eine abgeschnittene Zung, oder abgehauene Hand an den Galgen zu nagelen	*1*	*26*
32. einen, so sich selbst erhenckt, erträncket, oder sonsten entleibet, abzuschneiden, wegzubringen, das Loch zu machen und zu verscharren	*2*	
33. eine Person der Stadt, oder des Landes zu verweisen		*52*
34. im Gefängnis zu streichen, einschließlich der Ruthen	*1*	
35. abzuschlagen		*52*
36. an den Pranger zu stellen		*52*
37. an den Pranger zu stellen und auszustreichen, einschließlich der Strick und Ruthen	*1*	*26*
38. an den Pranger zu stellen, zu brandmarken und auszustreichen, einschließlich der Kohlen, Strick und Ruthen, auch der Brandsalb	*2*	
39. einen Inhaftierten zu visitiren, ob gebrandmercket		*20*
40. die Leiteren an Galgen zu versetzen, es mögen ein- oder mehrere auf einen Tag gehencket werden	*2*	

Wer sich heute überhaupt noch an preußische Kriminalfälle jener Tage erinnert, wenn auch vage, wird vielleicht auf den Namen Friedrich von Trenck kommen, den Vetter des Panduren; in einigen Köpfen spukt dann noch ein Fall »da war doch noch was mit dem Müller von Sanssouci«, vielleicht hat irgendeiner sogar von der Sache Müller-Arnold gehört. Aber dann ist die Liste auch am Ende.

Für die frühen märkischen Bürger jedoch zählten ganz andere Fälle zu den Sensationen. Von denen wissen wir heute kaum noch etwas. Sie sind auch – von heute beurteilt – nicht besonders aufregend. Wenn wir dennoch einen erwähnen, dann nicht wegen irgendeiner kriminellen Raffinesse sondern weil er, was wir ja hier ständig unternehmen, den damaligen Alltag besonders treffend charakterisiert. Uns interessiert vor allem anderen die Liste des Diebesguts. Denn es geht um einen Diebstahl, allerdings um einen Diebstahl aus dem königlichen Schloß, immerhin etwas also.

Da hatten sich zwei Halunken erdreistet, ins königliche Schloß einzubrechen, der Kastellan und ein ihm befreundeter Schlosser, die Herren Runck und Stieff. Sie hatten – während der König auf Reisen war – sämtliche Tresore, Schatullen und Kabinette aufgebrochen und in aller Ruhe mitgenommen, was an Wertsachen vorhanden war. Sie erbeuteten also die Schätze des preußischen Königs, einschließlich Bargeld und Schmuck. Nur hatten die beiden – neben anderen Dummheiten – den falschen König beklaut. Denn dies ist die vollständige Liste des geraubten Gutes:

I. Valentin Runck

1. Aus dem königlichen Tresor zu seinem Anteil 2800 Thaler.

2. Harte Thaler, Kupfergeld und Medaillen, wovon er bekannt hat, zusammen 170 Pfund gewogen zu haben.

3. Aus einem Kasten auf einmal 150 Dukaten und 30 Holländische Thaler.

4. Noch aus einem anderen Kasten 150 Thaler an 2/3 Stücken und 10 Thaler an 1/3 Stücken.

5. Noch aus einem Kasten 150 Dukaten und 15 Speciesthaler.

6. Von des aus einigen Coffres gestohlenen Tressen, Campagnen, Etoffen, damastene Kleider, Leinenzeug 60 Thaler.

7. Aus einem Spind 2 Pfund Seide.

8. Von den aus des verstorbenen Königs Kammer gestohlenen Jetton zu seinem Antheil 8 Thaler.

9. Ein Brilliant aus einem Kreuz im Kronkabinett.

10. Aus einem Tisch zwölf Speciesthaler.

11. Einen Schirm, worin gold und silberne Etoffe befindlich.

12. 10 Stück kleine emaillierte Portraits aus der geheimen Rathsstube.

13. Einen Ring mit einem ziemlichen Brilliant.

14. Eine silberne Uhr.
15. Noch ein silbernes und vergüldetes Schaustück.
16. Noch einen Silberling und ein silbernes Schaustück mit einem Pabst.
17. Kleine Diamanten, 33 Stück.
18. Aus einem kleinen Spinde Biergläser und Tobackspfeifen.
19. 50 Stück Perlen.
20. Eine Scheibe von silbernen Leuchtern.
21. Ein laquirt Tischgen mit allerhand Theezeug.
22. Ein Tischblatt ohne Füße.
23. Eine laquirt Gießkanne und Becken von Blech.
24. Ein schlecht Brettspiel.
25. Zwei Tischdecken.
26. Eine seidene Decke auf dem Bette.
27. Vier Schildereien.
28. Ein Portrait mit sehr kleinen Diamanten besetzt.
29. Ein klein Perspektiv.
30. Etliche Bücher, zum Theil mit Silber beschlagen.
31. Ein Tabaksmagazin von Blech.
32. Eine Karbatsche.
33. Ein schwarz ledernes Futteral mit Zahnstecher.
34. Drei paar braune ledernde Handschuh.
35. Unterschiedliche kleine Portraits.
36. Ein Messer mit einer weißen Schale und Schneide mit gelbem Blech beschlagen.
37. Ein schwarz ledernes Kästchen mit silberen Büchsgen.
38. Ein klein Perspektiv von schwarzen Horn.
39. Noch eins dergleichen mit einem spanischen Rohr mit einem Helfenbeinernen Knopf.
40. Eine kleine hölzerne Lade.
41. Die Berlinische Post-Carte auf weißem Atlas.
42. Eine kleine Schnupftabakdose von Stahl geätzt.
43. Drei kleine parfümierte Handschuh.
44. Ein blecherner Tubus.
45. Ein Türkisches Messer.
46. Eine Chronika von Beelitz.

II. Daniel Stieff

1. Aus dem königlichen Tresor 2200 Thaler.
2. Noch aus demselben vor sich allein 5000 Thaler.
3. Ferner aus demselben 2000 Thaler.
4. Aus dem Kronkabinet hat er an goldenen Büchsgen und Dosen so viel Gold und Diamanten gestohlen, daß er davon an den Goldschmidt Hutlinger vor 80 Thaler verkauft hat.
5. Aus einem Spinde verschiedenes wie Uhrketten, Dösgen usw.
6. Aus einer Kiste 200 Dukaten.
7. Noch aus einer Kiste 150 Dukaten und noch 300 Stück, theils Dukaten, theils Goldgulden.
8. Noch aus einem Kasten an 2/3 Stück 250 Thaler.
9. Ferner aus einigen Coffres 10 Duzent Serviletten, 17 Tafeltücher, einige Bettlakens, ein brokatenes Frauenkleid, noch ein schwarzes Kleid und 2 schwarze Röcke. 40–50 Ellen grüner Damast, 32 Ellen rother Damast. 8 Thaler für die Campagnen.
10. Aus einem Schreibtisch 12 Speciesthaler.
11. Zwei Gläser von Cristal de roche mit Gold beschlagen.
12. Noch aus einem Schreibtisch eine Rose mit 1 großen und 4 kleinen Diamanten.
13. Aus der königlichen Kammer ein Buch von Schildkröte.
14. Eine Scheibe vom silbernen Leuchter.
15. Noch verschiedene Sachen, so beim Inquisiten im Loche unter dem Spiegel gefunden (4 Ringe mit Diamanten, 1 Brilliant von 2 1/2 Gran, noch einige kleine Diamanten, 4 Gesichter in Stein geschnitten, 2 Stück Gold, 1 Paar Diamanten-Schnallen, 1 Petschaft von Carnisol, 4 Paar Handschuh.

Der König war übrigens aus mehreren Gründen besonders wütend über diesen Diebstahl. Einmal ist ein Geizhals, und das war der König ja (und was für einer), allein schon wegen des materiellen Verlustes empört. Doch dann kam hinzu, daß die Täter zwei Männer waren, die er nicht nur gut kannte, sondern denen er auch vertraute.

Mit dem Tode wären die beiden Diebe in jedem Fall bestraft worden, auch wenn sie nicht im Schloß eingebrochen und nicht den König beklaut hätten. Aber in diesem Falle verhängte das Kriminalkollegium ein besonders scharfes Urteil. So wurden die beiden Einbrecher halbnackt auf Karren gebunden und fast drei Stunden lang durch die Stadt gefahren. An allen Ecken der Hauptstraßen wurden sie mit glühenden Zangen gekniffen und dann erst lebendig gerädert.

Hinrichtung vom 8. Juni 1718 wegen Diebstahls

Das Urteil ist gestern an beiden vollzogen worden, da nämlich der Kastellan, als Autor und Verführer, auf einem Karren rücklings sitzend, etlichemal unter Weges mit glühenden Zangen gekniffen, dem Schlosser aber, so zu Fuß vorher gegangen, dergleichen Strafe nicht zuerkannt worden. Hinter den beiden Delinquenten folgten ihre Weiber. Als sie nun in Begleitung einer starken Wache zum Gericht gebracht waren, welches auch schon zuvor mit einem Kreis von der Soldateska, drei Mann hoch, umgeben gewesen, wurde der Hofschlösser zuerst von unten auf gerädert, welches der Kastellan Runck, desgleichen die beiden Weiber, mit ansehen müssen. Hernach ist auch der Runck ebenfalls von unten auf gerädert worden. Als dieses geschehen, hielten die Priester eine bewegliche Rede an mehr als 30000 Menschen, die sowohl zu Fuß als auch zu Pferde und in Karossen gegenwärtig waren. Hierauf hat man die beiden Körper an den höchsten eisernen Galgen hinaufgezo-

gen und mit eisernen Ketten daran festgemacht; die Weiber aber sind auf einem Wagen nach Spandau gebracht worden.

»Mancherley Lebensstrafe« Kupferstich von Chodowiecki

10. Oktober 1716. Am 6ten ist an denen drei Weibspersonen, welche am 19. Juli allhier im Spinnhause, um der Arbeit auszukommen, ein fremdes Kind umgebracht, eine scharfe Execution geschehen, maßen deren Decollierung ihre Cörper aufs Rad geflochten und die Köpfe auf Pfähle genagelt, imgleichen das Messer, womit der Schnitt geschehen, an den Pfahl geheftet und ist in der Ordnung, wie die Tath vollführet, die Execution ergangen und diejenige, so das Kind aus der Stube in die andere geholet die erste, diejenige, so den ersten Schnitt gethan, die andere und die den letzten Schnitt verrichtet, die dritte in der Ordnung gewesen, wobey man als etwas Merkwürdiges hält, daß bey der Decollierung derjenigen, so den ersten Schnitt gethan; deselben bey dem Schwertstreich fast beyde Hände abgehauen, weil sie eben zu solcher Zeit solche aus Angst in die Höhe gehoben.

---

12. Januar 1715. Gestern hat man allhier eine Kindesmörderin justiciret, wobey ein neuer Scharfrichter, indem er derselben im Stehen den Kopf herunter geschlagen, seine erste Probe und Meisterstück abgeleget.

Edikt,
daß die Zigeuner, so im Lande betroffen werden, und 18 Jahre und darüber alt sein, ohne Gnade mit dem Galgen bestrafet, und die Kinder in die Waisenhäuser gebracht werden sollen. Es ist Unser ernster Wille, daß dieses ruch- und gottlose, auch nur vom Raub und Stehlen sich ernährende Zigeuner Gesindel mit Stumpf und Stiel gänzlich aus allen Unsern Landen vertilget und ausgerottet werde.
5. Okt. 1725.

Verordnung vom 8. Februarii 1765

Alle, außer der Ehe geschwängerten Personen bleiben wegen ihrer Schwängerung, von aller Strafe und Vorwurf frey. Eine vorsätzliche Kinder-Mörderin soll mit dem Schwerdte am Leben gestrafet und dabey kein Unterschied gemacht werden, ob sie gewaltsam Hand an ihr Kind leget und demselben eine tödliche Verletzung zufüget, oder ob sie nur unterlassen hat, ihrem Kinde die nöthige Pflege, Wartung und Nahrung zu reichen; desgleichen, ob das Kind nach der Geburt frisch und munter, oder ob es schwach und bereits sterbend gewesen ist, ob die dem Kinde zugefügte Verletzung und die Entziehung der nöthigen Pflege und Wartung ganz allein dessen Todt verursachet hat, oder ob selbiger zugleich durch Zufälle oder Umstände, welche dem bösen Vorhaben seiner Mutter nicht eigentlich zugeschrieben werden können, ist befördert, oder auch von jenen allein verursachet worden, sondern in allen diesen Fällen, soll die auf einen vorsetzlichen Kinder-Mord gesetzte Todesstrafe statt finden.

Wenn eine Gebährin um das Schreyen ihres Kindes zu verhindern, demselben den Mund zuhält oder verstopfet, oder auf eine andere Weise das freye Atemholen hemmet und darüber das Kind erstickt ist, und soll auch in keinem der Fälle der Vorwand, daß der Tod nur zufälliger Weise aus dem begangenen Unternehmen erfolget sey, zu keiner Entschuldigung dienen. Wenn eine Weibs-Person binnen der ersten 24 Stunden nach der Geburt ihr Kind verscharret, oder wegwirft, oder an einem Ort, wo es ersticken oder vor Kälte umkommen muß, hinleget, oder wenn sie mit ihrem Kinde sonst etwas unternimmt, davon es nothwendig hat sterben müssen; so soll eine solche

Weibs-Person als eine vorsätzliche Kinder-Mörderin, mit dem Leben gestrafet werden.

Wenn keine genugsame Gewißheit, daß das Kind lebendig zur Welt gekommen sey, zu erlangen stünde … Oder die Verbrecherin bloß leugnete, oder nicht überführet werden konnte, ihrem Kinde vorsätzlich die tödliche Gewalt zugefüget zu haben … Oder die Ärzte behaupten, daß das Kind todt auf die Welt gekommen sey … Oder wenn die Verbrecherin die Geburt verheimlichet, gleichwohl dieselbe eines vorsätzlichen Mordes nicht überführet wurde …

In allen diesen Fällen sollen die Verbrecherinnen zwar mit der Todesstrafe verschonet, jedoch öffentlich zu Staupen geschlagen, und darauf Zeit Lebens zur Festungs-Arbeit gebracht werden.

Eine jede in Unehren schwanger gehende Weibs-Person muß ihre Schwangerschaft wenigstens einer ehrbaren und verständigen Frau die selbst Kinder gehabt hat, offenbahren und durch selbige sich die zu ihrer Geburt nöthige Hülfe zu verschaffen suchen. Geschiehet die Geburt unter dem Beystande einer solchen Frau und das Kind stirbt, so muß das todte Kind denen Gerichten des Orts so fort vorgezeiget werden.

Wenn eine Weibs-Person, die in Unehren schwanger geworden und die genannte Vorschrift nicht beachtet, so soll sie schon um des Willen mit Zucht-Haus-Arbeit, und zwar, wenn das Kind am Leben bleibt, auf 6 Jahre, und, mag es todt zur Welt gekommen seyn oder nach der Geburt erst verstorben, auf 10 Jahre bestraffet werden.

Auch müssen die Eltern und Dienst-Herrschaften bey willkürlicher Strafe sich enthalten, durch unzeitige und unbillige Härte, gefallene Weibs-Personen zur Verzweiflung und Verübung eines größeren Uebels zu verleiten. Insonderheit müssen die Dienst-Herrschaften dergleichen Weibs-Personen nach entdeckter Schwangerschaft nicht eher aus dem Dienst setzen, bis sie vorher die nöthigen Mittel angewendet, um die heimliche Geburt zu verhindern. Gleich hart und in eben dieser Proportion sind diejenigen zu bestrafen, die sich mit der geschwächten Weibs-Person acht oder neun Monate vor deren Niederkunft fleischlich vermischt haben.

Gehet eine in Unehren geschwängerte Weibs-Person vor ihrer Niederkunft aus dem Dienste, worinn sie bis dahin gestanden hat, oder wird sie desselben entlassen, so ist schon oben erwähnt, daß die Dienst-Herrschaft, oder die Person so deren Stelle vertritt, der Verantwortung, Schuld und Strafe nicht anders entgehen könne, als wenn sie selbst zur Verhütung der heimlichen Geburt Anstalten gemacht; außer sie hat der Obrigkeit von der schwangeren Person Entlassung und wegziehen, so fort Anzeige gemacht.

Verordnung vom 30. August 1720

Nachdem Wir bißhero aus denen zu Unserer allergnädigsten Confirmation eingesandten Criminal-Urtheilen wahrgenommen, daß die auf den wider alle natürliche Liebe lauffenden Kinder-Mord gesetzte Strafe des Sakkens und Ertränckung öfters aus sehr geringen Motiven nicht erkandt, sondern statt dessen die Strafe des Schwerdts dictiret worden. Da viele außer der Ehe gebohrene unschuldige Kinder von ihren gottlosen Müttern bey der Geburth umgebracht werden, deren Bluth und Rache schreyet, wollen Wir versuchen, daß die härtere Bestraffung denen ruchlose Gemüthern einen Schreck einjagen möge.

Also befehlen Wir nochmahls ernstlich auf uneheliche der Schwanger-

schaft verdächtige Weibs-Personen möglichst Acht zu haben, und auf alle Weise dem heimlichen Gebähren vorzubeugen, als welches die Gelegenheit zum Kindes-Mord verschaffen. Sie soll nach der Geburth sofort kundttun, daß sie gebohren und das Kind ohne Zeit-Verlust anzeigen. Wobey Wir hiermit expresse befehlen, daß jeder sich unterstehen sollen, sie deshalb verdächtig zu machen oder zu beschimpffen bey Androhung harter Bestrafung und das der beleidigende Theil der Beleidigten eine öffentliche Abbitte thun solle.

Hiermit befehlen Wir auch allen unseren Juristen-Facultäten und Schöppen-Stühlen im Lande auf die Strafe des Sackens schlechterdings zu erkennen und es Unserer Gnade und Huld einzig und allein zu überlassen, ob Wir in ein oder anderen Fällen Gnade vor Recht wollen ergehen lassen.

Wir haben darauf verzichtet, hier den Fall des Wassermüllers Arnold zu schildern. Ohnehin wären wir, im Gegensatz zu fast allen Autoren der vergangenen hundert Jahre, sehr entschieden auf der Seite des Königs. Nur wollen wir ihnen etwas nicht vorenthalten, was indirekt zum Fall des Müllers gehört. Es sind Zitate aus einem Tagebuch, das einer der angeblich so willkürlich von seinem König auf die Festung Spandau geschickten Regierungs- und Kammergerichtsräte während seiner Haft geschrieben hatte. (Zwei Räte des preußischen Kammergerichts, drei Räte der Küstriner Regierung und ein Justitiar aus Küstrin waren von Friedrich zu einem Jahr Festung verurteilt worden.) Es sind lediglich Kostproben aus dem Tagebuch eines der Heroen für Generationen deutscher Juristen.

Vermutlich können wir so jedenfalls jene mitfühlenden Zeitgenossen beruhigen, die noch heute mit den Verurteilten zu leiden scheinen. Sie mögen erkennen, daß diese Haftzeit, zumindest zeitweise, erträglich gewesen sein dürfte. Auszüge aus dem Tagebuch des Regierungsrates Neumann, geschrieben während der von Friedrich dem Großen über die Richter im Müller-Arnold-Prozeß verhängten Festungshaft:

Den 7. Jan. 1780 sind wir frühmorgends um 9 Uhr unter Begleitung eines Officers und 2 Wagens allhier angekommen. Nachdem wir dem Commandanten vorgestellt, wurden wir zu dem Herrn Wach-Lieutenant geführet, der uns mit einem warmen Coffee und einem guten Mittagbrod auf unsere Kosten bewirthete. Während den Eßen wurden auf Antrieb der Frau Wirthin viele Zoten gerißen. In den Zimmern fehlte es an aller Bequemlichkeit. Der Mangel eines Nachtstuhls machte, daß man seinen Stuhlgang bis zum folgenden Tag 8 Uhr zurückhalten mußte.

den 8. Vorzüglich beschäftigten wir uns mit Auspackung unseres Reisegeräths, wir handelten unser Mittagbrod monatlich für 6 Personen auf 25 Thaler statt 36 Thaler herunter, welche uns abgefordert wurden. Hierbei muß zur Schande der Spandowschen Einwohner angemerckt werden, daß sie nicht nur alles übermäßig theuer, und daß die hiesigen Preiße so gar die Berlinschen übersteigen. Sie stehen in dem irrigen Wahn, daß alle armen Arrestanten blos um ihrer halbe hieher gesetzt würden. Der Einheizer gab uns gleich am Tage unserer Ankunft ein Probestück, von der Kunst, sich zu bereichern. Er wußte für einmaliges Einheizen eines Zimmers, sich eine Belohnung von 18 Gr. zu verschaffen, indem er von einem jeden von uns einzeln was abforderte und sich nicht anmerken ließ, daß er von den andern bereits überflüssig belohnt war.

den 9. 100 Schritt von unserm Gefängnis sitzt ein Italiener namens Renazzi, dieser schrieb nach der Bataille von Zorndorf an den General Daun, er möchte mit seinen 40000 Mann zurückbleiben, denn die Preußen hätten die Bataille gewonnen. Den Brief ließ man abgehen, den Schriftsteller aber setzt man auf die Festung. Er darf nur 20 Schritt von seinem Gefängnis gehen, da man ihn für sehr unsicher hält. Vor 20 Jahren hat er eine Frau und Tochter zur Aufwartung gehabt, mit beyden hat er geburet und aus diesem Beyschlaf ist eine Tochter geboren. Mit dieser, da sie bereits 18 Jahre alt, hurt er wieder und vermuthlich wird es so fortgehen bis in's 3te und 4te Glied. Wir lernten auch den ehemaligen Secretär Grundmann kennen. Er ist nicht zum Festungsarrest, sondern zur Arbeit condemniret. Man kann aber die Arbeit monathlich mit 16 Gr. abkaufen. Nachdem wir den 9ten zu Mittage wohl gespeiset und gut getrunken und uns um 4 Uhr nach Hause verfügten, so fanden wir den Hof-Fiskal Schlecker in schlechten Umständen: er saß auf dem Nachtstuhl und sah dabei aus, als wenn ihm die Seele ausgehen wollte. Die Maladie soll von allzu häufigen Einschlürfen des Wein und Bieres entstanden sein. Der Ehren-Mann, welcher unsere Excremente wegträgt, ist wegen Wilddieberey auf 10 Jahre condemniret.

den 12. fand sich ein hübsches Mädgen mit einem Rehbraten, Gurcken und eingemachten Sachen ein. Verschieden Arrestanten beklagten gar sehr, daß sie über das Mädgen nicht ebenso verfügen könnten wie über die Rehkeule.

den 17. schickte ein Wohltäter aus Cüstrin einen Kober mit Pöckel-Fleisch, Wurst nebst einem Hasen und begleitete dieses Geschenk mit einem lustigen Brief. Es ist anzumerken, daß allhier sich ein garstiges Gefängnis unter dem Rahmen des Lehm-Kellers befindet, welches dazu dient, muthwillige Arrestanten in Ordnung zu halten, auch hiermit ist der alte Schlecker auf alle Fälle bedrohet worden.

den 12. Viel Besuch aus Berlin. Bringen Wein, Kuchen, Würste, Schinken, Hasenbraten, Rehziemer, Keulen und ein Carpen, alles wohl praepariert und mit den nötigen Zugemüße versehen. Von einem Unbekannten 1 Pastete und einige Gläser mit eingemachten Sachen. 1 Hirschkalb und 2 Pfasanen aus Palzig, 2 Muraenen aus Colbatz. 1 Rehbock von Hrn. Hornejus. Noch 6 Wildbratens.

den 17. wurden folgende Sachen angeschaffet: 3 Tische, 2 Spuck-Kasten, 1 Wasch-Schemel, 3 Bettstellen, 9 Gläser, ein Borstwisch, ein Wasserkrug, 2 irdene Schüsseln und Teller, Stiefelknecht, ein irdener Nachttopf, 3 Coffee-Kannen, Coffee-Mühle a 18 Gr., Zuckerhammer und Messer, 6 Rohrstühle, 1 Tonbacher Leichter, ein höltzernes Tintenfaß und dgl. Sandbüchse, sie kosten 3 Gr., und ein Bücher-Schapp für 9 Gr.

den 26. Ärgerlicher Krieg in der Cammergerichts-Stube. Diesen Tag waren besoffen 1. Schlecker, 2. Johann, der Bediente, einer schenkte dem andern Thee ein.

den 27. Fiscal Schlecker, der den gestrigen Rausch nicht ganz ausgeschlafen hat, war sehr mürrisch und zänkisch. Abends Spiel beim Herrn Commandanten.

den 1. Aus Berlin schickte Herr Nicolai eine Schinken-Pastete nebst 2 Fässgen Mostrich aus Frankfurth von Herrn Seydeln. Zu der Schinken Pastete ist übrigens eine Bouteille Burgunder ausgetrunken worden.

den 2. Oben ist gedacht worden, daß Schlecker von seiner Köchin besucht worden, dieses hat aber die Folge gehabt, daß der Schlecker seine Hosenklappe hat neu füttern lassen müssen, *weil er seine Frau nächstens erwartet, welche große Revision halten wird. Schlecker hat seiner Köchin die gehabte Bemühung mit ein paar Pantoffeln beschenket. Heute haben zum ersten mahl die Lerchen gesungen. Vor ein paar Jahren ist einer gestorben, welcher den König in Charlottenburg ins Bette geschißen.*

den 6. ließ Herr Regierungsrat Bandel sein Haar vorn zum ersten Mahl wieder frisieren, auch ließ er sich ein Schwänzchen binden.

den 7. Allemahl den siebten eines jeden Monaths haben wir unsere monathliche Reinigung, das ist, wir bezahlen das Mittagessen, Aufwartung usw.

den 10. Wegen des bevorstehenden Namenstages der Müllerin Arnold sind schon große Praeparationen gemacht, um einigermaßen von dieser abwesenden Gönnerin ein Sinnbild zu haben: so ist ein Kopf von einem jungen wilden Schweine zierlich mit Goldschauch ect. ausgeschminkt worden.

den 11. Viel Besuch aus Berlin. In ihrem Gefolge waren Kuchen, Pöckelfleisch ect. Zu Mittage speiseten wir ganz vergnügt zusammen, besonders gefiel der Schweinekopf, daß eine Dame zu den Hrn. Regierungsrath Bandel sagte: Ihr Kopf hat mir sehr gut geschmeckt. Nach Tische wurde gesungen: Weg ist die Rose, der Teufel hat sie geholt. Bei dem Traité des heutigen Tages wurde einer Dame noch ein Stück vom Schweinekopf offeriert; sie bedankte sich mit den Worten, ich habe noch zwei große Stücke und sie hatte eben ihre beiden Hände an den Busen gelegt. Zu den Schweinekopf hat Regierungsrath Bandel eine Mostrichsauce praepariert, welche paßable war.

den 12. Hier sitzt ein Fähnrich Thisenhausen wegen Desertion. Er kaufte sich einen Pudel und ließ den Pudel schlachten, und eine Pudelmütze davon machen.

den 14. Jahrmarkt in Spandaw. Früh Morgends versahen wir drey uns mit neuen Pantoffeln. Vor 14 Tagen war bei dem Stockhause Gerichtstag. Ein Jude hatte sich mit einen andern Stockhauser gestritten, wieviel 3 Matador im Tarockspiel gelten.

den 15. ist nichts von Erheblichkeit vorgegangen. Die meiste Zeit des Tages ist bey schönen Sonnenschein mit Spaziergehen zugebracht.

den 17. Angenehmer Besuch aus Berlin. Herr Cammer-Gerichts-Rath Ballhorn nebst Frau Gemahlin. Frau Cammer-Gerichts-Rath Graun. Demoiselle Friedel. Wir hatten zu diesem Feste eine Pastete aus Berlin kommen lassen.

den 18. ist Schleckers Frau gegen Abend angekommen, beyde Eheleute haben sogleich das neue Quartier bezogen und vermuthlich ist auch schon die erste eheliche Beywohnung celebriret worden.

den 21. Regierungsrath Busch kann wegen dem dicken Bauch seine Nille nicht mehr sehen, man habe ihm daher den Rath gegeben, er solle sich ein holtzern Gabel machen lassen, um sein Pint darauf zu legen.

den 23. Busch stopft wieder Strümpfe, welches ordinair einen Tag um den andern geschieht. Seit einigen Tagen war in Buschs Alcoven ein kleiner See von Urin, niemand wollte es verschuldet haben. Endlich fand es sich, daß der neue Nachttopf ein Loch hatte.

den 24. Busch hat folgende gewöhnliche Ausleerungen:

1. fünf mahl täglich auf den Nachtstuhl.

2. ebenso viel mal täglich auf den Nachttopf.

3. 2–3 mahl wird täglich in den Ohren gewühlt.

4. 2–3 mahl werden die Nägel von den Fingern abgeschnitten.

5. alle 14 Tage geschieht dies an den Füßen.
6. alle 8 Tage werden die Pfeifenköpfe und -röhren gesäubert.
7. des Morgends werden mit dem kleinen Finger die Zähne geputzt, die anderen Finger können bei dieser Verrichtung nicht gebraucht werden, weil sie verquollen sind.
8. täglich wird auch mehrere mahl geschneubet und gekrächzet
9. die Hände wäscht er sich alle Tage, aber das Gesicht nicht; da dieses nach seinem Begehr des Barbiers Sache ist.
10. etliche mahl des Tages wird in der Nase gepolkt.
11. und in den Zähnen gestöchert.
Gleich nach Tische pflegen Friedel und Busch bey die schändliche Cousine zu gehen, um Terne zu spielen, dabey säuft die Cousine zwischen 3 und 4 Uhr Nachmittags Pontack wie ein Igel.

den 29. Abends wusch sich Busch die Beine, trat aber gleich anfangs der Wanne den Boden aus, wodurch eine große Überschwemmung entstand.

den 30. Ehe die Fremden ankommen, treiben wir uns auf dem Wall herum, und da sie jetzt durch die Stadt fahren müßen: so können wir sie in der mit den Wall parallel gehenden Allee schon eine gute halbe Stunde vorher sehen.Beim Dessert haben sich eine Dame und ein Chapeaux, nachdem sie sich vorher etwas befleckt haben, wechselseitig gewaschen. Einer von unsern Herrn Mitgefangenen pflegt jederzeit von den Damen, welche bei dem Herrn Kommandanten Visite machen, eine oder mehrere zu unterschlagen.

den 31. Helleboldt hatte sich wieder die Kugel losgemacht, er empfing dafür 38 Stockschläge. Schon gestern haben sich Schwalben sehen lassen, heute noch mehr mit Gesang.

den 5. Im Zuchthause werden die meisten Kinder in der Kirche gemacht, da dorten beyderlei Geschlechter zu sehr Gelegenheit haben. Sie werden hiernächst ordentlich an einem Pfahl vermählt und empfangen einen Segen von 30–40 Hieben. Die Canzel des Predigers Lehmann hängt an der Wand wie eine Salz Metze. Hr. Mecker schenkte den Arrestanten einen 1/2 geräucherten Lachs. Auf den Abend ließen wir uns einen Aal kochen.

den 8. Wenn Dames uns besuchen: so pflegt Einer mit Eau de Lavande zu räuchern, er besprengt den Fußboden und begießt eine glühende eiserne Schauffel.

den 10. Heute wurde ein junger Mensch eingebracht, der den Gesundbrunnen bei Berlin mit Coffee contrebandirt, er ist zu 6 Monathen condemniret.

den 14. Ein Bursche aus Züllichau consultirte den Schlecker in einer Rechtsfrage. Als der Mann wieder wegging, sah er sehr confus aus, weil ihm der Schlecker vermuthlich durch seinen Rath den Kopf verwirrt.

den 24. Vor unsern Fenstern ist die Mistkule und Pfütze, diese machen besonders zur Zeit der Ausleerung viel Gestank, der sogar hinter unserer Wohnung auf dem Wall zu spüren ist.

den 25. Der Prinz Heinrich hat seine ganze Kriegswirtschaft an Pferden etc. abgeschafft, und sich dafür ein neues Orchester und eine Comedianten-Bande zugelegt. Abends ließ sich Bandel eine Bollen-Suppe kochen, deren Geschmack machte jedermann die Haut schaudern.

den 26. haben einige ein großes höltzernes Gerüste auf dem Wall bauen lassen, es soll darauf Coffee bey schönen Wetter getrunken werden.

den 27. die Nächt über wütete ein gewaltiger Sturm mit Regen vermischt. Mittags schenkte uns der Herr Commandant einen Teller mit Pumpernikkel und einen Teller voll Radis.

den 30. Viel Besuch. Großartige, lu-

xeriöse Schmauserei.

den 2. Mammsel Hanne hat sich heute früh dergestalt besoffen, daß sie erst zwischen 12 und 1 Uhr Mittags aufstehen konnte.

den 18. Einzug des Printz Ferdinandschen Regiments, wir sahen dasselbe von der Bastei der Königin mit an. Bandel ißt alle Tage Spargel. Hanne ist jeden Tag besoffen.

den 26. gänzliche Butter-Trennung. Ein jeder hat jetzt seine eigene Butter. Heute hatten wir Spandawsche Krebse, sie waren so groß wie Krabben, und die Mandel kostet 2 Gr.

den 30. Krebs-Diebstahl. Herr Mekker schickte uns alle 1 1/2 Schock Krebse zum Praesent und gab sie der Schleckerschen Magd mit. Diese gab sie ihrer Herrschaft und das Diebespack fraß sie auf, ohne uns was zu sagen.

den 6. Heute war Zahlungs Tag. Ein altes Weib brachte einen Brief von dem beliebten Canonier Busch an seinen liebsten Onkel, welcher dafür nicht mehr als 6 Pfennige Bothenlohn geben wollte. Die alte Hexe verlangte 2 Gr., ließ sich aber mit 1 Gr. zufrieden stellen, weil ihr Busch den Brief sonst zurückgeben wollte.

den 12. Heute kamen Krebse, sie waren aber so fest gepackt, daß die Hälfte gestorben.

den 18. Unser Justizminister Herr von Carmer soll tod sein, zum wenigsten auf 3 Monate Urlaub genommen haben.

den 2. Abends fuhren der Commandant und Herr von Marschall auf die Enten-Jagd. Die Jagd ist gut abgelaufen, denn es ist von beyden Seiten niemand geblieben oder verwundet worden.

den 3. Nachmittag langte der Bürgermeister Macher aus Neustadt Eberswalde an, er ist auf 3 Monath condemnirt, weil er einen Handwerksburschen mit Schlägen übel tractirt. Abends gab die hiesige Schützen-Gilde dem Herrn v. Ribbeck zu Ehren ein Feuerwerk. Es war man schlecht.

den 5. Heute nahmen wir eine neue Aufwärterin an; item kaufte sich Busch einen Hund Namens »Emire«, welchen er mit zu Bette genommen. Der Herr von Marschall wünscht, daß die Schleckern wegreisen soll, er will sodann den Schlecker ficken lassen, damit er eine unreine Krankheit bekommt.

den 6. Von Wasser-Lerchen sollen die Hündinnen rangisch werden, man fragt sich, ob das auch bey dem weiblichen Geschlecht statt findet? Der Herr von Marschall erzählte, daß er eine Tante v. Winterfeldt gehabt, die sich alle Zeit um Mitternacht in der Schule Credo singen lassen, er meint, daß sie der Teufel gemacht, und als man ihm sagte, sie hätte sich lieber sollen in der Schule vögeln lassen: so sagte er kurz und gut, die hätte der Teufel nicht vögeln mögen. Sie ist in dem Wagen gestorben, als sie dem Prinzen Ferdinand ihre Aufwartung machen wollte. Erdbeeren werden so viel herauf geschleppt, daß ein Soldat sagte, man könnte 10 Kühe mit satt füttern mit den Erdbeeren an einem Tage. Hof-Cammergerichts-Rath Graun hat noch ein Arschloch gekriegt, womit sich Herr Anger sehr abgiebt.

den 8. Schon vor ein paar Tagen hat sich unsere Arsch-Wisch-Gesellschaft zerschlagen, ein jeder muß jetzt für sich sorgen, wenn er seinen Podex reine kriegt.

den 10. Wo ein Scharfrichter ein Mädgen beschlafen, hat er eine Scharfrichter Sache gethan. Der Richter hat ihn damit entschuldigt, daß er viel Wasser im Kopf habe.

den 11. Die Festung hat 4 Bastionen, König, Königin, Cronprintz, Brandenburg. Dann und wann wird Rettich gegessen. Marschall hat sich einmahl auf dem Wilhelms Markt die Hosen voll geschissen, er trägt keinen Schlafrock, des Morgends zieht er sich gleich an, und des Abends läuft er im Camisol herum.

den 13. Herr von Marschall hat zum ersten Mahl gefickt. Der Händel mit Schlecker kamen daher, daß derselbe gedrohet, er wolle Johann verklagen, weil er die Lore zum Besten gehabt.

den 16. Heute hatte Johann Termin zum Ficken. Nachmittags um 3 Uhr war wieder Herr von Marschall angesetzt, der Termin ging aber nicht vor sich, weil der Fick-Block bis 8 Uhr ausblieb. Der Commandant wollte heute einen Bienenschwarm abfangen lassen, dessen Eigenthümer ihn verfolgt, bloß um deshalb, weil der Schwarm sich auf einen Baum an der Landstraße niedergesetzt hat. Das Mensch, was von Marschall gestern gehabt, soll unrein gewesen sein. Johann soll sich auch darüber gemacht haben.

den 30. ein Schiffer hat bey den hiesigen Justizbeamten geklaget, seine Frau könnte weder leben noch sterben, denn sie hätte einen falschen Eid gethan, er möchte ihr im Bette eine Fiedel umhängen – als nun der Justizbeamte solches nicht gewollt; so hat er declarirt, er müßte sie totschlagen.

den 1. Herr von Marschall praeparirte sich zur morgigen Abreise. Heute war bei uns Generalversammlung, wobei in beiden Stufen die Ofen gescheuert wurden.

den 6. Jetzt sind 100 Arrestanten hier.

NB. In Potsdam kostet eine Ananas 16 Gr., in Berlin bey Würtzer das Stück 1 Gr., man bekömt sie Jahr aus Jahr ein.

den 28. Der Printz von Preußen soll 2 Mädgen in Leipzig haben, item eine Materialisten Tochter bei Potsdam. Letztere hat bei Devreux kürzlich was gekauft, gleich ist die Encken mit ihrem Bedienten da gewesen und haben zum Schein auch was gekauft, eigentlich habe sie nur die Nebenbuhlerin sehen wollen.

den 30. ist nichts passiert.

den 3. Nachmittag besuchte ein Weinhändler aus Frankfurth am Mayn Herrn Busch. Er erzählte, daß er in einer Schenke einige Bauern angetroffen, just als das königliche Protokoll publiciert war. Ein Bauer habe daraus erzählt, daß ein Bauer so gut wie ein Edelmann, und sogar wie ein Printz seye. Worauf einer von den Anwesenden gesagt, nun sollte ihm nur ein Edelmann oder sonstwer kommen, er führe ihm nicht mehr aus dem Weg.

Am 6. September ordnete Friedrich II. an, die im Januar auf die Festung geschickten zwei Kammergerichtsräte und die drei Regierungsräte aus Küstrin, sowie den Justitiar Schlecker wieder auf freien Fuß zu setzen.

Von 1705 bis 1757 – Aus den chronistischen Aufzeichnungen eines Berliners

1705

den 26. Mayus. Ist Schnee gefallen, 6 Zoll hoch.

den 29. July. Hat ein Maurergeselle auf dem Schloß eine Frau mit einem Richtscheid todt geschlagen.

den 29. Decembr. Ist der Gardicor aufgehangen.

1706

den 27. Novembr. Ist das Beylager des Cronprintzen geschehen.

1708

den 30. Aug. Ist die Cavalier Brücke eingefallen, sind zwei Jungens darüber verdrunkken.

1710

den 17. January. Ist der Kürschner todt geschlagen

den 3. February. Ist ein Mann vorm Leipziger Thor erschlagen worden

den 21. Martius. Ist der Printz Eugenius angekommen.

den 14. April. Ist der Printz weggegangen

1711

den 17. April. Ist der Kayßer gestorben

den 5. Septembr. Hat ein Trompeter in Rückerts Haus auf den hohen Steinweg einen Gardicor erstochen.

1712

den 8. January. Ist der Trompeter auf dem neuen Marckt mit das Schwert gerichtet worden.

den 24. January. Ist ein Printz von Preußen und Oranien geboren. (Friedrich II.)

den 8. Septembr. Des Nachts um 11 Uhr ist ein Feuer in der Klosterstraße gewesen.

den 29. Octobr. Ist der Sieg der Schweden bei Gadbusch gewesen.

1714

den 26. April. Ist Feuer in der Grün Straße bei den Weißgerber an der Ecke gewesen.

1715

den 13. January. Ist der König von Frankreich Ludewig der 14. gestorben.

den 21. May. Werden die Schweden aus Pommern getrieben und verlieren Wismar.

1716

den 5. Mayus. Ist die Attolerie von Stettin ankommen.

den 10. Mayus. Sind die gefangene Schweden hier in Berlin ankommen, 300 Schweden sind weggegangen.

den 17. Octobr. Ist das Gespenst auf den Schloß ergriffen worden.

den 13. Novembr. Ist der Kürschner Geselle gerichtet worden, welcher seinen Meister in der Nacht zwischen d. 9. bis 10. Jan. 1710 erschlagen hat in Bette.

1717

den 18. Septembr. Haben sie auf den Zaar gewartet und ist nicht gekommen.

1718

den 18. Febr. Haben sich Mordthaten zugetragen, nemlich es hat sich einer erstochen, der andere erstochen.

den 24. May. Ist der Kassilan in Arrest gekommen. (Siehe Schloßdiebstahl)

den 25. May. Ist der Kleinschmidt bey den Kassilan zum Verhör gewesen, und der Kassilan in die Hausvogtey gebracht worden.

den 8. Junius. Des Morgends um 1/2 8 Uhr sind beyde geredert worden und darnach am Galgen gehenckt worden. Der Kassilan ist mit glüenden Zangen gekniffen worden.

1719

den 25. Jan. Hat sich ein Mörder ins Gefängnis erhenckt und ist auf den Schinder-Karren herausgeschleppt worden.

den 21. April. Sind die Rußen in Schweden eingefallen.

1720

den 9. January. Ist ein Soldat vom Wartenslebenschen Reg. gerichtet worden, der den Schneider ermordet hat.

den 20. Mayus. Sind die Mohren von Ceuta nach einer 30jährigen Belagerung weggeschlagen worden.

den 12. Augusty. Ist der Pulver Thurm in die Luft gesprungen und sind 96 Personen zu Tode gekommen.

den 29. Octobr. Ist ein Feuer auf der Windmühle gewesen, welches großen Schaden verursacht hat.

1722

den 19. Mayus. Ist der König von Persien Solimam der 2te von Thron gestoßen.

den 28. Novembr. Haben 3 Frauensleute ans Halseisen gestanden wegen verbotenen Kattun.

1723

den 23. July. Ist die Jungfern Brücke eingefallen und 2 Jungens ersoffen.

1725

den 21. February. Sind 4 gerädert worden, der Schieffer-Dekker mit seinem Anhang.

1727

den 21. April. Hat ein Post-Commissarusen in Wittenberg Susanne Zimmermannin einen 3fachen Kindmord gethan an ihren Stiefkindern, welche sie mit Gift vergeben hat.

1728

den 26. Octobr. Ist ihr (der Zimmermannin) das Urtheil gesprochen, daß sie auf eine mit einer Rindshaut bedeckte Schleiffe gebracht, hinter dem Rathause und um zu dem zur Exekution erbauten Schafod geschleiffet, auf diesen ihr verdienten Lohn durch des Scharfrichters Hand zugetheilet und sie mit dem Rad vom Leben zum Tode gebracht, so dann auf der Schleiffe zum Schloßthor hin aus an das Gerichte geschleiffet und hierselbst auf das dazugerichtete Rad gepflochten worden.

1730

den 29. Mayus. Entstand allhier ein großes Ungewitter, so daß es gegen Abend 8 Uhr in der Petrikirche einschlug, welche ganz abbrandte und die halbe Brüderstraße nebst 49 Häusern, die umher gestanden haben, welches theils ruiniret, meistens abbrandten.

1734

den 21. Augusty. Ist der neu erbaute Thurm der Petrikirche eingefallen, 200 Fuß hoch, die Kirche hat auch Schaden gelitten, des Abends um 1/2 10 Uhr ist es geschehen.

1736

den 3. Jan. Ist der Schneider mit seine Frau geredert worden der den Materialisten nebst seiner Frau und Tochter ermordet hat, auf den neuen Marckt.

1737

den 7. Martius. Haben zwei Huren den Staubbesen gekrigt durch allen Straßen und Gasen von der Petrikirche, sie hatten gesagt, der Küster hätte in der Sakristey gehuret.

1740

den 11. Martius. Hat sich einer mit Nahmen Simbach den Hals abgeschnitten.

den 31. May. Ist der 2te Friedrich in Preußen zum König gekrönet worden.

den 13. Septembr. Rückte die Königliche Armee in Schlesien ein.

1741

den 7. Marty. Wurde das veste Schloß Gros-Glogau so in den Winter bloquiret gewesen, ganz unvermuthet überrumpelt, und die Preuß. Armee hat erobert die ganze Besatzung und Kriegs-Gefangene gemacht.

1744

den 13. Augusty. Trit die Preuß. Armee 80000 Mann starck den Marsch nach Böhmen an, und zwar unter höchst eigener Person und Commando Se. Königl. Majest. als Hilfsvölcker Ihro Kayßerl. Majestät Carolus 7. zu agiren und nimbt die Städte Braunau, Nachot, Germiers, Pardubitz, Prodiebrath und viele andere mehr in kurtzer Zeit ein.

1745

den 25. Jan. Verjagt die Preuß. Armee unter dem Commando des Fürsten von Dessau die Oesterreicher aus Ober-Schlesien, welche sich in größter Eyl nach Mähren retirierten.

den 25. Decembr. Endlich hat der Ausgang dieser Heldenthaten gekrönet mit den so herlichen Frieden, welche Se. Königl. Maj. in Preußen und der Römischen Kayßerin und des Königes von Pohlen Majestät glücklich zu Dresden geschlossen und zu Stande gebracht, und wurde in Berlin öffentlich mit viel Gepränge publiciret worden, erstlich kamen 2 Pauker und 6 Trompeter, darnach kam der Königl. Herold und den hernach 4 Trompeter.

1746

den 6. Majus. Ist hier ein Mann ankommen mit einen sogenanten Naßehorn oder Renocerus, um solches Thier vor Geld zu sehen, es ist durch den Capitain Touvemetto im Jahre 1741 aus Bengula einige 1000 Meilen von hier nach Holland gebracht worden; es ist erst 8 Jahr alt und nur ein

Kalb, wieget gleichwohl schon 5000 Pfund oder 45 Centner und 50 Pfund.

den 25. Octobr. Ist der Landesverräther Geheimte Rath Vihm nach der Festung Magdeburg auf der Stern Schantze gebracht worden.

1747

den 20. Aug. War in Siebenbürgen eine große Menge Heuschrecken.

den 14. Novembr. Wurde der Printz von Oranien zum Statthalter der 7 Provintzen ernennet.

den 12. und 13. Decembr. War hier ein ungemeiner Sturm aus den Mittag hier und in allen Ländern, und hat großen Schaden verursachet. Er hat gantze neue erbaute Häußer, Scheunen und Ställe umgeworfen, worinnen 100 Stück Schaffe, und über 100 Stück Rindviech erschlagen.

den 30. Decembr. Kamen Ihro Königl. Hoheit die Printzessin von Preußen mit den 2ten Printzen nieder.

1748

den 17. Martius. Ist der berühmteste und vornehmste Spitzbube Käsebier von Brandenburg nach Berlin gebracht worden.

den 27. Majus. Ist hier die Revue von des Königes in Preußen zwischen Pritz und Templow von 20000 Mann starck gewesen.

den 12. Jul. Ist in Mariendorff Feuer gewesen, da bald das gantze Dorf ist verbrandt worden.

den 25. July. Ist eine große Sonnen Finsternüß gewesen, welche 2 Stunden gedauert hat.

den 30. Septembr. Hat der Spitzbube Käsebier den Staub-Besen gekriegt und nach Stettin gebracht worden.

den 15. Novembr. Ist das Invalliden Hauß zum erstenmahl ein geweihet worden.

1749

den 13. Jan. Hat der Fürst von Schaffgotsch seinen Einzug gehalten, vorher gingen 2 fürstl. Läuffer, 10 fürstl. Laquaien, 2 fürstl. Leibjäger, hinter der Carosse folgten 2 fürstl. Leibjäger, 2 fürstl. Secretarii, 6 Hauß-Officier.

den 26. Jan. Haben die Bäcker ihre neue Herberge mit vielen Ceremonien und Gepränge auf dem Dönhoffischen Platz gebracht und haben ihre Fahnen wieder bekomen vom Rathhauße.

den 9. Febr. Isst hier eine schöne Schlittenfahrt gewesen.

den 5. Martius. Hat sich ein Feldwebel vom Kleistischen Regiment den Hals abgeschnitten.

den 10. April. Haben die Zimmerleute ihre Fahnen vom Rathhauße wiedergekriegt und mit vielen Gepränge nach ihrer Herberge gebracht.

den 24. April. Sind 2 Frauensleute nach Spandau in Zuchthaus gebracht, sie haben einen Juden 300 Rthlr. ausgezogen.

den 2. May. Haben sie hier in Berlin einen Mann ins Wasser gefunden, welchen sie haben todtgeschlagen und in einen Sack gestecket und ins Wasser geschmissen. Den Thäter weiß man nicht.

den 5. Juny. Ist einer vom Kalcksteinschen Regiment todt geschossen worden, er hat seinen Offizier wollen mit das Gewehr todt schlagen.

den 11. Juny. Hat ein Württembergischer Soldate auf dem neuen Marckt gerichtet worden, er hat die Waschfraue erschoßen.

1750

den 12. May. Aßen sich zu Rom 7 Schuster an Pilsen zu Tode.

den 21. July. Erschlug ein Schweinhirt seinen Jungen auf dem Felde zu Freienwalde, nachher ging er zu Hause und befahl seine Fraue, nach der Herde zu sehen; sie nahm ihr Kind und ging, als sie aber den Jungen todt antraf, so setzte sie das Kind nieder und ging zurück, allein sie fand, daß sich ihr Mann unterdessen hatte aufgehangen, da sie hierauf wieder ihr Kind holen wolte, so hatten es die Schweine gefreßen.

1751

den 13. Decembr. Ist ein Postillon todt vor dem Thore gefunden worden.

den 18. Decembr. Ist ein Mann übergefahren worden, die eine Hand und ein Bein entzwey.

1752

den 14. January. Ist ein Kind übergefahren worden, welches das Blut aus dem Halße gestürtzt und das rechte Beyn entzwey.

den 26. January. Ist auf der Stechbahn ein Goldschmidts Junge von seine eigene Gesellen todtgeschlagen worden um Eßen wegen.

den 10. Febr. Hat den Kaufmann Thurow seine Frau den Materialist, der in den Hause wohnet, Käße und Oehl gestohlen.

den 27. Febr. Sind in Charlottenburg 3 Tischler Gesellen spatziren gegangen und haben sich besoffen und haben einen davon auf den Weg fast todt geschlagen und haben ihn in der Mühle gebracht, da er die Nacht darauf gestorben, sie haben die Missethäter gekriegt und eingesetzt.

den 1. Mertz. Hat die Dohm-Uhr zum ersten mahl angefangen zu schlagen.

den 22. Marty. Haben sich zwei Hackische Soldaten um eine Hure willen einer den andern todtgeschlagen.

den 24. Marty. Ist das Städtgen Buchholtz abgebrandt, es sind nur 3 Häußer stehen geblieben.

den 9. May. Ist zu Magdeburg ein Lieutenant von unten auf geredert worden, er hat eine Frauens- und 1 Manns-Perschon unschuldiger Weiße laßen todt prügeln, er hat vorgegeben, sie haben 2 silberne Löffel gestohlen, und da es nicht andem ißt geweßen.

den 6. July. Ist hier ein erschreckliches Donner-Wetter gewesen, da es vor den Hallischen Thor in die Ruppertsche Meyerey eingeschlagen, wovon das Wohnhauß des Pächters nebst den Ställen einäscherte, wie den auch 3 Pferde und 1 Schwein mit verbrandt worden.

1755

den 24. Jan. Ist hier eine große Kälte gewesen, daß die Leute auf dem Felde erfrohren.

den 5. Febr. Ist ein so großer Schnee gefalen, daß die reisenden Perschonen nicht haben können fortkommen, und bey Menschen nicht zu gedencken ist, daß ein so großer Schnee gefallen ist und so gefrohren.

den 7. Febr. Sind 2 reisende Handwercks Bursche auf den Felde nebst einen Postilion bei Treuenbritzen erfrohren.

den 10. Febr. Ist der Küster von Cöpenick erfrohren unterwegs, weil er hat wollen nach Woltersdorff gehen.

den 21. Febr. Sind in Breslau 11 Personen in Schnee gefunden worden nebst 7 Kinder, die nach der Schule haben gehen wollen.

den 22. Febr. Hat ein Unteroffizier vom Itzenblitzischen Regiment ein Kind den Halse abgeschnitten.

den 9. Aug. Hat ein Meringscher Soldat seinen Cameraden, der sein Waßer hat abschlagen wollen, des Abends um 9 Uhr durch den Arm geschoßen, weil er hat vor das Gewehr Schildwache gestanden.

den 28. Septbr. Ist das Feuerwerck gewesen wegen der Vermählung des Prinzen Ferdinands.

den 1. July. Ist das hochlöbliche Württembergische Regiment aus Berlin nach Pommern marschiret.

den 22. Aug. Ist das hochl. v. Itzenblitzische Regiment marschiret.

den 23. Aug. Ist das hochl. Meyrincksche Regiment marschiret

1757

den 6. May. Ist ein Courier mit 36 blasenden Postilions angekommen welcher die Nachricht überbrachte, daß der König eine Bataille gewonnen bey Prag jenseits der Moldau, da er die gantze Armee geschlagen und mit Hinterlasung aller ihrer Bagage, des gantzen Lagers und der gantzen Artollerie nebst einer großen Anzahl Gefangenen, die die Flucht haben ergreiffen müssen, und die Flüchtling haben sich, um desto mehr zu retten, das Gewehr weggeworffen.

den 18. May. Ist der Küster Krüger zu St. Nicolai-Kirche abgesetzt worden, weil er die Kirche um wieviel 1000 Thlr. hat unrecht gethan.

den 21. Junius. Hat in der Graffschaft Curan ein junger Mensch das Herz gehabt, eine Witwe von 107 Jahren geheirathet, die schon 7 Männer hat begraben lassen. Prag ist bombardiret, wir haben erbeutet 180 Canonen, 20 Standarten, 8 Paar silberne Paucken, 2 Millionen Thlr. an Geld, 2 Hertzoge, 17 Generals, 4000 Gefangene, 15000 Gebliebene, 1000 ersoffen; Preuß. Seits 5000 Todte.

den 22. Junius. Ist Bilefeld von den Frantzosen 3 Stunden lang geplündert worden, man kan sich ohn möglich den elenden Zustand der hiesigen Lande vorstellen, als er wircklich ist.

den 5. Julius. Zu Wittenberg ist den 28. Juny ein Gärtner Nahmens Jacob Kahlen verstorben, welcher bey seinen Leben nicht nur eine ungeheure Menge von Speißen, sondern auch fremde und ungewöhnliche Dinge zu sich nahm, zum Exempel hat er auf einmahl 8 Schock Flaumen mit samt den Kernen aufgefressen, auch 4 Metzen Kirschen ebenfalls mit den Kernen, sondern auch der menschlichen Natur ungewöhnliche Dinge vergnügen konte, so daß er zuweilen die Speisen mit samt den erdenen Töpfen, Schüßeln, Tellern, Stükken von den Oeffen, Glaß und Steine fraß; lebendige Vögel, Mäuße, Raupen u. dergl. wurden von ihm mit der größten Delikatesse verzehret, ja er soll kein Bedencken getragen haben, ein blechenes Schreib-Zeug sambt der Tinte und Streusand, Feder und Feder-Messer aufzufressen, wie solches von 3 vereydeten Zeugen, die es selbst gesehen haben, ausgesaget ward, ferner machte er sich ein andermahl in Gegenwart vieler Leute, um etwas Geld zu verdienen, über einen Dudelsack her, fraß ihn auf, und die es gesehen haben, sprangen aus Furcht, daß ihnen ein gleichs begegnen wurde, zum Fenster raus, um sich zu retten.

den 23. July. Ist die Stadt Zittau von den Oesterreichern mit Canonen, Haubitzen, Granaten und mit glühenden Kugeln und mit 3, 6 und 12pfündigen Canonen-Kugeln heimgesuchet worden, wodurch mehr als 500 Häußer und fast alle öffentliche Gebäude in volle Flammen geriethen und die es löschen wollten, war alles vergebens. Die Leute, die sich in den Keller geritteriret hatten, sind alle von den Dampf und Flamme erstickt; in einen Keller sind 57 Personen todt geblieben, worunter eine gantze Familie, so von 2 Eheleuten und 9 Kindern bestanden, erstickt; die Anzahl der aus den Schut gezogenen Leichen belauft sich schon auf 180, und es müssen derer noch eine ziemliche Menge verschüttet liegen.

den 7. und 8. Aug. Ist eine Attaque zwischen den Oesterreichern und Preußen gewesen bei Wohlau.

den 12. Aug. Des Nachmittags zwischen 3 und 4 Uhr sind 2 Jungens bey der Mühle auf den Mühlendamm, welche zusammen gekurtzweilet haben, ertruncken.

den 13. Aug. Des Nachmittags zwischen 3 und 4 Uhr ist ein Courier aus Engelland angekommen.

den 25. Aug. Hat sich in Potsdam eine Frauens-Perschon den Halß abgeschnitten, um der Ursach willen, daß weyl sie ihr haben vorgeredet, die Panduren wären vor dem Thore.

den 12. Octobr. Hat sich ein Soldat in Jeckholl-Straße an einen Nußbaum aufgehenckt aus Desperation, weil er hat 160 prügel gekriegt, und den folgenden Tag sollte eben so viel kriegen.

den 26. Octobr. Sind hier um die Stadt herum Graben aufgeworffen worden, um den Feind sicher zu seyn, und sind Canonen gepflanzet worden vor alle Thore.

den 6. Nov. Ist ein Courier mit 30 blasenden Postilions angelanget in Magdeburg und die Nachricht überbracht, daß der König die componirte Frantzösische und Reichsarmee zwischen Freyburg und Micheln totaliter geschlagen. Die Bataille hat um 1 Uhr Mittags ihren Anfang genommen und bis des Abends späte gedauret.

den 13. Nov. Ist hier Dankfest gehalten worden über den herrlichen Sieg bei Rosbach mit Paucken und Trompeten und unter Abfeuerung der Canonen und des kleinen Gewehr das Te deum laudamus gesungen worden.

Unter den Linden zu Beginn des 18. Jahrhunderts

Lustbarkeiten oder Des Bürgers vergnügtes Reich

Auch wenn wir gleich erfahren müssen, daß der Begriff »Feierabend« in der Welt der Prostitution entstanden sein dürfte, wollen wir ihn noch unschuldig weiter so verwenden, wie es heute üblich ist.

Wie haben unsere Uropas also ihren Feierabend verbracht, genauer, die Zeit danach? Als es noch kein Fernsehen gab, nicht mal Radio, keine Kinos? Selbst die Theater entstanden in der uns vertrauten Weise erst nach der Jahrhundertwende. Auf den Dörfern mußte man sich darüber verständlicherweise keine Sorgen machen. Hier wurde gearbeitet, bis die Sonne untergegangen war. Die Frage nach dem, was wir so wunderschön Freizeit nennen, stellt sich nur für die Städte. Da nun Berlin die dominierende und prägende Stadt war (und wir auch aus ihr die meisten Zeugnisse vorfinden), werden wir uns auf die damalige Residenz beschränken.

Ganz am Anfang dieses Buches haben wir einen Besucher mit der Beobachtung zitiert, daß es die Lieblingsbeschäftigung des Berliners gewesen sei, sich in den gepolsterten Lehnstuhl zu werfen, dort Schokolade oder Kaffee zu trinken und sich – und zwar schon am Vormittag – dann über alles und jeden zu amüsieren. Da wir jedoch mittlerweile ebenfalls erfahren haben, daß auch gearbeitet wurde in Berlin, wird es niemanden erstaunen, wenn er hört, daß sich die meisten Berliner eigentlich nur an Sonn- und Feiertagen erholen konnten.

An Werktagen sah man, daß die »öffentlichen Vergnügungsorte selbst abends nur schwach besetzt waren«. Anderen Berlin-Besuchern war allerdings aufgefallen, daß auch an Werktagen nicht nur gearbeitet wurde. »Unter den Linden fand ich eine sehr

starke Anzahl Menschen, welche alle nach dem Thiergarten gingen. Es war Wochentag, und eben darum wunderte ich mich, daß die Berliner so viel Zeit von ihren Berufsgeschäften abmüßigen können. Sie rennen zuviel und versäumen sicher viele ihrer Geschäfte durch dergleichen übertriebenen Ergötzungen.«

Sicherlich pflegte der normale Bürger nur sonntags mit Weib und Kind den Thiergarten zu besuchen, die öffentlichen Kaffee- und Biergärten oder auch, wenn sie gut zu Fuß waren oder gar eine Kutsche besaßen, die benachbarten Dörfer, vielleicht Wilmersdorf, Templow oder Cedelendorf. Wollanks Weinberge waren ein besonders beliebtes Ausflugsziel, wie eigentlich das gesamte Moabit oder auch Moabiterland genannt, nur 1/4 Meile von Berlin entfernt, auf dem rechten Ufer der Spree ganz malerisch gelegen. Hier gab es viele Gastwirtschaften und Gärten. Eine ansehnliche Baumschule konnte besichtigt werden; allerdings auch im Norden die Pulvermagazine. Über den Fluß führte eine hölzerne Zugbrücke. Selbst Gondeln gab es, mit denen man nach den Zelten fahren konnte, also zum Tiergarten.

Der Tiergarten war das häufigste Ziel. Hier wiederum gehörten zu den ältesten Vergnügungslokalen die »Zelte«, 1760 hatte als erster der Franzose Mourier »Die goldenen Gans« eröffnet und ein Schild davor befestigt mit der Inschrift: »Monnaie fait tout«.

Diese Zelte vor dem Brandenburger Tor waren nicht nur Ausflugsziel für Leute, die nicht allzu weit marschieren wollten. Sie galten auch als »gesellschaftlicher« Treffpunkt schlechthin, es war jene Stelle, die man besuchte »um zu sehen und gesehen zu werden«.

Nach dem Wasser zu standen niedrige kleine Häuser, davor knapp drei Meter hohe Bretterbuden. Außen waren sie mit Austernschalen benagelt. »Die ansehnlichsten dieser Lokale waren der Schafstall, ein langes Viereck, und die Zuckerdose, ein Rundbau, beide im Winter mit sogenannten eisernen Oefen primitiver Art versehen. Am Saume des Waldes befand sich ein Leinwandzelt, in welchem

Der Platz vor den Zelten
Stich von Chodowiecki 1772

der Hoftheater-Conditor Reibedanz Gefrorenes und vorzüglichen Kirschkuchen feilbot. Die Musik wurde von vier, höchstens sechs Personen ausgeführt, der Leiter ging mit dem Notenblatte umher und kassirte den üblichen Groschen ein, wobei er ein merkwürdiges Personengedächtnis entwickelte, indem er nie einen Besucher zum zweitenmale ansprach.« Unser Gewährsmann vergaß auch nicht zu erwähnen, daß die »Drückeberger« das Lokal fluchtartig verließen, wenn jenes Musikstück gespielt wurde, nach dessen letztem Ton regelmäßig das Geld eingesammelt werden würde. Der Kaffee wurde auf runden zinnernen Schüsseln portionsweise serviert, die Löffel waren aus Blei.

Die Zelte

Es war drei Uhr, und es war also von der schönen Welt noch wenig zu sehen; hingegen wimmelte der Platz von glücklichen Söhnen der Erde, die alle Sorgen der Woche am Sonntage völlig vergessen und sich und ihr Leben bei einem Spaziergange und bei einem geringen Labetrunke herzlich genießen. Arbeiter auf Webstühlen und in Schmiede-Essen füllten die Zelte an und ließen ihren Groschen unter lautem Gelächter aufgehen oder steckten ernsthaftiglich über das gemeine Beste ihre Köpfe zusammen, weissagten neue Auflagen und fällten Urteile über Gerüchte von bevorstehenden Kriegen. Der Zirkel, der nach drei Stunden der Schauplatz der Schönen des vornehmen Standes sein sollte, war jetzt vom gemeinen Manne, in bestem Anputze und voll fröhlichen Mutes angefüllt. Da war mancher gesunder Jüngling, im neugewendeten Rocke und mit goldener Troddel am Hut köstlich geputzt, neben ihm in silberbebrämter Mütze seine rotbäckige Liebste, die zur Feier dieses ihr längst versprochenen Spazierganges, ihre sämtlichen sechs Röcke übereinander gezogen und ihre neuen kalmankenen Schuhe nicht vergessen hatte. Hinter ihnen das Bild der ehelichen Verträglichkeit, ein ehrlicher Handwerksmann, der seinen jüngsten Knaben im langen Rocke auf dem Arme trug, indes seine Frau ihres Mannes Stock in der rechten Hand führte, ihre 15jährige Tochter ihr zur Linken, in der Schönheit der Jugend mit niedergeschlagenen Augen, die unter der emporstehenden Haube sanft hervorblickten. Die große Allee von der Stadt her, war von Spaziergängern zu Fuß und zu Pferde bedeckt, und einige Wagen brachten wohlbeleibte Tanten und bürgerlich erzogene Nichten bis ans Tor, die nur die Reize eines angenehmen Spazierganges suchten und wohl frisierte Köpfe und Aufsätze nach der neuesten Mode acht zu haben nicht waren gewöhnt worden.

Nach dem Mittagbrot fuhren wir in den Tiergarten, wo wir uns zwei Zelte am Wasser bestellt hatten. Eigentlich sollte man diese Zelte Hütten nennen, denn nur selten steht ein aufgeschlagenes Zelt da, sondern der Saal, welcher errichtet ist, hat nur die Form eines Zeltes ist aber von Holz. Die Zelte liegen in dem schönsten Teil des ganzen Tiergartens, die Aussicht ist majestätisch. Das Invalidenhaus schimmert durch das Gebüsch hindurch und die Charité ragt über die großen Eichen hervor. Vor den Füßen des Beschauers fließt die Spree vorbei. Sie wird nie leer von Schiffen, welche teils Holz, teils Kaufmannsgüter, die letzteren von Hamburg über Magdeburg bringen.

Vor den Zelten sitzen unter Hütten aus Kiefernzweigen, sogenannten Tangelhütten, zahlreiche Berliner an Tischen. Schon die Mannigfaltigkeit des Anzuges ist erheiternd. Bei den Hütten, in denen wir uns befanden, pflegt sich der bessere Teil der Einwohner zu versammeln.

In der Mitte der Tische befindet sich ein hohe Säule, an welcher einige Lampen hängen, um den Gästen die Bequemlichkeit zu verschaffen, sich ohne viel Beschwerden ihre Tabakspfeife anzünden zu können. Die Tische sind fast immer besetzt. Es gibt viele Berliner, die täglich bis in den Spätherbst den Tiergarten und diese Hütten besuchen. Die Gesellschaft ist buntscheckig genug. Die einen trinken Kaffee, andere Tee, Bier oder gar Wasser und Milch.

Ganz sicher sind die Berliner zumindest in dieser Zeit fanatische Spieler gewesen und nicht nur das sogenannte einfache Volk in den einfachen, fast wie Kinderspielplätze eingerichteten, vorstädtischen Landgasthäusern.

Gespielt wurde, und da eigentlich erst richtig, in den besseren Kreisen. Wenn auch Glücksspiele verboten waren – bis auf die Lotterie im königlichen Monopol, die so ähnlich war, wie heute unser Lotto (nur eben nicht mit der organisatorischen und technischen Perfektion). Die Königliche Zahlenlotterie (seit 1763) hatte übrigens ebenfalls eine »wöchentliche Ziehung der Lottozahlen«. Die Gewinnlisten wurden durch die Zeitung bekannt gemacht. Die Ziehungen selbst – es wurden jedesmal fünf Zahlen aus dem Glücksrade gezogen – fanden auf dem Platz vorm Rathaus statt. Bei jeder Ziehung wurden fünf arme Mädchen mit je 50 Talern ausgestattet. Ihre Namen waren vor der Ziehung mit bestimmten Nummern verbunden worden. (Das Geld erhielten sie allerdings erst zur Hochzeit.)

Doch sonst wurde eigentlich überall und immer gespielt, bei jeder passenden und nicht unbedingt passenden Gelegenheit. »Es ist wahr, man hat festgesetzte Assembleen – zu spielen. Man geht in Gesellschaften – um zu spielen; man wird zu Soupers gebeten – um zu spielen; man hält Resourcen, stiftet Clubs, schließt Societäten, ist Mitglied von Harmonien und Melodien – um zu spielen. Selbst die Freuden des Gaumens werden eingeschränkt oder abgekürzt, weil noch Beete abzuspielen sind.«

Am beliebtesten sind einige Kartenspiele, vor allem Whist, L'Hombre, Tarok, Tresette, Pikett und Boston. Sie gelten zugleich auch als die einfachsten Spiele. Schach wird meist in Clubs gespielt, in einigen Kaffeehäusern Billard, weil oder obwohl Billard als französisches Spiel gilt. »Unser deutsches Nationalspiel ist das Kegelspiel. Man findet daher überall Kegelbahnen, in größeren Städten bedeckte Bahnen mit Fenstern und selbst Oesen.

Schließlich ist das Kegelspiel immer noch besser als Kartenspiel, Brandeln, Plumpsack oder Zwicken. Der Franzose zieht das feinere Billard dem Kegelspiel vor. Der robuste Schweizer und nervigte Italiener ist nicht zufrieden mit dem deutschen Kegelspiel. Er wirft die schwerste Kugel in die Luft nach dem Ziele und sucht die Herrn Mitspieler, die dem Ziele zunächst liegen, von ihrer Stelle zu treiben.«

Vor dem Spandauer Thor befindet sich der Heydemannsche Garten, in dem der Handwerker und Bürger allerlei Vergnügungen antrifft, wie er sie sich nur wünschen kann: Kegel- und Kugelspiele, Schaukeln und Karussels. Dort ist ein Dreh- und Reitspiel mit 2 Pferden und 2 Stühlen. Wer will, kann nach einem Ringe stoßen und etwas gewinnen. Dies ist eher ein Plaisir für Mannspersonen, wiewohl auch Frauensleute oft darauf sitzen und dieses Divertisement mit genießen.

Für 2 Dreier pro Person darf man so lange Karussel fahren, bis die Ringe abgestochen und abgerennet sind. Die nach den Ringen stechen, spielen unter sich noch um Geld. Dort ist auch eine Wippe, eine Schaukel, und zwar ein gemachter hölzerner Löwe mit einem ledernen und darauf festgemachten Sattel. Darauf setzet sich eine Mannsperson, welche sich von 1 oder noch besser 2 andern hin und her stoßen läßt, so lange, bis er so hoch getrieben wird, daß er 5 oder 6 Kugeln in einen dazu aptirten Beutel einwerfen kann, welcher ohngefähr 6 Ellen oder 2

Mann hoch stehe. Eine Frauensperson kann sich auch hineinsetzen, und sich pro lubitu wippen und ziehen lassen. Und trifft der Löwenreiter mit den Bällen nicht in den Beutel, so werden ihm die Bälle auf den Puckel geworfen, so oft er einen fallen läßt. Hierbei muß auch ausgemacht werden, ob mit dem Balle ein oder mehrmal geschmissen werden solle; diese ist eine artige Kurtzweile. Jeder wirft nach dem Reiter so stark er nur kann. Auch für den Ritt auf dem Löwen fordert der Wirt von der Person 6 Pfennige.

Das Fortuna Spiel ist an der Erde von Holz gemacht, hat 9 Löcher, und das Loch welches in der Mitten ist, gewinnt. Denn hierüber ist eine Fortuna gemalt. So viele Löcher es gibt, so viele Personen können teilnehmen. Jeder zahlt einen Dreier oder Groschen als Einsatz. Aus einer Entfernung von etlichen Schritten werden die Kugeln nach der Fortuna geworfen. Wer nun in die Fortuna mit der Kugel wirft, hat alle Dreier und Groschen gewonnen. In lustiger Kompagnie konnte mancher Groschen verloren gehen.

Bei einem anderen Spiel waren zwei Stangen oben mit einem Querpfeil mittels eines Stricks verbunden. In der Mitte dieses Stricks ist ein anderer Strick geknotet und an diesen Strick in der Mitte ist ein hölzerner Vogel mit einem spitzen eisernen Schnabel festgemacht. Man faßt das freie Ende des Strickes und schwingt den Vogel, so fliegt er nach einer Scheibe und bleibt darin. Wer dem Ziele am nächsten kommt, gewinnt.

Das Brabantsche Kugelspiel ist so gemacht: Eine Diehle ist beleistet, am Ende der Diehle ist ein zirkelrunder Tisch, der auch beleistet ist, und in der Mitten dieses Tisches ist ein Loch, unter dem ein Beutel hängt. Mitspielen können 2, 3, 4 oder 5 Personen, welche jeder einen Dreier oder Groschen setzen. Gespielt wird mit 5 hölzernen Kugeln. Wer nun die meisten Kugeln in das Loch schieben kann, hat alles gesetzte Geld auf einmal gewonnen. Auch das Frauenzimmer könnte mitspielen aber statt des Geldes große Nüsse verspielen. Oder man spielt um die Zeche. In diesem Volkspark hat der Bürger sein vergnügtes Reich.

Wer übrigens vermutet, daß von den eher begüterten Einwohnern gespielt wurde, weil sich die Ärmeren nichts anderes leisten können, als spazieren zu gehen oder sich im Volkspark auf der Wippe zu amüsieren, muß leider korrigiert werden, wenn er vermutet, diese Dinge seien umsonst oder gar billig gewesen. Selbst Spaziergänge scheinen in Berlin ohne Aufwand nicht möglich gewesen zu sein. »Im ganzen ist man in Berlin sehr zur Pracht und Prahlerei geneigt, wenn auch der Beutel leer ist, so sind die Spazierwege im Winter und im Sommer angefüllt. Und die Abende werden auf Picknicks und in Ressourcen (Tabagien mit geschlossener Gesellschaft) hingebracht. Die niederen Stände besitzen einen lächerlichen Stolz. Sie kleiden sich über ihren Stand, um den Vornehmen alles nachzumachen, und veranstalten unter sich auch Bälle, Picknicks und Landpartien. Des Sonntags muß nun einmal aller Staat hervorgesucht werden und in der Kirche und auf der Promenade gezeigt werden. Auf diesen sonntäglichen Spaziergängen geben die ärmeren Bürger manchmal ihren ganzen Wochenverdienst aus.«

Und endlich: Was wäre Berlin ohne seine Kneipen. Sie waren damals so berühmt, wie sie es heute sind. Nur genannt wurden sie anders. Einige nannte man Tabagien. Hier versammelten sich Einwohner männlichen Geschlechts, um Tabak zu rauchen und Bier zu trinken. »Einige sind für die kleinen Handwerker und Bürger, andere für königliche Offizianten und Kaufleute, noch andere für Offiziere und Künstler. In diesen Tabagien erfährt man alles was sich in Berlin Neues zuträgt.« Allerdings gelten sie nicht als öffentliche Gasthäuser, dennoch gewährt »gemeiniglich der Wirth, alle Abende einer gesetzten Gesellschaft den freien Zutritt und verstattet ihnen Bier, Tobak und Pfeifen gegen bare Bezahlung«.

Neben diesen Tabagien gehören normale Gasthöfe zu »den notwendigsten Dingen in Berlin. Manche Gasthäuser sind zugleich Kaffeehäuser, wo man sich gegen Abend einfindet. Besonders die jungen Berliner lieben den Besuch solcher Häuser, und es gibt mehrere, die keinen Tag ausbleiben lassen und oft ihre dringendsten Geschäfte darüber liegen lassen. Solche Tabagien haben auch ihre Ranglisten. Es gibt einige in Berlin, welche von verschiedenen angesehenen Männern besucht werden, wo sich Offiziere, Kriegsräthe usw. versammeln. Andre, wohin nur Bürger zu kommen pflegen, und noch andere, die der niedrigste große Haufe zu seinen Vergnügungen wählt. Gemeiniglich gehen die Herrn Tabagien-Besucher um fünf Uhr hinein, und kehren um acht, auch wohl neun zurück, jedoch ist keine Zeit bestimmt.«

Doch wollen wir uns jetzt schon damit vertraut machen, daß diese Tabagien einerseits, wie der Augenzeuge berichtet hat, den Männern vorbehalten waren, aber doch von Frauen besucht wurden. »Plätze des Müßiggangs und wahre Venustempel waren die kleinen Bier- und Wirtshäuser, als Tabagien bekannt, deren Zahl 80 bis 100 betrug, in denen auch Billard gespielt werden konnte und die, falls sie einen Tanzsaal besaßen, die bevorzugten Treffpunkte der Lehrlinge und Gesellen waren, der Commis und Soldaten, Lakaien und Reitknechte, Schneider und Schuster, doch auch der Kammerjungfern, Zofen, Mägde und Köchinnen – kurz, der Domestiquen der besseren Stände.« Sie waren also Venustempel. Sie waren, um es klar zu sagen, nach Ansicht vieler Zeitgenossen, »nichts weniger als – Bordelle.«

Wenn wir uns heute manchmal Gedanken darüber machen, was nun eigentlich zur Prostitution noch gehören mag, und was nicht – schließlich werden Thesen vertreten, nach denen sich selbst die durchschnittliche Ehefrau prostituiert – so wird es uns bei der Beschreibung der Vergangenheit nicht einfacher gemacht. Da verwischt sich manches, heute wie damals: »Man besuchte Assembleen und Bälle, lud sich ein und spielte Karten, bewunderte neue Kleider und Möbel, stichelte über die Nachbarn, schaute um der Karriere willen nach einflußreichen Räten, für die Töchter nach möglichen Schwiegersöhnen aus, trug Hofklatsch weiter und Stadtneuigkeiten, bekrittelte die neusten königlichen Edikte oder die Vorgesetzten im Amt und erzählte sich anrüchige Witze. Der Hang zur Galanterie, das Nachtsschwärmen auf Pickniks und Bällen, dann die Promenadenspaziergänge – damit vertrieben sich die Damen die Zeit.

Oft ist der Mann in königlichen Geschäften verreist und die Dame erquickt sich mit ihrem Liebhaber auf dem Landsitze. Ein anderer sitzt die ganze Nacht durch an seinem Schreibtisch, während seine geliebte Hälfte im Nebenzimmer durchs Fenster als dem einzigen Ausgange, durch den sie unbemerkt entwischen kann, zu ihrem Liebhaber auf die Hauptwache flieht. Noch ein anderer ist beim Exerzieren, während seine Dame ein Rendezvous im Tiergarten gibt. Kaum sind die jungen Mädchen zum Abendmahl gegangen und viele warten diese Zeit noch nicht einmal ab, so ist der Liebhaber bereits Hauptbedürfnis.«

Kurzum: Zeitgenössische Autoren schildern die Berlinerinnen von Rang und Stand amourösen Abenteuern geneigt. Was die vornehmen jungen Mädchen nicht von ihren Müttern lernten, brachten ihnen Zofen bei.

Wenn ich die Stadt durchpatroullire, so halte ich mich nirgends so lange auf als bei der Langen Brücke. Ich bleibe dabey daß es an diesem Orte nicht richtig ist. Denn ich mag abends dahin kommen, wann ich will, so schleichen da allerley Geister, besonders weiblichen Geschlechts herum, und suchen mich zu beunruhigen. Bald fangen sie mich mit der Schürze auf, bald rufen sie mir zu: Mein Kind! Mein Schäfchen! und dergleichen. Bald laufen sie mir nach, und schlagen mir einen nahe gelegenen unbewohnten Ort vor, wo ich mit ihnen hingehen soll, vielleicht einen Schatz zu graben? Aber ich, als ein Wahrsager, prophezeie ihnen allemal, daß nichts zu thun sein würde; und wenn sie nicht nachlassen, so beschwöre ich sie gar, und da verschwinden sie denn. Zuweilen sehe ich auch daselbst männliche Geister und zwar gemeiniglich jeden in Gesellschaft eines weiblichen Geistes. Nur am verwichenen Sonnabende, abends um 7 Uhr, traf ich ein paar am Ende der Brücke linker Hand an den Gewölben auf dem großen Platze miteinander an. Der männliche hatte ein weißgraues Kleid, der weibliche ein Corset, und sah recht totenfarbig aus, welches mich in der Meynung bestärkte, daß er wirklich ein Geist war. So viel als ich im Vorbeygehen wahrnehmen konnte, so stunden sie nicht ganz müßig da. Ich kann aber so genau nicht sagen, worinnen eigentlich die Verrichtung bestund. Wenigstens haben sie nicht gebetet, zu reden nach dem uralten juristischen Canon: Solus cum fola, non praesumitur orare Paster (!) noster.

Diese Notiz aus einer Zeitschrift des Jahres 1747 ist nur als Einstimmung gedacht. Nachdem wir uns auf die schlichten und auch ein paar anspruchsvollere Vergnügungen eingelassen hatten, wollen wir uns, wie schon angekündigt, mit einem speziellen Sektor befassen, mit der Prostitution. Allerdings soll dies nicht heißen, daß wir die Prostitution als Vergnügen bezeichnen wollen.

Wenn Berlin damals wie heute wegen seiner Kneipen gerühmt wird, so ist die »Hurerei in Berlin« zumindest damals als auffällige Besonderheit beachtet worden. Obwohl es in dem Jahrhundert, in dem wir uns aufhalten, nicht ganz so schlimm gewesen ist, wie etwas später, in der Mitte des 19. Jahrhunderts. Da gab es immerhin rund 10000 Frauen dieses Gewerbes bei etwa 352000 Einwohnern. Das hört sich noch nach nichts an, oder doch nach wenig. Wenn wir die Zahl aber etwas genauer aufschlüsseln, kommen wir zu einem eindrucksvollen Resultat. Von den 350000 waren etwa 170000 weibliche Einwohner und wenn wir weiter den Erwägungen der örtlichen Polizei folgen, nach denen »nur Frauenzimmer von 17 bis 45 Jahren zur Prostitution geeignet sind« und in dieser Altersklasse 87300 Frauen in Berlin leben, dann ergibt sich, daß etwa jede achte Frau in Berlin der »Prostitution ergeben ist«. Zurück zum 18. Jahrhundert.

Denn so ohne war Berlin eben auch zu »unserer« Zeit nicht: »Wenig große Städte haben so viele öffentliche Häuser, die unter dem Namen der Bordele bekannt sind, als Berlin. Ihre Zahl nimmt von Jahr zu Jahr, ich möchte sagen, von Monat zu Monat zu, und die Rekruten sind so zahlreich, daß sie nicht alle Obdach finden können.« Und es gab die schon erwähnten Tabagien, etwa hundert. »Die honettesten sind bei Posen und Simon; bei diesen werden keine Mädchen geduldet, sondern nur Abrede mit ihnen genommen. Die übrigen sind schon gemeiner und werden von Handwerksburschen und liederlichen Mannspersonen besucht. Die Mädchen, die in den meisten wohnen, spinnen, nähen, stricken, singen oder gehen spazieren, solange es nämlich noch Tag ist; bricht die Nacht herein, so gehen sie auf Verdienst aus, und da ist denn die Lindenallee, der Lustgarten, der Schloßplatz und der Tiergarten ihre Hauptpromenade. Ihre Losung ist gewöhnlich: »guten Abend, lieber Junge, so allein?« Folgt nun eine günstige Antwort, so ist der Handel bald geschlossen, und der Preis beläuft sich selten über zwei Groschen preußisch Kurant. Manche Mädchen kommen unschuldig, durch unglückliche Verhältnisse oder durch schändliche Überlistung der Kupplerinnen dazu. Unschuldige Jünglinge werden durch sie gelockt, und verlieren dadurch Geld, Ehre und Gesundheit.«

Übrigens werden nicht nur die Tabagien und Bordelle inoffiziell, manchmal sogar amtlich, sondern auch die Huren in Klassen eingeteilt, in drei, um genau zu sein. »Die niedrigste oder skandalöse Klasse dieser unglücklichen Geschöpfe besteht aus meistens infizierten Straßenmädchen.« In den Häusern tragen sie die gewöhnlichen Hauben und Mützen. Sie werden eigentlich nur von Hamburger und Amsterdamer Schiffsleuten besucht. »Diese Klasse ist die unschädlichste. Man findet sie in fast allen großen Städten.«

Die zweite »oder die reputierliche Klasse ist gefährlicher«. Diese Mädchen laufen schon mit geschminkten Gesichtern herum, aber eher in den abgelegenen Vierteln der Stadt, trauen sich jedoch auch schon mal in den Tiergarten. Meistens sind sie allerdings in bestimmten Tabagien. »Sie haben wenig Pretentiöses und werden meistens von gewöhnlichen Handwerkern besucht.«

Die dritte Klasse dagegen sind die »sogenannten honetten, welche die Tanzsäle besuchen«. Diese Mädchen sind noch sehr jung, sämtlich frisiert, werden in den Tabagien schon als Mamsells behandelt und sind gut (gewöhnlich weiß) gekleidet. Sie wohnen in der Stadt zerstreut, hin und wieder »in einem Kämmerchen mit einem alten Weibe als Hausmutter. Sie nehmen zwar auch gern Visiten an, aber eben wenn sie welche haben können. Das ist eben der Punkt, der sie beschäftigt, Bekanntschaften zu machen und alsdann abends etliche Liebhaber mit nach Hause zu bringen.

Zu diesem Zweck hat sich der gegenwärtige Besitzer des so berüchtigten Bosischen Tanzsaales in der Neustadt, auf der letzten Straße, Herr Lehmann, der armen Dinger erbarmt und erlaubt ihnen, sich auf seinem Tanzsaal einzufinden, um daselbst auf Eroberungen auszugehen.

Um neun Uhr des Abends nimmt gewöhnlich die Musik hier den Anfang, wo sich dann die in der Stadt zerstreuten Mädchen in ihrem Lüstre nach und nach einfinden und auf den Fang irgendeines unbedachtsamen und leidenschaftlichen Jünglings ausgehen.

Der Tanzsaal bei Herrn Lehmann ist ein großer viereckiger Saal. In der Mitte hängen drei große Kronen von Kristallglas mit brennenden Kerzen, an den Wänden aber Spiegel mit Wandleuchten. Oben und unten geht man durch zwei kleine und etwas niedrigere Nebenzimmer, in denen gespeist wird, auf Treppen hinauf zu den schön tapezierten und verschlossenen Logen; zur Seite ist eine Barriere für Musikanten. Hier mieten sich nun die respektiven Liebhaber eine Loge, lassen sich eine Bowle Punsch oder eine Bouteille Wein heraufbringen – erstere kostet 1 Taler, letztere 1 Gulden, die Loge mitgerechnet – und sehen dann dem Schauspiel oft ohne fernere Teilnahme zu. Wofern sie aber nicht so enthaltsam sind, so brauchen sie nur oben und unten gleich einen Wink zu geben oder gleich wie ein Sultan das Schnupftuch werfen, und sogleich wird das Mädchen erscheinen, das ihnen gefällt.

»Guten Abend mein Lieber, so allein?« Du präsentierst ein Glas Punsch oder Wein. »Wollen sie sich nicht setzen, mein Kind?« (wobei sie der Liebhaber gemeiniglich auf den Schoß nimmt und in der Nähe abmißt, was ihre Reize versprechen). »Nun, liebes Kind, sagen sie mir doch, wo sie wohnen?« »Da und da.« Alsbald entdeckt sie dir mit größter Bereitwilligkeit ihren Aufenthalt. »Aber ich dächte doch, lieber Junge, du gingst mit nach Hause«, fügt sie am Ende hinzu, während sie dich küßt. Sagst du nun ja, so ist der Handel abgemacht; »nein«, so bittet sie wenigstens um ein Tanzgeld (4 Groschen), sieht dich an, lacht, läuft davon und tanzt einen Walzer.«

Alle Winkel von Berlin sind von Musiksälen und Tanzböden voll. Die vornehmsten sind bei Poser und Tändeler, wo sich zugleich Frauenzimmer von zweideutigem Ruf einfinden. Der Fremde findet hier alle Bequemlichkeiten und Erfrischungen.

Selbstverständlich gab es noch die finsteren, dunsterfüllten Winkelkeller in den Vorstädten, »wo die Mädchen mit elendem Fusel berauscht und gefügig gemacht wurden«. In etwas besseren Lokalen trafen sich Offiziere, Beamte, Kaufleute und Handwerksmeister und die Mädchen, wenn vorhanden, warteten oben im Zimmer auf Abruf. Die »Preise in den Tanzsälen waren hoch, und die Chapeaux, die Begleiter der Mädchen wurden häufig arg geneppt. Getränke waren teuer, und für jeden Tanz zahlte der Kavalier für sich und seine Begleiterin je 2 Groschen, einen Betrag, für den ein Tanzmeister sonntags zwei volle Stunden lang unterrichtete«. Allerdings konnte man sich auch am hellichten Tag aus den Tanzsälen »Freudenmädchen holen ohne den geringsten Anstoß, geradeso wie man sich für 6 Pfennige Schnupftabak kauft«. Beliebt waren auch die Theater als Aufenthaltsorte der Gunstverkäuferinnen. Sie erhielten selbst im feinen Königstädtischen Theater Freikarten. Hier warteten sie dann entweder im Parkett auf Abruf, (»hier spielten die Türschließerinnen willige postillons d'amour«) oder sie vergnügten sich in den wohl gepolsterten dunklen Logen mit ihren Kunden.

Die meisten Dirnen stammten damals aus den umliegenden Städten, vor allem aus Stettin, Frankfurt/Oder, Potsdam, Magdeburg, Neustadt, Havelberg, Prenzlau usw. Es war übrigens in Berlin auch »für den griechischen Geschmack in der Liebe gesorgt. Die *warmen Brüder* – wie man sie nennt – finden ganze Zimmer voll schöner und artiger Buben. Ein scheußlicher Tummelplatz alter und unvermögender Sünder, die unter sodomitischen Greueln grau geworden sind, ein häßlicher Anblick, der jedoch des erfahrenen Sittenforschers Blick nicht entgehen darf«.

Madame Schubitz ist eine der besten Kaffeeschenkerinnen von Berlin; sie hat ihr Haus in der südlichen Friedrichstraße. Sie hat Mädchen von feinerer Lebensart zu sich genommen. Alles was gemein ist, gehört nicht in ihren Plan, vielmehr Leute von feiner Lebensart, vornehme Fremde und besonders Engländer. Man kann ihr nicht nachsagen, daß sie öffentliches Ärgernis erregt hätte. Die Vögel, die sie rupft, fliegen meistenteils wieder davon und lassen nur etliche Federn zurück.

Ihre Schließerin empfing hohe und höchste Herrschaften, Diplomaten, Offiziere, Beamte und vor allem Berlin-Besucher direkt in einem Audienzgemach mit kostbarem Mobiliar. Hier glänzten Gold und Purpur bis in die Ecken hinein, und inmitten des Raumes sprühte eine kleine Fontäne; Die Herrin des Hauses kam mit gebürtiger Grandezza die Treppe heruntergestiegen und bot ihre anmutigen Liebesdienerinnen in durchsichtig fließenden Gewändern oder gar splinter nackend dem Besucher dar. Die geschäftstüchtige Frau verband damit einen Getränkeverkauf, der von der Tasse Kaffee bis zur Flasche Champagner reichte, dessen Preise jedoch, dem Stile des Hauses gemäß, sogar den gemeinen, obgleich reichen Bürgern die Lust zur Wiederkehr nahmen. Die Mädchen der Mme. Schubitz, hübsch und für gute Umgangsformen bekannt, und die anderer Unternehmerinnen promenierten auch Unter den Linden und waren an schönen Sommerabenden auf den verschwiegenen Pfaden des Tiergartens anzutreffen.

(Die heutigen Damen vom dortigen Auto-Strich werden sicherlich erfreut vernehmen, daß sie sich auf historischem Gelände bewegen.)

Im Grunde hätte es vielleicht gereicht, um den Zustand der Sitten in der preußischen Hauptstadt zu schildern, wenn wir nur den folgenden Satz eines Reisenden zitiert hätten: »Das erste, was mir bei meiner Ankunft in einem der ersten Gasthäuser der Stadt dargeboten worden ist, war ein Koton (Kondom), als sicheres Verwahrungsmittel gegen venerische Krankheiten.«

Im Jahrhundert davor war noch versucht worden, die Prostitution zu verhindern, jedenfalls ganz am Anfang und am Ende – der Dreißigjährige Krieg hatte für viele Jahrzehnte die Aufmerksamkeit auf andere Dinge gelenkt. 1698 war dem Magistrat noch befohlen worden, »solche infamen und scandalösen Häuser abzuschaffen«. Da war noch die »Beherbergung von liederlichen Weibspersonen streng untersagt«. Die Polizeidiener – die paar, die es gab jedenfalls, viele waren es ja nicht – wurden beauftragt »solchen verdächtigen Subjecten nachzuspüren, und die kleinen Keller, Thee-, Kaffee- und Spielhäuser deshalb wöchentlich zu visitieren«.

Die Straßendirnen verfolgten die Fremden oft stundenlang und zupften gar an ihren Kleidern. Zur Sommerzeit wird der späte, so angenehme Spaziergang Unter den Linden durch diese Geschöpfe fast gänzlich gehemmt.

Die Wollust kürzet unsre Tage;
Sie raubt dem Körper seine Kraft;
Und Armuth, Seuchen, Schmerz und Plage
Sind Früchte ihrer Leidenschaft.
Der haßt sich selber, der sie übt,
Und sich in ihre Fesseln giebt.

Das Jahrhundert der Aufklärung begann in Berlin jedoch pünktlich im Jahre 1700 – lange bevor man etwas von der Aufklärung gehört hatte – mit einem Bordell-Edikt, das auch fast bis zum Ende des Jahrhunderts gültig blieb.

Berliner Bordell-Reglement aus dem Jahre 1700

1. Gesetzlich erlaubt ist diese Wirtschaft freilich nicht. Es wird aber als ein notwendiges Übel geduldet.

2. Jeder Wirt ist verpflichtet, sobald ein Mädchen von ihm geht, es dem Viertelkommissar zu melden. Ebenso, wenn er ein neues erhält.

3. Kein Wirt darf mehr Mädchen im Hause halten, als in seinem Kontrakt steht.

4. Nur dann kann er eine neue Kandidatin annehmen, wenn eine Stelle bei ihm offen ist.

5. Um die Gesundheit der Schwärmer sowohl als der Mädchen selbst zu erhalten, muß in jedem Viertel alle vierzehn Tage ein ex officio dazu bestellter Hurendoktor alle Mädchen dieser Art im Viertel visitieren.

6. Jedes Mädchen muß dem Herrn Doktor für seine Bemühung zwei Groschen zahlen.

7. Der Doktor ist verpflichtet, bei der geringsten Unreinigkeit, die er wahrnimmt, dem Wirte anzudeuten, daß das Mädchen auf der Stube bleiben soll.

8. Dieser Anzeige muß der Wirt genau und pünktlich nachkommen. Widrigenfalls muß er die Kosten der ganzen Krankheit tragen, von der man erweisen kan, daß man sie von einem seiner Mädchen geerbt hat.

9. Ist das Mädchen schon so weit infiziert, daß sie durch bloße äußerliche Reinigungen und Enthaltsamkeit nicht geheilet werden kann, so schickt der Doktor sie in die Charité, wo sie im Pavillon unentgeltlich gepflegt wird.

10. Die Schulden der Mädchen müssen bezahlt werden, wenn ein Wirt von dem andern sie auslöst.

11. Ebendies gilt auch, wenn sie selbst für sich wirtschaften wollen.

12. Will aber das Mädchen diese Lebensart ganz verlassen und Dienste suchen, so wird, wenn ihrer Schulden wegen Klage bei dem Richter einläuft, sie von der Schuld losgesprochen.

13. Kein Wirt soll für ein Mädchen, welches er von einem andern auslöst, mehr als 4 oder 5 Rthlr. bezahlen.

14. Jeder Wirt, welcher Musik hält, muß wegen seiner Musikanten täglich 6 Groschen für die Erlaubniß bezahlen, daß sie bei ihm spielen dürfen. Das dafür einkommende Geld ist zum Nutzen der Armenanstalten bestimmt.

Die Wirte üben strenge Kontrolle aus. Sobald die Stunde schlägt, zu der diese Dirnen auf dem Tanzsaale erscheinen müssen, geben sie ihre Stubenschlüssel dem Wirte in Verwahrung. Keine kann somit, ohne dem Wirte den Schlüssel wieder abzufordern, in ihre Stube gehen. Und keine erhält den Schlüssel vor dem »Feierabend« – wie das Ende jedes durchschwärmten Tages genannt wird – es sei denn, um mit irgendeinem verliebten Jungen der Venus ein Opfer bringen zu wollen.

Etwa 8 Groschen erhielt ein Mädchen für eine Schäferstunde. Dies Geld muß das Mädchen abliefern, so oft sie mit einem Liebhaber aus dem Tanzsaal nach ihrem zu ihrem Beruf eingerichteten Zimmer geht; Kleidung, Tisch und Logis hat sie frei. Was über die Taxe ist, behält sie. Aber sie ist gehalten, den Liebhaber, soviel es möglich zu bereden, viel aufgehen zu lassen, damit der Wirt und die Musikanten brav verdienen.

Schon damals lockte das Leben in der Stadt »die Jugend aus den öden Provinznestern heraus. Gewissenlose Bauernfänger, vornehmlich Frauen, reisten durchs Land, gaben sich als Damen von Rang und Namen aus und sprachen auf Poststationen, Messen und Jahrmärkten junge Mädchen an, um sie scheinbar in eigene oder fremde Dienste zu vermitteln. Erst in Berlin gingen den Betrogenen die Augen auf. Im Hause der Betreuerin mit Kleidung, Wäsche und dergleichen Notwendigkeiten zunächst ausgestattet, verstrickten sie sich bald in Schulden und wurden an den Wirt des Gasthofs verkauft, der alle Verbindlichkeiten beglich und nun die Rolle des Zuhälters übernahm. In den besseren Häusern pflegten die Mädchen nicht zu logieren, vielmehr wurden sie vom Wirt anhand einer Liste vermittelt. Viele Wirte in der Stadt boten ihren Gästen solche Möglichkeiten. Wohnten die Mädchen in der Absteige selbst, achtete der Hausherr auf sofortige Abgabe des verdienten Geldes, ja manchmal nahm ihnen eine alte Aufpasserin die Kleider während des Kundenbesuchs weg – doch nur wenige dachten noch an die Flucht, sondern zogen ein Leben des Versorgtseins und der Bequemlichkeit dem der Mühsal und Arbeitsfron vor, das sie draußen erwartete.«

In der Innenstadt sprachen Dirnen Einheimische wie Fremde an und verfolgten sie mitunter durch ganze Straßenzüge. Die eigene Preisgabe oder die Vermittlung von Gelegenheiten, vorzüglich unter Mithilfe von Friseuren, bot vielen Frauen und Mädchen zusätzlichen Verdienst, wenn nicht gar zeitweilig die letzte Existenzmöglichkeit.

Aus den Berliner geschriebenen Zeitungen

Berlin, den 9. September 1713: Es ist hier ein gewisses Weib so die dicke Schneiderin genannt wird; diese ist dazu bestellet, daß sie alles leichtfertige Gesindel aufsuchen und in guten Gewahrsam muß bringen laßen, wie ihr dann zu ihrer Sicherheit nicht allein eine Wache zugegeben wird, sondern sie verkleidet sich auch öfters in Manneshabit und hat sie schon innerhalb 8 Tage an die 100 Huren ins hiesige Spinnhauß geliefert. Dieses Weib ist vordem selbsten unter einer Diebesbande gewesen, und hat wegen vielfältig verübten Diebstahls justiciret werden sollen. Da sie aber in dem Falle Pardon erhalten sollte, daß sie verspreche, die Stadt von allem diebischen Volke zu reinigen. Sie ist aber gestern in ihren Ambts-Geschäften durch beygebrachtes Gift eines plötzlichen Todes gestorben.

Wie schon erwähnt, blieb das Reglement von 1700 bis zum Ende des Jahrhunderts gültig. Allzu weitreichend waren die Bestimmungen ja nicht. Am wichtigsten scheint der Obrigkeit die Sorge um die Gesundheit gewesen zu sein. Bevor der Leser hier jedoch lediglich väterliche Fürsorge vermutet, sollte er wissen, daß in manchen Jahren sämtliche Kavalleristen aus den Berliner Garnisonen, das heißt wirlich alle ohne Ausnahme, geschlechtskrank waren. Während der Regierungszeit Friedrichs hatte sich das »fröhliche Treiben« eher beiläufig und selbstverständlich entwickelt. Berlins Bevölkerung vergrößerte sich, gleichzeitig die Zahl der Huren. aus den vielen Berichten von Besuchern, die diesen Betrieb häufig aus staunenden Augen bewunderten, haben wir nur einen ausgewählt, weil dieses Buch ja nicht im Verlag Beate Uhse erscheinen wird, außerdem, weil wir auch durch ihn ein bißchen von dem Drumherum mit bekommen:

Mit dem beträchtlichen Nachtheile für die ökonomischen Umstände des Mittelstandes, und besonders für gute Sitten sind die sogenannten Tanzböden oder Wirtschaften verbunden. Ich rede jetzt nicht von den schändlichen Häusern, die der Wollust geradezu bis an den hellen Morgen geöffnet werden, sondern von den öffentlichen Oertern, entweder in Gärten oder in der Vorstadt, oder in der Stadt, wo an gewissen Tagen Musik ist und getanzt wird. Diese sollte man mit Stumpf und Stiel ausrotten.

Ich nehme manche sehr anständige Gärten aus, wo sich einige Mal in der Woche recht artige Gesellschaft versammelt, und ein Koncert anstelt. Die gewöhnlichen Tanzböden meyne ich, wo sich liederliche Dirnen einfinden, um unerfahrene Jünglinge, oder thörichte Männer zu reizen.

Auf diesen wird zwar keine liederliche Handlung erlaubt, sie sind aber doch der Sammelplatz, wo sich gleichdenkende Wollüstlinge beyderley Geschlechts einfinden, sich miteinander besprechen, und dann ganz ruhig zu Hause fahren. Überdem, wenn ich auch nicht einmal annehmen wollte, daß der gleichen Oerter das Grab der Gesundheit, und der Keuschheit wären, zu was für Luxus und Verschwendung geben sie Veranlassung. Der spielsüchtige, oder geile Jüngling schleppt oft den ganzen Verdienst einer Woche dahin, oder versetzt, und borgt, um einmal tanzen zu können. Cetera quis nescit? Edle und tugendliebe Männer werden freilich häusliche Beschäftigungen und häusliche Freuden, diesem unanständigen Tummult vorziehen. Es giebt aber genug alte Gecken in Berlin, welche trotz ihres Podagrás und ihrer Gicht, jung thun wollen, und ihrer armen Gattin und den Kindern das Geld auf eine so gottlose Weise entziehn, um es dem Tanz, dem Spiele, oft auch der Buhlerey zu widmen.

Die Obrigkeit hatte immerhin gelernt zu dulden, was nicht zu verhindern ist. Aber da das erwähnte Reglement, schon gar nicht die Gesetze (über den Zustand der Justiz berichteten wir bereits) längst nicht alle Vergehen deckten, wurde ziemlich schnell nach Friedrichs Tod an einem neuen Reglement gebastelt.

Wie über die ganze Situation gedacht wurde, und wie dann das fast hundert Jahre gültig gewesene Reglement verbessert werden sollte, ist nicht klarer zu beschreiben, als durch ein Gutachten, daß von Voss im Auftrage des Königs am 5. Februar 1791 an diesen abgeliefert wurde:

Seine Königl. Majestät von Preußen Unser allergnädigster Herr, haben aus dem Bericht des Geheimen Krieges-Rath und Polizei-Directors von Eisenhardt vom 11ten und dem mit eingesandten entworfenen Reglement für die Bordelle, seine pflichtmäßige Aufmerksamkeit auf die venerischen Ansteckungen und die dawider dienlichen Vorkehrungen mit höchstem Wohlgefallen ersehen. Bei einem Zusammenfluß von Menschen männlichen Geschlechts in einer großen Stadt, wovon ein Theil, und zwar in dem Alter in welchem der Begattungstrieb am heftigsten wüthet, noch nicht im Stande ist zu heirathen, ein anderer aber nach seiner Lage und Bestimmung, niemals dazu in den Stand kommt, sind Hurenanstalten leider ein notwendiges Übel, um größere durch keine Gesetze zu steuernde Unordnung, aus nicht zu beengender Brunst zu entstehen zu vermeiden. Da aber solche Anstalten gegen die Sittlichkeit nur zu dulden sind, so lassen sich dieselben, ohne nachtheilige Folgen für die Moralität, nicht durch öffentliche Gesetze vermeiden. Andererseits ist der Zweck nicht zu erreichen, wenn nicht gewisse Strafgesetze auch gegen diejenigen erlassen werden, die weder feile Dirnen sind, noch Kupplerei betreiben. Diese indessen würden sich nur darauf concentrieren dürfen,

1. daß wer eine Weibesperson verführt, mit ihrem Körper ein feiles Gewerbe zu treiben, und an solcher Verführung teilnimmt, mit einjähriger Zuchthaus- oder Festungsstrafe belegt werde.
2. daß eine mit venerischer Krankheit behaftete Manns- oder Frauensperson, die überführt wird, in solchem Zustand den Beischlaf ausgeübt, und den andern angesteckt zu haben, neben Erstattung der Heilungskosten mit dreimonatlicher Zuchthaus- oder Festungsstrafe belegt werde.

Die Erfahrung hat bisher vielfältig bewiesen, daß junge, einfältige Mädchen aus den kleinen Städten durch die arglistigsten, schändlichsten Mitteln wider ihren Vorsatz in Hurenhäuser gelockt wurden. Hierüber ist also Strenge gerecht und nötig.
ad. 2. disponiert das Gesetzbuch nur gegen ansteckende Huren nicht aber gegen Mannspersonen, die ihr Übel mittheilen. Ob zwar aus mancherlei Ursache die Fälle selten vorkommen möchten, wo eine Mannsperson culposer und sträflicher Ansteckung überführet werden könnte, so sind sie doch, zumal unter der geringeren Volksklasse, nicht unmöglich. Und die Strafe würde sie hierin vorsichtiger machen.
Was hiernächst die besonderen Einrichtungen wegen der Bordells und feilen Dirnen, und die dazu entworfenen Vorschriften anbelangt, so ist hierbei

1) allgemein zum Hauptaugenmerk zu nehmen, daß nur für die Befriedigung des thierischen Dranges zu sorgen ist, alles hingegen, was zur Beförderung der Wollust, also zum Mißbrauch der Toleranz eines nothwendigen Übels gereichen kann, so viel nur möglich ist, verhindert werde. So sollten die Dirnen durch Schminke und distinguirende Kleidung ihre Reitze nicht vermehren, und noch viel weniger auf der Straße, vor dem Hause und im Fenster die Vorübergehenden anlocken oder einladen dürfen. Denn dies ist nicht nur für die männliche Jugend gefährlich. Wer dieselbe sucht, wird ohnedieß Gelegenheit finden, ihren Aufenthalt zu erfahren.

2) aus gleichen Ursachen ist den Hurenwirthen wohl nicht zu verwehren, ihren Gästen Erfrischungen vorzusetzen. Doch ist ihnen nicht zu gestatten, daß sie für die Gäste Wein und andere starke Getränke haben oder holen lassen und ihnen reichen. Weil dadurch neben größeren Anfeuerungen zur Wollust, auch andere Ausschweifungen verursacht werden können.

3) Suchen die Hurenwirthe vorzüglich junge, blühende Mädchen sich anzuschaffen. Außer daß solches nicht anders als durch schändliche Verführung geschehen kann, so gereicht dies auch gegen den zu beachtenden Grundsatz, gar zu sehr die Wollust zu befördern. Daher muß kein Hurenwirth ein frisches, noch in keinem Bordell gewesenes Subjekt anders als nach vorgängiger Vorstellung bei der Polizei und dort erfolgter

Genehmigung engagiren. Die Polizei aber hat keiner Unmündigen nachzugeben; mündigen Weibespersonen jedoch, die unter keiner anderen Gewalt stehen, können ihrer eigenen Wahl und Bestimmung hierin überlassen werden.

4) Da unter dem geringeren Volke die venerischen Krankheiten wohl am meisten durch Straßen-Hurerei verbreitet werden, und die Bordells und auf eigener Hand sitzenden feilen Dirnen zu gebenden Vorschriften bei den Straßen-Huren um so weniger angewandt werden können, als sehr viele derselben, die des Abends auf Fang ausgehen, sich den Tag über mit Spinnen und anderen Arbeiten beschäftigen. Damit aber dennoch die Straßen von ihnen rein zu halten sind, sollen die Nachtwächter, Polizei-Diener und Patrouillen, allenfalls auch die Armenwächter zu ihrer Aufgreifung heran gezogen werden. Sie sollen auch zu jedem Leistungsfall durch eine kleine Belohnung aufgemuntert werden, die aus den Hurenstrafen zu entnehmen ist. Doch müßten sie wohl instruiert werden, sich an keiner Unschuldigen zu vergreifen.

5) insbesondere bei den unterhaltenen Mätressen (Friedrich II. war, wie erwähnt, vor knapp fünf Jahren gestorben!) und solchen, die nur mit einem Liebhaber es halten, ist besondere Vorsicht nötig, weil, indem ein Irrtum hierin, üble Eindrücke gegen die Obrigkeit und ihre Anstalten machen würde. In Ungewißheit ist es daher immer besser, eine Schuldige zu übersehen, als eine einzige Unschuldige zu kränken.

6) Bei den Soldaten wird es vorzüglich darauf ankommen, daß sie fleißig visitiert werden, weil durch dieselben die Ansteckung in die Provinz verbreitet wird, und auf dem Lande wegen der fehlenden Heilmittel ungleich größerer Schaden angerichtet wird.

Nach diesen Anregungen des Herrn von Voss kam es dann schon ein Jahr später zu einem neuen Bordell-Reglement, das nur noch innerhalb des preußischen Landrechts ergänzt wurde. Bis dann im Jahre 1846 (durch ein anderes Preußen aber, als das unsere) mit einer Cabinetts-Order sämtliche Bordelle verboten wurden. Es wurde schlicht behauptet, daß in den 15 Jahren davor die »Bordelle aufgehört hatten, ein Volks-Bedürfnis zu sein. Der bordellmäßige Genuß der Liebe sagt den verfeinerten Sitten unserer Zeit an und für sich nicht mehr recht zu.« Das war dann die Zeit, in der, wie wir errechnet hatten, jede achte »dazu fähige Weibsperson« auf den Strich ging.

Das Schloß-gespenst

Aus der Berliner geschriebenen Zeitung vom 17. October 1716

Es hat sich ein 30jähriger Aufwärter bey der Hofküche unterstanden, einige Tage her ein Gespenst aufm Schlosse vorzustellen, sich einen toten Schlafrock gekleidet, mit einer hohen von Papier gemachten Mützen, einem Bart von einer halben Elle lang versehen, dabey er einen bloßen Säbel in der Hand stets geführet. In solchem Aufzuge ist er einige Nächte herumgegangen und hat die Nachtposten ziemlich erschrecket und einige zum Weichen gebracht, welches man endlich dem König vorgetragen, worauf die Ordre erteilet worden, die Posten zu verdoppeln, das Gespenst zu attaquiren und so es gehalten werden könte, solches, zu welcher Stunde es auch seyn werde, zum König zu bringen, worauf die Schloß-Grenadir-Wache solches die folgende Nacht angetroffen und übermannet, es zum Könige geführt hat und den Kuchenaufwärter, das vermeinte Gespenst, demselben vorgestellet; welcher hart angeredet, »wie er auf solche extravagance käme«, worauf er mit Angst und Zittern sehr viele submissions gemacht und gesagt: »Die Cammer- und Küchen-Mädgens hätten bisher starke rendez-vous die Nacht mit Lakaien und den Soldaten von der Wache gehabt; solche wäre seine Intention alleine gewesen, damit diesem Unsinn zu steuern, vermeinete also S.K.M. einen großen Dienst darunter geleistet zu haben.« Der König hatte geantwortet »Er wolle ihn in die Karre nach Spandau bringen lassen, vorerst sollte man ihn unter die Schwitzbank werfen und einige Stockschläge geben.« Dennoch ist er von der ersten Strafe liberiret, am 14ten morgens um 10 Uhr aber in vorgezehlter Positur und Kleidung auf hiesigen neuen Markt auf den Esel gesetzet, wo er bis in die Nacht sitzen müssen, wehrend der Zeit er von tausenden und mehr Einwohnern zu Fuß und in Carossen betrachtet worden, welche der Delinquent auf alle Weise zu divertiren gesuchet; ist auch darauf auf Königlichen Befehl wieder in sein Amt gesetzet worden.

Die »Chur-Fürstlich Brandenburgische Residenz« um 1700

Wegen der Sonntagsfeier

Auch heute gibt es, wie wir alle wissen, doch kaum bedenken, einige rechtliche Vorschriften, die den Sonntag – ja, sagen wir das noch – heiligen. Wie intim jedoch die Obrigkeit unseren Uropas vorschreiben wollte, was sie sonntags zu tun und zu lassen haben, läßt sich aus dieser (einer von vielen) Sonntagsordnung erkennen:

Edict wegen der Sontags-Feyer (Vom 28. October 1711)

Da unser altes, wider die Profanation und Entheiligung des Sabbath-Tages publicirtes Edict, nicht weniger als die vorigen, von Jahr zu Jahr und mehr und mehr außer Acht gelassen wurde, und außerdem sonderlich von den Magistraten in den Städten, wie auch von den Gerichtsobrigkeiten und Kirchen-Patronis auf dem Lande allerhand Unordnung nachgesehen wurde, zuweilen gar gegen diejenigen Hand angelegt worden ist, welche Häuser verordnetermaßen visitiren sollten, verordnen wir, daß nunmehr allerschärfstens gegen diese Unordnungen vorgegangen werden soll.

Wir wollen, daß alles dasjenige, wodurch der Gottesdienst, welcher so wohl öffentlich in den Kirchen durch

Die Neue Jerusalems Kirche mit dem 1730 erbauten Turm

Anhörung des Wortes Gottes, durch Singen und Beten gepflegt wird, als auch in den Häusern durch allerhand christliche Übungen, nicht länger behindert wird.

Bis die Glocke fünf geschlagen, sollen alle Gewerbe und Handthierungen eingestellet, die Krambuden geschlossen, keine Märckte gehalten, noch auch sonsten einige Eß- und Trinck-Waaren verkauffet werden. In specie soll der Fisch-Marckt, an den Orten, da er am Sontage gehalten wird, nicht eher gehalten werden, als nachdem in gänzlich allen Kirchen der Gottesdienst vollendet ist.

Fürnemlich ist es Unser allergnädigster und ernstlicher Wille, daß am Sontag keine Bankette oder Gastereyen des Mittags, und auch des Abends, sowie keine weitläufigen Gast-Mähler und Lustbarkeiten oder gar Hochzeiten an selbigem Tage gehalten werden. Fürnemlich wollen Wir aber, daß an den Orten, wo ausgeschencket wird, keine Gäste gesetzet, noch Wein, Bier, Brandwein, vor 5 Uhren Nachmittag verschencket oder verkauffet werden solle, ausgenommen, was reisende Leute, oder auch sonsten die Krancken zu ihrer Erquickung, oder andere Einwohner und Soldaten zu ihrer unentbehrlichen
Lebens-Notdurfft bedürfen, welche sie jedoch solchenfalls zu keiner andern Zeit, als zwischen 11 und 12 Uhren Mittags abholen dürffen.

Die Schencken müssen hernach bis 5 Uhr abends wieder geschlossen seyn; auch dann nur zum nöthigen männiglichen Gebrauch, und nicht zur Saufferey oder anderen üppigen Gelagen geöffnet seyn, wofür die Schencken selber, wenn sie darwider handeln, nachdrücklich bestraffet werden sollen.

Und weil mehrmals angemercket, daß diejenigen, welche unseren oder anderen Städten Zufuhre gethan, und es so eingerichtet, daß sie, obwohl sie es wegen der Nähe des Orts nicht nöthig haben, zu solchen Reisen des Herrn Tag zu Hülffe zu nehmen und dadurch die Knechte und Mitreisenden vom Gottesdienste abgehalten haben und dem armen Viehe auch die ihnen gebührende Ruhe entzogen haben, so sollen sie nicht eher aus der Stadt herausgelassen werden, bis sie etwas für die Armen erleget haben. Und sollen auch diejenigen, welche sie an den Thoren abgefertigt haben, zu weiterer Bestrafung sofort angezeigt werden.

Ferner sollen am Sontage keine Lust- oder Spazier-Fahrten, es sey von Unseren Bedienten, Officiren oder Bürgeren angestellet, auch sollen die Thore von Morgens früh bis Abends um 5 Uhr verschlossen gehalten, und für niemand, außer den Postwagen und Reisenden, geöffnet werden. Auch sollen diejenigen, welche sich an den Toren melden, genau examiniret werden, und wenn sich findet, daß sie nur zur Luft hinaus fahren wollen, angehalten, angezeiget, und mit einer Strafe von 20 Thlrn. beleget werden. Sie muß auch bezahlet werden, wenn die Wacht etwa hintergangen und nach deren Zurückkunft herausfinden solte, daß sie doch spatziren und zur Luft ausgefahren gewesen waren. Jedoch können die Einwohner in den Vorstädten zu Fuß ein- und ausgehen, nur daß es nicht während der Predigten geschehe. Diejenigen, welche sich im Sommer vor den Thoren der Garten-Luft bedienen wollen, sollen gleichfalls des

Sontags nicht ehe als um 5 Uhr herausgelassen werden, auch hernach bey guter Zeit sich nach Hause wieder begeben.

Des Sontags soll durchgehend alles Spielen, so vom Glücke abhängt, es habe Nahmen wie es wolle, gänzlich verboten und abgeschaffet werden, die Leibes-Bewegung soll erlaubet seyn, aber nicht ehe, als 5 Uhren und mäßig und zwischen wenig Personen und nicht bis in die späte Nacht hinein. Dabey soll jedoch alle verdächtige Gesellschaft von liederlichen Frauens-Volck und andern Personen vermieden werden. Und absonderlich soll keine Zusammenkunfft zum Spiele in der Schencke, im Kruge oder in dem Wirths-Hause verstattet werden, als welches zum Trunck und andern Üppigkeiten nur Anlaß geben würde.

Ebenso soll das bey dem Spielen vorgehende grausame Fluchen, nebst der Unzucht und Hurerey in den Schencken, Cabarets und Herbergen bestraffet werden. Wenn ein Trunckener des Sontags auf der Straße gesehen oder des Nachts durch unanständiges Schreyen gehöret werde, soll er durch die Miliz und Stadt-Diener festgesetzt werden. Am folgenden Tag soll darnach geforschet werden, wo und durch was für eine Gelegenheit er zu dem übermäßigen Trincken sich hat verführen lassen. Wenn die Schencke, oder der oder diejenige daran Schuld gewesen, sollen dieselben zur gebührenden Straffe mit herangezogen werden.

Und obwohl in den Städten, wo Unsere Soldaten einquartieret sind, besonder Wachen herum gehen, welche die Schencken überwachen, befehlen Wir, daß zu mehrerem Nachdruck ein Unterofficir nebst ein paar Musquetirern die Wein- und Bierschenken, auch Zunft, Thee- und Caffee-Häuser sowohl in der Stadt als auch vor den Thoren, auch auf dem sogenannten Wedding, vor Unseren hiesigen Residenzen, visitiren soll. Zwar soll das geschehen ohne Unterschied der Nation und Jurisdiction, gleich ob sich dort Refugirte, Franzosen, Pfälzer, Schweizer und andere Eximinirte aufhalten. Die Übertreter sind sofort zur gefänglichen Haft auf die Wachen oder auch in den Bürgerlichen Gehorsam zu bringen, damit selbige, anderen zum Exempel gehörig bestraffet werden können.

Wovon diejenigen, welche den Verbrecher angeben oder auffinden den zehnten Theil der Strafe erhalten sollen. Wann jemand öfters darwider handeln würde, oder gar jemand der Visitation sich in gewaltsamer Weise zu widersetzen unternehmen würde, soll selbiger Freveler nach Verdienst mit Landes-Verweisung oder anderer harter Strafe beleget werden. Da der Gottesdienst auf dem Lande und in denen Dörffern sehr schlecht und kaltsinnig verrichtet wird; ordnen wir ernstlich an, daß die Prediger auf dem Lande außer Sontag Morgends Predigten, auch Nachmittage ihre Zuhörer, Jung und Alt, in die Kirche kommen lassen, und selbige nicht allein aus der vorgehaltenen Predigt examiniren, sondern sie auch in dem Catechismo unterweisen, und zur Übung eines Christlichen Lebens mit guten Exempeln und Ermahnungen anführen sollen.

Und soll die Obrigkeit jedes Orts die Unterthanen dazu mit Ernst anhalten, auch selbst bey solchen gottseeligen Übungen sich einfinden.

Dieses Land war völlig einer Wüste gleich oder Was soll uns eigentlich noch Preußen?

Nach einer seiner letzten Revuereisen durch die Neumärkischen Forsten (1782) schrieb Friedrich II.: ...»ich habe wahrgenommen, daß hier mit dem Holz sehr übel umgegangen wird. Wenn das noch 4 Jahre hingeht, ist von allem Holze nichts mehr übrig. Davon wird es denn kommen, daß die Leute im Winter frieren müssen und genöthigt sein werden, den Holzbedarf von weither mit großen Beschwerden und Kosten zu holen ... Das ist ja eine liederliche Wirtschaft. Der Förster, welcher dieses Revier hat, ist ein schlechter Kerl. Wir haben deshalb befohlen, daß die verantwortlichen Förster samt dem Oberforstmeister oder dessen Stellvertreter arretiert werden sollen, und daß von Berlin Einer von der Kammer und Einer von der Justiz dahin geschickt werden soll und die schärfste

---

Märkischer Hausbau
Vignette von Adolf Menzel

Untersuchung wieder sie wegen ihrer liederlichen Wirtschaft eingeleitet wird.«

Erst sehr spät war unseren Vorfahren aufgefallen, daß der Wald etwas anderes war als ein bequemer, vom lieben Herrgott freigiebig zur allgemeinen Verfügung bereit gestellter Holzlieferant. Saurer Regen war ihnen unbekannt, aber sie schafften es ohne ihn, ihre Wälder zu vernichten. Mit Holz wurde geheizt und gebaut. Das Holz wurde geschlagen und großzügig verbraucht. Holz war eine Gabe der Natur, auf den Einfall, daß man irgendwann der Natur auch helfen müsse und wieder aufforsten, war zunächst kaum jemand gekommen.

So dürfte sich jeder irren, der glaubt, daß die Wälder früher größer gewesen seien als sie es heute sind. Selbst die Landwirtschaft benötigte durch ihre Drei-Felder-Wirtschaft viel Land. Große Wald- und Heideflächen wurden für die Landwirtschaft urbar gemacht. Aber schlimm wurde es in den Gebieten um die immer größer werdenden Städte.

Als Friedrich Wilhelm I. die Erweiterung Berlins betrieb, mit vielen Neubauten aber auch mit einem Palisadenring um die Stadt, verwandelte sich die Umgebung der Stadt schnell in eine gewaltige Sandebene. »Dieses Land umher war völlig einer Wüste gleich,« notierte ein General. »Niemand hatte Lust, der Kosten wegen, es zu bebauen. Nach der Richtung des Windes entstand bald hier bald da ein Hügel von Flugsand, so daß man zuweilen sogar über die Palisaden in die Stadt hineinreiten konnte.«

Um 1730 war die Gegend nördlich der Palisade »eine große Fläche unfruchtbaren Treibsandes, der von heftigen Stürmen bald hier bald da zu kleinen Sandhügeln zusammen geweht wurde, so daß es hier wandernde Berge gab. Nur einige wenige Hütten mochten zerstreut in der Sandwüste liegen.« Kennzeichnend ist, daß auch der Diebstahl von Holz aus den

Blick vom Wollankschen Weinberg um 1800

Wäldern in dieser Zeit verhältnismäßig milde bestraft wurde. Während bei einem üblichen Diebstahl der Galgen wartete, galt das Klauen von abgeschlagenem Holz oder auch das unberechtigte Abhauen wohl ebenfalls als Diebstahl, aber als Diebstahl minderer Art. Wer sich aus fremden Wäldern Brennholz holte, kam meistens mit einer Geldstrafe davon. Wer lediglich eine Karre Holz aus dem Wald holte, galt nicht einmal als Dieb. Das war normal.

Gegen Mitte des Jahrhunderts wurden die Strafen verschärft »am Leibe durch Gefängnis bei Wasser und Brod, dem Spanischen Mantel und dem Stock.« Erst 1743 wurde angeordnet, daß »alle ledigen Plätze je nach Beschaffenheit des Terrains entweder mit Eichen oder mit Kiefern sorgfältig bepflanzt oder besät werden«. Die Plätze sollten dann auf die erforderliche Zahl von Jahren eingehegt werden, damit das Vieh den jungen Pflanzen keinen Schaden zufügen könnte.

Aus dem Edikt vom 21. Juli 1747

Es ist Uns angezeiget worden, daß alle Jahre gegen den 1. May und gegen Pfingsten, die Gewohnheit besteht, viele tausend in dem besten Wachsthum stehende junge Birken in unnötiger Weise abzuhauen, und den Leuten vor den Thüren sowohl, als auch vor die Kirchen zu setzen. Dadurch wird dem Zuwachs des jungen Holzes ein nicht geringer Schaden zugefügt. Wir wollen nun solchen den Forsten höchst schädlichen Mißbrauch, auf deren Conservation und Verbesserung Wir besonders unser Augenmerk richten, nicht länger nachsehen, hingegen den Anwachs des jungen Holtzes überall geschonet und möglichst befördert wissen. Diese schädliche Gewohnheit soll hinführo gäntzlich abgeschaffet und verboten seyn. Wofern aber jemand dennoch diesem Verbot freventlich zuwider handeln sollte, so soll er, die Holtz-Diebe, sowie die Käufer und

Verkäufer solcher jungen Birken, ingleichen diejenigen, welche sich derer vor den Thüren, wie auch in Kirchen und Häusern zu bedienen künftighin unterstehen mögen, nach Proportion eines jeden Vermögens mit einer willkürlichen Geld-Strafe belegt werden, falls er dazu nicht vermögend oder geringen Standes ist, mit einer empfindlichen Leibesstrafe.

Doch der alte Schlendrian war nicht von einem Tag auf den anderen auszutreiben. Friedrich entschloß sich Forstmeister anzustellen. Und wie so häufig, dachte er da zunächst wieder an seine Invaliden, die mitten im Siebenjährigen Krieg zu Forstmeistern gemacht wurden. Nach Kriegsende erließ er ein Edikt, nach dem auf allen Heiden des Landes Schonungen angelegt werden sollten. Wer sich hier erlaubte, sein Vieh zu hüten, sollte auf die Festung gebracht werden. Ein Jahr später befahl er, daß alle Sandflächen mit Fichten und Birken bepflanzt werden sollen und – von seinen neuen Forstbeamten verlangte er jährlich Anpflanzungstabellen. Denn der König schien seine Soldaten zu kennen. Diese wiederum kannten ihren König und wurden unruhig. Die invaliden Rittmeister, die geglaubt hatten, als Forstmeister einen geruhsamen Lebensabend verbringen zu können, wußten, daß er imstande war, mit den Tabellen in der Hand plötzlich aufzutauchen, um zu kontrollieren, ob auch alles das, was da in den Tabellen als angepflanzt gemeldet wurde, wirklich angepflanzt worden war.

Schließlich war dem König ebenso nicht entgangen, daß man, um die ständigen lästigen Mahnungen aus Potsdam zu vermeiden, entlang dem Weg, den er bei seinen Revuereisen passierte, schmale Streifen Wald angebaut hatte, aber dahinter alles so gelassen hatte, wie es seit Jahrzehnten gewesen war, die gleiche Öde. Potemkinsche Wälder. Dieses Mißtrauen des Königs ist überliefert. An den Rändern einiger Pflanzungstabellen finden sich handschriftliche Anmerkungen von ihm, wie etwa: »Wenn es nur ist und nicht Blendwerk, daß sie 30 Schritte neben dem Wege säen und lassen das Übrige wüste.«

Es hat fast hundert Jahre gedauert, bis die Wälder so geworden waren, wie unsere Großväter sie noch gesehen haben. Auf unsere Anstrengungen, den alten Zustand wieder herzustellen, muß hier nicht eingegangen werden.

Was wir alles angestellt haben, um die Wälder zu vernichten, muß indessen hier auch nicht beschrieben werden. Da kennen wir uns aus. Das ist unsere Gegenwart.

Vermißt jedoch der eine oder andere Leser Informationen über die Vergangenheit, möchte er etwas wissen, was nicht erwähnt worden ist, dann hat dieses Buch seinen Zweck erreicht. Es ist – das war am Anfang gesagt worden – vornehmlich für jene geschrieben worden, die mit der ganzen Sache eigentlich nichts zu tun haben wollen, nichts mit unserer Geschichte, erst recht nichts mit der aus diesem Preußen entstandenen Nation.

Warum, mag sich mancher gefragt haben, war ein Autor nur so hartnäkkig und hat versucht, gegen die Gleichgültigkeit der Leser anzuschreiben?

Meine Antwort ist schlicht: Mit gelassener Selbstverständlichkeit wird seit Jahren von mir, von uns allen erwartet, daß wir uns für die nationalen Interessen von El Salvador, Namibia, Palästina, Afghanistan, Chile, Israel usw. usw. begeistern. Deren Ansprüche auf einen unabhängigen, gesicherten, von fremdem Einfluß freien Staat sollen wir unterstützen. Dagegen ist auch nichts einzuwenden. Die meisten dieser Staaten, selbst wenn sie, wie etwa Palästina, heute nicht mal über ein Staatsgebiet verfügen, verweisen selbstbewußt und selbstverständlich auf ihre Geschichte. Aber wie ist es nun mit unserem eigenen Staat, mit unserer eigenen Geschichte? Glaubt irgendwer wirklich ernsthaft, daß die zufällig gerade lebenden Einwohner dieses Landes sehr lange so tun können, als wären sie die ersten Bewohner eines Gebietes, das sie vor einigen Jahrzehnten besiedelt haben, ein bißchen Kultur geschaffen, Sprache geformt, Eigenschaften sich haben entwickeln lassen?

Doch selbst wenn es so wäre, wie wird es mit unseren Kindern? Kann denn wirklich ein vernünftiger Mensch annehmen, daß ausgerechnet die Einwohner unseres Landes von dem, was Nation genannt wird, als wohl einzigem Staat der Erde für alle Zeiten nichts mehr wissen wollen? Dabei können wir außer acht lassen, wie schön es möglicherweise wäre, wenn ein paar andere Völker so denken würden wie wir. Sie tun es nicht. Nicht einmal im alten Europa.

Wenn wir uns aber nicht damit befassen, sondern alles weiter treiben lassen, mit mangelhafter politischer Kultur, ohne jede Beziehung zu einer nationalen Identität, bleiben wir selbst in Europa ein fremdartiges und stets gefährdetes Gebilde. Kann sich nicht gar eines Tages jemand finden und in der schon erlebten Exaltierung dieses wahrscheinlich doch nur schlummernde Nationalgefühl in einer Weise zu erwecken versuchen, daß uns oder unseren Kindern Hören und Sehen vergehen wird?

Irgendwann wird uns unsre Vergangenheit einholen – so oder so. Das werden dann weniger die historischen Daten sein, die zum Pensum des Schulunterrichts gehören, sondern bestimmte Haltungen und Gewohnheiten, das ganz Private, der Alltag, wie er ganz allmählich entstanden ist und uns noch immer prägt, auch wenn wir es nicht wahr haben wollen.

»Die ländliche Ruhe bei Sonnenuntergang« Stich von Daniel Codowiecki

So lebten sie alle Tage
Geschichten und Berichte aus dem alten Preußen

Die WDR-Fernsehserie

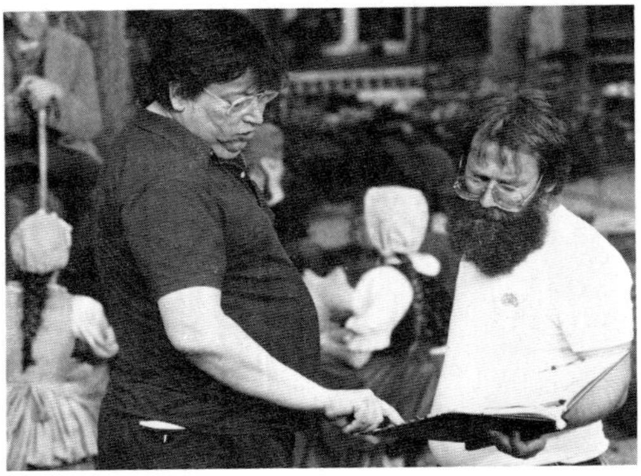

So lebten sie alle Tage
Die WDR-Fernsehserie

Buch	Wolfgang Menge
Regie	Ulrich Schamoni
Moderator	Heinz Werner Hübner
Kamera	Erhard Spandel/ Hans-Werner Demmer/ Thomas Klees/Kurt Mikler/ Manfred Ridders
Bildmischung	Lilo Dehn
Bildschnitt	Karsten Hoffmann
Ton	Günter Seidenberg
Technische Leitung	Alfred Maas
Ausstattung	Wolfgang Schünke
Kostüme	Dela Liesendahl
Maske	Achim Schmalor/ Wolfgang Martin/Annette Groschupp
Regieassistenz	Hilmar Mex/ Dagmar Sauerstein
Produktionsleitung	Fred Ilgner
Redaktion	Gunther Witte/ Hartwig Schmidt

Die Spielszenen für »So lebten sie alle Tage«, die fünfteilige Fernsehserie des WDR, hat Ulrich Schamoni nach Drehbüchern von Wolfgang Menge zwischen dem 22. März und 20. August 1983 (96 Drehtage) inszeniert. Über 80 Schauspieler wurden für diese Serie verpflichtet. Gedreht wurde an 18 verschiedenen Orten und in 33 verschiedenen Dekorationen, zum Teil im Studio, zum Teil an Originalschauplätzen. Einige Bauten hat Szenenbildner Wolfgang Schünke – entsprechend den historischen Vorbildern – maßstabgerecht rekonstruiert.

Es ist der Versuch, Vergangenes mit den Mitteln des Fernsehens zu rekonstruieren und dem Zuschauer die »Legende Preußen« (Menge) auf unterhaltsame Art nahezubringen. Im Mittelpunkt der einzelnen, voneinander unabhängigen fünf Folgen, stehen Personen, deren Leben überliefert ist.

Folge 1
Am Brandenburger Tor

Boswitz .... Horst Bollmann
Reissner .... Stefan Wigger
Else Reissner ..... Margret Homeyer
Johanna Reissner Roswitha Schreiner
Laue .... Alexander Hegarth
und Willy Millowitsch, Walter Schultheiß, Eberhard Cohrs, Achim Strietzel u.a.

Erstsendung
Mittwoch, 14. März 1984, 20.15 Uhr

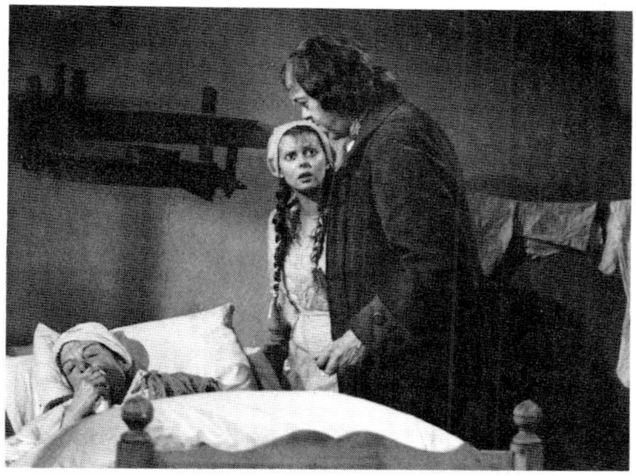

Daß auch noch in der Mitte des 18. Jahrhunderts für die größte Stadt in Preußen, Berlin, ein wesentlicher Teil der städtischen Wirtschaft durch die Stadttore lief, berichtet die erste Folge, die am Brandenburger Tor spielt, allerdings nicht dem Tor, wie wir es heute kennen, sondern eines früheren Baus, der von Chodowiecki festgehalten und in der Nähe von Köln wieder aufgebaut wurde: Erzählt wird die Geschichte von dem Wächter Andreas Reissner, einem körperbehinderten, ehemaligen Soldaten, der unter den Intrigen und Verfolgungen seines Vorgesetzten Boswitz leidet. Boswitz ist korrupt, wie viele Torwächter und Torschreiber in seiner Situation; denn im damaligen Preußen wurden die Beamten an den Toren nicht bezahlt, sondern waren darauf angewiesen, von den Waren der durchziehenden Bauern und Händler etwas für sich zu requirieren.

Reissner wird wegen angeblichen unentschuldigtem Fehlens entlassen. Mit Hilfe eines Predigers kann er ein Verfahren in Gang setzen, in dem sich herausstellt, daß derjenige, der sich ständig bestechen läßt, der Torschreiber Boswitz ist.

Nun wird Boswitz entlassen, Reissner selbst zum Torschreiber befördert.

Folge 2
Der Prozeß Müller-Arnold

Strasburg .... Horst Bollmann
Kühze .... Stefan Wigger
Friedrich II. .... Hans Clarin
und Margret Homeyer, Detlev Heydorn, Horst-Christian Beckmann, Günther Meissner, Joachim Hackethal, Eberhard Feik u.a.
Erstsendung
Sonntag, 18. März 1984, 20.15 Uhr

Einen Einblick in das komplizierte Rechtssystem Preußens im Ausgang des 18. Jahrhunderts vermittelt die zweite Folge, in der Friedrich II. in einen akuten Fall eingreift: Einem Müller namens Arnold (nicht zu verwechseln mit dem legendären Müller von Sanssouci) war die Existenz im wahrsten Sinnes des Wortes abgegraben, weil ein Landgraf einen Teich angelegt hatte, durch den die Wassermühle lebensnotwendige Wasserkraft verlor. Da er seine Pacht nicht mehr zahlen kann, wird der Müller gezwungen, seine Mühle zwangsversteigern zu lassen. Hilfeflehend hatte sich die Frau des Müllers an den König gewandt. Der, erbost, vermutet hinter den dem Adel und dem gehobenen Bürgertum angehörenden Richtern Parteilichkeit. Er läßt die Richter verhaften und setzt eine Untersuchungskommission aus zwei Räten ein, um den wirklichen Sachverhalt zu klären. Dem aufgeklärten Monarchen sind komplizierte Rechtsprobleme, Unterschiede zwischen dem Naturrecht und dem sogenannten »Römischen Recht« ziemlich gleichgültig. Er ist der Meinung, daß das Wasser aus Flüssen der ganzen Bevölkerung gehört. Und so hat er, jenseits des Gerichtsverfahrens, dem Müller Arnold wieder zu seiner Mühle verholfen.

Folge 3
Die Schlacht von Leuthen

Küster	Horst Bollmann
Gehilfe	Stefan Wigger
Else	Margret Homeyer
Jens	Michael Lesch
Johanna	Roswitha Schreiner
Pastor	Dierk Hardebeck
Clerici	Gunther Philipp
	und Peter Höschler,
	Jochen Kolenda u.a.

Erstsendung
Mittwoch, 21. März 1984, 20.15 Uhr

Dezember 1757: Jens Tiedemann, ein fahnenflüchtiger preußischer Soldat, rettet sich und seine Geliebte Johanna in die Kirche von Leuthen (Schlesien). Der katholische Geistliche und seine Helfer fürchten, daß sie preußische Truppen nach sich ziehen. Flüchtlinge dieser Art sind in der Kriegssituation gefährlich, zumal Johanna ein Kind erwartet. Jens wird verwundet, einer seiner Füße ist von Wundfieber befallen; er weigert sich, sich operieren zu lassen.

Der österreichische Regimentsarzt Clerici richtet zum Ärger des Pastors in der Kirche ein Lazarett ein. Der Küster und die Haushälterin des Pfarrers müssen ihm assistieren, ob sie wollen oder nicht. Doch alle Bemühungen Clericis, Jens zu einer Amputation zu überreden, helfen nichts. Jens wird sterben müssen. Während der Pastor eine Predigt gegen den Krieg und die Vermessenheit royalistischer Machtgier hält, verschanzen sich österreichische Soldaten auf dem Friedhof neben der Kirche. Als Johanna mit dem sterbenden Jens fliehen will, kommen beide beim Verlassen der Kirche um. Leuthen wurde zum Mittelpunkt der legendären Schlacht, die am 5. Dezember 1757 stattfand.

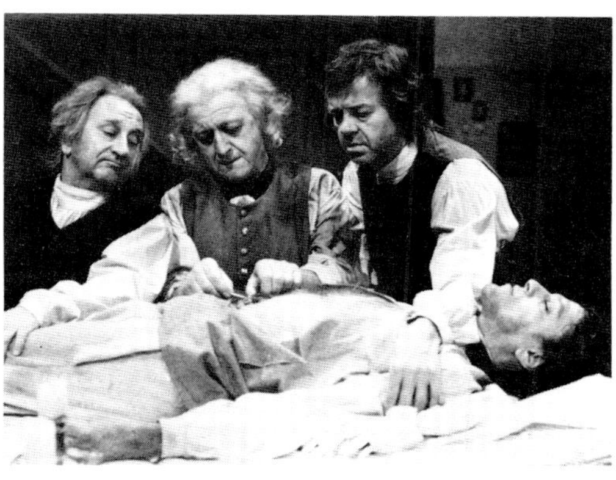

Folge 4
Erinnerungen eines Schulmeisters

Klöden .... Helmuth Brasch
Junger Klöden....... Oliver Kinzer
Ehrenreich........ Horst Bollmann
Gutwill............. Stefan Wigger
Friedrich II............ Hans Clarin
und Heinz Schacht, Jochen Kolenda, Walter Hoor, Dierk Hardebeck, Karl Friedrich u.a.

Erstsendung
Donnerstag, 29. März 1984, 20.15 Uhr

Die Lebensgeschichte des preußischen Schulreformers Karl Friedrich von Klöden ist der Inhalt und auch das Thema dieses Teils.

Klöden, Sohn eines einfachen Soldaten und späteren kleinen Beamten der untersten sozialen Schicht, schildert in seinen Erinnerungen die Schwerpunkte preußischer Erziehung im auslaufenden 18. Jahrhundert: Bibeltexte, stupid auswendig lernen, Kirchenlieder singen und geprügelt werden. Seine eigenen Erfahrungen wurden für Klöden zum Anlaß, einer der wichtigsten Reformatoren der Schule in Preußen im 19. Jahrhundert zu werden.

In seinen Erinnerungen schildert Klöden die verschiedenen »Erzieher«, die ihn während seiner strengen Jugendjahre begleiteten: ehemalige Soldaten, alte Frauen, bigotte Pfarrer.

Die Rückbesinnung an die Schulzeit des kleinen Klöden werden pointiert durch Szenen, in denen zwei Greise aus der Zeit des ausgehenden 18. Jahrhunderts Lebensweisheiten einer Schar Kinder nahebringen, die einem Sittenbüchlein für Jugendliche entstammen, und von denen die Verfasser der damaligen Zeit der Meinung waren, daß ihr Inhalt aufklärerisch wirken würde.

Folge 5
Der Komödiant und sein Zensor

Wagenführ .... Horst Bollmann
Hermine W....... Margret Homeyer
Anton Böttger....... Michael Lesch
Evchen........ Roswitha Schreiner
Hübner............. Stefan Wigger
Blanchard .... Peter Brogle
Schiemann ..... Alexander Hegarth
und Ilse Pagé, Andrea Lienau,
Christoph-Marius Ohrt u.a.
Erstsendung
Sonntag, 1. April 1984, 20.15 Uhr

Von den Schwierigkeiten einer reisenden Schauspielgruppe, ein »sozialkritisches« Stück mit dem Titel »Die Kindsmörderin« im Berlin des Jahres 1788 aufzuführen, berichtet die fünfte Folge des »Preußen«-Projekts, in der es nicht nur um die schönen Künste des Theaters und die Zensur, sondern auch um den Aufstieg eines ersten Ballons in Preußen geht.

Wagenführ, Prinzipal der Schauspieltruppe, versucht bei den Proben zu der Tragödie »Die Kindsmörderin«, den Zensurbeauftragten Hübner von der politisch-moralischen Unbedenklichkeit des Dramas zu überzeugen. Dabei arbeitet er nicht gerade mit den feinsten Mitteln und setzt Alkohol und leichte Mädchen ein.

Aber Wagenführs Truppe hat auch andere Sorgen: Der Heldendarsteller Anton, ein junger Mann, möchte fort aus den Niederungen der Schauspielkunst, möchte sich dem berühmten (historisch bekannten) Ballonfahrer Pierre Blanchard anschließen und damit zum Wegbereiter einer neuen Zeit werden; zurück bleibt dabei auch Evchen, »Jugendliche Naive« des Theaters und Antons Geliebte, die sich nur mühsam an seinen Nachfolger im Theater gewöhnen kann.

Bibliographie

Quellen

Acta Borussica. Denkmäler der preußischen Staatsverwaltung im 18. Jahrhundert: Die preußische Seidenindustrie im 18. Jahrhundert und ihre Begründung durch Friedrich den Großen (von G. Schmoller und O. Hintze), 15 Bde., Berlin 1892; Die Handels-, Zoll- und Akzisepolitik Preußens (von H. Rachel) 3 Bde., Berlin 1922 ff.

Alt-Berlin. Mitteilungen des Vereins für die Geschichte Berlins, 19 –19

Angely, Louis: Fest der Handwerker. Komische Gemälde aus dem Volksleben in 1 Akt, Leipzig 1821

Barsewisch, C. F. R. von: Meine Kriegserlebnisse während des Siebenjährigen Krieges 1751–1763, Berlin 1863 (2. Auflage)

Der Berliner Bär. Zeitschrift für vaterländische Geschichte und Altertumskunde. Hrsg. von G. Friedel und R. Schillmann, Berlin 1875–1892

Berliner geschriebene Zeitungen aus den Jahren 1713 bis 1717 und 1735. Hrsg. von Ernst Friedländer, Schriften des Vereins für die Geschichte Berlins, Heft 38, Berlin 1902

Berliner geschriebene Zeitung aus dem Jahr 1740. Hrsg. von Richard Wolff, Schriften des Vereins für die Geschichte Berlins, Heft 44, Berlin 1912

Bilguer, Johann Ulrich: Praktische Anweisungen für die Feldwundärzte, Berlin 1768

Bräker, Ulrich: Der arme Mann im Toggenburg, Reclam Univ. Bibl. Nr. 2601/2, Leipzig 1889

Büsching, A. Friedrich: Beschreibung seiner Reise von Berlin über Potsdam nach Rekahn unweit von Brandenburg, Berlin 1775

Campe, Johann Heinrich: Sämtliche Kinder- und Jugendschriften, Bd. 1 Abeze- und Lesebuch. Braunschweig 1831

Campe, Johann Heinrich: Sittenbüchlein für Kinder, Braunschweig 1788

Christliche Religionsgesänge für Bürgerschulen, zunächst für die Freyschule in Leipzig, Leipzig 1795

Chronistische Aufzeichnungen eines Berliners von 1704 bis 1758 (hrsg. von Dr. jur. Holtze), Berlin 1899, in Schriften des Vereins für die Geschichte Berlins, Heft XXXVI.

Denkwürdige Begebenheiten. Erste bis Einundachtzigste Nachricht, 1705 bis 1707, Berlin

Dohm, Christian Wilhelm von: Denkwürdigkeiten meiner Zeit. Aktenstück über die Müller-Arnoldsche Rechtssache, Lemgo/Hannover 1814

Dreist, S. C.: Der Catechismus Lutheri, ausführlich erklärt in Fragen und Antworten. Ein Handbuch des Catechisirens für Schullehrer auf dem Lande. Berlin 1824

Ganz Berlin in fünfzehn Silbergroschen. Wegweiser durch Berlin für Fremde und Einheimische, Berlin 1840 (4. Auflage)

Glatzer, Ruth: Berliner Leben 1648 bis 1806, Berlin 1956

Grundriß der medizinischen Polizey für den Soldatenstand, des medizinischen Kriegsrechts und der gerichtlichen Thierarzneikunde, Leipzig 1793

Haumann, Johann Heinrich: Kurze Beschreibung der S. Gertrauten-Kirche in Berlin. Berlin 1710

Hunold, R. P. Francisco: Christliche Sitten-Lehr und die evangelische Wahrheiten. Dem Christlichen Volck in Sonn- und Feyertägichen Predigen. Augsburg/Würzburg 1754

Die Kindermörderin Marie D.

Klöden, Karl Friedrich: Von Berlin nach Berlin. Erinnerungen 1786–1824, Berlin (Ost) 1978

Knigge, Adolph Freiherr von: Über den Umgang mit Menschen, Hannover 1796 (5. Auflage)

Kressens, Probst Christof: Kressischer Ehren-Tempel, Nürnberg 1663

Lauthards, F. Ch.: Leben und Schicksale – von ihm selbst geschrieben, Deutsche und französische Kultur- und Sittenbilder aus dem 18. Jahrhundert, Stuttgart 1908 (3. Auflage)

Das Leben der Madame Schubitz, von ihr selbst aufgesetzt, Enthere 1792

Loen, Johannes Michael von: Kleine Schriften. Hrsg. von J. C. Schneidern, Frankfurt/Leipzig

Logan-Legejus, Jakob Anton Friedrich: Und setzet ihr nicht das Leben ein. Meine Erlebnisse als Reiteroffizier unter dem großen König in den Jahren 1741–1759, Breslau 1934

Ludolfs, Maria: Koch-ABC der bürgerlichen Küche – in Rezepten für drey Personen, Neu-Ruppin

Müller, Christian Friedrich: Ein ostpreußisches Pfarrerleben. Aufzeichnungen 1803–1818, Würzburg 1959

Mylius, Chr. Otto: Corpus Constitutionum Marchicarum, 24 Teile, Berlin/Halle 1727–1822

Neumann, J. E.: Aus der Festungszeit preußischer Kammergerichts- und Regierungsräte auf Spandau 1780, Tagebuch, Berlin 1910

Nettelbeck, Joachim: Lebensbeschreibung von ihm selbst aufgezeichnet, Leipzig 1821

Nicolai, Friedrich: Beschreibung der Königlichen Residenzstädte Berlin und Potsdam, aller dasselbst befindlicher Merkwürdigkeiten und der umliegenden Gegend, B. 2, Berlin 1786

Nicolai, Friedrich: Versuch eines Schulbuches für Kinder der Landleute oder zum Gebrauch in Dorffschulen. Berlin 1772

Pflug, Johann Baptist: Erinnerungen eines Schwaben 1780–1830, Ulm

Politische Testamente der Hohenzollern, hrsg. von Richard Dietrich, Köln 1981

Schattenriß von Berlin 1788, B. I und II, Nachdruck Berliner Handpresse 1974/75

Schattenriß von Berlin 1799, B. I, Nachdruck Berliner Handpresse 1977

Thiebault, Dieudonné: Erinnerungen. Friedrich der Große und der Hof, Leipzig 1828

Turpin/Le Febvre: Zum Taschenbuch – worinnen die Zeichnungen und Anweisungen der Bewegungen eines Heeres oder Corps ... deutlich und verständlich anzutreffen sind. Berlin 1764

Ulrich, J. H. F.: Bemerkungen eines Reisenden durch die Königlich Preußischen Staaten, 3 Bde., Altenburg 1779 ff.

Versuch einer historischen Schilderung der Residenzstadt Berlin, Bd. 2 und 3, Berlin 1796

Voß, Julius von: Satyren und Launen – die Zeit beachtend. Breslau 1813

Weber, Karl Julius: Reisen eines in Deutschland Reisenden, 7 Bde, Stuttgart 1834–1844

Zedler, Johann Hermann: Zedler's Universal-Lexikon in 64 Teilen, 1734

Zieten, Hans Joachims von: Lebensbeschreibung, Berlin 1800 (2. Auflage)

Sekundärliteratur

Abel, Wilhelm: Massenarmut und Hungerkrisen im vorindustriellen Deutschland, Göttingen 1974

Abel, Wilhelm: Die Lage in der deutschen Land- und Ernährungswirtschaft um 1800; in Jahrbücher für Nationalökonomie und Statistik, Bd 175, Stuttgart 1963

Abel, Wilhelm: Agrarkrise und Agrarkonjunktur, Hamburg/Berlin 1966

Abel, Wilhelm: Geschichte der deutschen Landwirtschaft, Stuttgart 1967

Archenholtz, J. W. von: Gemälde der preußischen Armee vor und in dem Siebenjährigen Kriege, Leipzig 1912

Becker, Fritz: Das Kochbuch aus Berlin, Münster 1976
Berlin im Jahre 1786, Schilderungen der Zeitgenossen, Leipzig 1886
Biedermann, Kurt: Deutschland im 18. Jahrhundert, Leipzig 1854–1880
Bleckwenn, Hans: 1713 – Preußen – 1740 Herausforderung und Antwort, in: Damals.
Bleckwenn, Hans: Die Ökonomie-Reglements des altpreußischen Heeres, Osnabrück 1973
Bleckwenn, Hans: Unter dem Preußen-Adler. Das brandenburgisch-preußische Heer 1640–1807, München 1978
Boehn, Max von: Deutschland im 18. Jahrhundert. Das Heilige Römische Reich deutscher Nation. Berlin 1921
Brandt, Peter: Preußen – Zur Sozialgeschichte eines Staates. Bd. 3 des Kataloges: Preußen – Versuch einer Bilanz, Rowohlt, Reinbek bei Hamburg 1981
Brandt, Peter: Preußen. Umrisse einer Sozialgeschichte. Diss. Berlin 1983
Bruford, Walter Horace: Die gesellschaftlichen Grundlagen der Goethezeit, Weimar 1936
Brunswig, Henri: Gesellschaft und Romantik in Preußen im 18. Jahrhundert, Berlin 1975
Bruppacher, Rudolf: Militärmedizin in der Aufklärung, Diss. Zürich 1967
Büsch, Otto: Militärsystem und Sozialleben im alten Preußen. Die Anfänge der sozialen Militarisierung der preußisch-deutschen Gesellschaft, Berlin 1962
Büsch, Otto/Neugebauer, Wolfgang: Moderne Preußische Geschichte 1648–1947. Eine Anthologie. 3 Bde., Berlin/New York 1981
Carlyle, Thomas: Die Geschichte Friedrichs II., genannt des Großen, London 1929
Consentius, Ernst: Alt-Berlin Anno 1740, Berlin 1911
Consentius, Ernst: Berliner Zeitungen bis zur Regierung Friedrichs des Großen, Berlin 1904
Dickel, Karl: Beiträge zum Preußischen Recht für Studirende und Referendare. Heft 1: Friedrich der Große und die Prozesse des Müllers Arnold, Marburg an der Lahn 1894
Dieterici, Carl Friedrich Wilhelm: Berlin bis zu seiner Entstehung
Dohm, Christian Wilhelm von: Denkwürdigkeiten meiner Zeit oder Beiträge zur Geschichte vom letzten Viertel des achtzehnten Jahrhunderts 1778 bis 1806, Bd. 1, Lemgo/Hannover 1814
Dollinger, Hans: Preußen. Eine Kulturgeschichte in Bildern und Dokumenten. München 1980
Elsas, Moritz Jochen: Umriß einer Geschichte der Preise und Löhne in Deutschland vom ausgehenden Mittelalter bis zum Beginn des 19. Jahrhunderts, 2 Bde., Leyden 1936 ff.
Fischer, Konrad: Geschichte des deutschen Volksschullehrerstandes, Bd. 1, Hannover 1892
Freytag, Gustav: Bilder aus der deutschen Vergangenheit, 3 Bde., Leipzig 1854–1862
Friedländer, Ernst: König Friedrich Wilhelm I. Entwurf zu der Instruktion für das General-Direktorium und König Friedrichs II. Anerkennung dazu. In: Veröffentlichungen der deutschen Geschichtsvereine
Gebhardt, Heinz: Berlinisches. Miniaturen zur Geschichte, Kultur und Denkmalpflege Berlins, hrsg. vom Kulturbund der DDR, Berlin 1979
Geppert, Carl Eduard: Chronik von Berlin, Berlin 1841
Geist, J. F./Kürvers, K.: Das Berliner Mietshaus 1740–1862, München 1980
Geschichten aus dem Neuen Pitaval, Bd. 4, Meersburg am Bodensee 1928
Hälschner, Hugo: Das preußische Strafrecht, Bonn 1855, Neudruck Aalen 1975
Hartmann, K. / Nyssen, F. / Waldeyer, H.: Schule und Staat im 18. und 19. Jahrhundert, Frankfurt/Main 1974
Haß, Martin: Zur Aufnahme des Personalbestandes der preußischen Provinzial- und Lokalbehörden im Jahre 1748, (Nachtrag zu Acta Borussica: Behördenorganisation Bd. 8, Nr. 89), in: Kleine Mitteilungen,
Hassel, W. V.: Die schlesischen Kriege und das Kurfürstenthum Hannover, Hannover 1879
Hintze, Otto: Der preußische Militär- und Beamtenstaat im 18. Jahrhundert, in: Geist und Epochen der preußischen Geschichte, Leipzig 1943
Hinze, Kurt: Die Arbeiterfrage zu Beginn des modernen Kapitalismus in Brandenburg–Preußen 1685–1806, Berlin 1963

Houben, Heinrich Hubert: Verbotene Literatur von der Klassik bis zur Gegenwart, Dessau 1925, 2. Auflage

Houben, Heinrich Hubert: Polizei und Zensur. Der ewige Zensor. Berlin 1926

Kaeber, E.: Bürgerbücher. Aus dem 18. Jahrhundert. Berlin 1934

Kerler, Dieter: Aus dem Siebenjährigen Krieg. Tagebuch des preußischen Musketiers Dominicus, München 1891

Kiesewetter, Herma: Bader, Barbiere und Chirurgen im alten Lübben, in: Aus der märkischen Heimat 1–6, 1955

Klegmann, Eckart: Prinz Louis Ferdinand von Preußen 1772–1806, München 1978

Koser, Reinold: Die Abschaffung der Tortur durch Friedrich den Großen, in: Kleine Mitteilungen

Kuczynksi, Jürgen: Geschichte des Alltags des deutschen Volkes, Bd. 2, 1650 bis 1810, Berlin (Ost) 1981

Kutzen, Josef: Friedrich der Große und sein Heer in den Tagen der Schlacht bei Leuthen, Breslau 1851

Kutzsch, Gerhard: Berlin in der spätfriderizianischen Zeit, Der Bär von Berlin, Jahrbuch 1974

Lahnstein, Peter: Report einer guten alten Zeit. Zeugnisse und Berichte 1750–1805, Stuttgart 1970

Law, Bernard: Weltgeschichte der Schlachten, Bd. 1

Lenz, Rudolf: Leichenpredigten als Quelle historischer Wissenschaften, Köln /Wien 1975

Lippe, Ernst Graf zur: Militaria aus König Friedrichs des Großen Zeit, Krefeld 1977 (Nachdruck von 1866)

Marwitz, Friedrich August Ludwig von der: Erinnerungen, Berlin 1852

Marwitz, Friedrich August Ludwig von der: Politische Schriften und Briefe, Berlin 1913

Matschoss, Conrad: Friedrich der Große als Beförderer des Gewerbefleißes, Berlin 1912

Maurenbrecher, Max(?): Die Hohenzollern-Legende. Kulturbilder aus der preußischen Geschichte, Langensalza

Metscher, Gustav: Der märkische Holzschuhkrieg

Meyer, Curt: Aus den Akten der alten preußischen Theaterzensur, Jahrbuch für brandenburgische Landesgeschichte, Berlin 1953

Mitford, Nancy: Friedrich der Große, München 1973

Möller, Helmut: Die kleinbürgerliche Familie im 18. Jahrhundert. Verhalten und Gruppenkultur. Berlin 1969

Moritz, Lilli: Die Dorfschule in Wilmersdorf 1785–1855. Der Bär von Berlin 1957/58

Müller, Ingeborg: Kartoffelnahrung im Vogtland, Plauen 1976

Notbohm, Hardtwig: Das evangelische Kirchen- und Schulwesen in Ostpreußen während der Regierung Friedrichs des Großen, Heidelberg 1959

Ostwald, Hans: Kultur- und Sittengeschichte Berlins, Berlin 1912

Pierson, William: Preußische Geschichte, Bd. I, Berlin 1889

Pollwitz, P.: Strafe und Verbrechen. Geschichte und Organisation des Gefängniswesens. Leipzig 1910

Preuss, Johann David Erdmann: Friedrich der Große, Berlin 1833, 3 Bde.

Preußen-Ploetz. Eine historische Bilanz in Daten und Deutungen. Hrsg. von Manfred Schlenke. Freiburg/Würzburg 1983

Preußische Jahrbücher, Bd. 5, Berlin 1860

Quanter, Rudolf: Die Folter, Dresden 1901

Quanter, Rudolf: Die Schand- und Ehrenstrafen, Dresden 1901

Rachel, Hugo: Das Berliner Wirtschaftsleben im Zeitalter des Frühkapitalismus, Berlin 1931

Rachel, Hugo: Der Merkantilismus in Brandenburg–Preußen, in: Forschungen zur brandenburgischen und preußischen Geschichte, Bd. 40, Berlin 1927

Raumer, Georg Wilhelm von: Actenmäßige Nachrichten von Hexenprozessen und Zaubereien in der Mark Brandenburg vom 16.–18. Jahrhundert

Schinkel, Harald: Polizei- und Stadtverfassung im frühen 19. Jahrhundert, in: Der Staat, Bd. 3, Bonn 1964

Schlumbohm, Jürgen: Kinderstuben. Wie Kinder zu Bauern, Bürgern, Aristokraten wurden. 1700–1850. München 1973

Schoeps, Hans-Joachim: Preußen. Geschichte eines Staates. Frankfurt/M./Berlin 1966

Schultz, Alwin: Alltagsleben einer deutschen Frau zu Anfang des 18. Jahrhundert. Leipzig 1890

Sombart, Werner: Der moderne Kapitalismus, München/Leipzig 1919 (3. Auflage)

Sombart, Werner: Die deutsche Volkswirtschaft im 19. Jahrhundert, Berlin 1921, (5. Auflage)

Stephan, G.: Die häusliche Erziehung in Deutschland während des achtzehnten Jahrhunderts, Wiesbaden 1891

Stephan, Heinrich von: Geschichte der preußischen Post, Berlin 1859

Stiebert: Die Prostitution in Berlin und ihre Opfer nach amtlichen Quellen und Erfahrungen in historischer, sittlicher und medizinischer Hinsicht, beleuchtet von einem Berliner Polizeibeamten, Berlin 1846

Stiller, Felix: Das Berliner Armenwesen vor dem Jahre 1820, in ZfBPG 21, Berlin 1908

Streckfuß, Adolf: 500 Jahre Berliner Geschichte, Bd. 1, Berlin 1866

Stürzbecher, Manfred: Beiträge zur Berliner Medizinalgeschichte, Berlin 1966

Tagebuch des Stralsunder Predigers Johann Christian Müller (1720–1772). ... pommersches Leben im 18. Jahrhundert.

Teuteberg, H. J. / Wiegelmann, G.: Der Wandel der Naturgewohnheiten unter dem Einfluß der Industrialisierung. Göttingen 1972

Ulrich, Kurt: Die Wundbehandlung im Siebenjährigen Kriege. Diss. Berlin 1936

Vehse, Eduard: Geschichte des preußischen Hofes und des Adels und der preußischen Diplomatie, Hamburg 1851

Vetter, Klaus: Die soziale Struktur der brandenburgischen Kleinstädte im 18. Jahrhundert, untersucht am Beispiel der landesherrlichen Mediatstädte des ehemaligen kurmärkischen Kreises Lebus, Jahrbuch für Wirtschaftsgeschichte 1969/II

Wahnrau, Gerhard: Berlin – Stadt der Theater, Berlin 1957

Zoelnner, Klaus-Peter: Die Brandenburger Budenleute, in: Aus der Märkischen Heimat, Berlin

Das Städtewesen unter Friedrich Wilhelm I., ZfPG 8, 1871

Ein Teil der Dokumentation von Marie-Louise Plessen für die gleichnamige Fernseh-Serie wurde ebenfalls in Anspruch genommen.

Bildnachweis

Bildarchiv Preußischer Kulturbesitz, Berlin
Titelbild. S. 27, 28, 45, 48, 51, 71, 101, 104, 119, 123, 126, 129, 133, 138, 155, 160, 176, 188, 194, 201, 234, 237

Rudi Meisel, Hamburg
S. 34, 90, 91

Ullstein Bilderdienst, Berlin
S. 10, 41, 55, 56, 64, 128, 161, 210, 217, 219, 233, 238

Westdeutscher Rundfunk Köln,
S. 35, 243–249

Edikte aus dem Geheimen Staatsarchiv und der Staatsbibliothek Preußischer Kulturbesitz, Berlin

Sowie Material aus den Archiven des Autors, des Verlages und der Berliner Festspiele

CIP-Kurztitelaufnahme der
Deutschen Bibliothek

Wolfgang Menge/So lebten sie alle
Tage
Bericht aus dem alten Preußen
Berlin: Quadriga, 1984
ISBN 3-88679-107-6

© 1984 Quadriga Verlag J. Severin
Verlagsbuchhandlung KG, Berlin
Alle Rechte, auch das der
fotomechanischen
Wiedergabe, vorbehalten.
Umschlag Otl Aicher, Rotis, unter
Verwendung eines Kupferstiches
von Jean Rosenberg,
Redaktion und Gestaltung
Bernd Krüger
Layout Peter Ruge
Satz Bongé & Partner, Berlin
Lithographie Decker, Berlin
Herstellung Ara Druck, Stuttgart
ISBN 3-88679-107-6
Printed in Germany

Das Manuskript zu diesem Buch
wurde ausschließlich auf einem
alphatronic-Computer mit dem Text-
System »Tex-Ass« geschrieben